生态司法前沿

谢闻波 ● 主编
张果 宋晓燕 朱浩杰 ● 副主编

第 2 卷

人民法院出版社

图书在版编目（CIP）数据

生态司法前沿. 第2卷 / 谢闻波主编；张果，宋晓燕，朱浩杰副主编. -- 北京：人民法院出版社，2024.9. -- ISBN 978-7-5109-4245-7

Ⅰ. D922.684-53

中国国家版本馆CIP数据核字第2024TA7872号

生态司法前沿（第2卷）

谢闻波　主编

张　果　宋晓燕　朱浩杰　副主编

策划编辑	赵　刚
责任编辑	白　鸽
封面设计	尹苗苗
出版发行	人民法院出版社
地　　址	北京市东城区东交民巷27号（100745）
电　　话	（010）67550662（责任编辑）　67550558（发行部查询） 　　　　　65223677（读者服务部）
客服QQ	2092078039
网　　址	http：//www.courtbook.com.cn
E - mail	courtpress@sohu.com
印　　刷	天津嘉恒印务有限公司
经　　销	新华书店
开　　本	787毫米×1092毫米　1/16
字　　数	346千字
印　　张	20.5
版　　次	2024年9月第1版　2024年9月第1次印刷
书　　号	ISBN 978-7-5109-4245-7
定　　价	78.00元

版权所有　侵权必究

《生态司法前沿》(第 2 卷)
编辑委员会

主　　编　谢闻波

副 主 编　张　果　宋晓燕　朱浩杰

编　　委（按姓氏笔画排序）

　　　　　　王　怡　王　彪　王树义　王秋红

　　　　　　叶楹平　朱华颜　朱晓喆　杨庆堂

　　　　　　吴春潇　沈璇敏　宋成钢　张　程

　　　　　　张心全　陆　静　陈　斌　茅玲玲

　　　　　　金立寅　周　健　周杰普　庞　芸

　　　　　　胡　苑　施卫星　顾　硕　徐　刚

　　　　　　高佳运　黄菲菲　韩　啸　戴岳旻

执行编辑　王　怡　王　彪　孟文娟　李傲然

撰 稿 人（按姓氏笔画排序）

丁　辉　　王天栋　　王玉杰　　石荣顺

白　玉　　刘　伟　　刘　梦　　孙宇辉

李　智　　李薇菡　　张计玉　　张叶东

陈雨丝　　周志鹏　　郑毓翰　　赵美臣

高　丹　　高　琼　　郭礼礼　　唐寅智

黄菲菲　　曹彩雲　　董太忠　　蒋秉臣

蔡启阳　　管　军　　潘　冬　　薄琳博

卷首语

党的二十大报告指出，中国式现代化是人与自然和谐共生的现代化。习近平总书记在全国生态环境保护大会上强调，把建设美丽中国摆在强国建设、民族复兴的突出位置，以高品质生态环境支撑高质量发展，①加快推进人与自然和谐共生的现代化。生态文明建设是"国之大者"，保护生态环境必须依靠制度、依靠法治。人民法院必须坚持依法能动履职，立足于促进实现人与自然和谐共生的现代化，用法治力量助推美丽中国建设。

上海市崇明区（以下简称上海崇明）地处长江下游入海口，下辖三岛，环江靠海，有着独特的资源禀赋和生态优势。在习近平新时代中国特色社会主义思想的指引下，上海崇明坚定生态优先、绿色发展之路，锚定世界级生态岛建设目标，全力打造人与自然和谐共生的生态标杆，生动演绎"两山"理念转化的崇明案例。作为上海首个成立环境资源审判庭的基层法院，上海市崇明区人民法院（以下简称上海崇明法院）积极践行习近平法治思想、习近平生态文明思想，坚持"专业审判支撑、协同治理保障、理论研讨赋能"三维驱动，不断深化生态司法工作，着力培育特色文化品牌，为高标准推进崇明世界级生态岛建设提供有力的司法支撑和服务。八年来，上海崇明法院持续致力于开展生态司法理论研究工作，依托上海司法前沿论坛、崇明世界级生态岛司法研讨会，搭建起高层次学术交流平台，孵化出一系列高质量系统化理论和实践成果，为完善生态环境法治、促进生态环境治理体系和

---

① 习近平：《以美丽中国建设全面推进人与自然和谐共生的现代化》，载《求是》2024年第1期。

治理能力现代化凝智聚力。崇明世界级生态岛司法研讨会入选第三批上海市社会主义法治文化品牌活动。

《生态司法前沿》是由上海崇明法院主办，中国上海司法智库、上海财经大学法学院共同支持的公开出版物，秉持"前沿、融汇、开放"原则：聚焦生态司法领域的前沿、热点、难点问题；促进理论与实务融汇，倡导实务研究，鼓励理论创新；坚持开放，面向社会各界广泛征集与生态司法保护相关的研究成果。《生态司法前沿》（第2卷）共收录生态司法领域的优秀调研成果20篇，是环境资源审判实践和理论研究融合的生动展示，具有较强的实践和理论价值，对进一步加强生态环境司法保护，提升生态司法裁判水平和理论研究能力具有较强的借鉴意义。

《生态司法前沿》（第2卷）编辑委员会

2024年6月

目 录

上篇　理论前沿

生态环境损害惩罚性赔偿的数额量定规则研究
………………………………………… 西南政法大学　郑毓翰（ 3 ）

生态环境修复责任法律规制及构建思路
………………… 江苏省东台市人民法院　丁　辉　张计玉（20）

"双碳"目标立法的安全维度考察 ……………… 复旦大学　张叶东（35）

我国农村耕地环境治理模式的转型
——基于柔性治理嵌入模式分析　　　吉林大学　刘　梦
………………………… 上海市崇明区人民法院　刘　伟（55）

替代性修复制度的实践考察与完善路径
——基于110篇涉环资刑事案例的实证分析
………………… 上海市崇明区人民法院　郭礼礼　管　军（68）

我国环境资源审判专家人民陪审员制度研究
——兼议《法释〔2023〕4号司法解释》
………………………… 上海市崇明区人民法院　薄琳博（82）

下篇 司法实践

整体主义＋协同合作：环境资源保护司法协同的实践困境和路径构建
——基于长江口司法协同机制的考察
………… 上海市崇明区人民法院　黄菲菲　高　丹　赵美臣（95）

合同绿色审查之进路分析
——兼论环境政策对合同的影响 ………… 贵州大学　唐寅智（106）

困境与突破：检察公益诉讼环资案件执行情况实证研究
重庆市大足区人民检察院　李薇菡
……………………… 天津市第三中级人民法院　李　智（122）

美国附加环保项目（SEP）对我国"技改抵扣"制度的借鉴
………… 上海市崇明区人民法院　黄菲菲　蔡启阳　潘　冬（144）

社会组织提起环境民事公益诉讼的制度运行、现状反思和综合激励
——以2012年《民事诉讼法》施行以来司法审判实践为视角
………………………… 上海市崇明区人民法院　陈雨丝（170）

风险预防与损害救济：预防性检察环境民事公益诉讼现状分析及完善
路径……………………………………… 武汉大学　王玉杰（189）

环境刑事附带民事公益诉讼的实践与反思
——受案范围完善之进路
……………………… 上海市人力资源和社会保障局　孙宇辉（205）

生态环境刑事附带民事公益诉讼实证研究
——以黄河流域司法实践为样本
……… 宁夏回族自治区石嘴山市人民检察院　白　玉　王天栋（222）

环境民事公益诉讼中惩罚性赔偿适用的现状检视和路径探究
　　——以《民法典》第1232条具体适用为视角
　　　　……………………… 上海市崇明区人民法院　周志鹏（239）

恢复性司法实践与湿地生物多样性保护研究
　　　　……………………… 上海市崇明区人民法院　赵美臣（250）

环境资源专家人民陪审员制度的检视与重塑
　　——以环境资源专业化审判为立足点
　　　　……………………… 上海市崇明区人民法院　高　琼　曹彩雲（261）

环境民事公益诉讼案件执行的现状检视及完善路径
　　——以此类案件执行价值追求为视角
　　　　……………………… 上海市崇明区人民法院　蒋秉臣（278）

绿色原则在民事执行中的适用研究
　　　　……………………… 上海市崇明区人民法院　董太忠（290）

环境资源案件中劳务代偿生态修复模式的完善路径
　　　　……………………… 上海市崇明区人民法院　石荣顺　潘　冬（303）

后　记……………………………………………………………（316）

| 上 篇 |
理论前沿

生态环境损害惩罚性赔偿的数额量定规则研究[*]

摘要： 我国已建立以《民法典》为基本条款指引、《最高人民法院关于审理生态环境侵权纠纷案件适用惩罚性赔偿的解释》(以下简称《惩罚性赔偿解释》)为具体操作规则的生态环境损害惩罚性赔偿制度体系。生态环境损害惩罚性赔偿数额的量定是确保该制度惩罚、威慑功能发挥的极具技术性的基础问题。在赔偿基数的确定上，《惩罚性赔偿解释》仅将生态环境服务功能损失作为赔偿基数，难以实现生态环境损害惩罚性赔偿的惩罚功能。因此，应当构建以生态环境服务功能损失为主的成本内化方式和以侵权人因违法行为所获利益为主的利益消除方式。一般情况下，应以生态环境服务功能损失为主，但在侵权人因违法行为所获利益远高于前者时，可以以侵权人所获利益为赔偿基数。在赔偿倍数的认定上，应当运用动态系统论，依据惩罚性要素和限制性要素构建动态体系化的评价框架，遵循"一主二辅"的次第式考虑模式。具体而言，惩罚性要素优先，限制性要素次之。在惩罚性要素的内部协动中，应遵循"侵权行为的危险性为主，公共利益的受侵害程度为辅，兼顾侵权人恶意程度"的评价模式。在限制性要素的内部协动中，因侵权人已承担的行政罚款和刑事罚金能够以具象化形式呈现，故应遵循"侵权人所采取的修复措施及其效果为主，侵权人财产状况为辅"的评价模式。通过动态系统论的应用能有效降低惩罚性赔偿数额量定的随意性。

关键词： 生态环境损害　惩罚性赔偿　赔偿基数　赔偿倍数

一、问题的提出

《民法典》第1232条对生态环境损害的惩罚性赔偿制度规定较为原则，并未对生态环境损害惩罚性赔偿制度的适用条件、要素和构造等作出具体

---

[*]【作者信息】郑毓翰，西南政法大学。

规定。《惩罚性赔偿解释》虽然明确了生态环境损害惩罚性赔偿采用"基数"乘以"倍数"的弹性数额模式，以生态环境服务功能损失为基数[1]，并规定了二倍上限，但是仍然有以下两个问题值得思考：其一，在赔偿基数问题上，除《惩罚性赔偿解释》所规定的以生态环境服务功能损失为赔偿基数外，是否还存在其他的赔偿基数？其二，如何妥当确定惩罚性赔偿的倍数。从理论上来讲，惩罚性赔偿数额设置过低会阻碍该制度惩罚与威慑功能的实现，而数额设置过高则又会造成惩罚过重，加重侵权人的经济负担，导致严苛峻法的后果产生。适当的数额不仅能够弥补难以量化的生态环境损害，更能达到惩罚环境违法行为以及威慑潜在环境违法行为的效果。因此，有必要完善惩罚性赔偿基数确定与倍数认定的相关规则，为科学计算赔偿数额提供指引，借以确保生态环境损害惩罚性赔偿制度的妥当适用，维护司法裁量的公正性。

二、生态环境损害惩罚性赔偿的基数确定

（一）惩罚性赔偿基数的范围争议

在《惩罚性赔偿解释》出台之前，司法实践中存在以生态环境服务功能损失[2]、生态环境损害修复费用[3]、生态环境损害赔偿[4]作为赔偿基数等多种做法。《惩罚性赔偿解释》虽然明确以生态环境服务功能损失为赔偿基数，为法官的司法裁量提供指引，但该解释并未平息学界关于生态环境损害惩罚性赔偿基数范围的争议。除以生态环境服务功能损失为赔偿基数外，学界还存在以生态环境修复费用为赔偿基数和以侵权人因行为所获利益为赔偿基数两种观点。持前一观点的学者认为，鉴于计算较为困难，无法期待对生态环境服务功能损失有一个全面、精确的认定，以修复费用为赔偿基数的惩罚性赔偿不仅可以降低生态环境损害鉴定及修复费用评估的重要性，甚至可以代替生态环境服务功能损失赔偿，借以解决服务功能损失价值鉴定的技术难题及

---

[1] 包括生态环境受到损害至修复完成期间服务功能丧失导致的损失以及生态环境功能永久性损害造成的损失，本文简称为生态环境服务功能损失。
[2] 山东省青岛市中级人民法院（2021）鲁02民初69号民事判决书。
[3] 江西省九江市武宁县人民法院（2020）赣0423刑初380号刑事附带民事判决书。
[4] 湖南省津市市人民法院（2021）湘0781民特11号民事裁定书。

其鉴定不经济性等问题。①持后一观点的学者认为，生态环境损害惩罚性赔偿应当遵循以消除行为收益为目标的完全威慑理念。一方面，《民法典》第1232条规定的惩罚性赔偿针对的是严重污染环境和破坏生态的行为，鉴于其行为与尊重自然、顺应自然的生态道德相违背，应当施以更为严厉的惩罚予以全面禁止。另一方面，公益诉讼是实现惩罚性赔偿威慑功能的最佳途径。若在私益诉讼中以侵权人因行为所获利益为依据主张惩罚性赔偿，不仅构成过度威慑，而且会导致后起诉的受害者无法获得惩罚性赔偿，因此应当由公益诉讼实现对违法行为的完全威慑。②

（二）惩罚性赔偿基数的范围划定

惩罚性赔偿主要通过要求侵权人承担超过损害填补之额外负担的惩罚方式实现威慑作用，故惩罚性赔偿的威慑机制归根结底属于经济问题。在理论上，惩罚性赔偿包括成本内化和利益消除两种方式，前者指将社会承担的损失内部化为被告的成本，以被侵权人的损失作为赔偿基数；后者则指消除被告因违法行为所能获得的收益，常与刑罚中的"完全威慑理论"相对应，以行为所获利益为赔偿基数。③因此，以被侵权人的损失为赔偿基数和以侵权行为所获利益为赔偿基数均具有理论上的正当性。在此，需要回应的问题是：其一，成本内化方式下，生态环境修复费用是否较生态环境服务功能损失更适合作为赔偿基数；其二，利益消除法是否能适用于生态环境损害惩罚性赔偿，或者说在何种情形下具备适用的可能。

1. 以生态环境服务功能损失为赔偿基数。笔者认为，与生态环境修复费用相比，将生态环境服务功能损失作为赔偿基数更具有理论上的正当性以及实践中的可行性。首先，生态环境修复费用并不能代表实际损失，无法构成生态环境损害惩罚性赔偿的赔偿基数。最高人民法院相关负责人就《惩罚性赔偿解释》答记者问中提到，惩罚性赔偿作为补偿性损害赔偿之上的附加性责任，数额的确定应当以被侵权人受到的实际损失作为赔偿基数。④然而，生态环境修复费用并不能代表生态环境损害的实际损失。一是就我国目

---

① 黄忠顺：《生态环境损害惩罚性赔偿请求权二元配置论》，载《当代法学》2022年第6期。
② 李艳芳、张舒：《生态环境损害惩罚性赔偿研究》，载《中国人民大学学报》2022年第2期。
③ Keith N. Hylton, *Punitive Damages and the Economic Theory of Penalties*, 87 Georgetown Law Journal 421, 429–448（1998）.
④ 《最高法相关负责人就〈最高人民法院关于审理生态环境侵权纠纷案件适用惩罚性赔偿的解释〉答记者问》，载最高人民法院官网，https://www.court.gov.cn/zixun/xiangqing/341611.html，最后访问时间：2022年12月17日。

前法律规范来说,"恢复原状"与"赔偿损失"是两种独立的责任形式,《民法典》第1235条亦将"费用"和"损失"分开罗列,生态环境服务功能损失归属于损失部分,生态环境修复费用归属于费用范畴,故在规范层面上仅生态环境服务功能损失代表生态环境本身因侵害所失去的价值损失。① 二是就生态环境修复费用的目的来说,其在于加快生态环境自然修复的进程,并不具有赔偿实际损失的功能。"生态修复费用充其量只是生态修复成本的体现",② "支付恢复费用不是赔偿损失",③ 作为实际损失的生态环境服务功能损失需要另行计算。换言之,承担生态环境修复费用并非代表赔偿实际损失,但生态环境修复费用的承担与否在一定程度上影响着生态环境服务功能损失的大小,人工修复的介入能够缩短生态环境的自然恢复期间,在一定程度上减少以恢复期间为计算依据的生态环境服务功能损失的数额。三是就生态环境修复费用的适用来说,并非任何时候都有修复费用存在。根据《环境损害鉴定评估推荐方法(第Ⅱ版)》(环办〔2014〕90号)的规定,当存在人工恢复方案不可避免产生二次污染或者严重干扰、不符合成本效益原则或者技术水平有限无法修复时,则需要采用自然修复方式。在自然恢复的情况下,由于没有采用任何技术措施,此时判令赔偿生态环境修复费用是不合理的,④ 但此时生态环境服务功能损失是存在的。⑤

其次,以生态环境服务功能损失具有惩罚性而否认其可作为赔偿基数的理由并不充分。前述学者认为应当以生态环境修复费用作为赔偿基数的原因在于:现有技术难以评估的生态环境服务功能损失在性质上更侧重惩罚性,故可以以生态环境修复费用为基数的惩罚性赔偿代替生态环境服务功能损失赔偿。⑥ 然而,生态环境修复费用在某种程度上也被认为具有惩罚性和计算的不确定性。根据原环境保护部发布的相关规定,当生态环境损害无法完全恢复、恢复成本大于收益或者缺乏相应恢复指标时,生态环境修复费用的计

---

① 朱凌珂:《美国自然资源损害赔偿范围制度及其借鉴》,载《学术界》2018年第3期。
② 陈红梅:《生态修复的法律界定及目标》,载《暨南学报(哲学社会科学版)》2019年第8期。
③ 张梓太、李晨光:《生态环境损害赔偿中的恢复责任分析——从技术到法律》,载《南京大学学报(哲学·人文科学·社会科学)》2018年第4期。
④ 王小钢:《〈民法典〉第1235条的生态环境恢复成本理论阐释——兼论修复费用、期间损失和永久性损失赔偿责任的适用》,载《甘肃政法大学学报》2021年第1期。
⑤ 根据《最高人民法院关于审理生态环境损害赔偿案件的若干规定(试行)》第13条以及《生态环境损害赔偿管理规定》第9条的规定,当生态环境无法修复时,被告一般只需要赔偿生态环境服务功能损失。
⑥ 马勇:《建议重新审视、论证"期间损失"的法律和标准规定》,载微信公众号"中国绿发会",2020年11月3日。

算采用虚拟治理成本法，根据受污染区域的环境功能敏感程度分别乘以相应倍数来计算修复费用，故有学者将这种确定方法看作惩罚性赔偿的体现。[①]以此来看，以生态环境服务功能损失具有惩罚性而采用生态环境修复费用为赔偿基数的理由显然不够充分。而且，生态环境部专门出台了相应的生态环境损害鉴定评估指南，明确规定将资源或服务等值分析、价值等值分析作为生态环境服务功能损失的量化方式，并将计算方法通过公式的形式固定，在很大程度上避免了计算和鉴定难题。从这个角度而言，生态环境服务功能损失因计算不精准而体现出的惩罚性被弱化，甚至被消灭。但在笔者看来，无论生态环境服务功能损失和生态环境修复费用采用何种的量化方式，其目的都在于对生态环境损害予以全面赔偿，并不具有惩罚性。以水污染虚拟治理成本法为例，不同环境功能区的水质标准不同，导致同一污染物在不同环境功能区需要被治理的程度也存在差异，当水污染损害需要适用虚拟治理成本法时，以环境功能系数、危害系数和超标系数组成的调整系数能够实现不同环境功能区中生态环境损害的全部赔偿，并不具有惩罚性。因此，无法以生态环境服务功能损失具有惩罚性而否认其赔偿基数的地位。

最后，以生态环境服务功能损失为赔偿基数有利于推进生态环境修复工作。我国在生态环境损害救济上强调"修复优先"，将恢复生态功能和修复环境要素作为损害救济的重心，而以生态环境服务功能损失为赔偿基数是激励侵权人践行"修复优先"的最好方式。一方面，冠之以"生态环境修复费用倍数"的生态环境损害惩罚性赔偿会在侵权人心里潜移默化地形成"交钱了事"的消极心态，将修复结果的好坏与自身责任解绑，影响生态环境服务功能的恢复。另一方面，生态环境服务功能损失之所以存在计算不精准的问题，很大一部分原因在于其计算依赖于侵权人所采取的恢复方法以及修复的积极性。生态环境服务功能损失的大小与所选择的恢复方法紧密相连，侵权人积极承担生态环境修复责任，则生态环境服务功能恢复程度越高，惩罚性赔偿基数就越小，最终数额亦会有所减少。

总的来说，成本内化方式下应当以生态环境服务功能损失为赔偿基数，而且生态环境服务功能损失作为污染环境、破坏生态行为对社会公众本应享有的环境权益的损害，以其为赔偿基数更能体现民事公益诉讼维护社会公共利益的宗旨。

[①] 李丹：《环境损害惩罚性赔偿请求权主体的限定》，载《广东社会科学》2020年第3期。

2. 以侵权人因行为所获利益为赔偿基数。以侵权人因行为所获利益为赔偿基数虽具有理论上的正当性，但若如前述学者所言，为遵循以消除行为收益为目标的完全威慑理念，而将侵权人因行为所获利益作为唯一赔偿基数，则在实践中并不具有可行性。一方面，从适用前提来看。一是完全威慑的前提在于侵权人实施污染环境、破坏生态的行为是以获利为直接目的。[①] 然而，在现实的生态环境损害案件中，侵权人实施侵权行为并非皆为获利。例如，在"金顶摩崖"刻字事件中，侵权人实施破坏生态的刻字行为目的并不在于获利，甚至可以说该类行为不存在获利的可能，仅以获利为基数的惩罚性赔偿将难以适用于对该类行为的惩罚。[②] 二是在法律制度计算收益和损害存在估算错误的情况下，基于收益的赔偿责任具有严重的缺陷，无法达到完全威慑的目的。美国学者波林斯基（Mitchell Polinsky）和沙维尔（Steven Shavell）认为，在法律制度无法准确计算损害和获利的情况下，当侵权人因侵权行为所获利益低于行为成本时，利益消除方式将会为侵权人继续实施侵权行为提供额外的诱因。[③] 因此，在存在估算错误的假定条件下，以"损害"为基础的处罚比以"获利"为基础的处罚更为合理。

另一方面，从适用效果来看。以侵权人因侵权行为所获利益为唯一赔偿基数的惩罚性赔偿可能导致生态环境因侵害所失去的价值损失难以全部内化。惩罚性赔偿并非在每一领域都具有适用的必要，美国学者库特（Cooter）认为，当违法行为被追究责任的概率——"抓捕概率"为"1"时，责任能够被有效追究和执行，无需惩罚性赔偿的介入，而随着"抓捕概率"越来越小，责任逃避的概率越来越高，此时有必要以惩罚性赔偿的方式矫正误差。[④] 例如，侵权人造成生态环境服务功能损失50万元，在抓捕概率为1/5的情况下，侵权人预期承担的损失赔偿仅为50万元×1/5=10万元，显然无法实现对生态环境服务功能损害的全面救济，更不足以吓阻侵权人继续实施违法行为。采用成本内化方式的惩罚性赔偿不仅需要侵权人承担生态环境服务功

[①] 陈海嵩、丰月：《生态环境损害惩罚性赔偿金额的解释论分析》，载《环境保护》2021年第13期。

[②] 该案中，侵权人被判处生态环境损害惩罚性赔偿。参见《贵州铜仁：梵净山"金顶刻字案"一审宣判》，载央视网，https://tv.cctv.com/2022/03/27/VIDEQpFY09dmavTA0kI2Gmq6220327.shtml，最后访问时间：2022年12月27日。

[③] A. Mitchell Polinsky & Steven Shavell, *Should Liability Be Based on the Harm to the Victim or the Gain to the Injurer*, 10 Journal of Law, Economics and Organization 427, 427–433（1994）.

[④] Robert D. Cooter, *Punitive Damages for Deterence: When and How Much*, 40 Alabama Law Review 1143, 1150–1151（1989）.

能损失的 50 万元赔偿，还需要额外承担 200 万元的惩罚性赔偿，进而实现损失的全部内化，对违法行为形成有效威慑。然而在相同抓捕概率的情形下，若仅以侵权人获利作为赔偿基数，极有可能无法实现对违法行为所造成损失的全部填补。在全社会理性经济人的假设条件下，社会主体从事任何行为都会权衡利弊，在利益消除方式下，侵权人虽然无利可图，存在放弃从事相应行为之动机，但是生态环境因侵害而失去的价值损失并未得到全部内化。

侵权人因行为所获利益不得作为生态环境损害惩罚性赔偿的唯一基数并不代表着其在实践中没有作为基数的可能。惩罚性赔偿的威慑理论基于这样一种假设：参与者权衡他们未来行动的预期成本和收益。具体而言，潜在责任被告将比较其从一项有侵权责任风险的诉讼中获得的利益与在风险发生时强加责任的折现预期价值。[1] 因此，成本内化方式并非在任何时候均能起到有力吓阻，市场参与者为谋取长远的利益发展，通常会采用成本收益分析的方式较为精确地预测行为所产生的法律后果，在权衡风险的基础上才会作出相应的行为。若固守成本内化方式计算惩罚性赔偿数额，将为市场参与者预测惩罚性赔偿数额提供可能，并促使市场参与者在行为能够攫取暴利时继续实施该行为。利益消除法的引入可以促进生态环境损害惩罚性赔偿威慑功能的实现。因此，以侵权人所获利益为赔偿基数在理论上具有正当性，但是在实践中应当区分相应情形选择适用成本内化或者利益消除的方式，方能实现对违法行为的惩罚和威慑。

（三）惩罚性赔偿基数的确定方式

成本内化与利益消除方式的适用情境的厘清是惩罚性赔偿基数确定的关键。财产规则（property rules）和责任规则（liability rules）理论不仅揭示了惩罚性赔偿适用的目的，同时为成本内化与利益消除方式的选择提供了方向上的指引。在财产规则语境下，权利被作为财产来看待，禁止其他人在未先行获得允诺的情况下夺取或者破坏该权利；在责任规则语境下，其他人可在不需要获得允诺的情况下径直使用他人权利，但是必须在事后支付由法院确定的损害费用。[2] 简单来说，财产规则要求双方当事人进行事前定价或者契

---

[1] Kenneth S. Abraham & John C. Jeffries Jr., *Punitive Damages and the Rule of Law: The Role of Defendant's Wealth*, 18 Journal of Legal Studies 415, 417 (1989).

[2] Guido Calabresi & A. Douglas Melamed, *Property Rules, Liability Rules, and Inalienability: One View of the Cathedral*, 85 Harvard Law Review 1089, 1092-1093 (1972).

约缔结，而责任规则的目的仅仅是在损失发生后重新分配损失分担。在生态环境领域，侵权人实施故意污染环境、破坏生态等利用自然资源的行为前，理应与潜在受害人进行事前交易，如与政府部门签订排污协议并根据协议规定安装排污设施等，受到财产规则的约束。财产规则禁止侵权人在未获取同意的情况下采取伤害行为，但是社会并不能永远禁止该类行为，在某些情况下，这些行为仍然会发生，故为避免侵权人为满足自身需求而通过非自愿的方式规避事前交易行为，需要施加惩罚性赔偿进行威慑，[①] 通过允许法院在侵权人故意造成损害的情形下，在损害赔偿金的基础上增加额外费用，一方面，确保财产规则能够得到有效施行，避免财产规则转化为责任规则。[②] 因为在责任规则下，侵权人仅被要求承担损害赔偿责任，若是侵权人获利远高于损害赔偿，其仍将放弃事前交易，径直实施侵权行为。另一方面，防止出现事后损害难以填补或者补偿性赔偿具有不确定的情形。与其面对侵权行为造成生态环境服务功能永久性损失、产生并不被生态环境损害赔偿责任所包含的环境非使用价值损害的风险，不如在事前设定高额赔偿责任以充分消除风险行为的诱因。

综上，为确保惩罚性赔偿能够有效维护财产规则，在相同抓捕概率的情况下，赔偿的数额应不低于侵权人的收益与生态环境本身因侵害所失去的价值损失中的较大者。[③] 具体而言，生态环境损害惩罚性赔偿的基数确定存在如下几种情形：

其一，当侵权人因行为所获利益低于生态环境服务功能损失时，成本内化方式不仅消除全部利益，还要对超出利益部分的损害承担赔偿责任，故此时的赔偿基数为生态环境服务功能损失。若存在生态环境服务功能损失难以计量且计量成本过高的情形时，可根据侵权人行为对象的市场价值判断实际损失。例如，有法院在审理中认为，原告实施非法捕猎野生动物的行为严重破坏生态，故法院以非法捕猎野生动物的基准价值880元作为惩罚性赔偿的

---

① Henry E. Smith, *Property and Property Rules*, 79 New York University Law Review 1719, 1733–1734 (2004)．

② Richard A. Epstein, *The Clear View of the Cathedral: The Dominance of Property Rules*, 106 Yale Law Journal 2091, 2099–2100 (1997)．

③ Keith N. Hylton, *Property Rules and Liability Rules，Once Again*, 2 Review of Law and Economics 137, 179 (2006)．

赔偿基数。①

其二，侵权人因行为所获利益远高于生态环境服务功能损失，此时法官可选择利益消除方式，将赔偿基数设置为侵权人因侵权行为所获利益。

三、生态环境损害惩罚性赔偿的倍数认定

（一）惩罚性赔偿倍数认定的实践考察

由于精确测算"抓捕概率"在实践中较为困难，同时为防止判决标准模糊下的惩罚性赔偿裁决失控带来沉重的社会成本，②各国纷纷要求惩罚性赔偿保持在一定的合理范围内。如英国要求确定惩罚性赔偿时必须考虑与损害赔偿的关联，美国部分地区在立法上亦明确惩罚性赔偿数额的计算采用区间倍率式。③我国《惩罚性赔偿解释》第10条罗列了部分参考要素并将倍数上限设置在赔偿基数的二倍范围内，这为法官的司法裁量提供了参考。但是，从我国司法实践中的裁判说理来看，法官并未对相关要素和倍数之间的因果联系作出充分的说理，各要素的作用不尽相同。

具体而言，我国司法实践中关于生态环境损害惩罚性赔偿倍数认定的理由主要有以下三种：其一，认为被告行为损害生态环境，侵害社会公共利益，判决被告承担N倍惩罚性赔偿。④其二，认为被告的违法行为符合《民法典》第1232条所规定的"故意""违反法律规定""造成严重后果"的构成要件，故判决承担N倍惩罚性赔偿。⑤其三，综合被告恶意程度、损害后果、获利数额、承担责任的经济能力等要素，判决承担N倍惩罚性赔

---

① 一方面，野生动物价值可通过相关规定获取数据；另一方面，捕猎数量极少的情况下勘测服务功能损失成本过高。参见四川省剑阁县人民法院（2021）川0823民初2349号民事判决书。司法实践中亦存在用林木价值判断实际损失的方式，如陕西省旬邑县人民法院（2021）陕0429刑初22号民事判决书、四川省德昌县人民法院（2021）川3424刑初173号刑事附带民事判决书。

② 在早期美国的司法实践中出现大量的高额惩罚性赔偿案例引发学界和实务界的争议。Philip Ackerman, Some Don't Like It Hot: Louisiana Eliminates Punitive Damages for Environmental Torts, 72 Tulane Law Review 327, 334（1997）.

③ 如美国科罗拉多州规定惩罚性赔偿不得超过补偿性赔偿的金额，即维持"1∶1"的比例关系；康涅狄格州规定惩罚性赔偿不得超过填补性赔偿的2倍。王利明：《美国惩罚性赔偿制度研究》，载《比较法研究》2003年第5期。

④ 四川省凉山彝族自治州德昌县人民法院（2021）川3424刑初55号刑事附带民事判决书。

⑤ 四川省广元市剑阁县人民法院（2021）川0823民初2349号民事判决书。

偿。① 其中，第三种说理方式较前两种而言更具有说服力，也能表明法官在裁量时的认定理由。但是，在缺乏明确、可操作的衡量标准的情形下，基于认识水平有限以及感知不同，法官对倍数的认定存在差异，这将会阻碍制度功能的发挥，影响司法公正。而且，《惩罚性赔偿解释》第 10 条采用"等要素"之开放式表述，显然法官可基于案件的实际情况在条文规范外自由决定考虑要素，但以何种理论思路选择"等要素"并不明确，极有可能产生"类案不同判""相同要素相反适用"的现象。例如，在生态环境损害惩罚性赔偿责任的减轻问题上，司法实践中出现了截然不同的裁判方式。有的法院认为被告认错态度良好，便判决以环境公益劳动的方式代替部分惩罚性赔偿；② 而有的法院则以被告家庭困难不属于减轻事由为由拒绝减轻责任③。基于《惩罚性赔偿解释》并未明确规定责任减轻的事由，为了正确引导法官司法裁判，确保法官公平正当地行使自由裁量权，提高司法裁判结果的精确性，有必要对惩罚性赔偿的倍数认定加以规范化和精细化。这不仅决定着惩罚性赔偿制度是否得到妥当适用，更关系着惩罚性赔偿的功能价值是否得到如实发挥。

（二）惩罚性赔偿倍数认定的优化策略

1.倍数认定的相关研究及其反思。结合惩罚性赔偿在各个领域的适用，关于倍数认定的规范化观点主要有：其一，要素罗列法。该方法通过罗列需要重点参考的要素，借以引导法官裁量。④ 然而，该方法存在较大的弊端。除要素罗列可能并不全面外，该方法并未对要素权重以及参考顺位加以明确，容易导致法官在具体裁量中偏离惩罚性赔偿"惩罚"之主旨，出现认定上的恣意。

其二，公式计算法。持该方法的学者结合所收集的案例以及相关文献，将比例原则运用到惩罚性赔偿的裁量之中，以列表的形式将各种情形的倍数

---

① 浙江省宁波海事法院（2022）浙 72 民初 2230 号民事判决书、江西省浮梁县人民法院（2020）赣 0222 民初 796 号民事判决书。
② 相较于加重金钱赔偿所带来的直接经济利益损失，环境公益劳动虽然能够解决惩罚性赔偿金可能存在的执行难的问题，但也在某种程度上减轻了对被告的经济制裁，削弱了惩罚功能的实现。山东省青岛市中级人民法院（2021）鲁 02 民初 69 号民事判决书。
③ 四川省剑阁县人民法院（2021）川 0823 民初 2349 号民事判决书。
④ 王笑寒：《生态环境侵权惩罚性赔偿制度的法律适用问题》，载《山东社会科学》2021 年第 3 期。郑少华、王慧：《环境侵权惩罚性赔偿的司法适用》，载《上海大学学报（社会科学版）》2022 年第 3 期。

认定加以明确，并提出详细的计算公式。① 公式计算法虽然注意到了现实生活的复杂性，但是一方面，随着案例数量的增加，相关的分析基础会受到影响；另一方面，僵化法官的自由裁量权，缺乏灵活性。边缘性案例无法借助基础性案例的裁判数据得到妥善处理。

其三，分层设计法。考虑到企业的承受能力，以补偿性损失数额为界，补偿性损失数额在 1000 万元以下的，则以 0.1~1 倍计算，超过 1000 万元的，则需要考虑是否适用惩罚性赔偿。② 分层设计法的问题在于：一方面，如何分类以及权重如何分配存在争议；另一方面，该方法具有极强的时限性，其固化的分层结构难以适应社会发展。

其四，等级累加法。该方法将惩罚性赔偿数额的考量要素分为主观过错的等级性要素、侵害行为的重复性要素、保护客体的优先性要素、侵害对象的特殊性要素以及事后补救的及时性要素五类，并对每一项要素附加同等数值，以侵权人满足几项要素来判断相应的倍数。③ 然而，以要素是否满足作为赋权重的条件存在机械化适用，一方面，以"全有全无"作为判断方式导致倍数被框定在 5 种类型，可选择范围小；另一方面，将生态环境损害惩罚性赔偿的最低倍数限制在 0.4 倍的做法，不仅与立法者的原意不符，而且有违公平正义。

综上，除要素罗列法外，公式计算法、分层设计法以及等级累加法均未摆脱形式逻辑的判断过程，每个案件中的具体倍数都交由法官演绎推理，排除了司法的具体裁量和价值判断。但是，现实的司法裁判并非简单的数学运算和逻辑推理，特别是面对无法清晰明确计算的惩罚性赔偿，其数额的认定更是离不开法官的价值判断。

2. 动态系统论在倍数认定中的应用价值。正因为无法完全了解和预知未来生态环境损害侵权的全部形态，司法解释的制定者并未采用具象化的倍数认定标准。而且鉴于不同案件中问题的复杂性和事实的多变性，私法上不可能总是设计出固定的规则。因此，与其在某种程度上探索生态环境损害惩罚性赔偿倍数的具象化判断标准，不如从理论层面梳理惩罚性赔偿制度的裁判理路，为法官提供方法论层面的指引。奥地利学者维尔伯格

---

① 倪朱亮：《比例原则在知识产权惩罚性赔偿金量定中的运用》，载《知识产权》2021 年第 7 期。
② 季林云、韩梅：《环境损害惩罚性赔偿制度探析》，载《环境保护》2017 年第 20 期。
③ 唐克、王灿发：《环境惩罚性赔偿制度的妥当责任边界——以美国埃克森案展开》，载《求是学刊》2021 年第 5 期。

（Walter Wilburg）提出的动态系统论可以在方法论层面为倍数认定规则提供有力借鉴。

采用动态系统论塑造生态环境损害惩罚性赔偿的倍数认定规则有着独特的价值优势：其一，有利于实现司法裁量的公平正义。一方面，强化法官论证义务。动态系统论下的司法要求法官将其观点和推理明确表述在裁判理由中，比如要素是否成立，对这些要素如何考量，要素之间的协动作用如何体现等，论证说理越充分，则倍数认定就越合理。① 另一方面，更易于对利益比较作价值评价。惩罚性赔偿的适用需要充分考虑公共利益与侵权人利益之间的平衡。动态系统论正是产生于利益平衡的需要，其本身就吸纳了比例原则的要求，② 这一宏观的整体性思维要求法官充分考虑不同利益主体之间的利益平衡，促使公共利益维护和侵权人权益保障等各个判断要素之间形成协同互动关系，避免法官仅单纯考虑生态环境损害惩罚性赔偿之惩罚目的实现，而违背威慑适度理念。

其二，有利于维护法的安定性。动态系统论在将法律规范背后的要素加以明确的基础上，通过确定价值要素位阶，厘清要素间顺序的方式，为法官的司法裁量提供有效的思考路径。采用动态系统论这一理论框架所构建的倍数认定规则不仅能够避免具象化的刚性规则难以贴合多样且动态化的社会实践，而且能够在承认法官自由裁量权的基础上以设置考量要素的形式实现对裁量权的限制，维护法秩序的安定。

（三）动态系统论视角下倍数认定的应然路径

根据维尔伯格的动态系统论的思想，无论是侵权责任的成立还是损害赔偿范围的划定，确定和罗列相关要素及其具体内容是非常关键的，同时也要尽可能明确各项要素的权重，允许法官根据规则背后的价值导向寻求公正的裁量。③ 因此，采用动态系统论构建生态环境损害惩罚性赔偿的倍数认定规则主要包括如下步骤：首先，明确生态环境损害惩罚性赔偿倍数认定所需参考的评价要素；其次，确定各项要素所蕴含的相关内容以及适用标准；最后，协调各要素间的相互作用，明确数个评价要素协动下的思维框架，引导法官在具体裁量时有所侧重，确保最终得出妥当的评价结论。

---

① 王利明：《民法典人格权编中动态系统论的采纳与运用》，载《法学家》2020年第4期。
② 贾邦俊、谢飞：《动态系统视角下重大误解的裁判路径》，载《天津法学》2021年第3期。
③ [奥]海尔穆特·库奇奥：《动态系统论导论》，张玉东译，载《甘肃政法学院学报》2013年第4期。

1. 明确评价要素的种类。生态环境损害惩罚性赔偿设立的目的旨在发挥惩罚与威慑功能，推进生态文明建设和生态环境保护，致力于用最严格的制度、最严密的法治保护生态环境。一方面，对实施污染环境、破坏生态行为的侵权人予以惩戒；另一方面，吓阻欲将实施类似行为的其他侵权人。生态环境损害惩罚性赔偿的倍数认定应当考虑对违法行为人加以报应的惩罚性要素。同时，作为一项加重责任，基于侵权人利益保障的需要，惩罚性赔偿的数额应当得到一定的限制，需要考虑确保威慑适度的限制性要素。惩罚性要素和限制性要素共同决定生态环境损害惩罚性赔偿的倍数。

2. 确定评价要素的具体内容。为了引导法官正确把握抽象化要素的强度与内容，可从事实层面提炼若干能够细化评价要素具体内容的标准作为亚要素，借以为惩罚性赔偿的倍数认定提供多维度的衡量标尺。结合《民法典》第1232条以及《惩罚性赔偿解释》的相关规定，笔者认为，惩罚性要素所包含的亚要素主要包括：

其一，侵害行为的危险性。行为的危险性是与生态环境这一公共利益的受损害程度存在高度关联的行为事实。主要包括侵权行为的行为方式、行为次数、持续时间、污染物种类及总量、地域范围等。按照社会一般认知的普遍因果法则来看，侵权行为的行为方式越隐蔽、行为次数越多、持续时间越长、辐射的地域范围越广、污染物的危险系数越高且污染排放的总量超过标准越大，则在客观上能够造成的实际损害就越大，行为的危险性就越高。行为的危险性越高，则代表对该行为的预防更具有急迫性，理应认定较高倍数，施以更为严厉的惩罚。

其二，公共利益的受侵害程度。公共利益的受侵害程度主要由受侵害公共利益的保护程度以及实际遭受的损害后果两部分组成。受侵害公共利益的保护程度主要从自然环境的人文价值性出发，判断所侵害的是否为自然保护区、独特自然景观、珍贵历史遗址、珍稀野生动物等；实际遭受的损害后果则主要指是否存在生态环境无法修复的可能、生态环境服务功能恢复期限的长短以及是否造成环境非使用价值的损害。侵害保护程度较高的公共利益并且造成环境非使用价值减损的，理应承担较高的惩罚性赔偿。

其三，侵权人的恶意程度。侵权人的恶意程度可通过侵权人的职业经历、专业背景或者经营范围，侵权人因同一行为所受的惩罚情况以及侵权人在诉讼中所采取的行为方式三方面加以判断。其中，侵权人的职业经历、专业背景或者经营范围，侵权人因同一行为所受的惩罚情况是判断侵权人是否具有故意，以及是直接故意还是间接故意的关键，直接故意比间接故意的恶意程度更深。侵权人在诉讼中所采取的行为方式则主要指侵权人掩盖侵权行为、伪造、隐匿或者毁灭侵权证据等。被行政处罚后仍继续实施污染和破坏行为，并且在诉讼中毁灭侵权证据的具有相关专业知识背景的侵权人显然具有更深的主观恶意，应当判定较高的赔偿倍数。

结合我国以及域外司法实践，限制性要素的亚要素主要包括：其一，侵权人所采取的修复措施及其效果。侵权人实施违法行为后积极弥补损害、悔改态度良好并积极赔偿、采用更有利于生态环境服务功能恢复手段等情形的，则可以适当调减相应倍数。

其二，侵权人已承担的行政罚款和刑事罚金。从侵权人角度而言，其违法行为可能同时具有刑事违法性、行政违法性和民事违法性。因此，侵权人可能会因同一侵权行为而承担生态环境损害惩罚性赔偿责任、行政罚款责任等数种法律责任。而不同法律责任之间如何协调是生态环境损害惩罚性赔偿数额妥当与否的关键要素之一。作为一项惩罚与威慑的补足机制，生态环境损害惩罚性赔偿只有在行政罚款等公法责任威慑不足时才具有适用空间，是裨缺补漏，而非越俎代庖，并且其数额应当与行政罚款、刑事罚金相折抵。一方面，确保足够的惩罚与威慑力度；另一方面，防止威慑过度，不合理地加重侵权人的经济负担。

其三，侵权人的财产状况。从过罚相当的原则而言，侵权人的财产状况与其行为应受惩罚并无关联，"这种根据财力作出处罚的方法，也很难体现其遏制作用"[①]。但值得一提的是，可执行性无疑是惩罚性赔偿制度适用过程中必须考虑的要素。因此，若小企业或者个人无力支付惩罚性赔偿，可采用分期付款和以环境公益劳动代替部分赔偿金两种方式。原因在于，一方面，根据侵权人财产状况调减倍数依靠法官的自由裁量，不仅倍数比例难以协调，而且极有可能成为法官寻租的工具；[②]另一方面，以分期付款和环境公益劳动代替部分赔偿金的方式在司法实践中已经有所探索，不仅有利于发挥惩罚性赔偿制度的惩罚和教育功能，督促被告参与环境保护并预防类似损害的发生，而且在避免被告承担过重负担的同时确保惩罚性赔偿的可执行性。

3. 协调各要素间的相互作用。动态系统论的动态在于：一方面，其强调各项要素之间的互动作用；另一方面，其对法律后果的评价因案而异。为使法官清楚知晓哪些要素应当被优先考量，以及如何进行要素之间的互动作

---

① 王利明：《美国惩罚性赔偿制度研究》，载《比较法研究》2003年第5期。
② 曹飞、潘艳平：《环境违法犯罪的法经济学分析》，载《环境科学与技术》2007年第4期。

用，需要明确要素权重的衡量标准。在具体的协动路径上，法官应当遵循"一主二辅"的次第式考虑模式。

"一主"即主要思路为：惩罚性要素优先，限制性要素次之。惩罚性赔偿倍数的认定应归结于惩罚性要素与限制性要素的协动评价。优先考虑惩罚性要素的原因有二：其一，从利益保护和平衡的法原理角度出发，惩罚性赔偿的妥当适用应当是公共利益保护与侵权人利益保护二者权衡的结果。在公共利益与个体利益发生冲突时，优先保护关涉不特定多数主体生存与发展的公共利益是社会普遍遵从的价值选择。生态环境领域适用惩罚性赔偿的目的就在于惩治恶意的不法行为，借以实现对公共利益的保护。其二，基于惩罚性赔偿所具有的惩罚和威慑功能，其适用应当着重考虑侵权人所受惩罚的适当性，将惩罚目的是否满足作为评价惩罚性赔偿适用效果的主要尺度。因此，优先考量惩罚性要素不仅是惩罚性赔偿功能价值的体现，更是贯彻利益平衡原则的应有之义。但是，尊重公共利益的优先保护并不意味着放弃侵权人的利益保护，理应对侵权人正当、合理的利益给予适当尊重与保护。为防止经济、社会发展与环境保护三者利益的失衡，应当在遵循过罚相当原则的基础上确保威慑适度。在具体裁判中，法官应先确定实现惩罚目的所需的相应倍数，而后与限制性要素所代表的倍数相协动。

"二辅"即惩罚性要素和限制性要素内部的权重衡量标准。在惩罚性要素的内部协动中，应遵循"侵权行为的危险性为主，公共利益的受侵害程度为辅，兼顾侵权人恶意程度"的评价模式。惩罚性赔偿制度侧重的是对行为本身的制裁，"决定惩罚性赔偿金数额的核心因素是被告不法行为的严重程度"，[①] 故其首要关心的就是侵权人的行为是否为恶意的反社会行为，行为是否具有道德和社会的可谴责性，至于公共利益受到何种的侵害以及侵害如何补救则并非惩罚性赔偿制度所需重点考虑的。因此，在对惩罚性要素进行评价的过程中，应当着重考量侵权行为的危险程度。在具体裁判中，首先，对各项要素进行内部性评价。在内部性评价中，亦应当注重动态系统论的运用，以行为的危险性为例，即便侵权行为的次数较少、时间较短，但若排放总量较高、辐射范围很广的，仍可认定行为具有较高的危险性，进而认定较高的倍数。其次，注重行为危险性与其他亚要素之间的协动作用。例如，多次、持续、辐射广、规模大的侵权行为具有较高的危险性，而侵权人又具有在诉讼中伪造证据等极为恶劣的主观心态，并且造成生态环境服务功能永久

---

① 金福海：《惩罚性赔偿制度研究》，法律出版社 2008 年版，第 130 页。

丧失等严重后果的，则该行为具有极高的危险性，理应判处更高的倍数。最后，根据行为的危险程度确定相应的倍数。法官可对行为的危险程度加以分类，并对不同的分类赋以不同数值，抑或为每一项亚要素加以赋值，在行为危险程度的基础上根据其他亚要素灵活酌调倍数。

在限制性要素的内部协动中，因侵权人已承担的行政罚款和刑事罚金能够以具象化形式呈现，① 故应遵循"侵权人所采取的修复措施及其效果为主，侵权人财产状况为辅"的评价模式。侵权人在实施侵权行为造成损害后，若是积极采取措施阻止损害扩大或者积极承担修复工作的，代表侵权人已经能够认识到自己的错误，理应减轻惩罚借以鼓励侵权人积极修复环境、保护环境。侵权人财产状况为辅的原因在于：需要结合侵权人所采取的修复措施及其效果看待侵权人财产状况的规则适用。若是侵权人并未积极采取修复措施、阻止损害扩大，则不应以侵权人财产状况不佳为由减轻责任，因为这不仅对侵权人来说过于宽容，而且对其他积极采取修复措施的侵权人来说并不公平。在具体裁量中，当出现侵权人财产状况不佳的情况时，可以根据侵权人所采取的阻止损害扩大的行为、积极修复生态环境的措施及其效果等选择减轻责任的方式，例如采取措施但并未产生实际效用的可采取分期支付的方式；积极采取措施同时产生实际效用的可采用以公益劳动代替部分赔偿金的方式。换言之，在侵权人积极采取措施阻止损害扩大、修复生态环境并且侵权人财产状况不佳的情形中，法官结合具体措施调减相应的倍数的同时可灵活采用分期付款、以公益劳动代替部分赔偿金等形式减轻侵权人的责任。

四、结论

为惩治污染和破坏生态环境的恶意行为，以法治方式健全生态文明制度体系，推进环境治理体系和治理能力现代化，我国《民法典》将惩罚性赔偿制度的适用范围扩张到了环境侵权领域。生态环境损害惩罚性赔偿制度因具有独特的惩罚和威慑功能，能够对实施违法行为的侵权人施以报应，并吓阻侵权人再次实施违法行为以及消除他人实施类似行为的动机。

然而，惩罚性赔偿的数额量定被加入了大量的价值判断要素，导致其结果具有不可预测性。美国法上大量的惩罚性裁决失控案件告诫我们，合理的

---

① 下调倍数的计算方式为：已承担的罚款和罚金总额/（赔偿基数 × 惩罚性要素所对应的倍数）。

赔偿数额是确保生态环境损害惩罚性赔偿制度功能价值发挥的关键。在生态环境损害惩罚性赔偿的司法适用中，赔偿基数在一般情况下应当以生态环境服务功能损失为主，特殊情况下采侵权人所获利益为计算基础。赔偿倍数则需注重动态系统论的适用，分设惩罚性要素和限制性要素，以确保惩罚和威慑功能的实现。法官在具体裁量时可通过对各要素进行赋值的形式动态考虑相应倍数，确保法官享有自由裁量权的同时兼顾法的可预测性。唯有如此，才能在生态环境保护与公平正义的目标上求得平衡。

生态环境修复责任法律规制及构建思路[*]

摘要 习近平总书记强调:"生态兴则文明兴,生态衰则文明衰。"[①]生态环境修复责任乃是治理生态环境破坏的法律之重器,是一种以保护生态利益为目的的责任方式,旨在通过一定的措施使受损生态环境的生态功能得到恢复,以达到生态环境再生,从而实现生态利益的填补与续造。2021年,我国《民法典》第1234条对生态环境修复责任予以确认,为救济生态环境损害提供了实体法依据。但是生态环境修复责任在实践过程中存在生态环境修复责任法律不完善、责任承担方式不力、生态环境修复费用管理不当、生态环境修复执行启动缺位、生态环境修复监督管理失守等多方面问题,亟待人民法院以"建设性"姿态积极应对生态环境修复责任在实践中存在的问题。

关键词 生态环境破坏 生态环境修复 责任承担

生态修复法律责任作为一种环境损害的事后救济方式,在消除环境损害的同时,还能从很大程度上修复生态系统遭受到的破坏,从而促使生态系统恢复正向的循环。但"恢复原状"作为我国目前法律制度中现有的救济方式,一定程度上还不能完全起到修复生态的实质作用。本文通过定量描述司法裁判现状,准确分析症结,提出破解之道,希冀探索出一批可复制、可推广的生态环境修复措施和方法。

一、本体探究:生态环境修复责任的法律界定

"生态环境修复"一词出自环境科学领域,在该领域中,大多数国内外学者对"生态环境修复"概念的界定仍然存在一定的争论,并没有形成统一的认识,因而导致"生态环境修复"纳入法学领域当中时,法学学者又会根

---

[*] 【作者信息】丁辉,江苏省东台市人民法院;张计玉,江苏省东台市人民法院。
[①] 习近平:《论坚持人与自然和谐共生》,中央文献出版社2022年版,第2页。

据环境科学当中对于生态环境修复的各种不同的解释和理论去界定其在法律中的内涵与外延，由此产生了各种各样的不同观点。所以，在讨论生态环境修复责任的演变过程时，首先需要厘清"生态环境修复"及生态环境修复法律责任的相关概念，然后再去讨论生态环境修复责任在法律中的演变进程及目的价值。

（一）生态环境修复责任的内涵

概念是解决法律问题必不可少的工具，若没有对专门概念进行严格限定，就不能清楚且理性地思考法律问题。社会科学领域的"生态环境修复"概念源自自然科学领域对"生态修复"的界定，目前国际上普遍认可美国生态学会关于"生态修复"的解释。根据《生态环境损害赔偿制度改革方案》《最高人民法院关于审理环境民事公益诉讼案件适用法律若干问题的解释》等规定，"生态环境修复"是指对因污染环境、破坏生态而导致的环境要素、生物要素以及生态系统功能退化而进行的修复，故本文采用的"生态环境修复"一词有据可循。词义的辨析是一门学科研究的根基。本文认为，生态环境修复是指为应对环境要素的物理、化学、生物特征的不利改变，降低生态风险，对遭受污染或损害的生态环境，通过人的主动干预，修复受损区域的环境功能、生态服务价值，使其达到一个健康、平衡的状态。

法律作为人类用以调和社会关系的产物，制定它是为维护稳定、解决矛盾和保护权益，而法律作用于现实的路径之一便是法律责任的有效落实。本文认为，生态环境修复责任产生的前提是实施了污染环境或破坏生态的行为；责任主体主要是生态环境损害者；救济对象是遭受损害的生态环境和生态环境利益；实现方式是采取一系列可行的修复措施；最终目的是恢复生态环境的再生能力，从而完成对受损生态环境利益的填补。因此，本文认为，生态环境修复责任是指因违反法律规定或合同约定的第一性义务，造成环境污染或生态破坏的损害后果，基于违反义务与损害后果之间的因果关系，进而由损害者承担不利法律后果，履行生态环境修复的法律责任。

（二）从"恢复原状"到"生态环境修复"的迭代之变

2015年《最高人民法院关于审理环境民事公益诉讼案件适用法律若干问题的解释》将"生态环境修复责任"作为环境保护领域的"恢复原状"。2021年，《民法典》正式实施，标志着生态环境修复责任作为救济生态环境损害的方式得以在法律中确认，①实现从"恢复原状"到"生态环境修复责任"的"蝶变"。整个生态环境修复责任诞生的过程，表明党的十八大以来国家治理生态环境损害的决心从未消减。其实，生态环境修复责任源于民法中的"恢复原状"，恢复原状责任为生态环境修复责任的发展提供了独立性基础，可是恢复原状责任的民事特性与生态环境的损害救济又不相契合。细究"生态环境修复"与"恢复原状"之间的差异，可以发现，生态环境修复救济的主要对象是环境公共利益，责任形式可以采取直接修复或者缴纳修复费用后由第三方的专业机构代为履行的方式，修复结果不可能将被损害区域的环境功能完全恢复到最初状态；而"恢复原状"救济的是私权性质的人身权与财产权，民法中的"物"确实可以通过"修理"恢复到最初状态，其恢复过程也可由责任人亲自实施，所以"生态环境修复责任"不能等同于民法中的"恢复原状"责任。

（三）生态环境修复责任的价值

我国《民法典》第1234条规定生态环境修复责任承担的两种方式以及这两种方式的适用顺位。受损的生态环境在能够修复的前提下，首先适用自行修复，即由行为人自己展开生态环境修复活动，或者自己出资由第三方的专业机构修复；如果生态环境损害者未能修复或者修复未达标，则由国家和法律规定的机关或组织交由第三方修复，但是费用依旧由生态环境损害者承担。我国将"生态环境修复责任"明确写入《民法典》，"不仅是对环境法治的完善，也是国家环境治理能力现代化的标志"②。我国《民法典》引入"修复责任"的承担方式弥补了传统恢复性方式的不足，是"恢复原状"在生态环境损害救济中的扩张性表现，缓解了恢复原状与实际难以实施之间的矛盾，能够更好地实现对生态环境的保护。生态环境修复责任是一种责任，有确定的生态环境损害出现之后，由特定主体运用一系列物理、化学和生物等环境科学和环境工程相关方法，针对受损生态环境进行的整治修补活动，其目的是将受损生态环境改善到适于人类生存生活且更有利于发展的良好状态。生态环境修复责任的直接目的是让责任人对污染与破坏环境的行为承担

---

① 《民法典》第1234条规定："违反国家规定造成生态环境损害，生态环境能够修复的，国家规定的机关或者法律规定的组织有权请求侵权人在合理期限内承担修复责任。侵权人在期限内未修复的，国家规定的机关或者法律规定的组织可以自行或者委托他人进行修复，所需费用由侵权人负担。"

② 刘士国：《民法典"环境污染和生态破坏责任"评析》，载《东方法学》2020年第4期。

起真正的修复责任,减轻政府的环境责任负担;间接目的是提高责任人风险规避的意识和水平,真正落实《环境保护法》中规定的"损害担责原则",从源头上解决环境损害的外部性问题。生态环境修复责任是可以通过多种途径达到生态环境修复目的的一项环境法律责任。

二、实证扫描:生态环境修复责任的样态特征

虽然生态环境修复在法律法规的条文中逐步演变成了一项独立的责任,但是在司法实践当中,生态环境修复的适用在一定程度上还不容乐观。很多法院在面对生态环境损害案件时,比起判决被告承担生态环境修复责任,更愿意以要求承担"生态环境损害赔偿"责任的方式来完成案件的判决。本部分以"生态环境修复责任"为关键词,在中国裁判文书网上共检索到148份裁判文书,剔除一些不涉及实体内容的裁定书等,得到实际有效的分析样本为126份,通过研究样本案例,详细分析生态环境修复责任在环境民事司法实践中的样态特征。

(一)生态环境修复责任的实现形式情况

通过分析样本案例可知,生态环境修复责任的实现主要有三种形式。其一是行为责任,例如,对于因破坏植被、乱砍滥伐等行为造成生态破坏的,大多采取"补种复绿"等责任承担方式。对于过度捕捞,严重造成水生态环境破坏和海洋生态环境失衡的,大多采取"增殖放流"等责任承担方式。对于因开矿采矿、过度开采造成生态破坏的,大多采取"恢复原状"等责任承担方式。其二是经济责任,即责任人承担费用责任,以替代行为责任的履行。例如,法院判决被告人连带赔偿修复费用,用于所污染土壤的修复;有的是因为在案件审理中就已经修复完成并验收合格,遂只能判处被告承担费用责任;还有的是因为无法实施具体的修复工作或被告缺乏生态环境修复的能力,亦只能判决被告承担费用责任,专用于该种环境因素受损的治理。其三是把行为责任作为优先诉求,将经济责任作为备用诉求,即损害者不履行行为责任时,应当承担费用,如法院判决由责任人自行委托第三方进行修复,否则应向专项账户支付修复费用,后聘请第三方对受损的生态进行修复。(见图1)

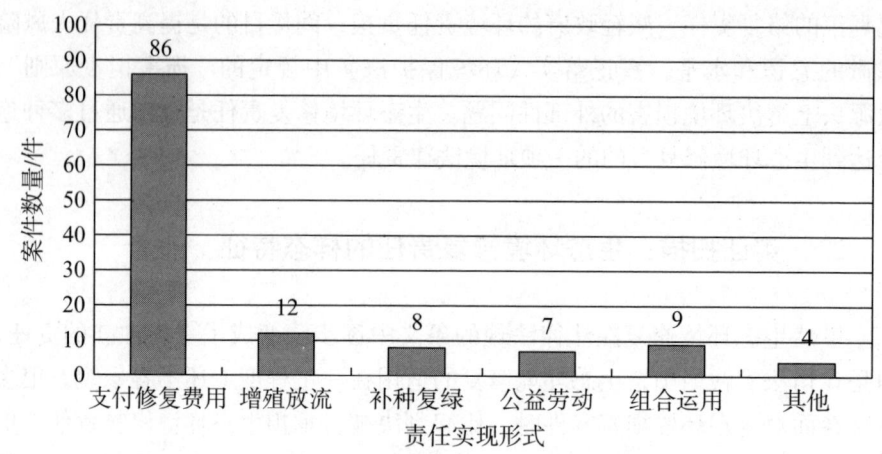

图 1 生态环境修复责任实现形式情况

（二）生态环境修复费用的金额情况

生态环境修复费用是指为把受损或即将要受损的生态环境通过一定措施修复至未受损或无受损威胁的状态，恢复或保证其正常生态服务功能所产生的费用。① 在 126 份文书中共 98 起案例确定生态环境修复费用金额。实务中，生态环境修复费用往往与当事人支付能力不相符，由于环境资源案件专业性较强，往往需经专业性鉴定，故需要当事人支付一定的鉴定费，再加上罚金、生态损害赔偿等费用，最终会出现赔偿费用数额较大的情况，可能导致部分当事人履行能力不足。分析样本也同样发现，部分法院生效判决中生态环境修复费用金额较大，已经超出了被告的经济能力，部分被告没有能力履行法院的生效判决，"空判"的可能性较大，最终出现"执行难"。（见表 1）

表 1 生态修复费用金额统计情况（98 起案例） 单位：件

生态修复费用	50万元以下	50万元至150万元以下	150万元至250万元以下	250万元至350万元以下	350万元以上
案件数	39	21	13	16	9

---

① 生态环境修复费用的范围存在广义与狭义之分：广义范围包括生态环境损害的防范性措施费用、清除性措施费用、恢复性措施费用、附带损失费用（如评估费、监测费、检测费等）；狭义范围则仅包括生态环境损害的恢复性措施费用。本文即采用广义理解。

（三）生态环境修复费用的使用管理情况

2020年3月11日起施行的《生态环境损害赔偿资金管理办法（试行）》，对生态环境修复费用运行问题产生较大影响。样本显示，法院并未将环境民事公益诉讼中原告或公益诉讼起诉人胜诉所产生的生态环境修复费用统一判赔给相应政府并缴至国库，生态环境修复费用的运行在司法判决中尚存在赔付对象混乱、赔付用途笼统等问题。一是赔付对象较乱。目前，我国司法实践中生态环境修复费用的赔付对象可谓五花八门，甚至还有不利于执行的"未明确赔付对象"案例，在法院判决中关于生态环境修复费用的赔付对象存在以下几种情况：未明确赔付对象、国库、法院指定账户、原告或公益诉讼起诉人、环保专项账户。二是赔付金用途笼统。在判决书中，对生态环境修复费用的赔付用途往往仅用一句话概括，即"用于对生态环境恢复和治理"；或者不直接表述，而仅用"生态环境修复费用"等词汇。（见表2）

表2　生态环境修复费用赔付对象情况（98起案例）　　单位：件

生态环境修复费用赔付对象情况	国库	法院指定账户	原告或公益诉讼起诉人	环保专项账户	未明确赔付对象
案件数	27	33	13	17	8

（四）生态环境修复责任的实际承担情况

一是生态环境修复责任承担方式不仅包括增殖放流、补种复绿、公益劳动等自行修复方式，还包括支付生态环境修复费用等方式，但以支付生态环境修复费用为主，因为生态环境遭损害后"恢复原状"往往存在现实困难，并且当事人生态环境修复能力普遍不高，因此支付相关费用来替代自行履行。二是法院虽然在实践中不断创新责任承担方式，推动生态环境修复责任在实践中变通适用，但是不可否认的是法院判决损害者承担赔偿环境修复费用仍占据一半以上。生态环境损害者更多地选择承担经济责任即支付生态修复费用，但是法院的裁决中对于生态修复费用的核算偏向于虚拟治理成本法，该评估方法本身存在不确定性的问题，如果评估存在偏差，有可能导致支付的生态修复费用无法完成对受损生态环境的修复；同时，污染者通过向政府或法院支付对价，承担经济责任，等于把受损生态环境修复的行动义务转嫁给了政府或法院，政府或法院成了生态修复的主导者，加重了政府或法院的任务，造成了污染者部分修复义务的逃逸。

（五）生态环境修复责任裁判文书的量刑情况

通过分析样本发现，生态环境修复责任裁判文书存在量刑不统一以及法院判决书在判决主文部分明确生态环境修复责任相对不多的现象。一是量刑存在不统一的问题。已经承担了生态环境修复责任的，可在刑罚量刑时对当事人从宽处罚或者适用缓刑；对于尚未履行生态环境修复责任的，法院为了鼓励当事人履行生态环境修复义务的积极性，在刑罚量刑时也对当事人从轻处罚或者适用缓刑。这就弱化了刑罚对生态环境违法犯罪的惩治功能。二是虽然刑事判决占各类环境诉讼案件的大半以上，但是生态环境修复责任主要适用于环境资源刑事判决和刑事附带民事公益判决。三是由于部分生态环境修复责任在刑事判决作出前已经履行，所以生态环境修复责任在判决的事实查明和说理部分适用较多，在判决主文中适用较少。

三、问题剖析：生态环境修复责任的执行验收难题

执行制度的设立目的在于有序、高效地落实裁判，同时裁判的内容也将成为执行的依据，从而影响执行标的、方式、效果等方面，因此，生态环境修复责任的执行环节与诉讼环节具有一贯性。但是在司法实践中，生态环境修复责任的执行验收还存在一些困难和难题。

（一）生态环境修复的执行启动难

生态环境修复性裁判的执行贯彻了"公益性"的特征，公益案件中并没有特定的受害者，诉讼的原告并不因为执行环节的不到位而遭受损失，故而往往缺乏执行启动的动力，造成执行启动环节的缺位。基于对这一特殊性的考量，我国法律和司法解释中都明确规定公益诉讼采取法院依职权移送执行的制度，无须原告申请即可启动。但与其他公益诉讼案件的执行不同，环境公益性案件执行启动需要对原告是否怠于履行生态修复责任进行判断，这就要求判断启动强制执行的主体是否具备相当的环境科学专业知识，而法官显然不具备这种专业性，故而法院如何把控移送执行程序启动环节，是一个需要深入探讨的问题。

（二）生态环境修复责任监督薄弱

生态环境修复责任的目标是将受损的生态环境尽可能修复到未受损前的功能状态，然而要达到这个目标，就必须对生态环境修复的各个环节进行监督管理。但是，在目前的生态环境修复的各个环节中，监督管理环节并没有真正进行落实。其一，法院执行监督能力欠缺。生态环境修复案件与其他类型案件相比，在执行环节生态环境修复专业性强，但是司法机关缺乏专业性，对于后续的修复监督，由于对生态环境修复专业知识有盲区，导致法院在生态环境修复执行环节很难做到有效监督。其二，行政机关监督管理失守。顺利实施生态环境修复工程，仅仅依靠环境行政机关的监督作用是远远不够的，也需要其他行政部门的积极配合。然而，利益的驱使导致在实践中有的行政机关争抢生态环境修复过程中有利可图的部分，而对其他部分疏于监督与管理，这使得生态修复的监督机制并不能有效、全面覆盖生态环境修复的全过程。

（三）生态环境修复验收标准难以掌控

当前，生态环境修复的标准是以恢复原状为主，一般要求将被破坏或污染的环境恢复到未受污染或破坏前的状态或者恢复到比原来更好的状态。[①] 恢复原状是一种"理想主义"的做法，是传统民事物权救济的重要方式之一，生态环境原状更容易受限于管理水平、技术条件等因素而导致历史数据缺失，从而无法确定生态受损区域的原有状态，难以操作，且恢复原状即使可以做到，也只是单一环境要素的修复，未必适应生态功能整体改善的需求。同时，虽然法院判决书中明确了补种苗木、放流鱼苗、劳务代偿等行为责任方式，但对于苗木、鱼苗成活率、提供劳务质量以及后续养护义务等未作进一步明确，导致当事人可能通过"以次充好"来降低生态环境修复成本。

四、他山之石：生态环境修复责任的域外经验

鉴于生态环境损害的特殊性，传统法律责任形式已经无法实现有效救济。从20世纪70年代开始，一些发达国家逐渐展开对受损生态环境修复的

[①] 王慧：《环境民事公益诉讼案件执行程序专门化之探讨》，载《甘肃政法学院学报》2018年第1期。

研究。随着生态环境修复法律理论的日渐成熟、法律规定的日益完备以及修复技术的不断进步，许多国家逐渐将"生态环境修复责任"当成一项专门的环境法律责任形式。

（一）国外生态环境修复法律责任的考察

1. 美国生态环境修复法律责任考察。美国的生态环境修复立法最初以土地复垦为主要目标，最终发展到以"生态环境修复"为目标，其中《超级基金法》对相应制度有着最为详尽的规定。该法设立了"危险物质信托基金"制度，还明确了检举、揭发非法泄漏危险物质的举报人可获得由危险物质信托基金支付奖金的奖励规则，该规定在打击非法排污行为时，激励公民参与环境管理活动。此外，《超级基金法》还包括了一系列复杂的执行权、诉权和针对政府关于清除污染场地的行为和决定程序。总体而言，强大的资金支持是美国落实生态修复责任中的闪光点，无论是《超级基金法》的严格和连带责任，还是"复垦闭矿保证金"制度，都能在"生态环境损害"发生的最初，提供有力的经济保障。

2. 德国生态环境修复法律责任考察。从19世纪开始，德国就已经开始构建环境法律责任体系，目前形成了较为完善的环境保护立法体系和执法体系。在德国，"生态环境修复责任"表现为行政责任与民事责任的双重构造，民事责任更加注重对私权的保护，而行政责任更加强调对受损环境本身的修复救济。民事责任表现为由《德国民法典》第249条、《德国环境责任法》第16条等规范组成的恢复责任中，通过对环境民事权益的救济进而实现自然资源损害的修复。行政责任主要体现在以《环境损害预防及恢复法》为基础的一系列法律规范中，为栖息地、水体和土壤等受损环境以及整体生态环境功能的修复提供了系统的法律依据。《环境损害预防及恢复法》强调通过行政手段促进对受损的自然环境的修复，体现了行政机关在生态环境修复责任落实中的主导性。此外，《环境损害预防及恢复法》还赋予符合法律条件的环保组织拥有提起"环境行政公益诉讼"的权利。

（二）生态环境修复责任国外经验的启示

美国、德国等一些发达国家较早地进入工业化时代，在经济腾飞的同时基本上都经历了"生态环境急速恶化，环境事故频发"的阶段，但通过几十年的修复与治理，生态环境恶化的趋势得到了有效遏制，整体环境质量有了极为显著的改善。这一有利改变一定程度上可归功于其"生态环境修复法律责任"的成熟。第一,法律规定不断完善。总结境外生态环境修复的成熟经验,我们可以发现在法律中确定并完善生态环境修复责任确有必要,如美国的《超级基金法》,德国的《环境损害预防及恢复法》。在相应的主导性法律中勾勒出生态环境修复责任的基本框架之后,辅之以配套的法律,而且法律规定比较详细,可操作性和指引性较强,形成了目标一致、逻辑一致的修复责任实现体系。第二,责任性质明确。法律责任的有效追究必先明确其性质。对生态环境修复责任的定性不同将会导致责任的请求权主体、责任的实现形式以及保障制度的不同。美国和德国将生态环境修复责任界定为行政责任,用公法的手段来解决由土壤污染、矿产开发导致的生态环境损害的修复问题,具体通过采取行政命令的方式责令责任人进行生态环境修复。第三,资金支持充足。生态环境修复作为一项系统工程需要充足的资金支持,有些修复所需的巨额费用对于责任人来说根本无力承担。因此,为了保障修复活动顺利进行,必须提供有力的资金保障。美国通过《超级基金法》对基金的来源与使用进行了明确规定。第四,诉讼保障完备。生态环境修复责任最终要通过司法途径解决,因此,除了要在实体上提供可靠的依据,程序上的保障也必不可少。为了督促环境监管主体积极履行生态环境修复的监管职责,德国赋予环保组织提起"环境行政公益诉讼"的权利,进而督促行政机关及时履行职责。

五、路径微探:完善生态环境修复责任的构建思路

环境侵权不仅包括个体层面上受害人利益的受损,更包含了社会整体层面上环境公共利益的受损,具有明显的二元性。[①]恢复生态系统与环境原貌是解决生态与环境问题的终极目标。针对生态修复责任存在的问题,司法裁判者应充分发挥主观能动性,完善生态环境修复责任制度,准确适用法律法规,实现环境司法正义的目标。

(一)健全生态环境修复责任的相关法律制度

我国生态环境修复责任的立法主要集中体现在以《民法典》《环境保护法》为代表的狭义层面的法律中、以《最高人民法院关于审理环境民事公益诉讼案件适用法律若干问题的解释》为代表的司法解释中,以及地方人大常

---

① 吕忠梅:《论环境侵权的二元性》,载《人民法院报》2014年10月29日。

委会、人民政府所制定的地方性法规与规章中。同时，我国对于生态环境修复责任适用的配套制度并无具体规定。从法律层面而言，《民法典》第1234条将生态环境修复责任予以确认并直接明确生态环境修复责任的构成要件，《民法典》第1235条确认损害赔偿的范围，囊括生态环境从受到损害一直到修复完毕整个时间段内可能出现的所有费用，司法实践中往往也是作为兜底条款进行适用。不过总体而言，这些费用都要作为生态环境修复资金用于生态环境修复。我们可以发现有关生态环境修复责任的法律条文分散且规定原则性较强。虽然《民法典》中具体规定生态环境损害的赔偿范围，但是关于生态环境修复责任的其他方面并未作出具体规定。从司法解释、法规、规章层面而言，尽管司法解释对生态环境修复费用的使用作出一些规定，但是这些规定都是从宏观角度规定的，对于具体使用规则并未作出详细规定，也可能是由于实践经验的不足或者是各地方的具体情况不同而导致的。

本文认为，在理想图景中，我们首先应当做的是整合当前有关生态环境修复责任的法律法规，其次是完善生态环境修复责任立法，只有在整合的基础上对生态环境修复责任立法才能有效推动生态环境修复责任在实践中得到有效的适用。在整合当前生态环境修复责任法律法规的前提下，也应当加快完善生态环境修复责任在立法方面存在的不足之处。我国目前有关生态环境修复责任适用的配套措施在狭义法律层面无规定，这就导致生态环境修复责任在实践中适用存在障碍。比如，针对生态环境修复的启动标准，我国法律并没有明确规定，达到何种程度的生态环境损害应交由专业第三方进行修复而非交由生态环境损害者自行修复，对于严重影响到生态环境修复的关键因素法律并未规定，在司法实践中多由法官自由裁量。再如，生态环境修复责任适用的配套措施不完善，如资金管理制度、修复验收标准、第三方修复等。

（二）强化生态环境修复责任裁判文书量刑和说理

判决主文就是裁判结果，是法院对当事人争议的权利义务关系作出的实体性处理决定。本文认为，强化生态环境修复责任裁判文书量刑和说理应当从以下几个方面着手：一是应在判决主文中明确被告的生态环境修复责任，而不能以"关于附带民事公益诉讼起诉人的第一项诉讼请求的赔偿方式，双方可通过庭外协商以附带民事公益诉讼被告从事环境公益劳动等方式予以部分替代性赔偿"等形式进行简单说理。对于承担行为责任的，在判决主文中可统一表述为："附带民事公益诉讼被告××承担增殖放流/补种复绿/提供公益劳动（或探索其他行为责任承担方式）的生态环境修复责任"。同时要明确具体数量。对于承担经济责任的，在判决主文中可统一表述为："附带民事公益诉讼被告××于本判决生效之日起××日内支付生态环境修复费用××元至××账户"。二是区别于一般刑事或刑事附带民事案件处理，涉生态环境修复的刑事和刑事附带民事案件应当充分考虑到生态环境特殊性，将生态环境修复情节在量刑上的作用充分显现出来，在立法条件允许的情况下应尽快将其纳入此类案件审理的法定量刑情节。三是应当慎用缓刑，当事人在没有承担、履行生态环境修复责任前，不得考虑缓刑适用，而只有当事人承担、履行了部分或者全部生态环境修复责任时，才可考虑缓刑适用。

（三）解决自行修复等责任承担难题

根据我国《民法典》第1234条规定，在受损的生态环境能够修复的前提下，生态环境修复责任主要有两种方式，一是自行修复，二是委托他人修复。我国《民法典》的规定改变过去司法实践中"重赔偿、轻修复"的局面，在目前司法案件中，当判决生态环境损害者实施修复责任时，通常在此判决后面都会补充一句，如未完成对受损生态环境的修复，则要支付生态环境修复费用。[①] 本文认为，在司法实务中，首先，应当积极优化生态环境修复责任承担方式的选择。法院在判决时应分类型选择生态环境修复责任承担方式，针对修复技术难度较低的生态环境修复案件，[②] 法官应当判决其首先对生态环境修复，只有在修复未完成或者修复不合格时，进行委托修复，由生态环境损害者承担生态环境修复费用；针对修复技术要求严格的案件，法官应当直接采取委托修复的方式。其次，应当在生态环境修复责任实践中积极引入第三方机构修复。生态环境修复具有极强的专业性与技术性，且生态环境具有系统性，决定了生态环境修复具有专业性。针对简单的、损害者可自行修复的案件，可以允许损害者自行修复，如果不达标可要求其继续修复或者交由第三方进行修复；但是针对一些修复起来比较困难的污染场地，则应当引入专业的第三方机构进行修复，产生的费用由生态环境损害者承担。

[①] 例如，法院判决被告王某某在本判决生效后的3个月时间内向嘉陵江流域放流规格10厘米以上的土著鲫鱼2000尾。若被告逾期未履行前述义务，则由被告于逾期之日起10日内赔偿生态环境修复费用22934元，用于修复被损害的生态环境。

[②] 例如，滥伐林木案件。

（四）解决生态环境修复费用管理和使用问题

1. 建立生态环境修复公益基金。当前，生态环境修复费用的赔付对象不统一，国库、法院、原告或公益诉讼起诉人、环保专项账户均存在不足。其一，我国国库实行单一账户体系，存在一套庞大且严格的管理系统。如果再将生态环境修复费用纳入国库，不便于修复费用及时运转，从而降低生态环境修复费用的审批、管理、使用方便性。其二，法院处于审判中立地位，不宜将生态环境修复费用赔付至法院机关普通账户和环保专项账户。其三，在环境民事公益诉讼起诉方拥有超高胜诉率的背景下，若直接将胜诉利益归于公益诉讼起诉方，会大概率滋生腐败风险，寻租空间增加，不宜直接赔付至原告或公益诉讼起诉方。其四，法院将生态修复费用判赔至环保专项账户是实践中的常见做法，但是这些环保专项账户仍需被纳入国库统一管理，在实际运行中依然总体存在"管理模式具有合法性风险、公权力主导下的效率低、缺乏有效监督"等固有问题。本文认为，政府主导设立生态环境修复公益基金是生态环境修复费用统一判赔对象的最佳选择。政府主导设立的生态环境修复公益基金，是政府或政府部门为保护、修复生态环境而公募成立、主导建设的专项基金。[①] 生态环境修复公益基金由政府主导，有利于公权力对基金的监管，以基金模式管理，较之国库、环保专项账户管理具有更强的灵活性与效率性。

2. 强化赔付金用途。本文认为，在判决书中划分生态环境修复费用的具体用途，基于判决的执行力，更能确保落实生态环境修复费用，从而实现修复生态环境目的。基于环境修复工作具有专业性、长期性和复杂性等特征，金额不必划分得极为细致，且原本就并不十分专业的法官也无法达到细致划分的要求，故具体金额的划分可以具有弹性化。

（五）完善生态环境修复执行监督机制

为实现对被告履行裁判情况的有效监督，各地司法实践中对裁判的执行启动方式探索不断，主要体现为以下四种：法院主动监管方式、行政机关监

---

① 2019年6月，广西藤县人民政府设立了广西第一个环境公益诉讼专项基金，该专项基金由藤县财政局统一核算和管理，并成立以常务副县长为组长，分管副县长、检察长为副组长的基金管理领导小组，实行基金模式管理。

管方式、公益诉讼原告监管方式、第三方监督方式。① 司法实践中出现的上述模式各有其优劣。其一，在法院主动监管方式下，主要依靠执行法官的力量，对具体生态环境修复案件履行情况进行执行回访，不仅会消耗法官较多时间和精力，而且与法官审理案件的司法职能相悖。其二，在行政机关监管方式下，行政机关并不具备民事执行权，行政机关事实上执行的是法院的意志，这意味着行政机关难以在修复的过程中充分发挥自身的主动性和积极性。其三，公益诉讼原告在提起公益诉讼的积极性上并不高，更不可能让其履行周期长、成本高的生态环境修复工程的监督义务。本文认为，引入第三方监督模式为问题的解决提供了新的思路，既可以有效地缓解法官对具体修复过程进行回访所消耗的精力、时间，有利于法官专注于案件的审判，同时强化了法官对整个修复过程的监督和管控。值得注意的是，在第三方监督机制的实施过程中，法院不能通过判决的方式强制规定第三方为监督人，法院可作为引导者，引导双方订立《第三方监督协议》，法院负责对订立的协议进行审查，同时第三方需要履行向法院汇报被告履行情况的义务，法院或者原告在收到第三方主体的报告后及时启动强制执行程序。

（六）健全完善生态环境修复验收程序

1. 验收主体要明确化。主体作为法律关系的重要组成要素，其明确化有利于法律关系的发展和相关制度的完善。生态环境修复验收是对生态环境修复工作是否达标的检验，是对行为人污染环境或者破坏生态等违法行为承担责任的检查。在不同的生态环境修复验收工作中，生态环境修复验收主体不一致。本文认为，生态环境修复验收主体不仅应该包括市生态环境局等政府部门，还应该包括与修复环境密切联系的当地居民和负责环境监测或者数据分析的第三方机构以及研究环境方面的专家。政府或者其他行政机关、负责验收工作会议的环境专家和第三方人士及当地居民等利害相关人同时参与会议发表各自对验收工作的看法，既符合《环境保护法》公众参与的原则，也有利于各方行使监督权，可以共同致力于环境保护事业的发展。

2. 验收程序要规范化。生态环境修复验收程序的规范化，可以保证验收结果的公正性和合法性。本文认为，验收程序的整体规定如下：首先，当生

---

① 例如，贵州省清镇市生态环保法庭在中华环保联合会诉贵州某乳业水污染纠纷案中，法院积极组织调解，并在调解书中明确规定由贵阳市公众环境教育中心作为第三方，担任被告履行行为的监督主体，对被告是否继续超标排污以及消除危险、修复生态环境的具体裁判内容进行监管。

态环境修复工作完成后，生态环境修复义务人应当委托具有资质的相关机构进行自查。其次，由县级地方主管部门初步审查决定是否准许验收。修复义务人根据规定向所在地县级以上地方人民政府相关部门申请验收，由其进行初步审查。再次，由相关主管部门会同其他部门组成验收小组进行核查，其中，验收小组的专业技术人员须达到70%以上。最后，验收小组召开会议，确定验收结果。验收不通过，可责令义务人在一定时间内采取补救措施。同时，鉴于生态环境要素多种多样，每种环境要素都有各自的特征，制定完全一致的验收程序可能会忽略各个环境要素的差异性，会对生态环境修复工作乃至生态环境保护工作造成不便，所以应该在整体验收程序的规定下，允许地方根据环境要素的差异对后续程序适度修改。

"双碳"目标立法的安全维度考察[*]

摘要： 开展"双碳"目标立法工作，必须重视安全维度，助力"双碳"目标行稳致远。我国必须立足于总体国家安全观，结合《国家安全法》相关条文，通过梳理"双碳"目标安全立法的历史源流，考察我国"双碳"目标立法从能耗双控的能源单一安全维度到碳排放双控的多元安全维度的发展历程，厘清能源、经济、社会、生态和气候五个安全维度各自的价值定位，实现"双碳"目标安全立法的体系化维度创新。未来我国应当结合英国、美国和德国等域外经验与教训，根据这些国家各自侧重的立法维度，开展"双碳"目标安全立法工作。这一立法过程必须贯彻五横三纵的安全维度，即以能源、经济、社会、生态和气候五个安全维度为横向，以国家目的、国家目标和国家任务三个层面为纵向，修订《国家安全法》的内容时必须考量经济安全和社会安全，制定《能源法》过程中必须考量能源安全，编纂生态环境法典必须考量生态安全，制定《碳中和促进法》必须考量气候安全。在这些法律制定和编纂过程中，应当将"双碳"安全的价值贯彻到立法过程中，从而明确相关主体、法律内容和法律后果，并厘清相应的权利和义务。

关键词： "双碳"目标　安全价值　应对气候变化　能源安全　生态环境法典　风险预防

一、问题之提出

2020年9月22日，国家主席习近平在第七十五届联合国大会一般性辩论上的讲话中宣布："中国将提高国家自主贡献力度，采取更加有力的政策和措施，二氧化碳排放力争于2030年前达到峰值，努力争取2060年前实现

---

[*] 【作者信息】张叶东，复旦大学。

碳中和。"①此即为碳达峰、碳中和目标（以下简称"双碳"目标）。注意这里的表述是"力争2030年前达到碳达峰，努力争取2060年前实现碳中和"，说明党中央尽管给出了目标承诺，但在碳达峰、碳中和这两个具体目标战略的落实上仍留有不同的余地，②也需要结合安全价值对二者的衔接路径开展更进一步的研究。对中国未来的发展而言，"双碳"目标既是机遇也意味着重大挑战。③当前中国的经济结构正处于转型期，地租经济为政府财政创收的发展模式逐渐难以为继，经济转型带来了短暂性的阵痛，而"双碳"产业很可能成为政府财政产生税源的重要窗口。这也就意味着"双碳"目标不仅会对我国经济社会的发展产生系统性影响（经济安全），还会促进经济社会绿色低碳转型，而这也是非传统安全（能源安全、社会安全、生态安全、气候安全）在"双碳"领域的具体体现。④因此，实现"双碳"目标，开展"双碳"目标立法工作，决不能就碳论碳，⑤必须稳扎稳打，步步为营。

从国内外实践进展来看，不论是欧洲能源危机，⑥还是丹麦哥本哈根市放弃碳中和承诺，⑦这些事例都表明安全已经成为"双碳"领域必须直面的挑战。然而，当前国内外学术界和实务界尚未从安全维度对"双碳"目标立法开展系统研究，大多集中于能源安全维度、经济安全维度、社会安全维度、生态安全维度和气候安全维度的点状梳理，尚未进行系统和全面的深度剖析。因此，如何在"双碳"目标立法中落实安全价值，安全维度究竟包括哪些维度，⑧从安全维度如何指导"双碳"目标立法，必须进行深入分析和研

---

① 习近平：《习近平在联合国成立75周年系列高级别会议上的讲话》，人民出版社2020年版，第10页。
② 张中祥：《正确认识"双碳"策略需把握四个关键点》，载新浪财经，http://finance.sina.com.cn/money/future/roll/2022-04-23/doc-imcwiwst3572236.shtml，最后访问时间：2023年7月8日。
③ 张璐：《"双碳"目标对我国可再生能源立法的影响及其应对》，载《北方法学》2022年第2期。
④ 袁银传、王馨玥：《总体国家安全观的基本内涵、基本要求和实现路径》，载《思想教育研究》2023年第4期。
⑤ 何立峰：《完整准确全面贯彻新发展理念 扎实做好碳达峰碳中和工作》，载中国政府网，最后访问时间：2023年7月8日。
⑥ 张颖：《全球冲击波：欧洲陷入能源危机》，载澎湃新闻网，最后访问时间：2023年7月8日。
⑦ 《环保之都丹麦哥本哈根放弃2025年实现碳中和目标》，载新浪财经，http://finance.sina.com.cn/jjxw/2022-08-27/doc-imizirav9983274.shtml?finpagefr=p_115，最后访问时间：2023年7月8日。
⑧ 维度是事物"有联系"的抽象概念的数量。"有联系"的抽象概念指的是由多个抽象概念联系而成的抽象概念，和任何一个组成它的抽象概念都有联系，组成它的抽象概念的个数就是它变化的维度。就立法而言，维度不仅可以从法理维度的视角切入，也可以从不同的领域视角切入，对立法进行不同视角的分析，有助于更加全面系统地观察立法，也有助于从整体的视角把握立法全局。

究。笔者在过往提出的法理三维度①（权力—权力维度、权力—权利维度和权利—权利维度）的基础上，重新梳理"双碳"目标安全立法的历史源流，并逐层分析"双碳"目标立法的安全价值定位，进一步从安全维度拓展"双碳"目标立法的工作思路，以总体国家安全观为指导，以减碳、增汇的降碳思路为引领，以能源安全维度、经济安全维度、社会安全维度、生态安全维度、气候安全维度为切入点，形成"五位一体"的"双碳"安全格局，并借鉴域外开展的立法与实践经验，从安全维度整体系统地指导"双碳"目标立法工作的具体开展。

二、"双碳"安全立法的历史源流

"双碳"安全立法体系的形成有其历史源流。"双碳"安全立法从一开始侧重于能源安全到侧重于经济安全，直至近期形成了覆盖能源、经济、社会、生态和气候等不同安全维度的经济社会系统性布局，经历了一个长期的历史发展和演变过程。2023年7月11日，《关于推动能耗双控逐步转向碳排放双控的意见》出台，该意见提出从能耗双控逐步转向碳排放双控。根据《国家安全法》第6条、第8条和第21条规定，"双碳"领域的安全属于非传统安全，国家也明确要从涉及"双碳"目标的资源能源合理保护利用、中长期目标政策、工作任务和措施入手，制定并不断完善国家安全战略。接下来笔者将从"双碳"安全立法的历史源流进行溯源，分析"双碳"安全立法如何从"能源消费总量和强度双控制度"向"碳排放总量和强度双控制度"转变。

（一）能源消费总量和强度双控制度

能源消费总量和强度双控制度（以下简称能耗双控制度）是贯彻落实"双碳"安全立法的开端，根据《国家安全法》第6条规定，"双碳"目标作为国家重大战略，能源安全在过去一段时期处于非常重要的地位，这样来看，我国最早是从能源安全维度就降碳领域开展工作的。如表1所示，能耗双控制度跨越四次五年计划，目标推进循序渐进。从"十一五"期间首次提出一次能源消费总量控制目标和万元GDP能耗下降目标。到"十二五"

---

① 张梓太、张叶东：《实现"双碳"目标的立法维度研究》，载《南京工业大学学报（社会科学版）》2022年第4期。

期间明确提出"实施能源消费强度和消费总量双控制"。到"十三五"期间将能耗双控作为经济社会发展重要约束性指标。再到进入"十四五",结合"双碳"目标对节能减排提出了更综合的要求,根据《"十四五"国民经济和社会发展规划纲要》,要求单位GDP能耗降低13.5%,二氧化碳排放降低18%,非化石能源占能源消费总量比重提高到20%左右。2021年9月,国家发改委发布《完善能源消费强度和总量双控制度方案》,提出严格制定各省能源双控指标,国家层面预留一定指标。(见表1)

表1 我国能耗双控制度的历史源流

时期	年份	相关文件	相关内容	成果
"十一五"	2006	《国民经济和社会发展第十一个五年规划纲要》	要求单位GDP能耗降低20%左右	"十一五"期间我国以年均6.7%的能耗增速支持了年均11.3%的GDP增长,单位GDP能耗降低了19.1%,基本完成目标任务
	2007	《能源发展"十一五"规划》	首次提出一次能源消费总量和万元GDP能耗下降目标	
"十二五"	2011	《国民经济和社会发展第十二个五年规划纲要》	要求单位GDP能耗降低16%	"十二五"期间我国以年均3.6%的能耗增速支持了年均7.9%的GDP增长,单位GDP能耗降低了18.4%,超额完成目标任务
	2013	《能源发展"十二五"规划》	明确提出"实施能源消费强度和消费总量双控制",要求把能源消费总量控制目标落实情况纳入各地经济	
"十三五"	2016	《国民经济和社会发展第十三个五年规划纲要》	要求单位GDP能耗降低15%,能源消费总量控制在50亿吨标准煤以内	"十三五"时期我国能源消费总量控制在了50亿吨标准煤以内,但单位GDP能耗仅降低13.2%,未完成目标任务
	2016	《能源发展"十三五"规划》	将能耗双控作为经济社会发展的重要约束性指标,建立了指标分解落实机制,并且每季度发布能耗双控"晴雨表",能源消费增速预计将从"十五"以来的年均9%下降到2.5%左右	

续表

时期	年份	相关文件	相关内容	成果
"十四五"	2021	《国民经济和社会发展第十四个五年规划纲要》	要求单位GDP能耗降低13.5%，二氧化碳排放降低18%，非化石能源占能源消费总量比重提高到20%左右	—
	2021	《完善能源消费强度和总量双控制度方案》	提出合理设置国家和地方能耗双控指标；推行用能指标市场化交易；完善能耗双控制度等方面	—

在"双碳"目标的大背景下，"能耗双控"是"双碳"目标战略实施的重要抓手。根据《国家安全法》第8条规定，"双碳"安全属于新兴的非传统安全领域。"能耗双控"目前已经取得一定成效，然而实践中逐渐出现了一些意想不到的问题。从这些实践情况来看，普遍存在缺乏弹性、差别化管理措施偏少等问题，实际上已经对能耗双控提出了更高的要求。根据《国家安全法》第21条规定，这些问题实际上已经超出了能源安全维度，对我国的经济安全、社会安全、生态安全和气候安全造成了更为广泛的冲击。未来我国开展"双碳"安全立法，必须考虑能耗双控制度的历史变迁，从历史发展中汲取经验，重视更为全面的安全维度分析。因此，下面将对能耗双控制度向碳排放总量和强度双控制度转变的历史演变进行深入分析，并分析碳排放总量和强度双控制度的具体内容。

（二）碳排放总量和强度双控制度

能耗双控制度向碳排放双控制度的转变反映了"双碳"目标立法工作已经逐渐从能源安全的单一维度转向更为复杂的多元安全维度，而我国当前加快能耗"双控"向碳排放"双控"转变正式反映了安全作用点的战略调整。在"双碳"目标提出后，碳排放双控制度逐渐变得更加重要，考虑到安全维度不局限于能源安全这一单一维度，而是经济社会系统性维度，而实现"双碳"目标是一场广泛而深刻的经济社会系统性变革。因此，碳排放双控制度建设应当成为"双碳"目标的内在要求，也需要进一步以"双碳"目标为引领，指导碳排放双控制度的具体建设工作。具体到碳排放双控制度建设的现有资源，可以看出实现"双碳"目标不仅需要继续实施目标责任制，更需要加强相关制度建设。① 目前,《中共中央、国务院关于完整准确全面贯彻新发展理念做好碳达峰碳中和工作的意见》对实现"碳达峰、碳中和"设定了具体的分解目标。为了进一步指导各地开展"双碳"工作,统一部署碳达峰的实施方略,国务院同时发布了《2030年前碳达峰行动方案》,进一步将碳达峰目标分解为"十四五"期间产业结构和能源结构调整优化取得明显进展和"十五五"期间产业结构调整取得重大进展,并提出"碳达峰十大行动",涵盖十个方面,将碳达峰贯穿于经济社会发展全过程和各方面。目前"双碳"战略实施普遍存在运动式减碳和碳冲锋等现象,自2021年9月开始,"拉闸限电"现象已经波及多个地区,其中电力供需不匹配是最根本原因。② 这些非理性过度监管事件,严重影响了"双碳"目标的战略布局。③ 从地方实践来看,现阶段专门性的"双碳"工作抓手不多,单纯以碳排放强度诠释碳达峰与碳中和状态变化不够具象化。

三、"双碳"安全立法的价值定位与维度创新

从安全维度来看,由于碳中和没有边界,立法不易,④ 未来中国的"双碳"目标立法仍将面临诸多挑战。安全是法的基本价值之一,也是法的最古老的价值之一。在"双碳"领域如何贯彻"安全"的法律价值定位,已经成为一个不容回避的重要问题。在"双碳"领域中,能源安全是基础,经济安全是关键,社会安全是保障,生态安全是核心,气候安全是责任。因此,结合已有"双碳"实践来看,要在"双碳"目标立法过程中贯彻安全价值,必须做到保障能源安全、促进经济安全、维护社会安全、提升生态安全和巩固气候安全。如图1所示,"双碳"目标立法的五个安全维度相互联系,互相融合,形塑了中国"双碳"领域的安全立法框架,也为"双碳"安全立法提供了新的思路指引。因此,下面将具体从能源、经济、社会、生态、气候五个安全维度对我国"双碳"目标立法进行深入的价值剖析和定位。

---

① 张梓太、张叶东:《实现"双碳"目标的立法维度研究》,载《南京工业大学学报(社会科学版)》2022年第4期。
② 张璐:《"双碳"背景下能源安全的理性认知与法律回应》,载《政法论丛》2022年第5期。
③ 张梓太、张叶东:《实现"双碳"目标的立法维度研究》,载《南京工业大学学报(社会科学版)》2022年第4期。
④ 苗蓁、李俊峰:《碳中和没有边界,立法不易》,载微信公众号"零碳知识局",2022年8月3日。

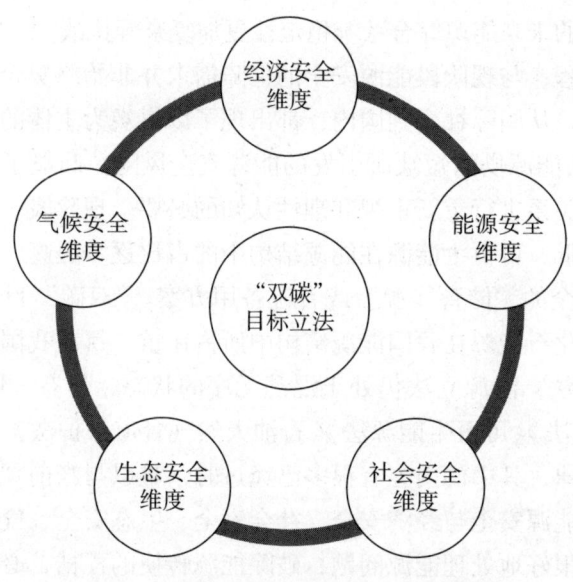

图 1 "双碳"目标立法的五个安全维度

（一）能源安全维度

能源安全[①]是"双碳"安全立法的基础价值定位。我国《国家安全法》第 21 条对于能源安全作出了明确规定。其中能源安全主要包括四个方面：（1）能源资产、基础设施、供应链和贸易路线的日常安全保障；（2）能源资源的物质获取和供应保障的能力；（3）对供应中断、价格剧烈波动等紧急情况，能够迅速作出反应，有提供替代措施的能力；（4）能源投资安全，即通过提供足够的法律保障和安全的商业环境，鼓励能源投资，确保充足和及时的能源供应。[②]具体来看，我国能源安全面临来自内部和外部、短期和长期的多重风险挑战，包括外部环境的严峻复杂增加了能源供给的不稳定性，结构性能源短缺风险仍然存在，能源转型路径面临政策和技术双重不确定性，

[①] 能源安全这一概念最早是在 20 世纪 70 年代石油危机期间提出。由于中东国家采取"限产保价"政策中断了西方发达国家的石油供应，导致世界范围内石油短缺和油价暴涨，造成了西方发达国家普遍的经济衰退，能源安全被正式提出并提升到了国家战略的高度。为了应对能源安全问题，1974 年，国际能源署（IEA）成立，并明确了能源安全主要是指以合理的价格获取充足不间断的能源供应。随着世界能源定价体系的演化以及能源市场内外部环境的不断演变，能源安全的概念也在不断地延伸和扩展。

[②] 赵爽主编：《能源法学》，法律出版社 2022 年版，第 89 页。

新能源为主体的未来能源综合系统稳定性更加复杂等挑战。①"双碳"目标所预期的降碳进程，与现阶段能源安全的保障需求并非始终契合。近期在诸多因素的影响下，从国际社会到国内，都出现了以煤炭为主体的化石能源"重启"，以应对因能源供给短缺所引发的能源安全风险，凸显了对"双碳"目标和能源安全关系进行重新审视和理性认知的必要。现阶段，化石能源的消耗占比逐步降低，可再生能源在能源结构中的占比逐步提高，化石能源仍然是保障能源安全的"储备能源"或者说备用方案。"双碳"目标的核心是减碳，逐步降低化石能源在我国能源结构中所占比重。目前我国尚缺乏一部统一的能源基本法，能源立法仍处于混乱无序的状态，仅有《煤炭法》《电力法》《节约能源法》《可再生能源法》《石油天然气管道保护法》等五部与能源直接相关的法律，其中的内容有很多已经过时，难以与当前"双碳"目标的要求相适应，能源安全与经济安全、社会安全、生态安全、气候安全息息相关，如果不能很好地处理能源问题，破除能源转换的桎梏，必将影响到"双碳"目标的有效实施。如何在"双碳"背景下对能源安全进行理性认知，并在法律层面对于能源安全的制度需求进行有效回应，极为关键。②因此，未来《能源法》立法过程中如何将能源安全与"双碳"目标要求统筹好，并统筹协调好能源法律与"双碳"法律的制度衔接，我们需要对此认真分析研究。

（二）经济安全维度

经济安全[③]是"双碳"安全立法的关键价值定位。《国家安全法》第3条明确要求，国家安全工作应当坚持总体国家安全观，以经济安全为基础。在维护国家安全和建设国家安全能力的体系性工作中，必须注意到经济安全特有的基础性作用。经济的基础性作用不仅源自马克思主义理论已经充分阐释的经济基础与上层建筑的互动关系，还源自秩序的稳定和经济的安全。国家如果没有足够的经济基础，如果在当今全球价值链体系中缺乏权重规模和收益权能力，那么不仅对外会产生严重的经济依赖，从而带来综合性安全问

---

① 姬强、张大永：《"双碳"目标下我国能源安全体系构建思路探析》，载《国家治理》2022年第18期。
② 张璐：《"双碳"背景下能源安全的理性认知与法律回应》，载《政法论丛》2022年第5期。
③ 经济安全是指一国经济的安全和重大利益不受侵害或威胁的状态，表现为一国政府能够有效维护本国经济制度和相关法律、确立本国经济发展战略目标、管控本国经济、抵御外国资本和国际市场的竞争和冲击、保持国内外市场竞争优势、保障和提高人民生活水平等方面。

题，而且也不可能有相应的国力来增进和改善自身的军事安全能力。必须看到的是，随着"双碳"战略目标的深入推进，我国面临的风险与挑战愈加严峻，国际社会对中国承诺碳中和后的一举一动都更为关注。① 我们必须看到，"双碳"战略目标的推进如果缺乏经济基础，国家不可能有足够规模性和可持续的投入实施现代系统性的碳中和科技研发，而碳中和科技研发的低水平与滞后带来的不安全性，又会产生国家"技术锁定"困局，进而反噬国家经济安全能力。因此，经济安全既是"双碳"安全实现的基础，也是"双碳"安全能力建设中需要特别重视的"关键节点"。这就需要我们进一步思考如何将经济安全的要求融入"双碳"目标立法之中，努力促进经济绿色发展的同时，维护经济系统的安全性。

（三）社会安全维度

社会安全② 作为一种稳定器，保障"双碳"安全立法工作顺利开展。有一段时期，"拉闸限电"现象波及多个地区，对国内的社会经济发展乃至日常生活造成极大影响，③ 在很大程度上导致了社会安全的损害，也让民众对"双碳"目标实施的理解产生了一定偏差。结合《国家安全法》第 3 条规定的"以社会安全为保障"来看，"双碳"目标的安全实施需要统筹处理好发展和减排、整体和局部、长远目标和短期目标、政府和市场这四对关系。实现"双碳"目标，应当以保障能源安全供应和经济社会发展为前提，统筹发展与减排；以加快建设能源强国为主线，统筹长远与短期；以如期实现碳达峰碳中和为目标，统筹整体与局部；以控制与激励双轮驱动为原则，统筹政府与市场。④ 因此，实现"双碳"目标决不能以损害人民日益增长的美好生活需要为代价，⑤ 这就需要我们在"双碳"目标立法过程中尽量考量社会安全因素，并将之融入未来的"双碳"法律体系之中。

---

① 申森：《实现碳达峰碳中和是一场广泛而深刻的经济社会变革——学习习近平关于实现"双碳"目标重要论述》，载《党的文献》2022 年第 5 期。

② 社会安全是指防范、消除、控制直接威胁社会公共秩序和人民群众生命财产安全的治安、刑事、暴力恐怖事件以及规模较大的群体性事件等。其涉及面非常宽泛，包括社会治安、公共卫生、生活安全、生产安全、交通安全、恐怖袭击、民族宗教冲突、涉外突发事件等。

③ 张璐：《"双碳"背景下能源安全的理性认知与法律回应》，载《政法论丛》2022 年第 5 期。

④ 申森：《实现碳达峰碳中和是一场广泛而深刻的经济社会变革——学习习近平关于实现"双碳"目标重要论述》，载《党的文献》2022 年第 5 期。

⑤ 沈澜、陈连杰：《中国实现碳达峰、碳中和目标存在的挑战和实施路径分析》，载《产业创新研究》2022 年第 19 期。

(四)生态安全维度

生态安全①是"双碳"安全立法的核心价值定位。以《青藏高原生态保护法》为例,其在第四章专章规定"生态风险防控",提出国家要建立健全青藏高原生态风险防控体系,从自然灾害防治、气候变化应对等角度提升能力和水平,保障青藏高原生态安全。结合"双碳"安全立法来看,碳汇②立法的缺失是生态安全维度在"双碳"目标立法中的关键问题,碳汇的影响主要在于其带来了新的利益种类和利益关系,而这一新的利益及其利益关系急需社会和法律的认可。③具体来看,国务院出台的《2030年前碳达峰行动方案》中明确碳汇能力巩固提升行动是碳达峰十大行动的关键之举,这一方案要求我国未来不断巩固生态系统碳汇能力,并不断提升生态系统碳汇增量,然而仅有政策的推动远远不足,立法的支撑才是关键的一步,这就需要从生态安全的维度进一步思考"双碳"目标立法的框架设计思路,尤其是在生态环境法典各编编纂过程中充分考虑安全因素,④将生态安全的价值理念贯彻其中。

(五)气候安全维度

气候安全⑤是"双碳"安全立法的最终落脚点,也是中国作为负责任大国承担国际责任的具体体现。气候安全的根本价值是气候公正,气候公正有社会、法律、全球、环境四个向度,这些向度从不同维度共同推进气候公正的发展。⑥对于气候变化这一大尺度环境问题来说,不仅仅包含气候变化减缓即碳排放问题这一重要部分,还应当充分考虑气候变化适应这一被经常忽视

---

① 生态安全是指一个国家赖以生存和发展的生态环境处于不受或少受破坏与威胁的状态,既包括生态系统自身的安全,也包括生态系统对于人类的安全。
② 碳汇是指从大气中清除温室气体、气溶胶或温室气体前体的任何过程、活动或机制。
③ 徐以祥、刘继琛:《论碳达峰碳中和的法律制度构建》,载《中国地质大学学报(社会科学版)》2022年第3期。
④ 吕忠梅:《环境法典编纂论纲》,载《中国法学》2023年第2期。
⑤ 气候安全是指气候系统能够满足国家生存与发展的需求,并相对处于没有危险和不受威胁的状态,以及保障其持续安全状态的能力。表现形式:一是气候资源、环境和条件能满足国家人口和经济社会生存与发展的需要;二是国家人口和经济社会生存与发展不受气候系统变化威胁;三是国家具有保护气候资源、气候环境不受破坏,并保证其可持续利用的能力;四是在现有气候环境和气候条件下,国家具有应对和处置极端气候突发事件而保持经济社会发展秩序的能力。气候安全作为一种全新的非传统安全,不仅直接关系到人民群众生命财产安全,更关系到国家经济社会发展的安全。
⑥ 陈贻健:《气候正义论:气候变化法律中的正义原理和制度构建》,中国政法大学出版社2014年版,第55~61页。

的内容。① 并且，无论是生态文明建设还是"双碳"目标的推进实施，都需要全社会参与、全过程控制的碳减排行动。如果这些行动没有对气候变化减缓和适应的统筹协调，无疑是制度上的严重缺失，亟待立法工作的推进。我国目前主要在探讨以碳减排为中心的观念和制度，如果不从"一体两翼"的气候变化应对格局去深入分析研究，② 是难以确保气候安全，达到"双碳"目标实现、生态文明建设的相应要求的。因此，我们必须更多地关注气候变化综合应对策略，以探索制定"双碳"工作基础性框架法律的安全维度，充分考虑"双碳"气候安全立法的框架设计。

四、"双碳"安全立法的域外经验与启示

为了能够更为理性地分析我国"双碳"安全立法的实施步骤，必须借鉴域外相关国家的立法经验，以期更好地为"双碳"安全立法工作提供参考。下面选取了三个典型国家即德国、美国和英国作为分析对象。之所以选择德国和英国，是因为它们分别是最早开展可再生能源立法和最早开展碳中和立法的国家，而美国则是最早构建有效的能源安全制度体系的国家。从三个国家针对"双碳"安全立法的侧重点来看，德国"双碳"安全的教训启示我国开展"双碳"目标立法应当侧重于能源安全维度、社会安全维度，美国"双碳"安全的有益经验则启示我国开展"双碳"目标立法时应当重视经济安全维度，英国"双碳"安全的有益经验则启示我国从生态安全维度和气候安全维度开展"双碳"目标立法工作。德美英三国的经验和教训在为我国"双碳"安全立法提供借鉴的同时，也可以避免我国重走它们曾经走过的弯路。

（一）德国"双碳"目标立法的安全教训与启示

1. 能源安全维度的教训与启示。从能源安全维度来看，德国是欧洲当代能源转型的先驱，而且关于能源转型的讨论在现今的政策议程中仍然占据主导地位。③ 德国的执政党或者执政党联盟时有变化，为了实现能源政策目标，

---

① 张梓太:《论气候变化立法之演进——适应性立法之视角》，载《中国地质大学学报（社会科学版）》2010年第1期。
② 张梓太:《中国气候变化应对法框架体系初探》，载《南京大学学报（哲学·人文科学·社会科学版）》2010年第5期。
③ 胡德胜:《德法英能源供给结构变革与制度演进及其对中国的启示》，载《西安交通大学学报（社会科学版）》2022年第4期。

德国政府制定了一系列政策法律并不时进行调整或修改。①但是由于德国采取了过于激进的能源转型策略,能源安全并未得到充分保障。俄乌冲突之后整个欧洲陷入能源危机,德国受到的冲击最大,因为德国在推进其2045年碳中和目标的实现时,选择以相对清洁的天然气作为过渡性能源,在快速"弃核""退煤"基础上推进高比例绿色能源发展。②能源危机进一步引发了经济衰退,德国能源不足,进而导致竞争力受损。德国统计部门最新公布的数据显示,2023年第一季度,德国经济与前三个月相比出现收缩,因而进入了经济衰退区间。③德国在能源安全方面的教训启示我国在实现"双碳"目标过程中不可过于急躁,必须在推进能源转型的过程中出台维护能源安全的相关立法,以巩固能源安全。

2.社会安全维度的教训与启示。从社会安全维度来看,德国在应对社会民生保障方面并没有做好,因为碳中和实施过程中的社会安全,不仅需要顾及民众基本生活保障,还需要注意防范穷人为富人造成的气候问题买单,加剧社会的不公平。随着欧洲整体能源困局的话题被推至民生保障的风口浪尖,德国受到的社会层面的冲击最大,能源紧缺已经严重影响了社会安定,能源价格暴涨所带来的通胀压力剧增。尽管德国采取了一系列计划努力控制局势,具体包括为企业和个人消费的燃料、电力或天然气等提供补贴或者减税,从而保护企业免受生产成本加大的困扰,避免消费者可支配收入下降的窘境。④然而自2022年以来,受疫情冲击、俄乌冲突、极端天气等多重因素叠加影响,德国面临的是前所未有的能源危机,天然气供应严重不足、价格大幅上涨,引发电力价格飙升,化工、电解铝等能源密集型行业受到冲击,未来一个时期德国经济前景堪忧,⑤社会局势也非常不稳定,社会安全受到严重挑战。德国在社会安全方面的教训启示我国必须积极稳妥推进碳达峰碳中和,不可一刀切或运动式执法,必须立足于共同富裕与绿色发展,充分兼顾气候变化应对和社会公平,努力做好民众基本生活保障工作,防止因追求过快节奏而影响基本的民生保障。

---

① 胡德胜:《德法英能源供给结构变革与制度演进及其对中国的启示》,载《西安交通大学学报(社会科学版)》2022年第4期。

② 李昕蕾:《德国维护能源安全的多重困境与路径选择》,载《人民论坛》2022年第23期。

③ 《德国经济陷入衰退 短期内难复苏》,载中国经济网,http://m.ce.cn/gj/gd/202305/28/t20230528_38564373.shtml,最后访问时间:2023年7月8日。

④ 庄嘉:《德国加速提级可再生能源立法》,载《检察风云》2022年第15期。

⑤ 修勤绪、时希杰:《欧洲能源危机对德国气候能源政策的影响及对我国的启示与建议》,载《中国经贸导刊》2023年第4期。

（二）美国"双碳"目标立法的有益经验与启示

美国一直以来都强调经济安全，因此在部分州的碳中和进程中始终将经济安全放在第一位。以加利福尼亚州碳排放与碳中和计划为例，加州制定了未来应对气候变化的路线图，2022年的计划侧重于到2045年实现碳中和，这意味着该州将尽可能使碳排放量与碳吸收量达成平衡。具体来看，加州将通过减少化石燃料的使用，并利用技术消除空气中剩余的碳排放来实现其目标，委员会工作人员估计，到2045年，这将减少整个经济领域对石油的需求，并使建筑物中的化石天然气使用量减少91%，[①]这一做法有效兼顾了碳中和进程的实施与经济转型的风险。该州的做法有效兼顾了经济发展安全与碳中和进程实施，这一经验对于我国推进"双碳"目标立法工作具有重要借鉴意义。此外，美国当局认为尽管气候变化带来了巨大的经济成本，[②]但是政策和立法者需要综合考虑到子孙后代在伦理、法律和经济领域的利益，[③]而非仅仅侧重于能源转型。这一综合性立法技术值得我国在着力实现"双碳"目标过程中借鉴，这也是未来我国克服能源转型风险、维护经济安全的必要思路。

（三）英国"双碳"目标立法的有益经验与启示

1. 生态安全维度的有益经验与启示。从生态安全的维度来看，英国环境管理与评价研究所发布《温室气体排放及其显著性的评价导则》，针对温室气体排放评价结果纳入决策制定了相应标准，并为气候变化纳入环境影响评价框架提供了参考指引。因此，英国在气候变化应对方面已经充分考虑到了生态安全的因素。这启示我国在开展"双碳"目标立法工作过程中，必须重视生态安全维度，结合环境影响评价制度设计碳排放影响评价机制，基于我国本土能源资源禀赋，充分保障生态安全，避免绿水青山遭到破坏。

2. 气候安全维度的有益经验与启示。从气候安全的维度来看，气候变化是关乎生死存亡的威胁，受气候变化影响最严重的地区将成为未来的冲突热

[①] 《双碳研究 | 加利福尼亚州碳排放与碳中和计划引来非议》，载网易新闻，https://www.163.com/dy/article/HAT3ATCO0514AOUF.html，最后访问时间：2023年7月8日。

[②] Trisolini K A., *Efficiency Gatekeepers, the Social Cost of Carbon, and Post-Trump Climate Change Regulation*, Temp. L. Rev., 2018, 91: 261.

[③] Szabo M. Legal, *Ethical and Economical Impacts of Intergenerational Equity*（Editorial Comments），Hungarian YB Int'l L. & Eur. L., 2019: 1.

点。①英国将气候安全从地方战略逐渐上升到国家战略，其作为联合国安理会常任理事国之一，已经通过立法提出到2030年减排68%，到2050年实现净零排放的目标，②即《英国气候变化法》，并于2019年重新修订，由此拉开英国碳中和治理新阶段的序幕，开始密集部署新的能源与气候战略行动计划以重新领导全球气候治理体系。③英国关于气候安全的实践启示我国在着力实现"双碳"目标过程中，需要针对气候安全进行更为细致和全面的研究，并在立法和政策上进一步推进，在各地区试点实践的基础上总结经验，推进"双碳"目标立法工作。

五、完善我国"双碳"安全立法的路径分析

结合前面《国家安全法》的相关条文阐释以及域外"双碳"安全立法的经验，可以看出国家安全对于"双碳"目标立法工作的开展至关重要，国家安全可以分为国家目的、国家目标和国家任务三个层面。在"双碳"安全立法领域，国家目的是保障个人的"双碳"安全，国家目标是积极稳妥推进"双碳"工作，国家任务是在推进"双碳"目标过程中必须兼顾个人利益，履行国家对个人的保护义务。④具体到开展"双碳"安全立法的工作实际来看，必须要在纵向上从国家目的、国家目标和国家任务三个层面层层展开，在横向上将能源安全、经济安全、社会安全、生态安全和气候安全五个维度作为"双碳"目标立法的适当定位，最终形成五横三纵的"双碳"安全立法格局（见图2）。未来我国贯彻落实这一"双碳"安全立法格局的过程中，应当从经济安全维度和社会安全维度考虑《国家安全法》的修订，从能源安全维度考虑《能源法》的制定，从生态安全维度考虑生态环境法典的编纂，从气候安全维度考虑《碳中和促进法》的制定，而这些法律的制定、修订和编纂，都必须贯彻国家目的、国家目标和国家任务三个层面的内容，将"双碳"安全的价值贯彻到立法过程中，从而明确相关主体、法律内容和法律后果，并厘清相应的权利和义务。

---

① 刘长松：《联合国气候安全问题最新进展及政策建议》，载《世界环境》2021年第3期。
② 刘长松：《联合国气候安全问题最新进展及政策建议》，载《世界环境》2021年第3期。
③ 李岚春等：《英国碳中和战略政策体系研究与启示》，载《中国科学院院刊》2023年第3期。
④ 王贵松：《论法治国家的安全观》，载《清华法学》2021年第2期。

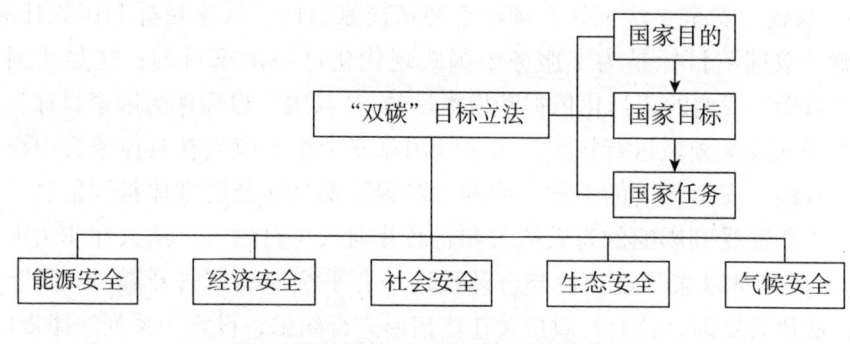

图 2 "双碳"安全的五横三纵立法格局

（一）修订《国家安全法》的安全考量

未来我国"双碳"工作的深入推进，必须修订《国家安全法》，在"双碳"目标立法中充分考虑安全价值，将国家安全的价值理念充分贯彻到"双碳"目标的落实之中。现行《国家安全法》系 2015 年最新修订，将总体国家安全观充分融入了法律制定中，然而随着时代的变迁，尤其是生态文明建设、"双碳"目标以及中国式现代化的提出，当前我国国家安全内涵和外延亟待拓展和丰富。为了深入贯彻落实"双碳"战略目标，必须扩大《国家安全法》适用的范围，结合《中共中央、国务院关于完整准确全面贯彻新发展理念做好碳达峰碳中和工作的意见》和《2030 年前碳达峰行动方案》中涉及"双碳"安全的内容，将碳达峰碳中和纳入非传统安全框架之中。

开展"双碳"安全立法，必须以经济安全为基础，以社会安全为保障，在修订《国家安全法》时充分考量对标"双碳"战略实施的国家目的、国家目标和国家任务，明确主体、内容和法律后果，厘定相应的权力（利）与义务，包括以下内容：（1）未来"双碳"目标立法工作的开展必须重视经济安全和社会安全领域的内容，要与"双碳"目标的要求相协调、相适应，要在修订《国家安全法》过程中进一步落实安全价值，把经济安全作为"双碳"工作推进的基础，把社会安全作为"双碳"工作推进的保障，维护经济社会系统的秩序。具体而言，应当完善经济安全立法，充分考虑"双碳"工作推进对经济制度安全、资源安全、金融和公私财产安全、土地和粮食安全等领域的影响，也要完善社会安全立法，充分重视"双碳"工作推进可能引发的社会安全、公共安全、社会管理和综合治理等领域的问题，而这些立法内容的完善都需要在《国家安全法》的修订中体现。

(2)"双碳"安全立法工作必须注意厘清国家目的、国家目标和国家任务，明确"双碳"目标是为了服务中国式现代化这一国家目的，这是我国贯彻"双碳"战略的正当化依据和根本目的，"双碳"目标作为国家目标，必须在国家安全领域进行拓展。未来《国家安全法》应当在具体条文中设计与"双碳"安全相关的条款，明确"双碳"安全涉及的主体是因推进"双碳"工作而受到影响的行政机关和行政相对人（自然人、法人和非法人组织），内容是以兼具合法性与合理性这一合乎法治的方式开展"双碳"工作，法律后果即是针对行政机关违法情形进行纠偏，设定一系列法律责任。
(3)在立法内容上既要赋予自然人、法人、非法人组织在"双碳"安全领域的安全权，又要让国家对"双碳"领域的安全负有保护的义务，[①]以助力"双碳"目标的顺利实现。

（二）制定《能源法》的安全考量

开展"双碳"安全立法，除了需要修订《国家安全法》，还必须重视《能源法》的制定，将能源安全价值融贯其中，从而在"双碳"目标立法工作中拓展能源安全的维度。目前能源法草案已经列入国务院2023年度立法工作计划，准备提请全国人大常委会初次审议。2020年国家能源局发布《能源法（征求意见稿）》，分十一章，共117条。该征求意见稿第1条规定，保障能源安全系制定《能源法》的立法目的。然而，我国能源法的立法目的不仅取决于能源法的位阶，还必须以实现"双碳"目标为价值指引。[②]

《能源法》制定过程中应当遵循国家目的、国家目标和国家任务的逻辑进路，充分结合"双碳"战略实施的具体要求，从形式诉求和实质要义出发，在设置逻辑严密、层次清晰的立法目的条款基础上，将《能源法》制定与"双碳"目标进行衔接和协调，必须保障能源供给，夯实能源安全，明确《能源法》适用的主体、内容和法律后果，厘定相应的权力（利）与义务，包括以下内容：（1）未来我国在制定《能源法》过程中，在立法目的条款应当充分阐释能源安全，将"双碳"政策体系中涉及能源安全的内容转化为法律条款，通过政策向法律的转化机制，对标生态文明建设的国家目标，落实"双碳"目标这一具体国家任务。（2）未来我国《能源法》适用的主体是

---

① 王贵松：《论法治国家的安全观》，载《清华法学》2021年第2期。
② 陈倩：《论我国能源法的立法目的——兼评2020年〈能源法（征求意见稿）〉第一条》，载《中国环境管理》2022年第1期。

能源主管部门与行政相对人（自然人、法人和非法人组织），内容是服务于中国式现代化的能源安全的合法性与合理性，法律后果是针对能源主管部门设定一系列法律责任，防范能源主管部门在推进"双碳"工作过程中采取一刀切或运动式降碳等极端手段破坏能源安全的稳定性。（3）在立法内容上，《能源法》应当设定能源设施和场所安全保护义务、能源供给保障义务、能源安全储备义务、能源储备动用义务、能源预测预警义务、能源应急义务等义务内容，同时还应当赋予能源企业和个人所应享有的能源安全权利，鼓励能源企业和个人积极参与能源市场，在不影响能源安全的前提下运用市场机制盘活能源开发与利用活动，助力"双碳"目标在能源领域的实施，进一步拓展"双碳"目标立法的能源安全维度。

（三）编纂生态环境法典的安全考量

开展"双碳"安全立法工作，还应当在生态环境法典编纂过程中考量生态安全，加强生态保护和恢复。中国环境立法需要法典化，[①]且需要进一步探讨环境法法典化的编纂模式和具体内容。[②]因应"双碳"目标、生态文明建设和绿色发展的全新时代背景。因此，生态安全是生态环境法典编纂过程中必须考量的重要安全价值。根据《环境保护法》第5条规定，环境保护应坚持预防原则。在推进"双碳"工作过程中，科学和技术知识不能判断的风险越来越多，这就要求在生态环境法典编纂过程中，必须把预防原则置于整个法典体系的核心，这也是"双碳"工作推进的实践经验对生态环境法典编纂的重要贡献。

在生态环境法典编纂过程中，应当紧紧抓住预防原则这一环境法的核心原则，同时结合"双碳"工作推进的实践经验，注意识别哪些涉及"双碳"目标的法律规范能够进入生态环境法典，[③]形成法典化与单行法相辅相成[④]的"双碳"安全立法体系。生态环境法典编纂过程中应当充分结合推进"双碳"工作的具体要求，立足生态安全价值，在生态环境法典总则编中细化"双碳"工作适用预防原则条款的条件，设置各专编明确"双碳"工作推进的过程中，应明确生态安全保障所涉及的主体、内容和法律后果，并厘定相应的

[①] 张梓太：《中国环境立法应适度法典化》，载《南京大学法律评论》2009年第1期。
[②] 张梓太：《论我国环境法法典化的基本路径与模式》，载《现代法学》2008年第4期。
[③] 程飞鸿：《环境法适度法典化：立法限度、规范表达与教义学构造》，载《政治与法律》2023年第6期。
[④] 张梓太：《论法典化与环境法的发展》，载《华东政法大学学报》2007年第3期。

权力（利）与义务，包括以下内容：（1）未来我国在编纂生态环境法典总则编时，应当设置预防原则条款，并将"双碳"目标纳入预防原则的适用范围，以便各级人民政府、企业事业单位和其他生产经营者采取必要的措施，预防环境损害的发生；存在科学和技术知识不能判断风险的范围和发生的可能性时，应当采取有效且适当的措施，以经济上可以承受的代价，预防对环境造成不可挽回的严重损害的危险。（2）明确推进"双碳"工作过程中，涉及生态安全保障的主体是生态环境主管部门和行政相对人（自然人、法人和非法人组织），内容是一切单位和个人都有保护生态环境的义务，法律后果则由未来生态环境法典设置的专编生态环境责任编具体规定相应的法律责任，包括民事责任、行政责任和刑事责任。还可以结合当前的环保督察实践，将党政纪律处分的责任纳入其中。（3）未来生态环境法典编纂过程中还应当设置好权利与义务，将环境权利和环境义务作为贯穿整个生态环境法典的线索。将生态安全价值融入法典编纂的内容中，通过在自然生态保护编中纳入生态安全，在绿色低碳发展编中明确企业和个人开展生产经营活动的绿色低碳权利与义务，形成与"双碳"目标要求衔接协调的体系框架。

（四）制定《碳中和促进法》的安全考量

开展"双碳"安全立法，必须考量气候安全维度，我国应当先行制定《碳中和促进法》，在实现"双碳"目标的基础上再制定《气候变化应对法》。考虑到"双碳"目标的社会共识比应对气候变化更广泛，且"双碳"目标提出不久亟待促进推动，未来我国应当首先制定出台《碳中和促进法》，[①] 在此基础上再制定《气候变化应对法》。因为框架性立法能够适应未来的形势变化，具有广泛性和灵活性，并在设定总体碳中和目标后分解具体目标，有利于循序渐进推动碳中和目标的实现，[②] 在时机成熟后再制定《气候变化应对法》，方能进一步实现保障气候安全的原初功能。[③]

未来我国制定的《碳中和促进法》应当明确因应气候安全所涉及的主体、内容和法律后果，并厘定相应的权力（利）与义务，包括以下内容：

[①] 张梓太、张叶东：《实现"双碳"目标的立法维度研究》，载《南京工业大学学报（社会科学版）》2022年第4期。

[②] 潘晓滨：《域外国家应对气候变化地方立法实践及中国借鉴》，载《湖南大学学报（社会科学版）》2017年第1期。

[③] 王操：《碳中和立法：何以可能与何以可为》，载《东方法学》2022年第6期。

（1）"双碳"目标立法工作必须重视气候安全的维度，明确国家目的为实现中国式现代化，并聚焦于人与自然和谐共生的现代化这一特征，国家目标为推进绿色发展、建设生态文明，国家任务是实现"双碳"目标，推动产业转型，调整能源结构，提升碳汇能力。（2）未来我国在制定《碳中和促进法》过程中，应当在具体条文中体现气候安全，明确主体是应对气候变化和开展"双碳"工作的行政机关和行政相对人。同时注意增设开展气候变化减缓和适应的应对策略条款以及法律责任条款，为《气候变化应对法》的制定打下坚实基础。（3）未来我国应当将气候安全价值融入"双碳"目标立法过程之中，在《碳中和促进法》制定过程中应当设置好权利与义务，将碳权利和碳义务作为基本的范畴，并促进气候变化应对措施的法制化和"双碳"目标的规范化，[①]进一步深化碳权利和碳义务的理论基础、实现机制、约束机制和救济机制，助力我国"双碳"目标行稳致远。

六、结语

从安全领域视角，开展"双碳"立法是因应经济社会系统性变革的需求。总结来看，我国"双碳"目标立法从过去的单一能源安全维度逐步扩展到了能源、经济、社会、生态和气候的多元安全维度，并在很大程度上形成各自的价值定位。不仅我国在推进"双碳"工作过程中面临能源、经济、社会、生态、气候五个安全维度的挑战，域外推进碳中和实践过程中也有大量的经验和教训。从德国能源安全维度和社会安全维度的教训，到美国经济安全维度的有益经验，再到英国生态安全维度和气候安全维度的有益经验，我国应当从这些经验和教训中获得启示，推进我国"双碳"目标立法工作向安全领域的纵深拓展。我国应当从总体国家安全观的高度，以能源安全、经济安全、社会安全、生态安全和气候安全五个层面的内容为横向维度，以国家目的、国家目标和国家任务三个层面的内容为纵向维度，以五横三纵的立法格局指导我国"双碳"安全立法路径。我国应当修订《国家安全法》，以经济安全为基础，以社会安全为保障；应当进一步推动制定《能源法》，进一步夯实能源安全，控制能源转型风险；应当在编纂生态环境法典过程中重视生态安全的因素，将预防原则作为贯穿法典编纂的主要线索；应当呼吁消除

[①] 李传轩：《碳权利的提出及其法律构造》，载《南京大学学报（哲学·人文科学·社会科学）》2017年第2期。

分歧，进一步落实气候安全，鼓励推动《碳中和促进法》的制定，凝聚社会共识。落实到立法技术上，"双碳"目标立法必须注意将安全价值贯彻其中，从而明确相关主体、法律内容和法律后果，并厘清相应的权利和义务。此外，安全维度的考察开拓了"双碳"目标立法的另一种研究进路，对未来中国"双碳"目标立法工作的开展具有深远意义。

我国农村耕地环境治理模式的转型
——基于柔性治理嵌入模式分析*

摘要： 柔性治理嵌入模式紧密贴合了国家现代化治理中提倡的多元互动、合作治理的内在要求，可以有效应对刚性治理模式中存在的政府"失灵"、外在监督"失灵"以及自治"失灵"问题。推动农村耕地环境治理模式的转型势在必行。具体实施路径是：通过实施激励性政策、进行人本性考核，实现政府由"管控型"向"服务型"的角色转变；通过乡村文化建设引导土地承包经营权人积极参与治理进而解决外在监督"失灵"问题；通过地方政府与土地经营权人平等协商并且签订自愿性环境协议来提高土地经营权人的自我规制动力。

关键词： 柔性治理嵌入　刚性治理　农村耕地环境　多元共治　合作治理

引　言

目前我国农村耕地环境治理的主要特征有：第一，治理主体单一性。耕地环境的公共产品属性、公众的环保意识欠缺导致政府以外的其他主体参与性不强。第二，治理手段强制性。我国主要通过威慑性执法对土地经营权人[①]施加外部压力，缺乏沟通机制。第三，治理目标管控性。我国采取自上而下的压力型行政管理方式，[②]治理需求不是来自社会公众的实际需要，而是

---

* 【作者信息】刘梦，吉林大学；刘伟，上海市崇明区人民法院。
① 《土壤污染防治法》第45条第1款规定："土壤污染责任人无法认定的，土地使用权人应当实施土壤污染风险管控和修复。"
② 《环境保护法》第26条、《土壤污染防治法》第5条、《水污染防治法》第6条规定了环境保护目标责任制与考核评价制度。实践中，生态环境部也逐渐与各省级政府签订土壤污染防治目标责任书，并将目标逐级分解到市、县级。参见《全国人大常委会围绕审议土壤污染防治法执法检查报告进行专题询问》，载国家发展和改革委员会官网，https://www.ndrc.gov.cn/fggz/hjyzy/hjybh/202010/t20201028_1249124_ext.html，最后访问时间：2023年6月3日。

来自各级政府的自身利益偏好。第四，治理依据刚性。农村耕地环境的治理依据以正式规则为主，缺乏对如村规民约等非正式规则的重视。

这种由国家权力机关依据立法，运用行政强制手段，对农村耕地相关利益主体进行硬性约束和刚性惩治的治理模式，被称为刚性治理模式。① 该模式虽发挥一定作用，但弊端也非常明显，易产生政府"失灵"、外在监督"失灵"以及自治"失灵"问题。推动农村耕地环境治理模式的转型势在必行。也有学者提出"软治理""韧性治理""参与式治理""合作治理"等农村环境治理模式，② 但大多以农村人居环境或者以（包括耕地环境在内的）农村整体性环境作为研究对象进行探讨。③ 这种治理模式如何具体地与耕地环境治理相结合？如何与"三权分置"制度进行衔接？鲜有学者做深入研究。鉴于此，本文以"三权分置"为背景，对柔性治理嵌入模式进行了介绍，并对柔性治理嵌入模式在农村耕地环境治理中的实现路径进行了论述。

一、农村耕地环境刚性治理模式的弊端

（一）政府"失灵"：刚性规制的内在缺陷

第一，地方政府在耕地环境治理事项上具有财权与事权的不协调性。2020年，国务院办公厅发布了《生态环境领域中央与地方财政事权和支出责任划分改革方案》，将土壤污染以及农业农村污染防治确认为地方财政事权，并由地方政府承担支出责任。地方政府财权与事权失衡，难以为改善农村耕地环境提供足够的资金支持。

第二，以布坎南为代表的公共选择理论认为，政府也是致力于谋求自身利

---

① 陈洪连：《乡村环境软治理：价值维度与逻辑进路》，载《中国治理评论》2020年第1期。
② 虽然名称有所差异，但是具体治理思路基本相同。
③ 张诚提出了农村环境软治理理念以及韧性治理路径。参见张诚：《农村环境软治理：内涵、挑战与路径》，载《求实》2020年第5期；张诚：《韧性治理：农村环境治理的方向与路径》，载《现代经济探讨》2021年第4期。沈费伟提出了农村环境参与式治理的路径。参见沈费伟：《农村环境参与式治理的实现路径考察——基于浙北荻港村的个案研究》，载《农业经济问题》2019年第8期。陈水光等提出了农村人居环境合作治理的模式。参见陈水光、孙小霞、苏时鹏：《农村人居环境合作治理的理论阐释及实现路径——基于资本主义经济新变化对学界争论的重新审视》，载《福建论坛·人文社会科学版》2020年第1期。王微等提出了农村人居环境协作治理的路径。参见王微、刘世华：《农村人居环境协作治理的实践路径——以浙江"千村示范、万村整治"经验为例》，载《广西社会科学》2020年第6期。

益最大化的主体。^①具体来说，地方政府对经济增长数字的关心超过对人本身或对生态环境的注意，经常把经济发展当作业绩的象征，而财权与事权分配严重不平衡的地方政府，这种倾向更加明显。如此，直接导致有关政府部门不作为，甚至有些政府部门与被规制者"合谋"进而侵害农民的正当权益。^②

第三，政府"失灵"还与治理依据的不完善有关。政府规制政策主要包含两类，命令控制型规制政策与激励型规制政策。耕地环境刚性治理以命令控制型规制政策为主，对激励型规制政策重视不足，尤其"三权分置"后，还存在激励对象错位问题。以耕地生态保护补偿为例，"三权分置"前，补偿对象是土地承包经营权人，"三权分置"后，面对新的利益主体——土地经营权人的出现以及耕地经营模式的变化，各地出台的政策文件对耕地生态保护补偿的对象进行了调整，但是补偿对象应是土地承包经营权人还是土地经营权人，地方立法规定不一，^③需要进一步完善。耕地生态保护补偿制度的设立目的是增强相关主体保护耕地环境的主动性，若出现补偿对象错位，实际进行耕地生态保护的主体得不到补偿，会挫伤其耕地环境保护的积极性，最终制度设立的目的也将落空。

（二）自治"失灵"：土地经营权人缺乏自我规制动力

农村耕地环境治理离不开土地经营权人的自治。从单纯个体视角出发，

---

① 张世明、王济东：《经济法哲学贯通论》，中国政法大学出版社 2020 年版，第 102、117 页。

② 如江西省上饶市鄱阳县凰岗镇村民的农田灌溉水源被一家石料厂污染，相关部门一拖再拖，不予解决。载腾讯新闻网，https://new.qq.com/rain/a/20210608A09CZS00，最后访问时间：2023 年 6 月 26 日。

③ 实践中关于耕地地力保护补贴对象存在五种不同的操作：第一，耕地流转情形下，补贴对象为土地承包经营权人，流转双方可另行约定。参见 2021 年四川省农业农村厅、四川省财政厅发布的《关于进一步做好耕地地力保护补贴工作的通知》（川财农〔2021〕16 号）。第二，耕地流转情形下，补贴对象为土地经营权人，流转双方可另行约定。参见 2021 年河北省沧县人民政府发布的《沧县 2021 年耕地地力保护补贴发放实施方案》（沧县政办字〔2021〕28 号）。第三，不区分耕地是否有流转，也不区分当事人之间是否有约定，直接规定补贴对象为土地承包经营权人。参见 2021 年浙江省财政厅、浙江省农业农村厅发布的《关于进一步做好耕地地力保护补贴工作的通知》（浙财农〔2021〕27 号）。第四，不区分当事人之间是否有约定，直接规定补贴对象为实际种植者。即耕地未流转情形下，补贴对象为土地承包经营权人，发生流转后，补贴对象为土地经营权人。参见 2021 年海南省农业农村厅发布的《2021 年海南省耕地地力保护补贴实施方案》（琼农字〔2021〕74 号）。第五，补贴对象为农户和新型农业经营主体，如山东省，"三权分置"后，耕地新增利益主体——土地经营权人属于"新型农业经营主体"，按该省规定，耕地流转情形下，土地承包经营权人与土地经营权人都是补贴对象。参见 2021 年山东省财政厅发布的《关于分配 2021 年中央财政耕地地力保护补贴资金的通知》（鲁财农〔2021〕28 号）与 2019 年山东省财政厅、山东省农业农村厅发布的《关于进一步做好农业支持保护补贴工作的通知》（鲁财基〔2019〕2 号）。

他人不得侵犯土地经营权人占有、使用耕地及获取收益的财产权利。但从社会的人的角度出发,土地经营权人在实现财产权利的同时负担着财产权的社会义务——保护农村耕地环境。故农村耕地环境治理应当包含土地经营权人的自治。

农村耕地环境刚性治理对土地经营权人具有威慑性,但并不能让其产生心理上的认同感,亦不能激发其参与耕地环境治理的自觉性。原因如下:第一,土地经营权人投资规模较大,除了需要支付较高的地租,还需对农业设施以及农业生产资料进行投资,很难像其他投资者一样实现较理想的收益,耕地环境自治对土地经营权人实质上是一种"负累"。第二,农村耕地污染具有滞后性特征——耕地污染的显现不是即刻的,而土地经营权人对耕地只享有一定期限的使用权,即使耕地受到污染,若未显现,对土地经营权人并不会产生直接的影响。第三,耕地污染是一种外部不经济现象。土地经营权人造成耕地污染而产生的治理成本理应是其个人成本并由其自身承担,但目前来看,该部分支出却由政府或者全社会承担,这使得土地经营权人存在"侥幸"心理。第四,与农村相对应的市场还未建立,就算土地经营权人基于自我规制生产出绿色农产品,其保护耕地环境的成本也不能在农产品价格中得到体现,这亦使得土地经营权人缺乏自治动力。

(三)外在监督"失灵":土地承包经营权人参与的积极性不足

土地承包经营权人对耕地具有直接的利益诉求,耕地环境的好坏与否与其直接相关。《土地管理法》第11条及《民法典》第262条规定,耕地为村农民集体所有,村民可以通过土地承包经营权对耕地进行占有、使用与收益。土地承包经营权具有身份性特征,村民因作为集体成员中的一分子而享有,并具有保障性功能,符合条件的村民可以通过无偿的方式承包、经营土地获取收益进而保障最基本的生活需求。即便"三权分置"后,村民所享有的土地承包经营权并未被剥夺,仅仅是受到土地经营权的限制,[①] 耕地对土地承包经营权人的保障功能一直存续。耕地环境被破坏或者得不到有效规制,则会直接影响土地承包经营权人后续流转或自身经营,导致耕地所具有的保障性功能有所减损。从此角度来说,耕地环境的好坏与否会对土地承包经营权人产生直接的影响。

然而,实践中大多数土地承包经营权人都是"沉默的旁观者"。究其原

---

① 房绍坤:《〈农村土地承包法修正案〉的缺陷及其改进》,载《法学论坛》2019年第5期。

因，首先，环境的公共物品属性使得社会成员往往表现出"搭便车"的行为倾向，①土地承包经营权人希冀他人能够对该不具有排他性的生产消费"买单"，并享受他人治理农村耕地环境所带来的好处。其次，与土地承包经营权人环保意识不强有关。普遍来看，农民知识文化水平较低，缺乏对耕地生态价值的认知，尤其是当前农村"空心化"现象严重，留在村中的主要是老年人以及留守儿童，他们的认知能力更是不足。最后，与土地承包经营权人参与途径不完善有关。美国学者阿恩斯坦将公众参与程度划分为三个等级：一是非参与型的公众参与。政府不在乎公众是否参与以及如何参与，只是营造公众参与的假象，对于主动参与的公众提出的建议也不作回应。二是象征型的公众参与。相比前者，公众有了主动参与的途径，但政府对于其提出的建议，在什么情况下作出回应存在不确定性。三是实质型的公众参与。公众拥有与政府进行协商谈判的权利，可以实质性参与政府的决策过程。②我国农村耕地环境治理中的公众参与程度，目前也只是达到了第二等级。即便是经济社会的发展使得土地承包经营权人对耕地环境治理的敏感度以及诉求增加，即便我国立法逐渐承认公众参与的重要性，但是实践中，土地承包经营权人话语权的行使仍旧缺乏有效的制度保障。

二、农村耕地环境柔性治理嵌入模式分析

农村耕地环境柔性治理嵌入模式是指政府通过以人为本、民主的理念增强土地经营权人与土地承包经营权人的信任与配合，并运用非强制的手段引导土地经营权人与土地承包经营权人主动参与治理。③

（一）柔性治理嵌入是多元共治

刚性治理模式由于未得到被规制者及利益相关者的充分认可，执法效果欠佳，提高公众参与度是获得公众认可的有效途径。2020年中共中央办公厅、国务院办公厅印发的《关于构建现代环境治理体系的指导意见》提出构

---

① ［美］埃莉诺·奥斯特罗姆：《公共事务的治理之道》，余逊达、陈旭东译，上海译文出版社2012年版，第45~86页。
② Arnstein S. R., *A Ladder of Citizen Participation*, Journal of the American Institute of Planners, Vol.35, No.4, 1969.
③ 谭英俊：《柔性治理：21世纪政府治道变革的逻辑选择与发展趋向》，载《理论探讨》2014年第3期。

建"多方共治"治理格局，多方共治也即多元共治，强调治理主体的多元化。多元共治是柔性治理嵌入模式的核心，提倡各主体参与治理过程并在参与的过程中充分表达自己的需求并根据各自的优势履行相应的义务，进而克服政府在单一治理过程中存在的盲目性，最终实现农村耕地环境治理的有效性。

农村耕地环境多元共治具有以下特征：第一，除了强调政府治理之外，亦关注被规制者即土地经营权人的自治；第二，还强调土地承包经营权人在农村耕地环境治理过程中的重要作用，注重其监督性权利的实现；第三，鉴于土地承包经营权人自身的局限性，多元共治还需要发挥"代言人"——村民委员会的作用。

（二）柔性治理嵌入是合作治理

多元共治强调治理主体的多元性，合作治理强调治理过程的协作性。农村耕地环境刚性治理使得土地承包经营权人、土地经营权人与政府经常处于对抗、不信任的状态，难以实现协同合作。合作治理是一种凝聚机制，各合作主体可以通过相互配合产生巨大溢出效益。[①] 从实现路径上来看，合作治理需要在多元共治的基础上找寻各个治理主体的利益共同点。换言之，合作治理需要实现政府与土地经营权人、土地承包经营权人的平等化，需要重视土地经营权人及土地承包经营权人的利益诉求。只有这样，才能激发土地经营权人与土地承包经营权人参与农村耕地环境治理的积极性。

农村耕地环境合作治理有如下特征：第一，合作各方有合作治理的意愿，对共同治理这一理念认可。第二，合作各方有平等独立的主体观念，双方不再是单纯的命令与服从关系。第三，合作各方有彼此信任和包容的文化，注重发挥文化等非正式规则在治理中的作用。

（三）柔性治理嵌入是人本性治理

农村耕地环境柔性治理嵌入模式不仅在主体上强调多元性，在过程中强调协作性，还在结果上强调公众"满足"感，即实现地方政府政绩考核的人本性。党的十八大以后，鉴于政府本身的多目标属性及政策重心的阶段性偏移，我国以 GDP 为主的政绩考核转变为包括生态环境在内的综合政绩考核。虽然考核指标考虑了生态化，但考核方式仍存在不足。具体来说，地方政府的绩效考核是自上而下的，考核主体局限于体制内。这种考核方式实际是上

[①] 陈婉玲：《PPP 长期合同困境及立法救济》，载《现代法学》2018 年第 6 期。

级政府的价值偏好对公众的价值偏好的代替，仅反映了上级政府对下级政府的目标要求，不能真正体现公众的需求。① 而人本性的考核评价方式是对多元共治与合作治理的进一步落实，可以体现出公众对治理效果的反馈，倒逼地方政府重视农村环境治理，纠正政府的不作为以及乱作为问题。

从实施路径来看，实现地方政府政绩考核的人本性需要融入以公共服务为中心的现代化治理理念。即考核的主体纳入社会公众，考核的内容体现出人本关怀——关注土地经营权人与土地承包经营权人的满意度。

（四）柔性治理嵌入不是摒弃刚性治理

柔性治理嵌入模式是对刚性治理模式的调和。太刚易折，太柔则靡，没有原则、没有规范的柔性治理同样可能激发矛盾并导致治理的混乱无序。换言之，尽管刚性治理模式存在缺陷和不足，但单纯的柔性治理模式也面临着权威性不足、社会整合难度大等困境与挑战，需要刚性治理提供力量支撑和制度保障。② 因此，柔性治理与刚性治理都是环境法治的基本内容，二者不是相互排斥的零和博弈关系。这也正是本文提倡柔性治理嵌入模式而非单纯的柔性治理模式的原因。

农村耕地环境柔性治理嵌入模式虽不是完全摒弃刚性治理，但是政府对强制性手段的使用需要谨慎，要在法治的轨道上进行，摆脱"唯上"的行为逻辑，体现"以人为本"的宗旨，采用更加柔和的方式去调动相关利益主体的活力，进而缓和政府与其他治理主体之间的紧张关系。

三、柔性治理嵌入模式在农村耕地环境治理中的具体应用

（一）实现政府由"管控型"向"服务型"的角色转变

柔性治理嵌入模式是对刚性治理模式的矫正，而不是替代。柔性治理嵌入模式中的政府应当实现从"管控型"向"服务型"的角色转变，做耕地环境治理的推动者。

1. 完善激励性政策。美国学者奥尔森提出，"选择性激励"是解决集体行

---

① 石学峰：《党政领导干部政绩考核：主要问题·国外经验·修补路径》，载《治理现代化研究》2020年第1期。
② 张诚：《农村环境软治理：内涵、挑战与路径》，载《求实》2020年第5期。

动困境最重要的动力机制。① 激励性政策是调动土地承包经营权人、土地经营权人耕地环境治理积极性的良策，亦是基于风险预防原则作出的环境决策。②

第一，构建土地承包经营权人监督行为激励机制。我国《土壤污染防治法》第 4 条规定，土地承包经营权人具有保护土壤与防止土壤污染的义务。但环境保护义务包括一般性环境保护义务与具体性环境保护义务，《土壤污染防治法》第 4 条提到的只是一般性环境保护义务，约束力不强，即便相关主体不履行，也不会受到法律惩戒。③ 相比立法施加土地承包经营权人一般性环境保护义务，构建监督行为激励机制更能激发土地承包经营权人参与环境治理的积极性。《土壤污染防治法》构建了土壤污染防治基金制度，另外，《土壤污染防治资金管理办法》第 5 条规定，该基金主要用于土壤污染的源头防控、风险管控以及修复治理等，并不包括对监督者的激励。为了规制外在监督"失灵"问题，可以允许实施有效监督行为的土地承包经营权人申请土壤污染防治基金。

第二，完善对土地经营权人的激励。"三权分置"政策实施后，耕地的实际耕种者是土地经营权人，如果延续二元权利结构下的生态保护补偿机制，实际进行耕地环境治理的主体将得不到补偿。本文认为，土地承包经营权人与土地经营权人皆享有获得补偿的权利。首先，耕地使用用途的限制能产生相对生态增益，④ 土地承包经营权人是耕地用途的保护者，也是耕地用途管制的受限行为主体，⑤ 是耕地产生生态增益的贡献主体，应当获得耕地生态

---

① ［美］曼瑟尔·奥尔森：《集体行动的逻辑》，陈郁等译，上海人民出版社 1995 年版，第 41~42 页。

② 李天相：《市民公约在城市生态环境治理中的运用》，载《社会科学战线》2021 年第 11 期。

③ 一般性环境保护义务具有浓厚的原则性和倡导性色彩，基本不被司法裁判援引，行政机关也不能据此对相对人进行处罚。参见曹炜：《环境法律义务探析》，载《法学》2016 年第 2 期。姜红利、宋宗宇：《不作为环境污染责任认定的困境与出路》，载《社会科学研究》2019 年第 4 期。

④ 生态增益含义广泛，包括绝对生态增益与相对生态增益。绝对生态增益是指相关主体通过生态保护行为使生态利益得以增加；相对生态增益是指相关主体通过生态保护行为阻止生态利益减损。由耕地保护主体产生的生态增益主要是相对生态增益。参见韩卫平：《生态补偿概念的法学界定》，载《甘肃政法学院学报》2016 年第 2 期。

⑤ 土地承包经营权人对土地经营权人收取耕地流转费，但该费用是在耕地用途受限的基础上进行计算。所以，土地承包经营权人是耕地用途受到限制的直接受损者，不因其是否为耕地的实际经营主体而改变。而土地经营权人并未因耕地用途受限而遭受实际的损失，因为土地经营权人接受耕地转让的交易行为，是一种投资行为。尽管耕地用途受限使其获得的收益较低，但也只能说明，土地经营权人只是选择了一个因耕地用途受限而投资回报较低的项目，这是项目的选择问题。但这并不是说土地经营权人不能获得补偿，只是从耕地用途受限产生生态增益的角度来说，因耕地用途受限遭受实际损失的主体是土地承包经营权人。参见刘梦：《"三权分置"背景下耕地生态保护补偿对象的确定》，载《河南财经政法大学学报》2022 年第 2 期。

保护补偿。其次，流转后的耕地的实际支配者是土地经营权人，土地经营权人的耕种方式，比如播种的周期、播种的农作物种类、化肥与农药的使用程度等，直接影响到耕地的生态环境，耕地是否撂荒、地力是否降低都离不开土地经营权人在耕地使用方式上的付出。因此，土地经营权人应当获得补偿。另外，我国《土壤污染防治法》第45条规定，当土壤污染责任人无法认定时，由土地使用权人即土地经营权人进行土壤污染修复，由此来说，土地经营权人是耕地环境的保护责任主体。土地经营权人从播种到丰收过程的整体性保护能从根源上降低土壤污染发生的概率，即产生相对生态增益。从此角度来看，土地经营权人也应当是耕地生态保护补偿的受偿主体。[①]

2.实现政府绩效考核人本化。人本性的考核方式可以倒逼政府由"管控型"向"服务型"转变。现代化环境治理要求政府绩效考核体现出人本关怀，建立以提升环境质量和提升公众获得感与幸福感为目标的考核模式。

具体来说，第一，参与考核的主体应当吸纳土地承包经营权人、土地经营权人等社会力量。第二，考核的内容应增加软性指标，如土地承包经营权人、土地经营权人对地方政府工作作风以及对耕地环境治理效果的满意度，将上级政府考评与民主评价进行综合进而得出最终考核结果。第三，农村耕地污染具有隐蔽性、滞后性特征，污染行为导致的损害结果往往经年累月才会被发现。针对农村耕地污染这一特性，考核过程应是短期考核与长期考核相结合，避免地方政府"形式主义"，只是追求规定时间节点的"名义达标"与"数字达标"[②]。第四，从《环境保护法》第26条规定来看，政府绩效考核结果需要公示并接受社会公众的质疑。考核结果公示可以进一步提高公众的参与热情，让公众看到民主评价的真正价值。同时，通过公示倒逼地方政府由单一对上负责转向对上负责且对群众负责。[③]

（二）通过乡村文化引导土地承包经营权人积极参与

土地承包经营权人参与农村耕地环境治理不仅需要政府激励这种外在

---

① 刘梦：《"三权分置"背景下耕地生态保护补偿对象的确定》，载《河南财经政法大学学报》2022年第2期。

② 彭云等：《差异化达标"作为"：基层干部的行动逻辑——基于M县精准扶贫实践的个案》，载《华中师范大学学报（人文社会科学版）》2020年第2期。

③ 秦晓蕾：《我国乡镇政府绩效考核控制、博弈中的异化及改革路径》，载《江苏社会科学》2017年第3期。

力量的推动，更需要乡村文化这种内生力量的引导。①乡村文化根植于地缘和血缘关系，所谓"地缘"，是指乡村文化是一种地方性知识，具有规范性的内涵，潜移默化地建构了当地村民的行为。所谓"血缘"，是指乡村文化通过家族和代际的延续形成，具有"使命感"，可以形成村民群体的共情效应。②

首先，尽管乡村文化观念在当下有所削弱，但依然对村民即土地承包经营权人有影响力，因此，应当重塑乡村文化的引导作用。具体可从以下两个方面落实：第一，构建土地承包经营权人主体性地位。只有土地承包经营权人实现由旁观者到局内人的角色转变，才会主动关注农村耕地环境，才会从内心意识到耕地环境损害不单单对自己亦会对整个乡村，不仅仅对当代亦会对后代造成威胁。唯有如此，土地承包经营权人才更有意愿去"发声"，更加积极地履行监督义务。第二，村规民约与新乡贤是发挥乡村文化引导功能的重要工具，应充分利用。村规民约作为乡村治理的重要组成部分，一直是土地承包经营权人生活的行为准则，是自治制度的组成部分，乡村文化可以以村规民约为载体进行表达；另外，自党的十九大提出乡村振兴战略以来，乡贤治村被重视起来，为与传统乡贤治理相区别，其被称为新乡贤。与传统乡贤相比，新乡贤不再是乡村治理的"主导者"，而是"协同者"，不再力争将乡村处于"无讼"状态，而是将引领乡风文明作为首要功能。③故可以将新乡贤作为乡村文化的推动者，实现对土地承包经营权人更好的引导。④

其次，除了发挥乡村文化的引导作用，还需要完善诉求表达机制来促进土地承包经营权人积极参与治理。《土地管理法》第11条规定，农民集体所有的土地依法属于村农民集体所有的，由村集体经济组织或者村民委员会经营、管理。即由村集体经济组织、村民委员会代表行使耕地所有权，代表

---

① 谢晖、陈金钊：《民间法》，山东人民出版社2002年版，第9~11页。
② 高晓琴：《乡村文化的双重逻辑与振兴路径》，载《南京农业大学学报（社会科学版）》2020年第6期。
③ 王杰：《新乡贤是传统乡贤的现代回归吗？——基于新乡贤与传统乡贤治村的比较分析》，载《西北农林科技大学学报（社会科学版）》2020年第6期。
④ 如四川省巴中市恩阳区309个村（社区）建立了新乡贤联谊会，利用新乡贤的威望，聘请五老人员、乡村贤达担任主讲教师，利用农闲时节，通过讲故事、说家常、看电影、演坝坝戏等群众喜闻乐见的方式，利用道德讲堂、文化礼堂、农民夜校等载体，深入开展"典型讲事迹、乡贤讲感恩、做新型农民"等活动，引导群众从小事做起、从自身做起，践行社会主义核心价值观，全面提升自身的文明素养。载https://baijiahao.baidu.com/s?id=1707059908423758853&wfr=spider&for=pc，最后访问时间：2023年6月23日。

土地承包经营权人"发言"。① 目前，我国村集体经济组织的设立具有两方面特征：一是村集体经济组织的设立具有非强制性。《民法典》第 101 条第 2 款规定，未设立村集体经济组织的，村民委员会可以依法代行村集体经济组织的职能。可见，在没有条件设立该组织的地方可以不设立，实践中，大多数地方由村民委员会代表行使所有权，而不再设立村集体经济组织。二是村集体经济组织的设立具有依附性。设立了村集体经济组织的地方，基本上也是与村民委员会一套人马两个牌子。② 但当前村民委员会趋于行政化，并未与土地承包经营权人建立起代理与被代理关系，而是存在管理与被管理的关系。为了使村民委员会回归土地承包经营权人"代言人"角色，应当充分发挥农村基层党组织的作用。《村民委员会组织法》第 4 条规定，农村基层党组织发挥领导核心作用，领导和支持村民委员会行使职权；依照宪法和法律，支持和保障土地承包经营权人开展自治活动、直接行使民主权利。可见，农村基层党组织作为执政党嵌入农村的战斗堡垒，是党在村庄全部工作和战斗力的基础，理应发挥好其领导核心作用，通过有效的程序安排，监督、保障村民委员会"依法行权"。③

（三）通过签订自愿性环境协议实现合作治理

自愿性环境协议可以促成合作治理的实现。刚性治理模式虽然能对土地经营权人起到威慑作用，但是也容易导致土地经营权人的心理抵抗以及行为对抗，进而增加巨大的行政执法成本。④ 哈贝马斯提出了"理想的话语环境"这一理念，主张摒弃暴力压制话语的做法，通过民主、公正的话语规则以及程序，确保每个主体都可以拥有平等、自由的话语权。⑤ 实践中，为了避免行政行为的刚性，政府已开始尝试通过行政指导、行政规划以及行政合同等方式来创造与相对人的"理想的话语环境"。⑥ 其中，行政合同被政府用来提

---

① 肖新喜：《论农民社会保障权双重属性及其制度价值》，载《苏州大学学报（哲学社会科学版）》2019 年第 6 期。
② 韩松：《农民集体所有权主体的明确性探析》，载《政法论坛》2011 年第 1 期。
③ 朱志平、朱慧劼：《乡村文化振兴与乡村共同体的再造》，载《江苏社会科学》2020 年第 6 期。
④ ［美］布雷耶：《规制及其改革》，李洪雷等译，北京大学出版社 2008 年版，第 245 页。
⑤ 任岳鹏：《哈贝马斯：协商对话的法律》，黑龙江大学出版社 2009 年版，第 79~80 页。
⑥ 陈思等：《农地"三权分置"产权解构及政策优化建议》，载《中国土地科学》2020 年第 10 期。

供服务以及履行重要治理任务的趋势日益凸显。① 本文认为，在农村耕地环境治理中，地方政府与土地经营权人可以通过达成自愿性环境协议的方式来实现合作治理。

首先，关于自愿性环境协议的主体。可以由地方政府授权村集体经济组织或村民委员会作为发起人与土地经营权人签订自愿性环境协议。2021年农业农村部发布的《农村土地经营权流转管理办法》第17条规定，承包方（土地承包经营权人）应将承包地流转合同向发包方即村集体经济组织或者村民委员会备案。由此可见，村集体经济组织或者村民委员会对农村耕地流转情况较为了解，同时掌握着土地经营权人的相关信息，由其作为发起人能够更好地实现自愿性环境协议的覆盖性。

其次，关于自愿性环境协议的内容。第一，协议中可以约定，土地经营权人在完成相应的耕地环境治理任务后可以申请获得有关政策支持与激励。第二，协议中可以约定耕地污染发生后的治理措施。《土壤污染防治法》第45条将他人的"过错"强制归责于土地经营权人，虽可以提升耕地环境治理的效率，但更容易让土地经营权人产生心理抵抗。自愿性环境协议的效力不是来自国家立法权威，而是来自土地经营权人的协商和认同，可以缓解其排斥心理。第三，协议中也可以约定，把未来可能发生的侵权责任转换成契约责任，避免依据侵权行为要求损失赔偿或者请求排除妨害所产生的困难。②

再次，关于自愿性环境协议的特征。张锋认为自愿性环境协议是超越了形式法律规制与实质法律规制的自愿性法律规制；③ 吴真认为自愿性环境协议可以理解为环境行政合同；④ 王勇认为自愿性环境协议性质可以是自愿性的环境行政行为、行政事实行为，亦可以是民事行为，或者是非正式的行政行为。⑤ 但是无论其性质如何，都普遍认为，自愿性环境协议具有以下特征：第一，在自愿性环境协议的签订过程中，土地经营权人可以充分表达自身的

---

① [美] 朱迪·弗里曼：《合作治理与新行政法》，毕洪海、陈标冲译，商务印书馆2010年版，第493~494页。
② 叶知年：《环境民法要论》，法律出版社2014年版，第260~265页。
③ 形式法律主张运用合同法、侵权法、财产法等私法工具论述自愿性环境协议的法律性质；实质法律强调运用行政法等公法工具分析自愿性环境协议的制度逻辑。张锋教授指出，应强化公权力、私权利和社会权力的互动，推动环境风险规制中程序与过程的融合。参见张锋：《后疫情时代自愿性环境协议制度研究》，载《上海财经大学学报》2020年第6期。
④ 吴真：《论自愿环境协议中行政优益权的规制——以比例原则为视角》，载《河南社会科学》2020年第6期。
⑤ 王勇：《自愿性环境协议：一种新型的环境治理方式——基于协商行政的初步展开》，载《甘肃政法学院学报》2017年第3期。

利益诉求。土地经营权人虽是被规制者,但更是相对平等的治理主体,享有充分的发言权与决策权,可以与发起人形成农村耕地环境治理共识。① 第二,自愿性环境协议的发起人会对土地经营权人的耕地环境自治行为进行激励。除了前文提及的耕地生态保护补偿,还可以包括声誉激励、为土地经营权人拓宽销售市场以及提供额外的金钱奖励等,这可以极大提高土地经营权人的自治积极性。

最后,关于自愿性环境协议的法治性要求。第一,自愿性环境协议的内容需要与我国立法保持一致。即需要在法律制度层面厘清公主体和私主体之间的权利义务分配,以免公主体逃脱法律为之设定的职责与义务,或者公主体为私主体提供以私益标准取代公法标准的机会。② 第二,应探索有关机关对自愿性环境协议的合法性审查,建构自愿性环境协议的社会监督机制和司法制衡机制,避免出现"风险的制度化以及制度化的风险"的尴尬。③

四、结语

当今社会存在无处不在的现实风险,传统自上而下的刚性治理模式存在弊端,难以有效应对日益复杂化的农村耕地环境问题。柔性治理嵌入模式通过多元共治、合作治理以及人本性治理的方式,可以矫正刚性治理模式存在的缺陷。但是,柔性治理嵌入模式并非否定刚性治理模式,只有实现二者的协调,方能产生良好的农村耕地环境治理效果。第一,从治理主体上而言,既要肯定国家在农村耕地环境治理中的作用,又要鼓励土地承包经营权人、土地经营权人等主体积极参与治理;第二,从治理手段上而言,既要通过刚性手段对耕地污染行为人与土地经营权人施以严格责任来实现对耕地环境的末端治理,又要通过财政激励等柔性手段加强对耕地环境的风险预防;第三,从对地方政府的绩效考核而言,既要考虑上级政府所施加的硬性指标的完成情况,又要考虑来自社会公众的幸福感与满意度的民主评价;第四,从治理依据上而言,既要重视正式规则对耕地权益主体的规制,也要发挥文化、契约等非正式规则在耕地环境治理过程中的重要作用。

---

① 李宁、王芳:《互动与融合:农村环境治理现代化中的协商民主》,载《求实》2019年第3期。
② 秦鹏、唐道鸿:《环境协商治理:理论建构与实现路径》,载《西南民族大学学报(人文社会科学版)》2017年第7期。
③ 张锋:《后疫情时代自愿性环境协议制度研究》,载《上海财经大学学报》2020年第6期。

替代性修复制度的实践考察与完善路径
——基于110篇涉环资刑事案例的实证分析[*]

摘要：良好生态环境是最公平的公共产品，是最普惠的民生福祉。[①]但不可忽视的是，我国生态环境问题依然严峻。对生态环境问题，我国始终坚持"保护优先、预防为主、综合治理、公众参与、损害担责"的原则，多措并举、防治兼顾。本文以涉及"替代性修复"制度的环资刑事案例为切入口，检视替代性修复制度在我国的实践现状，深究在生态环境整体性背景下该项制度运行的价值，并反思替代性修复制度在实际运行过程中的不足，试图修复其不完善之处，实现环境资源的保护、修复、再生。

关键词：替代性修复　司法检视　环境修复

一、缘起：替代性修复制度的实践窥探

生态环境保护是功在当代、利在千秋的事业，生态环境问题关系人民群众切身利益。人民法院通过公益诉讼制度积极参与环境问题治理，在这过程中，对环境问题的治理观念也在逐步变化。在我国环境民事公益诉讼的司法裁判中，逐步构建起了以修复为中心的环境责任体系，我国正积极探索和适用替代性修复方式。[②]

日前，笔者在北大法宝网站以"替代性修复"为关键词，以"一审审理程序""破坏环境资源保护罪"为筛选条件，截至2023年8月15日，通过逐一筛选、剔除，共筛选出110篇符合条件的案例。

---

[*]【作者信息】郭礼礼，上海市崇明区人民法院；管军，上海市崇明区人民法院。

[①] 中共中央文献研究室编：《习近平关于社会主义生态文明建设论述摘编》，中央文献出版社2017年版，第4页。

[②] 刘竹梅：《用法治手段守护绿水青山——以案说法看我国生态司法实践》，载新华网，最后访问时间：2023年8月15日。

从提起诉讼的主体而言，在110件涉及环资的刑事案件中，有98件案件的公诉机关作为公益诉讼的原告参与了诉讼，均为人民检察院在办理环境资源类刑事案件中，发现有侵害社会公共利益的行为后，在30天公告期内未有适格主体提起诉讼后，公诉机关提起刑事附带民事诉讼，追究实施侵害环境行为的公民、法人或其他组织的侵权责任。这反映了人民检察院作为国家法律监督机关积极担当作为的一面，但也反映出环境类民事公益诉讼民众参与不足的问题。作为提起主体，检察院在开展公益诉讼过程中也存在线索来源不足、办案力量薄弱、介入纠改措施滞后等问题，制约着侵害环境资源行为受到司法规制在范围上的覆盖全面性和时间上的措施及时性。

从环境资源损害的鉴定、评估主体角度来讲，受环境资源损坏结果评估的专业性因素影响，概括而言主要是环境保护部门、环境科研部门、高校、专家等主体。多元的鉴定主体既体现出环境刑事司法案件专业化要求程度高，也反映出对环境资源损害结果的评估尚无统一、明确的部门进行负责，司法裁判中对侵害结果和责任的认定大多依靠对侵害结果有利害关系或主管部门的鉴定结果或对该领域有专门知识的人或机构的意见。且在110件涉及环资的刑事案件当中，有相当大部分比例的鉴定机构除了承担损害结果的鉴定责任外，还出具相应的修复方案。

从损害结果和责任承担认定方式上，主要有法院裁判、法院与被告人磋商、第三方鉴定机构估算三类方式。因环境类损害结果难以用统一、直观的标准衡量，对定损结果的认定容易出现同案不同判的情况。例如，在林某煌、林某国非法捕捞水产品一案①中，被告人违规捕捞渔获物4.44公斤，专家评估该行为造成直接经济损失257.52元，当年产卵损失710.4元，天然渔业恢复费用为10300.8元。而在赵某波、徐某光等非法捕捞水产品罪一案②中，被告人捕鱼共计5000余斤，但该案中专家认为当事人需承担生态资源和生态环境损害赔偿36750元。两起案件在实质损害结果的数量上有千倍之差，但在认定需要承担的经济责任上仅有三倍之差。

在责任承担方式上，无外乎承担生态修复费用之类的经济责任和进行异地补种、增殖放流、张贴宣传标语等行为责任之间选择或并举。其中如唐某智、胡某文、李某云非法采矿罪案③和郑某非法采伐国家重点保护植物案④等

---

① 详见湖南省洞口县人民法院（2021）湘0525刑初133号刑事判决书。
② 详见安徽省桐城市人民法院（2021）皖0881刑初222号刑事判决书。
③ 详见四川省泸州市江阳区人民法院（2018）川0502刑初258号刑事判决书。
④ 详见四川省雅安市中级人民法院（2019）川18刑初7号刑事判决书。

均判决若不履行替代性修复行为则承担经济责任这种选择性责任承担方式。在承担责任的方式上，在110篇判决书的判决主文中有22件案件要求被告人在媒体上对自己行为进行公开赔礼道歉，有41件案件设置了专门的履行标准、行为履行和结果审核部门，有8件案件对生态修复类费用用途、去向作了明确说明。说明在替代性修复制度实际适用过程中，有部分法院从审执兼顾的角度出发，充分考虑到了裁判后的实际执行问题，但也暴露出对被告人承担的生态修复费用等经济责任暂无较好且统一的处置思路，并且缺乏事后的监督的问题。

二、探析：环境整体性背景下替代性修复制度的价值

所谓"山水林田湖草是生命共同体"，生态环境具有整体性，对生态环境的修复要从生态环境各环节与各要素之间相互联系的角度进行考虑。替代性修复方式是维系整个生态环境系统平衡及其功能完整性方面的调节器，以达到生态系统的结构和总量平衡。① 对替代性修复制度的理解和适用要放在生态环境整体性的背景下进行研究。

（一）替代性修复方式的多元适用体现生态环境的整体性和关联性

生态环境各要素之间，虽然在个体上存在差异性或互补性，但各生态要素之间在整体上存在关联性和平衡性。因此，个案的裁判着眼点要落脚于部分修复行为对整体生态的影响，原有的稳定生态环境被打破，而个案的重要目标应在于回复损害发生前应有的状态。②

在检索到的110篇案例中，部分案例裁判所确定的替代性修复内容与损害结果之间并不存在统一性，甚至不存在同类型，却是从生态环境修复具有整体性和各要素之间具有关联性的考虑出发，充分体现修复措施的灵活性。例如，在蒲某超非法狩猎、非法猎捕、杀害珍贵、濒危野生动物案③中，因被告的侵害行为，导致一只国家二级重点保护鸟类死亡，一只在《濒危野生动植物国际贸易公约》附录中的野生动物死亡，在该种情形下，无论何种行为都无法使被侵害的客体"死而复生"，恢复到原来的状态，因此本案在

---

① 吕忠梅、窦海阳：《修复生态环境责任的实证解析》，载《法学研究》2017年第3期。
② 王泽鉴：《回复原状与金钱赔偿——损害赔偿方法的基本架构》，载我国台湾地区《月旦法学杂志》2005年第127期。
③ 详见湖北省咸丰县人民法院（2020）鄂2826刑初150号刑事判决书。

裁判过程中考虑到被损害的生态环境无法完全修复到损害发生之前所应有的状态和功能，便要求被告人采用替代性修复方式，由被告人在沿河岸裸露地带栽植垂柳 70 株，以恢复生态，帮助野生动物更好地繁衍。从"伤鸟"到"护林"，充分体现了替代性修复措施适用的灵活性和在生态环境一体化背景下各要素之间的联系。除此之外，也存在侵害客体为野生动物，替代性修复方式为制作野生动物宣传册，并进行义务宣传，以此促进当地生态环境修复的司法裁判。[①] 也有司法裁判中，被告人实施非法捕捞水产品的侵害行为，因家庭无力承担支付生态修复费用等经济类责任，法院允许被告人采取公益劳务代偿的替代性修复方式承担自己的过错责任，判决被告人以在特定河段巡河的方式，弥补对环境的损害。[②]

以上的案例，均是在原侵害结果已经无法恢复原貌，但又并未造成无法挽回的侵害结果的前提下，灵活适用其他可能会对原侵害结果同类客体具有正面效益的行为，用以修复生态，而非一味强调"破镜重圆"，而是将个案的裁判价值放在整个生态系统修复的状态当中。因此，生态修复不等于绿化，生态修复首要关注修复其功能，也就是恢复一个生态系统的健康。[③]

域外相关经验也值得我们借鉴，美国在司法环境保护实践中采取了放松联系标准和罚金阶梯型豁免政策，以实现环境的替代性修复。基本模式为在同地同质修复的基本修复不能情况下，采取"同地异质修复""异地同质修复""异地异质修复"的补充性修复和补偿性修复，并列且有递进关系式的修复模式。[④] 这也是从生态环境各要素之间具有关联性的角度出发，对受到侵害的环境进行修复的方式。

（二）替代性修复措施的限缩适用体现生态环境各要素之间的差异性和不可修复性

替代性方案的核心应强调对被破坏生态功能的修复，因此其适用前提为受损环境对应的主要生态功能有替代实现的可能性，对于特殊物种等对应的特殊生态功能，若不具替代实现的可能性，则替代性修复不应予以适用。[⑤]

[①] 详见湖南省宁乡县人民法院（2021）湘 0180 刑初 1099 号刑事判决书。
[②] 详见湖南省安化县人民法院（2022）湘 0923 刑初 477 号刑事判决书。
[③] 于长青：《中国式造林，得不偿失？》，载《南方周末》2011 年 5 月 5 日。
[④] 何勤华、靳匡宇：《行政和司法衔接视域下长江环境替代性修复方式研究——以美国替代环境项目为镜鉴》，载《法治研究》2020 年第 2 期。
[⑤] 浙江省嘉善县人民法院课题组：《检视与回归：适用替代性修复的要素》，载《人民司法》2021 年第 31 期。

替代性修复的扩张适用是对司法裁判责任的推诿和对侵害责任认定的懈怠。侵害结果的发生破坏的是特定区域的生态环境，是特定区域内的公众利益受到损害。例如 A 地生态环境受损，被告选择在 B 地进行替代性修复，若两地相隔甚远，且修复方式又无关联性，此举无异于"拆东墙，补西墙"。

实践中部分案例替代性修复应作限缩适用，在无法对生态环境进行修复的情形下，不适用替代性修复，而是直接适用惩罚性赔偿措施。例如，汪某平滥伐林木罪一案①和朱某考滥伐林木罪②一案中，被告人均提出采取替代性修复方式修复被侵害的客体（均属于国家级公益林，保护等级二级），但法院在裁判过程中，认定被告人滥伐林木行为造成的生态环境损害主要是森林固碳释氧、空气净化、涵养水源功能下降，并不适宜采取替代性修复措施进行修复，驳回了被告人的替代性修复申请，而是判处被告人承担所造成的生态环境损害折合的经济责任。这两起案件就是以已被侵害的客体和替代性行为所修复的客体之间存在差异性，已被侵害的客体存在不可修复性，进而驳回被告人替代性修复的申请，亦不将此作为被告人减轻处罚的量刑依据。

因此，鉴于生态环境各要素之间具有差异性和不可替代性，替代性修复的地域必须和受损地域具有生态系统及其功能上的牵连性，只有在原空间地域不能完全恢复其环境以及其功能的情况下才考虑异地修复方式。

（三）替代性修复措施的补偿效益要与环境损害结果之间具有相当性

替代性修复所带来的是与受破坏的生态功能大体相当的功能。③ 替代性修复措施达到的修复目标是被侵害客体所造成的生态环境应发挥的效能。

在司法裁判中，考虑到替代性修复措施修复时间长，受客观因素影响大，活体动植物成活率低等因素，判处被告人进行的替代性修复措施往往远大于遭受损失的数量，例如，在一起非法捕捞水产品罪案件④中，毛某非法捕获约 2 斤小河鱼，司法裁判结果为毛某向河内投放鱼苗 1000 尾。在一起滥伐林木罪案件⑤当中，被告人侵害的客体为"林木共计 304 株，其中马尾

---

① 详见安徽省太湖县人民法院（2019）皖 0825 刑初 214 号刑事判决书。
② 详见安徽省太湖县人民法院（2019）皖 0825 刑初 177 号刑事判决书。
③ 王小钢：《生态环境修复和替代性修复的概念辨正——基于生态环境恢复的目标》，载《南京工业大学学报（社会科学版）》2019 年第 1 期。
④ 详见湖南省武冈市人民法院（2020）湘 0581 刑初 222 号刑事判决书。
⑤ 详见贵州省仁怀市人民法院（2020）黔 0382 刑初 381 号刑事判决书。

松 303 株，柏木 1 株，采伐蓄积共计 71.3963 立方米"，法院判决中要求被告人"自行购买苗木，在桐梓县小坟山进行栽植（栽植苗木数量不低于 912 株。苗木规格：苗木栽植树种为栾树，米径大于或等于 5 厘米，苗木栽植应符合《城市绿化工程及验收规范》的要求）。并由公益诉讼起诉人贵州省桐梓县人民检察院监督实施生态修复"。判罚种植数量约为侵害客体数量的三倍。但是，数量上的倍数增加并不意味着被告人承担着惩罚性赔偿责任，而是结合修复行为的客观实际，实际上替代性修复行为的内容并未超出侵害行为结果的限度。

司法裁判中适用替代性修复责任，不仅仅是要求侵害结果和修复后的生态环境应发挥的效益之间具有相当性，还考虑到替代性修复行为对于被告人而言，实施具有极大的期待可能性。同时还要考虑替代性行为的实施与环境修复目的的实现具有因果关系，如生态养护工作及公益宣传活动、赔礼道歉等形式在一定范围内，提高了部分受众的环保意识，对整体环境的修复具有一定的积极作用，这些举措都是为了避免裁判成为一纸空文，也是为了生态环境修复终极目标的实现。

三、检视：替代性修复制度适用困境

自 2015 年《最高人民法院关于审理环境民事公益诉讼案件适用法律若干问题的解释》（以下简称《解释》）正式确认替代性修复责任以来，替代性修复在裁判中的适用呈逐年递增趋势。然而目前相关规定尚未统一明确，且带有原则性，实践适用中存在诸多问题。执行不到位、修复监督混乱的现象较为严重。

（一）立法层面：法律规则缺位导致制度落实缺乏标准

替代性修复制度的探索与实践离不开相关理论、制度的引导和支持。尽管目前替代性修复制度大量适用于环境侵权案件，但对替代性修复责任的适用和方式的选择，法律并未设定明确标准，导致法院在适用替代性修复方式时难以把握。

1. 替代性修复适用情形无明确规定。替代性修复源于 2015 年《解释》中第 20 条的规定，替代性修复自此成为人民法院在司法裁判中裁判责任人承担责任的方式。《解释》（2020 年修正）将第 20 条规定中"原告请求恢复原状"修改为"原告请求修复生态环境"，对生态环境系独立存在的客体和

生态环境各客体之间的关联性有了更加深入的认识和把握。生态修复不等于生态恢复，是生态恢复不能的替代性措施。替代修复也不同于直接修复，是在原本已受到损害的生态环境客体直接修复不能的前提下，对同类客体或具有关联性的客体进行修复的行为。替代性修复适用的前提条件，即"无法完全修复"，大致上要按照"损益相抵"的原则适用替代性修复方式。此外，我国《环境保护法》中的原则，对替代性修复制度的具体适用进行指导。但目前，替代性修复责任相关规定分散在各个司法解释和政策文件中，且具有原则性，并没有法律对替代性修复的含义作出准确界定以及对适用情形进行具体说明。

2.替代性恢复方式选择无明确标准。我国现有的法律规定和司法解释，对于替代性修复的方式仅作了相应的列举，替代性修复的方式具有一定的开放性，并未明确具体选择标准。在此背景下，司法裁判者基于自己的认知和对法律的理解与把握，并根据受侵害环境资源客体实际情况，探索出了多样的替代性修复方式。目前实践中有直接支付替代性修复费用和补植复绿、增殖放流、劳务代偿、技改抵扣、碳汇认购等多元化生态修复方式。但也产生了法院适用标准不一的问题，比如同类案件有的判决承担生态修复的行为责任，有的判决承担生态环境修复费用，影响了司法裁判的权威性。

（二）审判层面：裁判价值错位导致生态修复目标偏离

审判实践中，存在缺乏科学依据的情况下认定责任人承担替代性修复责任，直接判决责任人承担支付修复费用的经济责任，或者笼统表述修复责任内容而并未明确修复的具体目标和举措等情形，成为生态环境修复落到实处的重大障碍。

1.责任认定缺乏科学依据。虽然替代性修复责任自2015年被正式提出以来，在裁判中的适用愈加普遍，但仍属于环境民事公益诉讼中新的修复类型，尚未形成统一的适用规则。同时，生态环境修复本身具有一定的专业性和技术性，[1]生态环境损害案件涉及大量相关专业知识，部分法官在未经技术事实调查、科学合理计算、缺乏技术支持、鉴定结论的情况下，根据经验判断，认定责任人承担替代性修复责任，对于环境损害程度与生态修复方案的确认缺乏科学依据。

---

[1] 宁清同、南靖杰：《生态修复责任之多元法律性质探析》，载《广西社会科学》2019年第12期。

2. 修复方式选择存在失当。关于替代性修复的法律规定较为笼统宽泛，加之污染领域专业复杂、审判机关环境保护实践亲历性不足，使得司法实践中替代性修复方式往往直接以恢复费用来替代。① 由此，一些企业抱着"赔钱了事"的想法，将修复义务转嫁给政府，造成行为人修复义务的逃逸。② 目前的司法实践中，仍是以判决责任人支付替代性修复费用为主，但容易产生责任人的经济承担能力影响资金到位、赔偿资金的监管和使用影响修复工作及时推进等问题。优先适用金钱赔偿，不利于修复受损生态。案件虽已判决，但生态环境并未得到彻底修复。

3. 裁判所确定的修复目标笼统。很多裁判文书中只是确定行为人承担修复责任，笼统表述责任内容，并未明确修复的具体举措和实现方式。如在判决当事人承担环境修复费用时，只是笼统地指出"用于环境修复"，没有明确修复目标的内容和实现方式。③ 这容易导致责任人怠于履行相关义务，生态环境不能得到有效修复，与环境污染的全面修复原则相背离。

（三）执行层面：执行措施失位导致裁判效果实现受阻

判决得到执行，才能实现诉讼的最终目的。但破解生态修复中的执行难题、打通生态环境修复的"最后一公里"面临多重困难。

1. 执行过程中多环节的责任主体尚未明确。目前的法律规定中，鉴定环境损害、确定修复单位、主持修复过程、监督修复成果、使用监管赔偿金、评估验收及追责的主体都尚未明确。法律空白、职责主体不明，很难让环境修复工作真正落实。

2. 环境修复时间长、任务复杂导致执行难。环境修复具有时间长、专业性强、涉及面广的特点。一方面，法院难以配备相应的执法人员进行长期跟踪。欧盟 2016 年的《环境责任指令》实施评估报告中显示，生态环境修复案件的履行周期平均时间大约为 12 个月，有的要 3 年到 5 年，甚至数 10 年。④ 另一方面，执行过程中，不是专家很难判断科学性和可行性，法院对于检测、验收、评估缺乏专业性，难以确保修复效果。

---

① 张培华等：《公益诉讼中替代性修复的实践探索——从一起污染环境公益诉讼案谈起》，载《人民检察》2020 年第 24 期。
② 康京涛：《生态修复司法适用的实证分析——以 212 份环境裁决文书为中心》，载《法治论坛》2018 年第 3 期。
③ 吕忠梅、窦海阳：《修复生态环境责任的实证解析》，载《法学研究》2017 年第 3 期。
④ 康京涛：《欧盟生态损害救济：理路、实效、困境及启示——以欧盟〈环境责任指令〉为中心》，载《宁夏社会科学》2020 年第 1 期。

（四）监管层面：监督监管虚位导致修复成效缺乏保障

有效的监管是执行力的灵魂，生态环境修复责任的有效执行重在强化监管。但由谁监管、如何监管，法律对此未作规定，导致判决执行难，难以实现生态恢复性司法的法律效果与社会效果的统一。

1. 监督主体尚未统一。监督主体不定，监督职能不清，皆是修复监督混乱的体现。① 目前对替代性修复方案执行的监督主体尚未形成统一意见，主要存在两种观点：一是指定公益诉讼的原告作为监督主体；二是指定生态环境部门等作为监督主体。也有学者提出，生态环境修复责任执行监管应当交由法院、政府、公众三方。② 在法律并未作出明确规定的情形下，各地做法不一，不同主体之间承担监督责任的积极性不高，可能出现互相推诿的情况，导致无人监管或监督混乱的局面。

2. 资金监管并未明确。针对修复资金的管理，各地有不同做法，但存在多种问题。纳入地方政府财政资金账户时，无法确保资金用于环境修复工作；交入法院的执行账户中，不仅缺乏相应法律依据而且会无形中增加法院后续管理负担；③ 纳入环保行政机关财政或上缴国库，又可能与其他款项相混淆。修复资金的监管主体并不明确，这给资金的申领使用带来了阻碍。申请程序复杂、审批时间长，甚至出现使用流程及资金去向不明的情况，导致替代性修复工作难以及时有效推进。

3. 修复效果缺乏监管。实践中，容易出现以下问题：第一，如前文所述，相关主体的监督积极性不高，监督工作敷衍了事，不公布修复成果，导致修复过程和修复结果不透明。第二，相关监督主体的人力和专业水平有限，难以开展有效监督。第三，法院裁判与相关组织履行监督职责的衔接存在障碍，权责不明的情况下，若将监督行为视为协助法院进行执行，则难以很好地发挥主观能动性。第四，社会公众参与度较低，民众缺乏参与生态环境治理的责任意识和行动自觉，参与监督生态环境修复的知晓度、通畅性有待提升。这些都会影响修复工作有效开展、修复措施落到实处。

---

① 刘志坚：《环境监管行政责任实现不能及其成因分析》，载《政法论丛》2013 年第 5 期。

② 康京涛：《生态环境修复责任执行的监管权配置及运行保障——以修复生态环境为中心》，载《学术探索》2022 年第 6 期。

③ 王社坤、吴亦九：《生态环境修复资金管理模式的比较与选择》，载《南京工业大学学报（社会科学版）》2019 年第 1 期。

四、破局：适用替代性修复方式的路径优化

替代性修复适用具有灵活性和创新性，但实践中存在立法空白、适用混乱、执行不力、监督缺位等问题。人民法院要充分发挥环境资源审判职能作用，深入贯彻践行恢复性司法理念，落实以生态环境修复为中心的损害救济制度，完善替代性修复适用相关规定和机制。

（一）完善制度依据，增强法律规范的可操作性

目前替代性修复责任的法律规范有限，相关规定并不明确，通过发布指导性案例、出台司法解释等，能够有效避免法律的滞后性，发挥统一裁判尺度、完善审理规则以及评价指引作用。

1.发布指导性案例，推进裁判尺度统一。最高人民法院通过发布指导性案例，就修复理念、替代性修复方式选择、环境修复责任与赔偿责任的转换衔接以及修复效果评判等确立审理思路和裁判规则，能够对类似案件起到良好的指导示范意义，有助于提高环境司法的能力和水平。同时，也应当适时出台或完善相关司法解释对各类履行方式的具体运用作出规定，增强法律规范的可操作性，推进类案适法统一，促进司法公正。

2.践行恢复性司法，注重环境恢复成效。司法裁判者更应注重受损环境的有效恢复。在充分考虑生态修复行为可行性的基础上实现由"谁损害，谁赔偿"向"谁破坏，谁修复"的转变，即构建以承担行为责任为主、经济责任为辅的责任承担方式。[1]惩罚不是目的，环资案件的明确目的就是让被破坏的环境资源及时得到保护与修复。以行为责任作为生态修复责任的主要承担方式，而非优先适用金钱赔偿的经济责任，有助于受损环境得到实质性修复。

3.修复目标具体化，注重生态整体平衡。环境修复要注意各要素之间的关系，替代性修复的本质应被理解为在被破坏的环境要素无法修复时，通过其他环境要素补偿被破坏要素的对应功能，进而实现区域内环境对应生态功能的整体平衡。[2]制定生态环境修复方案时，需要考虑经济成本与时间成本，

---

[1] 康京涛：《生态修复司法适用的实证分析——以212份环境裁决文书为中心》，载《法治论坛》2018年第3期。

[2] 浙江省嘉善县人民法院课题组：《检视与回归：适用替代性修复的要素》，载《人民司法》2021年第31期。

兼顾技术可行性、环境安全性、可持续性、有效性、合法性等因素。① 法院判决行为人承担修复责任时，应在法律文书中附带明确的修复方案，列明修复的具体要求，例如在一起非法捕捞水产品罪案件②中，法院判决"被告人在某河流域投放全鳞鲤鱼460尾（100克/尾）、鲫鱼1000尾（25克/尾）、黄颡鱼555尾（20克/尾）、草鱼225~150尾（100~150克/尾）"。该判决明确了修复行为的数量、种类、地点，且规定了若不履行增殖放流行为需要承担生态修复补偿费用的经济责任。将修复目标具体化，有助于判决得到切实有效履行，让生态修复落到实处、见到实效。

（二）提高专家参与，提升环资审判的专业水平

环境资源案件专业性、技术性较强，法律和事实复杂度较高。因而，审理环境资源案件要提高专家参与度，充分发挥技术专家在查明事实、认定责任、制定方案中的积极作用，同时法官要不断增强自身专业性。

1. 增强科学专业评判，制定合理修复方案。环境专业技术评判对于案件定性、违法行为人的责任追究具有至关重要的作用，通过专业、合理的技术事实认定才能对案件作出精准的司法认定。在环境修复的过程中，既要考虑各要素之间的相互作用，还要考虑潜在的风险，因此无论是大范围的修复还是小规模的治理，都需要专业人员的评估，对具体修复方案进行科学细化。③ 因此，要建立健全环境资源专家陪审员、专家辅助人参与环境资源审判机制，从专业技术的角度对污染损失与修复方案确定等问题作出评判。

2. 加强审判智库建设，提供有力智力支撑。完善环境资源审判咨询专家库的成员组成，把环境资源科研机构的技术专家纳入专家库，提升专家库在环境资源法学、科学等方面的咨询作用，将专家库建设成为环境资源审判工作的智囊辅助、重大疑难复杂案件的专业外援，提升环境资源审判的权威和效果，使环境审判始终遵循生态环境治理的科学规律，全面加强生态环境司法保护工作。

3. 加强法官培训交流，培养审判专家法官。审理环境资源案件所需的专业知识结构不仅包括法律专业，还涉及环境科学等多学科领域。除了专家提供技术支持和科学依据之外，审理环境资源案件的法官也要不断精进专业。

---

① 张培华等：《公益诉讼中替代性修复的实践探索——从一起污染环境公益诉讼案谈起》，载《人民检察》2020年第24期。
② 详见四川省乐山市市中区人民法院（2019）川1102刑初531号刑事判决书。
③ 巩固：《2015年中国环境民事公益诉讼的实证分析》，载《法学》2016年第9期。

建立"法官+专家"结对机制，选派优秀法官参加国内外培训、交流，努力打造一支精审判、强理论、有影响的专家型、复合型法官队伍。完善院校合作基地"审学研"一体化机制，通过课题研究、人员交流等方式，促进环境资源审判理论和实务的融合发展。密切关注新形势下环资领域产生的新问题、新情况，开展多层面、多形式的联合专题研究，提高环境资源领域专业化水平。

（三）加强交流合作，构建生态司法的协作机制

环境资源案件涉及部门多、区域广。一方面要充分发挥人民法院和生态环境行政机关在环境治理中的协同作用，另一方面根据实际建立跨区域司法保护协作机制，聚焦环境保护需求，共建环境保护司法协作机制。

1. 整合资源，健全司法行政联动机制。针对司法救济的有限性，应构建环境司法部门与行政部门的协作机制，发挥司法机关的"判断权"与行政机关的"管理权"作用，推动生态修复得到更好的落实。[①] 健全环境资源司法与行政协作联动机制，就环境资源案件的证据提取、联动执法、信息共享等事项构建双向沟通渠道，推动建立环境资源司法保护联席会议制度，实现行政执法与司法审判程序的有效衔接，促进形成综合治理环境资源的大格局。

2. 加强沟通，推动跨域司法协作。环境资源损害具有跨区域性、跨流域性的特点，根据实际情况建立跨区域司法保护协作机制，有助于增强环境资源保护合力。比如吉林省松原市中级人民法院与其他5家中院联合建立了吉林省内松花江流域跨区域司法保护协作机制，共同签署了《协作意见》，合力在松花江畔筑起一道司法屏障；上海市崇明区人民法院与江苏省如皋、东台、江阴等法院签订合作框架协议，推动建立跨区域司法协作机制，解决长江水域生态环境保护"头痛医头、脚痛医脚"现象。协作法院积极搭建信息互通、协作会商平台，加强协调沟通、对接联络，健全司法协作机制，不断推动形成司法协作联动合力。

（四）落实监督责任，完善多方参与的监督体系

替代性修复应以达到修复受损生态环境的目标为出发点。要真正落实受损生态环境修复工作，必须强化生态环境领域监督，包括修复资金监管使

---

① 徐本鑫、储源：《生态修复行政追责的路径回归与功能补强》，载《江西理工大学学报》2020年第2期。

用、修复工作执行情况、社会公众参与监督等。

1. 设立专项基金,加强资金监管。为了使生态环境修复费用更好地发挥作用,使其真正用于生态修复,应当设立由各省级政府主导的独立运营的环境公益诉讼专项基金会,对修复资金进行统筹管理。① 笔者认为,此种做法较为合适。设立专项基金会,能够对修复资金流向进行严格审核和把控,加强管理和监督,确保资金真正落实到生态环境修复工作上。同时,也能够提高资金使用的审批效率,并且加强对资金的统筹使用,避免延误生态修复的最佳时机。

2. 加强公众参与,促进社会监督。积极引导公众有序参与生态环境治理、监督生态环境修复是保障生态文明建设取得实效的关键所在。政府相关部门应不断健全与公众参与相关的生态环境法律制度和运行机制,完善生态环保信息发布平台,利用政府微博公众号、网络监督曝光平台等形式,方便社会公众及时获取环境信息,提升公众参与的知晓度、通畅性,增强生态环境治理参与效能。

3. 开展执行回访,检视修复成效。持续跟进后续的环境恢复治理工作,督促生效裁判的执行,开展执行回访,检视生态环境修复的成效,是将修复工作落到实处的关键一环。针对实践中环境污染时常反复的情况,法院应与涉污企业所在辖区构建常态化联动机制,形成严密的监督网格,同时制订回访计划,并发动周边民众进行监督,确保被执行人违法重启涉污行为时能够及时发现并处置,巩固执行效果。

(五)坚持积极履职,形成全民参与的治理格局

生态环境治理是全社会的共同事业。法院要坚持积极履职,推进司法建议工作,以司法手段推动生态环境得到有效保护;推进法治宣传教育工作,努力实现"办理一个案件,教育一方群体,恢复一片绿水青山"。

1. 主动延伸审判职能,及时制发司法建议。法院要立足审判执行实际,办理案件时依法全面审查,深挖线索、排查问题,增强制发司法建议的主观能动性。针对审判执行工作中发现的生态环境保护突出问题、行政执法部门怠于监管现象等,及时形成司法建议并向有关部门发送,建议相关部门强化日常监管,及时制定整改措施,建立和完善工作机制,助力生态环境综合整治。

---

① 袁学红:《构建我国环境公益诉讼生态修复机制实证研究——以昆明中院的实践为视角》,载《法律适用》2016年第2期。

2.坚持以案释法普法，加强法治宣传引导。法院要加大以案普法、以案释法力度，进一步强化典型案例、精品案例的培育和宣传，实现"审理一案、治理一片"的效果。充分利用门户网站、微信公众号等平台，号召人民群众积极参与到环境资源保护工作中来，加快形成全民参与环境保护的良好格局。通过健全的法律制度及机制加以保障，不断扩大公众参与生态治理的范围领域，将保护生态环境真正转化为全体人民的自觉行动，构建生态环境治理共建共治共享新格局。

五、结语

生态环境的治理和修复非一朝一夕之功，更非一地一域之责，当下，适用替代性修复制度仍是受损生态环境得到治理的"最优解"。从司法裁判角度而言，要立足于生态环境治理现代化视野，从更新裁判理念、完善裁判依据、统一裁判判罚标准等角度出发，提高公众参与度，加强裁判执行力，搭建"破坏—鉴定—裁判—修复"的生态司法闭环，实现法律效益和生态效益的共向发展。

我国环境资源审判专家人民陪审员制度研究

——兼议《法释〔2023〕4号司法解释》*

摘要： 专家人民陪审员制度作为我国司法的智力支撑机制之一，对环境资源审判案件意义重大，其确立和完善是环资审判专门化的必然要求，也是我国人民陪审员制度的合理延伸。长久以来，环资审判领域的专家人民陪审员制度不健全，存在适用范围受限、制度定位不准、权利义务不明的问题。2023年7月27日，最高人民法院发布的《关于具有专门知识的人民陪审员参加环境资源案件审理的若干规定》(法释〔2023〕4号)，是对我国环资审判专家人民陪审员制度的完善，确立了环资审判适用专家人民陪审员制度的基本原则，包括坚持人民陪审员法律制度基本原则、尊重环资审判规律原则、民主司法和专业审判相结合原则，也对环资审判专家人民陪审员制度作了具体完善，划定了制度适用范围，明确了相应权利。

关键词： 环境司法专门化　专家人民陪审员　规则完善

引　言

党的十八大以来，生态文明建设取得举世瞩目的重大成就，生态环境保护发生历史性、转折性、全局性变化，环境资源治理能力显著提升。司法是环境资源治理体系的重要组成部分，在生态文明建设中承担着重要职责。[①] 作为审判机关，人民法院承担着为生态文明建设提供司法服务保障的重大使命。主动创新环境资源审判（以下简称环资审判）机制，持续推动环境司法专门化建设，积极构建中国特色环资审判体系，是人民法院自觉担当生态环境保护职责使命、切实提升环资审判效能、更好服务生态文明建设的重要体现。

---

* 【作者信息】薄琳博，上海市崇明区人民法院。
① 《世界环境司法大会在云南昆明开幕》，载新华网，http://m.xinhuanet.com/2021-05-26/c_1127495735.htm，最后访问时间：2023年8月30日。

随着环境司法的重要性日益凸显，各地都积极进行改革，司法专门化的呼声日渐高涨，而作为环境司法专门化中无法绕过的问题，环境资源专家人民陪审员制度的建立和完善一直备受关注。由于环境资源案件的高度复合性、系统性和专业技术性，人民法院在查明事实、认定责任等方面存在一定困难。作为智力支撑机制之一，专家人民陪审员制度在环资审判中发挥着重要的辅助作用。但是，一直以来，环资审判专家人民陪审员制度不健全，成为环资审判质效发挥的掣肘因素。在这样的背景下，2023年7月，最高人民法院发布了《关于具有专门知识的人民陪审员参加环境资源案件审理的若干规定》(法释〔2023〕4号，以下简称《4号解释》)，回应了各级审判机关长久以来对于此问题的关切，是我国环境司法专门化进程中的重要里程碑。

一、环资审判专家人民陪审员制度研究背景

环资审判案件往往涉及对科学问题的审议、技术问题的判断，这是超出法官的专业知识范畴的，这类技术问题如果由法院依法独立评判，则可能"陷入科学争论和裁判难决的泥沼中，无异于剥夺了受害人的请求权而无法得到救济"[①]。因此，吸纳相关专家的力量进入审判环节对于科学、公正司法有重要推动作用。国际范围内，引专家进法庭的方式有很多，在我国，专家参审的形式也多样。其中，专家人民陪审员制度发挥着重要的作用。

（一）专家人民陪审员制度的意义

1. 环资审判专门化的必然要求。环资司法的专门化是司法现代化的表现形式，环资审判专家人民陪审员制度是环资司法专门化的枢机。"随着社会分工，特别是市场经济条件下高度分工的发展，法律机构会发生一种趋势性的变化，即法律的专门化。"[②] 环境资源纠纷从多角度呈现出二元性的特点：一个环境污染或资源破坏的行为通常同时关乎私益和公益，关涉有形主体和无形主体，既损害公民个人的人身、财产法益，同时又损害生态环境法益，通常会既造成直接利益的损失又产生间接利益的损失，既导致实际利益的损失又引发未来风险的积蓄。传统的司法模式在应对环境资源纠纷中体现出的

---

① 金瑞林：《环境侵权与民事救济——兼论环境立法中存在的问题》，载王曦主编：《国际环境法与比较环境法评论》(第1卷)，法律出版社2002年版，第376页。

② 苏力：《法律活动专门化的法律社会学思考》，载《中国社会科学》1994年第6期。

复杂的因果关系、抽象的损害后果、多样的法律行为等问题时难免显得左支右绌。要想有力应对这些问题，必须突破原有司法机制的顽瘴，实现司法的专门化。环境司法专门化包含审判组织专门化、审判人员职业化、审判机制专门化三个方面，我国的环资审判专家人民陪审员制度即是以审判人员专业化为落脚点，结合专门化的审判机制，以建立业务专门、组织相对独立的审判机构为目标的制度探索，是推进我国环资审判专门化改革整体举措的重要组成部分。

目前，在我国的司法制度中，专家参与审判的制度形式有三种，分别为专家辅助制度、专家咨询制度和专家人民陪审员制度。《民事诉讼法》第82条[①]是关于专家辅助制度的直接规定，该条中所规定的有专门知识的人即为专家辅助人。该制度设立的目的是辅助诉讼能力不足的当事人出席法庭审理，代表当事人陈述意见，或者依法院指派出庭，回答法庭关于专业性问题的询问。结合《人民法院统一证据规定（司法解释建议稿）》第107条[②]可知，专家辅助人没有明确的诉讼地位，其辅助意见的证明力也未被明确，这是专家辅助制度的短板。2015年5月，最高人民法院成立环境资源司法研究中心，建立环境资源审判咨询专家库，聘任40位来自法学界、科学技术界的专家；聘任25位环境资源领域的优秀法官和知名学者担任研究员，构建智力储备平台，为推动环境资源审判提供智力支持。各地、各级法院也结合审判工作实际，建立了相应的环资审判专家库，对环境案件审判咨询、执行监督等方面起到了积极的作用。但是，该专家咨询限于庭外而不涉庭审，限于专业咨询而不涉法律，受询专家也不亲历整个审判流程，其对专业问题判断的客观性、准确性难免存在偏差。相较之下，我国的专家人民陪审员制度在专家参诉制度中占据重要位置，发挥关键作用，是司法改革的重要内容。

2. 人民陪审员制度的合理延伸。环资审判的专家人民陪审员制度是以我国人民陪审员制度为基底的制度创设，符合我国人民陪审员制度的基本法理和法律伦理，是人民陪审员制度在环资审判领域的合理延伸。根据《人民陪审员法》《民事诉讼法》《行政诉讼法》和《最高人民法院关于适用〈中华人

---

① 《民事诉讼法》第82条规定：当事人可以申请人民法院通知有专门知识的人出庭，就鉴定人作出的鉴定意见或者专业问题提出意见。

② 《人民法院统一证据规定（司法解释建议稿）》第107条第1款、第2款规定：诉讼各方可以聘请具有专门知识的人员作为专家辅助人，经人民法院许可，出庭就案件专门性问题发表意见。专家辅助人只能就专门性问题发表意见，不得涉及法律适用问题。

民共和国人民陪审员法〉若干问题的解释》(以下简称《人民陪审员法司法解释》)相关规定,①一审的污染环境、侵害众多消费者合法权益等民事公益诉讼案件,生态环境和资源保护、食品药品安全、国有财产保护、国有土地使用权出让等行政公益诉讼案件,一般由四名人民陪审员和三名法官组成七人合议庭进行审判。专家陪审员是从经人大常委会任命的具有相应专业知识的人民陪审员范围内随机抽取确定的专业人员,不经法院委任且不隶属于法院,具有独立地位,在法官的指引下对认定事实问题发表意见、与法官共同表决专业事实认定问题,但不参与法律适用问题的表决。从性质上看,专家陪审员首先是人民陪审员,其次才是专家,这两种身份的先后轻重是由我国人民陪审员制度的制度逻辑决定的,与人民陪审员制度的内在价值相契合。

我国人民陪审员制度的创制及完善以实现民主司法为基本出发点,即通过陪审这座桥梁,动员和组织人民群众以陪审员的身份参与案件审判活动,让普通群众协助司法、见证司法、掌理司法,充分体现司法的民主功能,可以更集中地通达民情,反映民意,凝聚民智,在更大程度上实现人民民主。《人民陪审员法》对人民陪审员的学历要求仅为"一般应当具有高中以上学历"②,由此推知,"大众化""平民化"是人民陪审员制度的基本价值标签,是制度发展演进所主要追求的价值目标。因此,一种观点称,以"精英化""专业化"为特点的专家人民陪审员制度与人民陪审员制度设立的初

---

① 《人民陪审员法》第14条规定:人民陪审员和法官组成合议庭审判案件,由法官担任审判长,可以组成三人合议庭,也可以由法官三人与人民陪审员四人组成七人合议庭。

第15条第1款规定:人民法院审判第一审刑事、民事、行政案件,有下列情形之一的,由人民陪审员和法官组成合议庭进行:(1)涉及群体利益、公共利益的;(2)人民群众广泛关注或者其他社会影响较大的;(3)案情复杂或者有其他情形,需要由人民陪审员参加审判的。

第16条规定:人民法院审判下列第一审案件,由人民陪审员和法官组成七人合议庭进行:……(2)根据民事诉讼法、行政诉讼法提起的公益诉讼案件……

第17条规定:第一审刑事案件被告人、民事案件原告或者被告、行政案件原告申请人民陪审员参加合议庭审判的,人民法院可以决定由人民陪审员和法官组成合议庭审判。

《民事诉讼法》第58条第1款规定:对污染环境、侵害众多消费者合法权益等损害社会公共利益的行为,法律规定的机关和有关组织可以向人民法院提起诉讼。

《行政诉讼法》第25条第4款规定:人民检察院在履行职责中发现生态环境和资源保护、食品药品安全、国有财产保护、国有土地使用权出让等领域负有监督管理职责的行政机关违法行使职权或者不作为,致使国家利益或者社会公共利益受到侵害的,应当向行政机关提出检察建议,督促其依法履行职责。行政机关不依法履行职责的,人民检察院依法向人民法院提起诉讼。

《人民陪审员法司法解释》第3条第3款规定:因案件类型需要具有相应专业知识的人民陪审员参加合议庭审判的,可以根据具体案情,在符合专业需求的人民陪审员名单中随机抽取确定。

② 《人民陪审员法》第5条第2款规定:担任人民陪审员,一般应当具有高中以上文化程度。

衷相悖，不符合中国特色社会主义民主的基本价值取向。①其实，这种观点的产生是由于评价者将"大众化"与"专业化"放在了绝对对立的位置，将二者视为不能并存的矛盾范畴，这或许是对人民陪审员制度的误解。"专业性"与"广泛性"从来不是一对绝对矛盾的范畴，尤其是在社会整体文化教育水平加速提升的今天，即便是从"以多论对"的判断标准出发，专家人民陪审员制度也不见得不能代表最广泛的民意。摒弃"专业就是不民主"的观点是公正、客观评价专家人民陪审员制度的第一步。专家人民陪审员制度将专业化的价值观念、标准角度等引入司法审判，利用专家的专业知识优势更好地参与案件的事实认定过程中，辅助法官准确认定技术事实，对案件处理结果的评议以及处理结果施加正向影响，充分发挥人民陪审员的实质参审作用，最终实现人民陪审员制度的功能价值②。

(二)《4号解释》出台前我国环境审判专家人民陪审员制度存在的问题

囿于环资审判活动的复杂性，加之我国人民陪审员制度发展的二元困境，③一直以来，我国的环资审判专家人民陪审员制度在顶层设计和实际运行中表现出诸多问题，正是由于这些问题的存在，《4号解释》才得以被催生。

1.适用范围受限。环资专家人民陪审员制度的适用范围受限体现在两个方面，一是制度适用的案件范围有限，二是选任人员范围有限。首先，根据人民陪审员法的相关规定，需要适用人民陪审员制度的案件范围是特定的，即《人民陪审员法》第15条中所述涉及群体利益、公共利益，人民群众广泛关注或社会影响较大，案情复杂或者具有其他情形需要由人民陪审员参加审判的一审刑事、民事和行政案件。此外，第17条规定了人民陪审员适用的选用情形。可见，人民陪审员适用情形本就有限，在此基础之上，适用专家人民陪审员制度的范围就更加被限缩。况复，根据《人民陪审员法司法解释》第3条，专家人民陪审员制度是法官依据案情自主选择适用的，该程序的发起和决定均不具有法律的强制性和该当性，至于制度能否被适用，专家

---

① 专家陪审员的选任有较高的条件限制，提升了人民陪审员的整体选任条件水平，降低了人民陪审员来源的广泛性和代表性，容易造成陪审员的角色定位与司法实践的客观需求脱节。
② 周强：《在人民陪审员法实施动员部署视频会议上的讲话（摘要）》，载中国法院网，最后访问时间：2022年12月10日。
③ 廖永安、刘方勇：《社会转型背景下人民陪审员制度改革路径探析》，载《中国法学》2012年第3期。

陪审员能否在案件中发挥作用，基本上取决于承办法官的个人选择。

关于陪审专家的选任范围，根据 2022 年 10 月最高人民法院发布的《人民陪审员制度的中国实践》，目前全国有 33.2 万余位人民陪审员，其中男性占 53.9%，女性占 46.1%，企事业单位人员占 41.7%，基层干部、社区工作者占 36.4%，农民及无固定职业人员占 21.9%。相较 2013 年统计，现有人民陪审员数量已扩大将近三倍，进步明显。但是，从人员结构来看，人民陪审员来自社会各个行业，仍以"大众化""平民化"人民陪审员为主要构成，专业技术人员占比则较少，并且，专业技术人员所涉技术领域范围仍旧较窄。以环资审判专家陪审为例，即便在选任时经过了特殊的专业背景筛选，其专业化程度尚不能完全达到对所涉环境专业技术问题提出科学精准意见、辅助法官作出准确司法裁判的程度，专业能力难以达到环资专业化审判的标准要求，出现陪审员"陪而不审、审而不议"等情况，没有充分发挥人民陪审员参加庭审活动的实质性作用，不利于真正实现人民陪审员制度的功能价值。

2. 制度定位不准。我国的人民陪审员制度采用的是"一元"设计模式，即专家人民陪审员制度是在人民陪审员制度的基本框架内运行的，专家陪审员的选任、履职，以及其权利、义务的设定，并没有因其具备专业技能而与其他人民陪审员有所区别。根据《人民陪审员法》第 21 条的规定，人民陪审员参加三人合议庭审判案件，对事实认定、法律适用独立发表意见，行使表决权。在七人合议制的审判案件中，对事实认定独立发表意见，与法官共同表决。但对法律适用，则只能发表意见，并不参与表决。《人民陪审员法司法解释》也有类似规定。① 这意味着，除了少数七人合议案件的法律意见表决中的区分，人民陪审员和法官是"同职同权"的。这种同职同权的制度框架，对于实现人民陪审制度的基本价值而言是合适的，但是对于作为其项下的专家人民陪审员制度而言，则可能引发制度设计与实践需求之间的割裂。

从制度设计的初衷来看，同职同权体现了对人民陪审员审判地位的认可，这符合民主司法的实质价值追求。然而，在实践中，这种理想的制度设计初衷却不易实现。人民陪审员往往会从自己的实际能力出发，在力所能及

---

① 《人民陪审员法司法解释》第 13 条规定：七人合议庭评议时，审判长应当归纳和介绍需要通过评议讨论决定的案件事实认定问题，并列出案件事实问题清单。人民陪审员全程参加合议庭评议，对于事实认定问题，由人民陪审员和法官在共同评议的基础上进行表决。对于法律适用问题，人民陪审员不参加表决，但可以发表意见，并记录在卷。

的范围内对案件作出判断，难以对案件的最终裁判起到实质决定作用，"只陪不审"的情况时有发生。由此一来，被置于这种同职同权一元陪审模式下的专家人民陪审员制度，其效力也必将被大打折扣。从法律规范的现实状况来看，也确实如此——不论是《人民陪审员法》还是关于人民陪审员制度的司法解释，均未对专家人民陪审员制度作出详细的规定，陪审专家应有的专门性权利义务也未被体现，专家陪审员最多也只能和普通的人民陪审员发挥相同的作用，专家陪审更多地成为一种形式民主的象征性符号，这未免会让制度设置的价值落空。

3. 权利义务不明。由于前述制度定位不准的问题，《4号解释》出台之前，专家陪审员在履行环资审判职责过程中，与法官享有同等的权利和义务，与普通人民陪审员亦享有相同的权利和义务。这种权利义务设定模式实质导致了专家陪审员权利义务的缺失。具体表现在选人标准与方式的缺失、专家参审的程序性规定的缺失以及专家待遇保障的缺失等方面。

第一，现行法律制度中，关于专家人民陪审员应当具备的资质条件的规定不明确，导致了实践中各地、各级法院专家人民陪审员选任的标准各异，专家的水平也不尽相同。《人民陪审员法》中规定，"担任人民陪审员，一般应当具有高中以上文化程度"，专家选任标准若同参此条，则显然难以达到期待的制度效果。第二，关于专家参审的程序性规定，《4号解释》出台之前，只规定了程序启动的方式，即一方申请、双方合意、法院依职权启动三种，除此之外，关于其他程序性规定，则未经明确，这容易导致专家陪审员权利义务被滥用或被忽视，从而影响制度效果的发挥。第三，关于专家参与陪审待遇保障的问题，现行制度仍以人民陪审员的规范为准。《人民陪审员法》笼统地规定了人民陪审员享有获得补助的权利，但至于补助的性质、支付方式、费用标准等都没有明确。至于专家参审的待遇保障，现行规定也没有作额外补充。笔者认为，专家的专业技能应否被评价以获得更丰厚的待遇保障，这是一个值得探讨的问题，因为它将直接影响专家参与审判工作的动力。

二、《4号解释》对我国环资审判专家人民陪审员制度的完善

为回应环境资源审判对专门性事实查明的特殊需求，真正落实专家陪审员在环资审判中的应有作用，最高人民法院依照《人民陪审员法》和《人民陪审员法司法解释》的规定，在认真总结各地法院实践经验的基础

上，着眼专家人民陪审员制度尚存的诸多具体问题，经过反复调研论证和广泛征求意见，制定出台了《4号解释》，完善了具有专门知识的人民陪审员参加环境资源案件审理的规则，统一法律适用，弥补了我国专家人民陪审员制度的缺漏。

(一)《4号解释》对环资审判原则的确立

《4号解释》确立了坚持人民陪审员法律制度的基本原则、尊重环资审判规律原则、民主司法和专业审判相结合原则。

1. 坚持人民陪审员法律制度的基本原则。《最高人民法院关于具有专门知识的人民陪审员参加环境资源案件审理的若干规定》虽是规定"专家陪审"制度的专门解释，但从其名称便可看出，该解释所规定的内容是建立在人民陪审员制度基础之上的。从《4号解释》的条文中可见，不论是专家人民陪审员制度的适用范围、选任流程还是参审方式等，都是与普通的人民陪审员法律制度相符合的，该解释仅就基本制度之外需为专家陪审量身定制的内容作了个性化规定。可以说，《4号解释》是依照《人民陪审员法》《人民陪审员法司法解释》《人民陪审员选任办法》的规定，遵循人民陪审员选任程序规则和工作内容，在现行人民陪审员制度框架内规范具有专门知识的人民陪审员参加环境资源案件审理的制度。第15条更是直接规定：具有专门知识的人民陪审员参加环境资源案件的审理，本规定没有规定的，适用《人民陪审员法司法解释》的规定。应当说，《4号解释》既体现了坚持人民陪审员制度的基本原则，又兼顾了环资审判案件的个性化需求，是人民陪审员制度这一具有中国特色的司法制度在新时代的发展延续，与我国整体的司法制度相融贯，是人民民主的基本价值取向与新时代环资审判价值取向的有机融合。

2. 尊重环资审判规律原则。在适当领域推行专家人民陪审员制度的呼声由来已久，但《4号解释》是将专家人民陪审员制度落到实际的首次尝试，充分体现了国家对环资审判工作特殊性和复杂性的深刻认识，这本身就是尊重环资审判规律的体现。细究条文，尊重环资审判规律的原则更是不鲜见于全篇。例如，从规定中关于环资专家的选任标准可见，选任环资专家陪审员不唯学历论，而是着眼于业务技能、从业经验。① 环资业务涉及实务领域广泛，与生产生活实践息息相关，离书本课堂知识相去较远，这是环资纠纷的内在规律。《4号解释》关注环资领域纠纷处理的实际需求，注重行政机关和司法机关的相互配合，实现环资领域行政资源和司法资源共享，促进行政处罚和司法审判相衔接，推动更好地化解环资纠纷，切实提升环资审判效能。② 根据环资纠纷的空间特点，建立跨区选任专家库，在环境资源案件集中管辖区域内实现人员互通。③ 贯彻环境司法理念，根据环境资源案件类型特点和环境诉讼程序规则，关照环境资源审判专门机构设立情况、跨行政区域集中管辖机制等专门化改革要求设计条文，使之能够适应环境资源审判的现实需求。

3. 民主司法和专业审判相结合原则。推进民主司法建设，是凸显人民至上、坚持发展中国特色社会主义民主政治的基本要求。通过司法民主，使司法活动始终坚持维护人民群众根本利益，切实发挥好在维护社会公平正义中最稳固的作用，使司法真正成为人民利益的保护场，这是人民陪审员制度的逻辑基础和实践基础。环资审判专家人民陪审员制度的基本出发点是通过引入具有专业知识和行业经验的环资专家参与审判过程，从而拓展审判视角的专业性维度，稀释非法律性问题扰动司法公正的风险。其逻辑基础有二：一是为传统审判模式注入新的专业动能，二是给审判活动提供非法律性的专业监督。《4号解释》将民主司法和专业审判有机结合，在不打破人民陪审员制度这一民主司法基本制度的前提下，让专家陪审员的专业性价值获得更大程度的发挥。比如，依据《4号解释》第12条，专家陪审员不仅就专门性事实等环资专业事项参加调查，也要就是否进行证据保全、行为保全，是否委托司法鉴定，以及鉴定事项、范围、目的和期限等法律程序事项提出意见。这充分体现了专家陪审员立足于人民陪审员与社会监督

---

① 《4号解释》第2条规定：符合下列条件的人民陪审员，为本规定所称具有专门知识的人民陪审员：（1）具有环境资源领域专门知识；（2）在环境资源行政主管部门、科研院所、高等院校、企业、社会组织等单位从业三年以上。

② 《4号解释》第3条规定：人民法院参与人民陪审员选任，可以根据环境资源审判活动需要，结合案件类型、数量等特点，协商司法行政机关确定一定数量具有专门知识的人民陪审员候选人。

第6条第1款规定：基层人民法院可以根据环境资源案件审理的需要，协商司法行政机关选任具有专门知识的人民陪审员。

③ 《4号解释》第9条规定：实行环境资源案件跨区域集中管辖的中级人民法院审理第一审环境资源案件，需要具有专门知识的人民陪审员参加合议庭审理的，可以从环境资源案件集中管辖区域内基层人民法院具有专门知识的人民陪审员名单中随机抽取确定。

员双重职责，充分发挥专业能力，在提升环资审判专门化水平的同时，强化人民陪审员对审判工作监督职能的角色定位。

（二）《4号解释》对环资审判专家人民陪审员制度的具体完善

《4号解释》共16条，包括专家陪审员参审案件范围，专家陪审员的产生和专家陪审员参加案件审理的合议庭组成，集中管辖和专门法院专家陪审员的来源，专家陪审员的职责履行等，回应了长久以来关于环资审判专家陪审实践中的常见问题，对制度作出查漏补缺式构建。

1. 划定范围。《人民陪审员法》第15条规定了应当由人民陪审员参加合议庭审理的案件类型。《4号解释》第1条在此基础上明确了，人民法院审理的第一审环境资源刑事、民事、行政案件，符合《人民陪审员法》第15条规定，且案件事实涉及复杂专门性问题的，由不少于一名具有专门知识的人民陪审员参加合议庭审理。该条明确了适用专家人民陪审员制度的案件类型，并且，需要注意的是，依据先前的《人民陪审员法司法解释》第3条①的规定，环资审判案件中不必然适用专家陪审，法院可根据案情自主决定是否需要专家陪审。《4号解释》则将特定类型的环资审判案件适用专家人民陪审员制度"义务化"，该适用的案件必须适用，体现了国家对专家陪审功能的重视。

除了明确案件适用范围，《4号解释》还明确了选任陪审专家的人员范围。第2条明确，具有环境资源领域专门知识，在环境资源行政主管部门、科研院所、高等院校、企业、社会组织等单位从业三年以上的人民陪审员，是具有专门知识的人民陪审员。这一规定弥补了专家选任标准的空缺，并且用相对限定的方式作出该条规定，既对具有专门知识的人民陪审员的专业性提出了要求，同时也考虑到各地实际情况，妥当确定专业性的标准，确保实践中能够选任出符合条件的专家陪审员。

2. 明确权利。《4号解释》明确规定了专家陪审员参与案件审理的合议庭组成形式。第7条规定，基层人民法院审理的环境资源案件，需要具有专门知识的人民陪审员参加合议庭审理的，组成不少于一名具有专门知识的人民陪审员参加的三人合议庭。可能判处十年以上有期徒刑且社会影响重大的环境资源刑事案件，以及环境行政公益诉讼案件，组成不少于一名具有专门

---

① 《人民陪审员法司法解释》第3条第3款规定：因案件类型需要具有相应专业知识的人民陪审员参加合议庭审判的，可以根据具体案情，在符合专业需求的人民陪审员名单中随机抽取确定。

知识的人民陪审员参加的七人合议庭。第 8 条规定，中级人民法院审理的环境民事公益诉讼案件、环境行政公益诉讼案件、生态环境损害赔偿诉讼案件等具有重大社会影响的环境资源案件，需要具有专门知识的人民陪审员参加合议庭审理的，组成不少于一名具有专门知识的人民陪审员参加的七人合议庭。这样的规定，体现了一个主次关系的转变：以前的专家陪审员是依据合议制的需求而被动出庭的，如果某案不适用合议制，则必定不会有专家陪审员的参与。《4 号解释》出台后，合议制可因专家适用的需求而发起，即如果某案需要专家陪审员，则可因此而采用合议制审理该案。

《4 号解释》第 12 条明确规定了专家陪审员在合议过程中的权利，采用列举的方式道明了权利内容，审判长应当就几类重点事项对专家陪审员进行重点指引和提示，具体包括涉及专门性事实的调查，就证据保全和行为保全、司法鉴定相关事项提出意见，参加庭前会议、证据交换和勘验，参加修复方案审查及调解、和解协议审查等工作。第 14 条还规定，具有专门知识的人民陪审员可以参与监督生态环境修复、验收和修复效果评估等工作，这让具有专门知识的人民陪审员的权利从审前、审中延伸到了审后，彰显了司法对专家陪审员专业权威的尊重，也符合能动司法新理念的要求。

此外，《4 号解释》还规定了专家陪审员的程序性权利，如取消了专家陪审员的任期限制。区别于普通的人民陪审员，专家陪审员可以连选连任，这符合具有专门知识的人的角色定位。

三、结语

良好的生态环境是最公平的公共产品，是最普惠的民生福祉。专门性事实查明是环境资源案件审理中的重点和难点问题。环境资源纠纷涉及的法益具有长期、隐蔽、滞后的固有特点，生态环境修复的目标、方案、过程的监督和效果评估中隐含的技术性问题以及环资审判司法鉴定资源不足等问题都是环资审判的掣肘因素。在这样的背景下，专家人民陪审员制度的重要性已然凸显。《4 号解释》为环资专家人民陪审员制度设定了基本框架，契合环资审判专门化体系建设的要求，对于丰富环境资源案件专门性事实查明方法，依法妥善审理各类环境资源案件具有重要意义。随着专家人民陪审员制度在环资审判中的适用，人民法院必将充分发挥环境司法保护专家智库作用，积极回应人民群众对环境司法的新期待、新要求，为建设优美宜居的生活空间、山清水秀的生态空间提供坚实的司法保障。

| 下 篇 |
司法实践

整体主义 + 协同合作：环境资源保护司法协同的实践困境和路径构建

——基于长江口司法协同机制的考察*

摘要： 生态环境治理具有系统性、整体性，要求治理主体具有协同性、融合性。开展环境资源保护司法协同，是区域生态环境治理与区域绿色可持续发展的客观要求和必然选择。在习近平生态文明思想的指引下，长江口各法院积极探索建立环境资源保护司法协同机制，切实筑牢长江口生态发展屏障，但客观上存在主体范围狭窄、配套监督机制缺失、信息协同有限等问题，制约司法协同机制发挥实效。从公共利益的维护、流域整体的治理、司法理念的转变、司法现实的需要等角度分析，长江口环境资源保护司法协同有助于促进流域环境协同治理和统一保护，可以通过推动司法协同顶层制度设计、拓宽司法协同合作内容范围（搭建生态司法诉源治理、多元解纷、审判执行、理论研究、协作沟通、普法宣传六大协同平台）、完善司法协同配套监督机制等途径予以健全完善，为推动长江口绿色发展，促进人与自然和谐共生提供有力保障。

关键词： 长江口 环境资源保护 司法协同

引　言

习近平总书记指出，"生态是统一的自然系统，是相互依存、紧密联系的有机链条"，①强调"要坚持系统观念，扎实推进山水林田湖草沙一体化保护

---

* 【作者信息】黄菲菲，上海市崇明区人民法院；高丹，上海市崇明区人民法院；赵美臣，上海市崇明区人民法院。

本文所指的长江口，包括江苏省南通市崇川区、通州区、海门区、启东市、如皋市，上海市浦东新区、宝山区、崇明区，江苏省苏州市常熟市、张家港市、太仓市，无锡市江阴市以及常州市新北区在内的 5 市 13 个区县市的全域行政范围，规划面积 1.34 万平方公里。该概念内涵，源于上海大都市圈规划研究中心、上海大都市圈规划研究联盟研究成果《五大空间板块行动》上海大都市圈长江口地区协调发展行动》，载微信公众号"上海大都市圈规划"，2023 年 2 月 14 日。

① 习近平：《习近平谈治国理政》(第三卷)，外文出版社 2020 年版，第 363 页。

和系统治理"①。生态环境的整体性和污染的负外部性,使得环境资源保护问题呈现出明显的跨区域性、长时空性等特征。当前,我国尚存在环境保护立法、司法、执法不协调等问题,一定程度上影响了环境资源保护的效果。党的十九大报告提出,"构建政府为主导、企业为主体、社会组织和公众共同参与的环境治理体系"②。党的二十大报告指出,"必须牢固树立和践行绿水青山就是金山银山的理念,站在人与自然和谐共生的高度谋划发展。我们要推进美丽中国建设,坚持山水林田湖草沙一体化保护和系统治理,统筹产业结构调整、污染治理、生态保护、应对气候变化,协同推进降碳、减污、扩绿、增长"③。这些重要论述的提出,为加强环境资源保护整体协同、加快构建多元协同环境治理体系、推动实现生态环境治理体系和治理能力现代化指明了方向。

近年来,国家高度重视流域环境治理工作,专门出台了《长江保护法》《黄河保护法》,先后实施京津冀协同发展、长江经济带发展等重大国家战略,积极探索环境资源整体保护、协同治理。在此背景下,各地法院坚持和践行"两山理论",充分发挥能动司法作用,突破行政区划限制,整合职能分工资源,积极探索建立环境资源保护司法协同机制,为区域生态环境治理和区域绿色可持续发展提供司法服务和保障。而长江口是我国最大的河流入海口,是具有国家战略意义的都市圈生态系统命脉,不仅是太平洋西岸第一大河口,生态资源丰富,拥有独特的河口生态系统,也是鱼类和鸟类的重要生态驿站,生物多样性丰富,拥有独特的生态价值和战略地位。长江口生态系统状况关系到长江流域、东海近海的海洋资源与生态环境,还会通过鸟类迁徙影响到全球生物多样性格局,具有极其重要的生态战略地位。因此,本文聚焦长江口环境资源保护司法协同机制,梳理实体运行情况,总结制约司法协同机制发挥实效的客观不足,分析协同理念价值,并进一步提出健全完善的优化路径,以期为有效提升环境资源司法保护水平、促进长江口自然生态系统质量整体改善提供参考和借鉴。

---

① 《勇担使命不畏艰辛久久为功 努力创造新时代中国防沙治沙新奇迹》,载《人民日报》2023年6月7日第1版。

② 习近平:《决胜全面建成小康社会 夺取新时代中国特色社会主义伟大胜利——在中国共产党第十九次全国代表大会上的报告》,人民出版社2017年版,第51页。

③ 习近平:《高举中国特色社会主义伟大旗帜 为全面建设社会主义现代化国家而团结奋斗——在中国共产党第二十次全国代表大会上的报告》,人民出版社2022年版,第50页。

一、实践检视：长江口环境资源保护司法协同机制的实体运行

司法保护是生态环境保护的重要防线，但不是唯一防线。在习近平生态文明思想指引下，在构建生态司法保护大格局的新征程上，长江口法院切实贯彻落实生态环境协同保护理念，充分发挥司法权在生态环境保护中的特殊功能，积极探索构建多治理主体协调联动机制，优化生态司法运行环境，最大限度凝聚环境资源保护工作合力，共同为推动长江口绿色发展，促进人与自然和谐共生提供优质高效有力法治保障。

（一）外部协同

在外部，长江口相关法院积极探索与生态环境、自然资源保护等综合行政执法机关、公安机关、检察机关等，建立信息共享、证据认定、案情通报、案件移送、联席会议、突发环境事件应急响应等协同机制，强化生态环境行政执法与刑事司法、民事司法等有序衔接，为绿色发展提供有力司法保障。例如，管辖长江口崇明、长兴、横沙三岛的上海崇明法院积极推进建立与检察机关、公安机关、行政执法部门的协调联动机制。加强与公安、检察机关就立案标准、证据固定、刑罚裁量、生态修复等方面的协同会商，加大对生态环境犯罪行为的打击力度，构建"协同预防、协同办案、协同解纷、协同提升、协同修复"工作机制，织密长江口生态环境保护网络。与崇明区生态环境局共建生态环境保护协同机制，实现执法协调、监测预警、信息共享，进一步深化环境司法与行政的良性互动。建立环境司法联席会议制度、环境司法信息共享机制和环境司法服务机制，在证据收集与固定、案件审理与调解、判决与监督、执行等方面进行信息互通、资源共享，有效发挥环境资源司法保护联动效应；集中管辖江苏省盐城市（不含滨海县、响水县）、南通市下辖的启东市、如东县的一审环境资源刑事、民事、行政案件的江苏东台法院黄海湿地环境资源法庭，定期召开环保行政执法与司法联动会议，及时研讨工作中遇到的问题，会商重大环保案件，提升打击污染环境违法犯罪行为的精准度；跨域审理南通、扬州、泰州三市21个县市区一审环境资源刑事、民事、行政案件的江苏如皋法院长江流域环境资源第二法庭，积极构建"碳汇+"生态环境司法协同保护机制，2023年3月，与靖江法院、检察院及相关环境执法部门共十家单位签署《"碳汇+"生态环境司法协同保护框架协议》，共同推动长江经济带绿色低碳循环经济和可持续发展；等等。

（二）内部协同

在内部，长江口相关法院积极落实一体化保护和系统治理原则，不断深化环境资源司法协作，积极搭建环境资源审判协作平台，构建环境资源刑事、民事、行政审判和立案、执行等部门的协同审判机制，形成法院间委托送达、委托取证、委托执行和信息共享机制。例如，上海崇明法院以环境资源审判部门为主体，完善立案、民事、商事、刑事、执行等多条线协同参与的审判执行机制，加强环资案件立案会商、信息共享、审判协作、执行配合，确保环资案件审判质效。加强三级法院审判协作，定期向上级法院汇报，争取上级法院业务指导，与兄弟法院交流生态司法领域的新情况、新问题、新举措，加强疑难案件研讨，推动环资案件适法统一。2019年5月，为服务保障长江水域生态环境，促进长江口区域绿色发展，上海崇明法院与江苏如皋法院、东台法院、江阴法院等共同签署《长江口生态环境保护司法协作框架协议》，推动建立长江口生态环境跨区域司法协同机制；2019年，江苏东台法院与辖区11家法院签署全省法院第一份涵盖生态功能区所有法院的司法协作协议，协作法院为集中管辖法院提供巡回审理、执行联动、案件通报、调查取证、协助送达等全方位保障；2021年，江苏如皋法院与南京玄武法院、无锡江阴法院共同签署《长江流域（江苏段）生态环境保护司法协作框架协议》，共推长江的系统性、整体性保护，统一审查标准、裁判尺度、打击力度，着力推进长江流域生态环境的系统性和整体性保护；等等。

二、追根溯源：长江口环境资源保护司法协同机制的客观不足

在肯定长江口环境资源保护司法协同机制取得明显成效的同时，其存在的不足也应引起重视。

（一）主体范围狭窄

协同主体是环境资源保护司法协同的基本要素。目前，长江口环境司法协同的主体范围较为狭窄，具有一定的封闭性，导致实际的协同效果有限。协同主体大多是公权力机关，且主要是审判机关、检察机关，行政机关参与协同的较少，作为社会主体的企业、社会组织及公民等并不在协同主体范围之内。公众参与原则是《环境保护法》的基本原则之一，但是多数环境保护单行法律并没有具体的公众参与内容，仅有《长江保护法》作了较为具体

的规定。事实上，公众参与环境资源保护司法协同中，可以使其更全面地了解、更好地监督，从案件定性、调查取证、配合执行等方面给予支持，对案件具有十分重要的意义。

（二）配套监督机制缺失

目前，长江口环境司法协同的主要形式为"框架协议""合作协议""意见""备忘录"等规范性文件，这些文件往往只是提出宏观思路，内容具有较强的政策性、原则性和框架性，不具备明确的可操作性，缺乏"实质履行"的内容基础。主体的配合程度，是具体协同内容能否顺利落地的决定性因素。由于涉及多个主体，各方基于多方面的因素考量，在具体运行和执行落实上存在较多不协调性。同时，协同需要充足的人财物保障，硬件设备、经费投入、人员编制等基础条件较差，缺乏体系化的保障机制从根本上制约了环境司法协同迈向深入。再者，现行长江口环境司法协同也缺少长效的实施、评估、考核、监督机制，不具备必要的强制力和约束力。

（三）信息协同有限

长江口环境资源保护司法协同的各类主体具有不同的职能，现有的信息收集和统计的口径差异较大，尤其是司法、行政机关信息统计口径不一致，在建立信息协同机制方面存在客观困难。另外，目前的信息协同主要依靠相关对接部门或联络人员的线下沟通，在数据管理、软件开发、平台对接等方面的探索和运用不足，智能化、网络化、数字化水平较低，导致信息交换、互联、分享的层次和效率不高，信息互联互通、数据归集共享、业务协调联动的程度有限。

三、逻辑证成：长江口环境资源保护司法协同理念的价值

（一）公共利益的维护

长江流域的经济建设和社会发展始终坚持"生态优先，绿色发展，共抓大保护，不搞大开发"的总体方针，这集中体现了党和国家对生态环境建设

的高度重视和长远规划①。因生态环境建设直接关乎全社会的公共利益，故针对环境资源问题，全社会均具有参与的权利与义务。2018年，由最高人民法院牵头，长江经济带11省市及青海省高级人民法院共同签署了《长江经济带11+1省市高级人民法院环境资源审判协作框架协议》。随后，长江上中下游地区各家法院相继出台框架协议、合作备忘录等，建立区域环境司法协同工作机制，以此构建跨区域环境司法合力。除此之外，法院与其他负有环境监管职能的部门之间也逐渐加强沟通联络，同时在环境立法层面探索公众参与、在环保行政案件中引入专家听证、群众旁听等形式，积极引导社会各界共同参与环境治理，其逻辑价值就在于公共利益的维护仍需要借助公众的力量和团体的效力。

（二）流域整体的治理

由于长江口流域具有整体性，任何污染环境、破坏生态的行为都会对长江口区域产生"辐射效应"。2018年4月26日，习近平总书记在深入推动长江经济带发展座谈会上的讲话中明确指出："要从生态系统整体性和长江流域系统性着眼……按照山水林田湖草是一个生命共同体的理念，研究提出从源头上系统开展生态环境修复和保护的整体预案和行动方案。"长江流域生态环境问题具有复杂性和整体性，为摆脱单一主体治理带来的局限性和差异性，从生态系统整体治理维护角度出发，通过对法律法规、保护主体、修复举措等通盘考虑和资源整合，搭建起全网络、宽领域的共治格局。不同职能部门之间的合作，不同区域相同职能部门之间的合作，公安、检察、法院之间的合作，甚至可以在公私部门间进行合作，如政府部门与非政府组织、政府部门与私营企业等之间，②形成多元共治体系，进而推动长江口流域生态环境保护与治理的协同高效发展。

（三）司法理念的转变

近年来，全国法院着力构建的审判机构、审判机制、审判程序、审判队伍、审判理论"五位一体"的环境司法专门化体系已基本形成。环境司法的专门化模式打造，使得环境司法理念从各自为政、独立发展，逐渐演变成区

---

① 习近平：《在深入推动长江经济带发展座谈会上的讲话》，载《求是》2019年第17期。
② 傅一敏等：《整体性治理视阈下东洞庭湖湿地治理破碎化问题研究》，载《林业经济》2016年第3期。

域协作、整体发展。环境司法的理念革新促使生态司法协同机制的创建被提上了日程。长江流域辐射面积广、治理难度大，现行的行政区域式治理模式导致生态损害认定难、生态修复落实难、因果关系判定难，无法凝聚合力推动生态环境治理，为了妥善处理环境问题，司法理念在不断转变，从行政区域划分到多地法院跨区域合作，从法院以司法手段惩治犯罪到与各部门协调联动，推动"诉前、诉中、诉后"多环节畅通机制构建。在多元对话中探索建立共同认可并接受的协作规则，通过法律制度构建和司法实践检验，逐步推进流域法治体系的完善，从而提高国家流域治理能力。[1]

（四）司法现实的需要

环境资源案件因为其所涉对象的特殊性（大气、水体、土壤等），结果判断、责任认定等方面也有其特殊性。例如大气污染、水污染等情形，由于水和空气的流动性，以及水和大气存在一定的自净能力，环境污染的区域、损害的后果通常不是一成不变的，往往会随着时间的推移发生变化，这就导致环境污染结果存在易逝性、流动性、治理难等特点，如果在环境污染发生后没有及时取证，缺乏行政机关、兄弟法院的协调配合，无法及时有效地固定损害结果，亦无法准确判断损害程度，从而难以实现及时发现、及时修复的目的。因此，而河流流经区域不同单位的生态司法协同，有利于克服因地域划分而导致的生态行政机制、裁判机制间的协作困难，更有利于克服因区域闭塞、沟通不畅而产生的片面化、单一化弊端，从而实现打破地域格局的局面，为更及时化解环境矛盾、解决环境纠纷提供助力。

四、优化路径：长江口环境资源保护司法协同机制的完善

（一）推动司法协同顶层制度设计

环境资源保护无法通过"单打独斗"实现，需要政府、各职能部门、社会团体、企业法人、人民群众共同努力，以合作共赢的姿态实现环境资源保护司法协同大格局。目前有关环境保护缺乏顶层制度规范，应当从以下四方面，助力司法协同顶层制度制定完善。一是促进环保立法先行。我国环境保

---

[1] 黄锡生、尚睿：《长江流域环境司法协作的理论构造与制度完善》，载《河南财经政法大学学报》2022年第2期。

护立法进程尚处在探索阶段,我国需要发挥制度优势,牢牢把握生态发展的战略主动权,通过环境资源保护立法,在可持续发展中占据有利地位。二是加强司法经验总结。以习近平新时代中国特色社会主义思想为指导,深入贯彻党中央推进生态文明建设重大决策部署,在司法实务中总结经验,推动立法更新完善。三是推动行政执法优化。围绕长江口区域污染防治、环境治理和生态修复等重点任务,着力推进生态环境司法与行政执法的有效衔接。四是畅通群众反馈渠道。以群众参与、治理、反馈为基础,将涉及环境资源保护方面的法律法规、政策指导及时公开,听取群众意见,从而真正满足人民群众对优美生态环境的需要。

（二）拓宽司法协同合作内容范围

为有效整合长江口环境资源保护力量,应积极构建以司法为主导,环境资源保护的协同多元共治平台,进而探索建立一体化司法协同机制,搭建多主体、全方位的六大协同平台,积极构建生态司法大格局。

1.搭建生态司法诉源治理协同平台。积极构建与农业农村委、生态环境局、水务局、绿化和市容管理局、检察院、公安局、兄弟法院等单位在内的沟通机制,在搭建生态司法诉源治理协同平台方面,有如下优化建议:

一是加强诉源治理,积极协助辖区党委、政府、生态环境职能部门等,联合环保专业机构、社会公益组织等,推动完善环境资源矛盾纠纷的磋商、调解等非诉讼纠纷解决机制,做好环境资源矛盾纠纷源头化解工作,高效便捷满足人民群众多元化环境司法需求;二是积极打造诉源治理典型案例库,建立生态司法大数据平台,形成类案调解示范模板,有效提升环境资源保护效能;三是建立集生态理念传播、生态成果展示、生态法治教育等多功能于一体的生态司法示范基地,让广大公民参与到生态环境保护体系中,打造便民亲民的法治平台。

2.搭建生态司法多元解纷协同平台。积极探索在环保行政案件中落实行政多元调处理念,借助人民调解、行业调解的力量,将矛盾纠纷化解于前端,在搭建生态司法多元解纷协同平台方面,有如下优化建议:

一是坚持和发展新时代"枫桥经验",积极整合各方面力量,发挥人民法院诉调对接中心平台作用,完善司法调解与人民调解、行业调解联动体系;二是建立环境资源纠纷调解名册和流程,整合、调动社会各层面、各领域调解资源,构建跨部门、跨区域、跨流域生态司法多元解纷格局,促进诉讼与非诉讼解决方式有效衔接,有效推动环境资源纠纷的实质性化解,实现政治效果、社会效果、法律效和生态效果的有机统一。

3. 搭建生态司法审判执行协同平台。建立紧急案件快审快查机制，对于情况紧急的生态环境案件，各职能部门应有效联动，法院开通绿色通道，及时审查并依法处理，防止生态环境损害的扩大，在搭建生态司法审判执行协同平台方面，有如下优化建议：

一是建立由环境资源案件审判部门牵头，立案、民事、商事、刑事、执行等相关部门参与的协同审判执行机制，加强对环境资源案件的立案会商、信息共享、审判协作、执行配合，实现立审执兼顾；二是优化生态审判体系，对重大、疑难、复杂、新类型案件组成跨部门、跨区域合议庭审理，召开跨部门专业法官会议研究，提升案件审判质效；三是落实生态环境修复的指导、监督、验收等工作，结合案件实际，由相关职能部门人员组成生态环境执行案件联合回访组，开展案件回访、修复监督等工作，提供有效性、针对性的司法提示。

4. 搭建生态司法理论研究协同平台。为拓宽生态司法协同的影响力，加强实务与理论的相互转化，促进长江口环境司法协同治理，在搭建生态司法理论研究协同平台方面，有如下优化建议：

一是依托环境资源保护司法研讨平台，广泛邀请理论与实务、国内与国外等专家参加，融合高等院校、国内外专家等科研力量，加强对前沿法律问题的分析研判，同时组织课题研讨、论文征集等活动，打造生态司法研究智库；二是以专家智力支撑为平台，建立从立案、审判到执行全过程的精品案件识别、跟踪、培育机制，打造精品案例，为环境资源立法、执法、司法工作提供规则供给；三是建立生态司法研究和培训基地，打造"审、研、训"一站式、一体化平台。

5. 搭建生态司法协作沟通协同平台。生态司法协同机制的建立不能闭门造车，长江口各法院应当加强沟通联络，了解各自在环境资源司法保护方面的举措、经验，同时沟通协商建立司法协同保护信息共享机制，提出构建生态司法协同保护机制的建议或意见，在搭建生态司法协作沟通协同平台方面，有如下优化建议：

一是加强法院之间的沟通配合，定期互通生态司法领域新情况、新问题、新举措，推动建立上下级、同级法院长效沟通联络机制，统一立案标准、类案裁判标准和环境修复标准；二是深化区域司法协作共治，依托司法合作框架协议，加强信息资源共享，推动环境资源案件协助送达、协助调查、协助执行等工作，深入推进生态环境跨域司法协作，服务流域区域系统化保护;三是与生态环境和资源保护等行政执法部门建立常态化联络机制,优化环境资源行政执法证据与刑事、民事诉讼证据的转换适用规则,实现环境保护行政执法与司法的有效衔接;四是打造司法保护一体化平台,依托数字赋能,推进生态司法"一门式"服务,实现"诉前—诉中—诉后"全过程参与。

6.搭建生态司法普法宣传协同平台。借助数字赋能,在搭建生态司法普法宣传协同平台方面,有如下优化建议:

一是推进社会主义核心价值观融入裁判文书释法说理,将法律评价与道德评价有机结合,提升司法裁判的法律认同、社会认同和情理认同;二是积极参与社会综合治理,对个案、类案审判中发现的违法犯罪线索、监管疏漏等问题,共同发布审判白皮书及典型案例、发送司法建议,形成生态环境执法与司法的最大保护合力;三是加强法治宣传,充分利用微信、抖音、新闻客户端等新媒体平台,共同开展法治宣讲、拍摄普法短视频等,在世界环境日、全国生态日等重要时间节点,联合开展送法进村居、进园区活动,通过巡回审判、以案释法等,讲好生动的生态司法故事,共同营造生态环境保护的良好氛围。

(三)完善司法协同配套监督机制

根据参与生态司法协同中心建设主体的不同,引入具有针对性的监督评估环节,制定相应的实施、评估、监督机制,确保司法协同落地落实,有效提升环境资源保护水平。充分发挥人大代表、政协委员、人民群众的监督作用,有序组织上述主体全过程参与司法监督工作,支持和保障其更好依法履职。对人民群众反映强烈的司法问题,建立畅通的反馈途径,进而向行政机关、司法机关提出建议、批评和意见。行政机关及司法机关对人大代表、政协委员、人民群众提出的建议、批评和意见,应当认真研究,及时答复办理情况。积极探索人大代表、政协委员、人民群众在司法监督工作中有效作为的着力点和路径、方法,切实发挥上述主体在监督工作中"看得见、摸得着"的作用。

结 语

长江口环境资源保护司法协同机制的探索和实践,有力提升了环境资源司法保护水平和效能,但也面临一定的困难和挑战。在保护长江流域生态系统、维护长江口生物多样性，推进美丽中国建设、实现人与自然和谐共生的新征程上，进一步优化完善长江口环境资源保护司法协同机制，具有重要的价值和意义。我们应继续深入研究、适当借鉴和吸收国内外相关领域的司法协同实践经验，努力构建出一套符合区域经济社会绿色高质量发展实际需要的环境资源保护司法协同机制，全面提升生态环境司法保护效能，为助力长江口生态环境保护和高质量发展，有效推进人民富裕、国家强盛、中国美丽提供更加有力的司法服务和保障。

合同绿色审查之进路分析

——兼论环境政策对合同的影响[*]

摘要： 风险社会下公私法的界限日渐模糊，以公法或私法单一路径规制某一问题捉襟见肘，这一趋势在环境领域表现明显。当前，绿色发展成为阶段性目标，环境政策对合同的影响正不断增强。宏观表现为：透过公序良俗原则间接影响合同效力，以及通过政策本身直接影响合同履行和合同关系的维系；微观呈现为：以对履行和解除产生影响为主、产生影响效果以精准为前提、责任分配以主观为判断标准的样态。在此类影响下，合同利益往往让步于环境利益，呈现出公共利益的绝对优势。现状倒逼企业为规避风险重构合同审查路径。考虑到环境政策于合同的影响逻辑可二分为公法要求向私法的渗透，以及私法的自我价值选择，为降低风险，企业进行合同审查的逻辑应当扩张范围以全面、动态考量以预防、平衡利益以发展。

关键词： 环境政策　合同　合同审查　利益衡量　风险预防

伴随气候危机、能源危机、资源危机等加剧，其对现代社会提出了绿色发展之要求，要求转变现有发展模式，调整产业结构和能源结构，以契合新发展趋势。这对企业环境责任作出了范围上的拓宽和程度上的加深。合同承载着规范和引导私法主体交互行为的功能，遵循私法自治，却在这一要求下有所动摇，频频为公益让步。这一过程中，环境政策占据了较大篇幅。政策作为社会的"软法"，凭借灵活之特性迅速占领主导性治理地位，有赶超"硬法"之势。然而，目前学界鲜有研究从环境政策视角下审视合同审查，多数研究聚焦于违反公共政策的合同效力问题[①]；如有学者提出强制性规定与合同效力的关系须结合规范目的等因素予以判断，不宜直接认定其影响合同

---

[*] 【作者信息】唐寅智，贵州大学。
[①] 黄忠：《合同自由与公共政策——〈第二次合同法重述〉对违反公共政策合同效力论的展开》，载《环球法律评论》2010年第2期。

效力;① 或研究由于政策变化导致的合同履行问题,从事后救济的角度看因公共政策的变化导致合同难以或无法履行,讨论焦点在于不可抗力和情势变更的界分。② 可见,学界认同将环境政策放在政策这一大概念的外延内讨论,却没有重视环境政策特殊性所在。于此,环境政策对合同的影响并非单纯肯定或否定合同效力、探讨情势变更与不可抗力等可涵盖。在风险社会的当下,明晰环境政策对合同生效、履行产生影响的正当性基础和理论前提,探析其实践样态,在生态文明建设日趋重要化的当下探索合同绿色审查之进路十分必要,亦是企业环境风险管理的必由之路。

一、绿色因素渗透合同领域的正当化基础

绿色因素向合同领域渗透的逻辑是双重的。其一方面通过引致条款的设置使得公法规定间接规制交易行为,另一方面通过对合同规范的改造融入绿色的价值,引导或具体行为规范。审视之,作为一种限制性元素,公法通过行政命令、行政处罚等手段,以义务进路对生产、经营方式进行强有力的限制;而契约自由作为私法领域的重要原则,经历了自"绝对自由"向"相对自由"的转向,即合同自由的观念是一种法治的自由观,不是超越法律的、无任何限制的恣意妄为,③ 为权利的自由行使附加了公益保护的限制。

18世纪工业革命时期及其以后,环境问题的主要表现是因工业化、都市化、人口激增、自然资源消耗和科技滥用造成的环境污染及生态破坏。④ 细分发达国家与发展中国家面临的环境问题,前者"同工业化和技术发展有关"⑤,后者"大半是由于发展不足造成的"⑥,这即决定了,由环境相关法律、行政法规、地方性法规、规章、政策等构成的环境规制规范有机整体,同时与限制环境污染及形塑发展方式相关。

(一)合同绿色审查的理论基础

1.风险预防原则向合同领域的渗透。风险预防原则起源于环境法领域,

---

① 陈树森:《识别影响合同效力强制性规定的路径思考》,载《中国应用法学》2021年第5期。
② 朱广新:《情势变更制度的体系性思考》,载《法学杂志》2022年第2期。
③ 朱广新:《合同法总则研究》(上册),中国人民大学出版社2018年版,第42页。
④ 汪劲:《环境法学》(第四版),北京大学出版社2018年版,第7页。
⑤ 《人类环境宣言》中的第四个共同观点。
⑥ 《人类环境宣言》中的第四个共同观点。

自德国空气污染控制中的"预防原则"发展而来，①其本意指"在没有科学证据证明人类的行为确实会发生环境损害的情况下，要求国家和社会采取预防措施，防止可能损害的发生"②，要求国家在可持续发展的过程中尽可能多地考虑科学不确定性。应用风险预防原则的逻辑前提体现为危害后果的发生及其具体影响的不确定性。③因为当科学对某一环境风险存在确定性认识后，采取的措施便不再是风险预防措施，而是损害预防措施。④有学者概括总结环境风险具有不可感知性或不确定性、不可预测性和不可控制性、集体性与交叉性，以及世界性和跨区域性基础上的蔓延性和关联性的特征，⑤其核心仍在于不确定性。如果损害发生的可能性尚无法通过经验法则加以确定，也无法在科学上排除其发生的可能性，则属于风险范畴。⑥

近年来，风险预防原则已经不仅仅作为公法原则适用，继在刑事领域、行政领域不断扩散，其逐步辐射进私法语境。目前环境责任私法机制来源于民事侵权责任机制的套用和适度改造，民事规则"生态化"表达⑦使得民事侵权制度很大程度兼及环境责任的承担。《最高人民法院关于审理环境侵权责任纠纷案件适用法律若干问题的解释》第12条规定的"停止侵害行为或者采取防治措施"等预防性责任方式、《最高人民法院关于审理环境民事公益诉讼案件适用法律若干问题的解释》第1条涉及对"具有损害社会公共利益重大风险的污染环境、破坏生态的行为"的规制等，皆可作为法律规制提前的根据。证明国家对公民社会的介入与调控的正当性来源已超越保障个人权利与自由市场的限制，扩展至预防和消灭潜在的环境风险以提供安全保障。⑧

2. 环境正义引导下的价值选择。正义是几个世纪以来始终为学者讨论和试图解构或重构的理论体系。所谓环境正义，即正义概念在环境场域的投影，既具备正义的一般外延，亦蕴含其特殊性。伴随人类中心主义转向去人

---

① See Scott LaFranchi, *Surveying the Precautionary Principle's Ongoing Global Development: The Evolution of an Emergent Environmental Management Tool*, 32 B. C. Envtl. Aff. L. Rev. 679, 681（2005）. 转引自苏宇：《风险预防原则的结构化阐释》，载《法学研究》2021年第1期。
② 王灿发、于文轩：《生物安全的国际法原则》，载《现代法学》2003年第4期。
③ 苏宇：《风险预防原则的结构化阐释》，载《法学研究》2021年第1期。
④ 唐双娥：《环境法风险防范原则研究》，高等教育出版社2004年版，第30页。
⑤ 王树义等：《环境法学基础理论》，中国社会科学出版社2023年版，第255~256页。
⑥ 张宝：《从危害防止到风险预防：环境治理的风险转身与制度调适》，载《法学论坛》2020年第1期。
⑦ 胡卫：《民法中恢复原状的生态化表达与调适》，载《政法论丛》2017年第3期。
⑧ 陈海嵩：《环境风险的司法治理：内在机理与规范进路》，载《南京师大学报（社会科学版）》2022年第2期。

类中心主义，对于环境本身价值的重视程度日益加深，其也成为公法与私法界限趋于模糊的契机之一。就公法，如污染防治法、生态保护法、环境影响评价法等，作为承载环境利益保护任务的范式，同时属于合同成立或生效的特殊要件；于私法，实为因外力导致需对公法因素进行考量。就私法，民法体系有着自身的价值取舍。一方面，《民法典》第1条即规定"适应中国特色社会主义发展要求，弘扬社会主义核心价值观"，而"和谐"即带有绿色价值之导向，实际是延续我国自古以来"天人合一""天—地—人和谐共生"的中国哲学传统。另一方面，民法应当反映社会重大问题，环境问题无疑是重大议题，民法自然需要对其进行回应，合同自然身在其中。

（二）合同绿色审查的法律渊源

1. 基于公序良俗原则的效力否定。公序良俗原则和绿色原则系民法体系内与公法领域连接的基石，是一种"价值集合"，作为一般性原则，引导民事规范和民事行为向着注意、平衡、保护公共利益的方向进行。公序良俗作为典型的体制性原则，具备以原则否定民事行为效力的强制力，以《民法典》第8条及第153条第2款形成"行为模式＋法律后果"的逻辑闭环。从《民法典》153条的行文逻辑来看，第1款规定"违反法律、行政法规的强制性规定的民事法律行为无效"，以制定法的形式排除了环境政策在私法领域针对民事行为效力的强制性。则受制于规则的位阶限制，环境政策得以直接进入私法规制的路径即须被解释进"公序良俗"。如何取舍部分环境政策是否能限制甚至否定民事法律行为，很大程度上端赖于司法机关的自由裁量。有学者指出，"强制性法律规定只是以实证法的方式体现了公序良俗而已，对于那些尚未被表述为实证法具体规则的公序良俗，当然也需要予以维护"，[①] 可见，公序良俗条款系强制性规定条款的"兜底"条款，其对规范的位阶在所不问，故其包容性正可为其充任裁判依据的正当性背书。[②]

2. 基于绿色原则的倡导性限制。这与绿色原则恰恰相反，其"在合同法中都仅具有附属性甚至边缘性地位"，对合同效力、合同解除、合同解释等核心制度的影响不是绝对的二分有效或无效、解除或不解除等，在判断的过程中贯彻着利益衡量和价值判断[③]。绿色原则系限制性原则，是对传统民法

[①] 杨代雄：《法律行为论》，北京大学出版社2021年版，第409页。
[②] 马新彦、李东宇：《合同违反政策时效力判定的裁判路径》，载《清华法学》2023年第2期。
[③] 刘长兴：《〈民法典〉合同编绿色条款解析》，载《法学杂志》2020年第10期。

典原则或价值理念的限制,如意思自治,细化至合同领域,即为契约自由。从《民法典》第9条的表述来看,"应当"体现"义务性"行为模式的价值取向,《民法典》中亦有相应规则对其进行精细化和具象化,但与《民法典》第8条与第153条第2款形成的闭合型逻辑互动不同,除基于约定的违约责任外,违反绿色原则几乎不会导致民事法律从合同领域对其进行否定性评价,但可能招致侵权责任的承担。这说明,绿色原则对合同之影响更多是倡导性、非效力性、弱强制性的。在民法制度和民事司法中注入限制性绿色元素在形式上限制了意思自治,但并非从实质上否定私法自治,而是以私法自治为前提和基础。① 正如各国环境相关法案逐步加深对绿色增长的强调,在调控公民行为的民事法律中注入绿色元素本质上即是对绿色增长式发展的塑造。绿色原则作为公法和私法的重要连接点,是连接环境政策与合同自由的重要路径。

3. 基于合同绿色义务的具象化要求。《民法典》合同编直接反映绿色原则的条文共4条,包括:抽象性的第509条第3款,规定"当事人在履行合同过程中,应当避免浪费资源、污染环境和破坏生态";具象化的第558条、第625条增设或具体化回收义务,第619条为包装义务以绿色内涵进行拓展,实现了《民法典》第9条在合同规则中的延伸。以环境政策为主题限缩合同涉及的范围,主要对象即为第509条第3款,其作为绿色原则在合同编的具象体现仍显宏观。从语义来看,"避免浪费资源、污染环境和破坏生态"仍然带有模糊性,其表述的是一种价值引导,而非具体的行为模式。判断一项行为是否尽到合同绿色义务一定程度上需借助环境政策、环境规划、环境质量标准等进行判断。这也即要求合同订立时应当对涉及的环境政策进行全面而细致的审查,以规避可能造成的合同效力和履行风险。

二、环境政策下合同纠纷的实践样态检视

按通常的分类方法,环境政策包括环境管理政策、环境经济政策、环境技术政策、环境产业政策和环境国际合作与交流政策等。② 而按环境政策主体之间的关系,可将环境政策分为管制性环境政策、引导性环境政策和自

---

① 李石山、彭欢燕:《法哲学视野中的民法现代化理论模式》,载《现代法学》2004年第2期。
② 王金南、邹首民、田仁生等:《中国环境政策》(第五卷),中国环境科学出版社2009年版。转引自蔡美芳等:《我国水污染源点源环境管理政策与制度研究》,载《环境科学与技术》2012年第S1期。

愿协议性环境政策（环境协议）三种。① 为凸显差异，本文采后者，铺开对合同产生影响的环境政策以管制性环境政策为主、引导性环境政策为辅的样态。（见表 1）就进入诉讼程序的案例而言，大多因合同履行障碍而起诉，而这类障碍多因管制性环境政策产生。管制性环境政策因带有强制性而对经济活动主体产生行为上的约束力，使得当事人意思自治受阻，无法通过私法自治而诉诸公权力干预，这也可以解释以管制性环境政策为主的现象。

表 1　对合同产生影响的环境政策类型化梳理②

环境政策类型	内容	对合同产生的影响
管制性环境政策	矿业权管理政策	探矿权转让未获批导致合同无法履行；导致探矿权不能延续
管制性环境政策	环境保护类政策	无法获批环保类行政许可；无法正常生产经营导致合同无法履行；直接导致合同解除；高能耗、高污染材料生产商关停导致的材料供应链中断，导致履行成本增加、实际标的额改变或履行迟延；限制合同解除权行使
管制性环境政策	绿化环境政策	合同解除后的恢复原状问题
管制性环境政策	重污染天气应急响应政策	合同履行迟延责任承担且被认为不影响合同目的实现
管制性环境政策	土地规划类政策	在基本农田保护区、一般农地区和生态环境安全控制区不得未经审批进行非农建设，导致合同履行基础丧失；导致合同无效
管制性环境政策	环境整治类政策	案涉标的物无法投入使用导致合同无法履行

---

①　管制性环境政策大部分是通过制定和实施有关环境资源的法律法规，强制性地规定经济活动主体在资源开发和各种生产经营活动中的行为；引导性环境政策通过影响经济当事人决策和行为，使资源配置达到"双赢"状态。参见蔡美芳等：《我国水污染源点源环境管理政策与制度研究》，载《环境科学与技术》2012 年第 S1 期。

②　以中国裁判文书网为检索源，选取"环境政策""环保政策"分别与"合同"组合作为关键词进行检索，分别检索到 255 份和 6577 份裁判文书。鉴于以"环境政策"为关键词的检索结果部分涉及营商环境政策，与本文主题无关，遂主要以"环保政策"的检索结果为样本，以 2018 年至 2022 年的案例为主展开。

续表

环境政策类型	内容	对合同产生的影响
管制性环境政策	因环境原因的限制性政策	企业无法正常生产经营导致合同无法继续履行
管制性环境政策	环境影响评价制度	无法通过环评导致合同无法履行;是否违约的判断
管制性环境政策	生态修复类政策	合同丧失履行基础;无法通过环评审批导致合同无法履行
引导性环境政策	能源转型类政策	履行成本大幅上涨;合同约定营业额无法达成;导致合同无法履行
引导性环境政策	大气污染防控类政策	生产设备升级改造的费用承担和因其导致的停产责任承担
引导性环境政策	产业结构升级类政策	导致合同变更,协商不成将导致合同解除

(一)环境政策间接作用于合同效力

整体而言,环境政策对合同效力产生的影响微乎其微。如法院因双方约定将规划用途包含有"基本农田保护区、一般农地区和生态环境安全控制区"的土地用于非农建设且未办理转用审批手续,对双方当事人签订的合作协议和租赁合同之效力进行否定性评价。[①]"皮之不存,毛将焉附。"在该类合同中,行政审批作为合同生效的形式要件之一,对合同效力存在至关重要的影响。无独有偶,针对在自然保护区内进行商业开发,未经自然保护区管理部门审批的合同也被确认为无效合同。[②] 审视该类合同,能够发现,此并非为环境政策直接作用于合同并造成影响。其实质是,基于环境政策影响了合同生效的前置性要件,导致合同不发生效力。此为基于立法者的利益衡量作出的价值判断。

(二)司法实践对因环境政策导致的履行障碍判断

1. 不可抗力或情势变更是主流抗辩事由。不可抗力或情势变更的判断

---

① 北京市昌平区人民法院(2020)京 0114 民初 19679 号民事判决书、新疆维吾尔自治区昌吉回族自治州中级人民法院(2021)新 23 民终 140 号民事判决书。
② 最高人民法院(2019)最高法民终 1981 号民事判决书。

核心在于可预见性。① 对于国家政策、行业相关政策，法院以应知推定明知，且应知的程度已经达到高度盖然性的认定标准。② 应知的判断标准有二，即影响的高度盖然性和业务领域关联度。③ 典型如环境影响评价制度，鉴于其系项目建设的必由之路且法律具备强制性规定，当事人对签订的项目建设系列协议因位于国家级自然保护区内而不能办理环评手续具有可预见性，即使基于对相对方身为公权力机关的信任继续推进项目开展，亦不能导致其完全对无法办理环评的事实不可预见。④ 同样在行政法规明令禁止在风景名胜区采矿的情况下，当事人应当对政策走向有所预见，政策逐步收紧导致探矿权不能延续对其而言不属于意外风险。⑤ 并且，法院认为是否显失公平的判断时间节点应当是行为时，即合同订立时。这之后无论因为政策等变化对合同造成何种影响，皆属于正常风险。⑥ 法院以"股权交割已完成""股权变更手续完成"为由认定股权转让方主要合同义务已经履行完毕，将环保政策造成的影响归为经营风险，切断不可抗力的原因力。⑦

2. 环境政策对合同的影响必须具有精准性。环境政策对合同的影响应当是具体而精准的，这也对当事人的证明责任提出较高要求。若环境政策的影响范围不能收束至特定范围以涵摄案涉合同内容，法院将认定环境政策未对合同造成特定影响。如法院认为，当事人主张因环保政策导致案涉焦炭的转移，无法涵盖当事人造成案涉焦炭灭失的事实，则对方可基于合同约定主张

---

① 参见山东省淄博市中级人民法院（2022）鲁03民终223号民事判决书、北京市第四中级人民法院（2019）京04民初256号民事判决书、北京市高级人民法院（2020）京民终677号民事判决书、最高人民法院（2020）最高法民申5697号民事裁定书、最高人民法院（2020）最高法民申800号民事裁定书、最高人民法院（2017）最高法民申2533号民事裁定书、河南省高级人民法院（2021）豫民申3522号民事裁定书、湖北省宜昌市中级人民法院（2017）鄂05民终666号民事判决书。

② 法院以"对于国家政策的推进相关利益方应当有所预期"为由否定构成情势变更。参见北京市第四中级人民法院（2019）京04民初256号民事判决书。

③ 前者如环境影响评价制度，或行政法规明令禁止的行为模式，见后文叙述的两个案例。后者如，某公司作为专业的城市燃气经营企业，在签署交易文件时应当知晓国家关于环境治理、"煤改气"工程的相关政策，不属于案涉《股权转让及增资协议》及《补充协议》履行过程中发生的无法预见的、非不可抗力造成的情形。参见北京市高级人民法院（2020）京民终677号民事判决书。在当前环境保护问题越来越受到重视的社会背景下，热力供应企业对其采用的供暖方式对大气环境存在污染情况应当有所了解。参见湖北省宜昌市中级人民法院（2017）鄂05民终666号民事判决书。

④ 最高人民法院（2020）最高法民申5697号民事裁定书。

⑤ 最高人民法院（2020）最高法民申800号民事裁定书。

⑥ 江西省南昌市中级人民法院（2020）赣01民终1594号民事判决书。

⑦ 最高人民法院（2020）最高法民申800号民事裁定书、最高人民法院（2017）最高法民申2533号民事裁定书。

违约责任；①也有判决指出，环保政策出台不必然导致煤矿关停，需要结合具体内容进行判断，纵使基于环境政策导致煤矿关停，亦需根据内容是否会实质影响合同履行判断解除事由或者不可抗力、情势变更事由出现的时间点。②在符某武诉李某生租赁合同纠纷案中，法院以"环保政策目的在于规范水产养殖行为、保护水源和环境，而非以此禁止养殖"为由，判断该环保政策不会导致案涉租赁合同目的不能实现，继而认定单方解除租赁合同的行为构成违约。③同时，不仅是对影响的有无，影响的具体范围也应当锁定在实际范围内。如时间区间应限制在实际范围内，④政府行为应作范围限制等⑤。法院根据环境政策的强制性措施范围细分不同强度的环境政策对合同的具体影响，⑥而非一体化看待，更细致地区分合同责任和不可抗力的影响，实际是以公平原则对当事人利益进行了良好的平衡。

根据民事证明责任的原则，除法律有特别规定外，诉讼主体对积极事实承担证明责任。针对环境政策对合同是否能继续履行的证明责任，法院普遍有较高要求。若主张因环境政策导致合同履行障碍必须证明该环境政策确实、充分并且直接影响到合同履行，否则应当承担举证不能的不利后果。⑦其中证明责任涵盖多方面内容，如主张因环保政策导致履行不能构成不可抗力，⑧或在环保政策影响下合同仍可继续履行。⑨最高人民法院在某科技有限公司诉某集团有限公司合同纠纷案中基于某集团有限公司没有举证证明其按

---

① 最高人民法院（2021）最高法民申 6098 号民事裁定书。
② 法院认定案涉燃煤发电机组运营期内被提前关停后仍进行一段时间的发电生产的事实为按照昌吉市住房和城乡建设局的要求，保障人民群众冬季取暖需要，属于承担社会责任，而非履行案涉《特许经营合同》。因此确认无法履行的时间点是因为政策导致履行不能的时间点。参见最高人民法院（2019）最高法民终 862 号民事判决书。
③ 最高人民法院（2019）最高法民申 1308 号民事裁定书。
④ 王某章诉某造纸厂租赁合同纠纷案，河南省高级人民法院（2020）豫民申 8271 号民事裁定书、河南省新乡市中级人民法院（2020）豫 07 民终 2408 号民事判决书、河南省辉县市人民法院（2019）豫 0782 民初 7240 号民事判决书；河南省信阳市中级人民法院（2020）豫 15 民终 5002 号民事判决书。
⑤ 山东省淄博市中级人民法院（2022）鲁 03 民终 223 号民事判决书。
⑥ "考虑到 2018 年度政府对黄色预警应当采取的强制性措施规定的范围小于橙色、红色预警应当采取的强制性措施范围，法院酌定对 2018 年度政府发布黄色预警导致延期交房需扣减的天数仅支持 50%。"参见河南省郑州市中级人民法院（2019）豫 01 民终 21964 号民事判决书。
⑦ 河南省郑州市中级人民法院（2019）豫 01 民终 21437 号民事判决书。
⑧ 青海省高级人民法院（2020）青民申 444 号民事裁定书。
⑨ "本市对于饮用水源保护缓冲区内工业生产项目的新建、扩建亦有严格的环保准入机制，申请人提供的材料未能证明系争厂房能够办理出被申请人食品经营所需的相应环保类行政许可。"参见上海市高级人民法院（2019）沪民申 1532 号民事裁定书。

目标责任书的要求完善相应搬迁实施方案，而是直接全面关停钛白粉厂，导致双方《合作总协议》事实上终止，认定某集团有限公司系单方擅自终止合同而非构成不可抗力。并以某集团有限公司没有举证证明继续履行合同会对其显失公平或存在不能实现合同目的情形为由认定不构成情势变更。①

从合同目的是否能实现的角度，因政策原因等导致无法实现合同订立时的根本目的必须举证证明该目的在合同订立时存在；② 如环保政策只影响特定期间，法院倾向于认定环保政策未直接导致合同目的不可实现，进而否定构成不可抗力或情势变更，③ 将合同目的不可实现作为认定构成不可抗力或情势变更的核心要素之裁判思路显化。同时，认定合同约定的免责事由成立需达证明标准，④ 且举证证据必须能证明环保政策直接影响到案涉合同主体。田某明诉张某霞合同纠纷案中，法院认为原告提供的证据《关于进一步加强城市周边非法砂场关停清场工作的通知》和《关于开展砂场回填治理和生态恢复工作的通知》不能证明影响范围辐射合同主体，判断该证据因不具备关联性不予采信，以此判决合同主体不履行合同构成违约，⑤ 为此力证。

（三）环境政策影响下合同责任的分配与承担

1.缔约方一般不承担告知义务但需履行审慎审查义务。首先，缔约方对当地环境政策不承担告知义务。环境政策具有普适性，且信息公开，任何人均有足够的获取信息的能力，在判断时亦会适当参照资质因素。⑥ 经济活动主体在考察投资环境时应当深入了解投资地的所有政策包括环境保护政策，无需缔约的某一方事先告知，⑦ 否则将不当加重一方责任，失之偏颇。

---

① 最高人民法院（2017）最高法民申 27 号民事裁定书。
② 最高人民法院（2017）最高法民申 2533 号民事裁定书。
③ 因环保政策导致无法得到供气无法生产的证明应当确实充分，如果只是影响特定期间，甚至之后还在一定期间内复产，如果没有其他证据证明是因为环保政策，则应当明确环保政策并未直接导致合同目的不能实现，不构成不可抗力或情势变更，亦不符合合同约定的"如因国家、地方政府及相关部门因政策原因，非人为所造成的不能正常运行，甲、乙双方都可终止合同"。参见王某章诉某造纸厂租赁合同纠纷案，河南省高级人民法院（2020）豫民申 8271 号民事裁定书、河南省新乡市中级人民法院（2020）豫 07 民终 2408 号民事判决书、河南省辉县市人民法院（2019）豫 0782 民初 7240 号民事判决书。
④ 需当事人举证案涉焦炭转移为湖北省武汉市中级人民法院的执行行为，未能达到证明标准将承受举证不能的法律后果。参见浙江省宁波市中级人民法院（2017）浙 02 民初 1452 号民事判决书。
⑤ 新疆维吾尔自治区高级人民法院（2021）新民申 944 号民事裁定书。
⑥ 法院根据承租人的资质判定其具备相应的调查能力，未支持其关于出租人未告知相应情况属于欺诈的主张。参见最高人民法院（2020）最高法民申 2505 号民事裁定书。
⑦ 河南省鹤壁市中级人民法院（2022）豫 06 民终 229 号民事判决书。

其次，缔约方均应承担审慎审查义务，该审查义务将作为推定明知环境政策可能对合同产生影响的依据。合同双方当事人在签订合同时应对相关环保政策进行审慎调查，包括国家产业政策。事实上合同订立时部分主体也已经考虑到环保政策可能对合同履行产生影响并作出预判，事先约定了后续处理事宜。① 对于环保政策的注意义务，根据主体的资质有所区分。如果双方存在管理与被管理的关系，则管理方具有更高的注意义务，此时因环保政策导致合同无法履行而解除的，管理方将承担更大比例的责任。②

2. 违约认定与对合同解除权行使的限制。违约的认定存在几种样态。一是对出现重大变更的合同履行关键事项应当及时披露，如果花费的时间过分延迟于合同约定，则应被认定为怠于履行合同责任，需承担相应的违约责任；③ 且如果出现重大变更，对前行为无溯及力，即不可因后续变更主张前行为违约。④ 二是要结合符合履行合同形式之行为的具体目的判断是否构成违约。如重庆某烟气治理特许经营有限公司诉新疆某热电二期有限责任公司特许经营合同纠纷案中，案涉燃煤发电机组运营期内被提前关停后虽仍运行一段时间，但其属于承担社会责任保障冬季供暖，并非为了履行案涉合同，法院因此认定此案并非因一方过错违约，而是因为政策导致履行不能，判决应当根据公平原则分担损失。⑤

对于虽然构成违约但符合环境政策的合同，将限制守约方行使单方解除权。如有法院考虑双方签订合同的主要目的是退耕还林、绿化荒山荒坡，符合国家的环保政策和节约资源、保护生态的价值导向，结合当事人对案涉土地进行的投入和退耕还林、植树造林周期性长的特点限制单方解除权的行使，未支持当事人解除合同的诉请。⑥

3. 依过错确认责任比例大小。责任比例大小的确认主要依各方过错决

---

① 最高人民法院（2020）最高法民申 2505 号民事裁定书。
② 河南省某旅行社集团有限公司、河南省某旅游开发有限公司诉郑州黄河文化公园管理委员会、郑州市旅游资源开发总公司案，河南省高级人民法院（2020）豫民申 7375 号民事裁定书、河南省郑州市惠济区人民法院（2019）豫 0108 民初 5852 号民事判决书。
③ 最高人民法院（2021）最高法知民终 1148 号民事判决书。
④ 法院认为，"如存在重大建设变更，应当重新进行环评报批，对前续已完成的环评报批不应造成不利影响，也即不能因此主张违约"。参见新疆维吾尔自治区高级人民法院（2021）新民终 211 号民事判决书。
⑤ 最高人民法院（2019）最高法民终 862 号民事判决书。
⑥ 青海省高级人民法院（2020）青民申 444 号民事裁定书。

定。裁判思路大体是根据过错分担损失，[1]这也符合自己责任原则在合同法的延伸。较为特殊的情况如出于对公权力机关的信任订立无法履行的合同，但该信任不足以切断当事人独立对可预见性的判断时，依旧应当以各自过错承担相应责任，只是由公权力机关承担主要责任，[2]核心依旧是以过错为判断标准。而当事人对于合同无法履行是否有过错需具体考量，如果当事人怠于履行或延迟履行合同未对合同不能履行的事实产生实质影响，则应当认定当事人对于合同解除无过错，应公平分担损失。[3]法院将根据当事人的可归责性决定是否支持相应的违约金诉请。[4]并且，基于诚信原则贯穿合同全过程，虽因环境政策导致合同事实上无法履行，但在一方当事人未主张解除合同时，双方皆应履行附随义务防止损害扩大。[5]同时，在环保政策导致合同无法继续履行后，当事人之间可以达成补充协议，对双方后续和补偿事宜作出约定。[6]

三、合同绿色审查的进路分析

（一）重预防性：合同审查的动态考察

在现代风险社会背景下，由于环境风险内涵的不确定性特征使得一直以

---

[1] 最高人民法院（2019）最高法民终 1981 号民事判决书、最高人民法院（2019）最高法民终 679 号民事判决书。

[2] 最高人民法院（2020）最高法民申 5697 号民事裁定书。"管委会作为黄河风景游览区的管理方，熟悉国家有关国家水源保护地的相关法规、政策，亦知悉兴建涉案项目可能存在的风险，但其却仍提供案涉土地并与中旅公司签订长达 30 年的合同，故对于案涉项目因违反环保规定被拆除应负主要责任。"参见河南省高级人民法院（2020）豫民申 7375 号民事裁定书、河南省郑州市惠济区人民法院（2019）豫 0108 民初 5852 号民事判决书。

[3] 四川省高级人民法院（2020）川民申 5066 号民事裁定书。

[4] 因双方皆具有一定过错，法院支持违约金诉请。参见上海市青浦区人民法院（2018）沪 0118 民初 6963 号民事判决书。如果无法归结于任一方，则不支持当事人关于违约金的请求。参见河南省信阳市中级人民法院（2020）豫 15 民终 4048 号民事判决书。

[5] 因环境政策导致合同事实无法履行，但当事人未主张解除合同，且承租人继续存放着物件，法院据此认定承租人应持续承担租金。参见山东省德州市中级人民法院（2018）鲁 14 民终 2519 号民事判决书。

[6] 当事人对合同已履行部分及相关损失进行协商并达成补偿协议有助于及时清结相关债权债务，不为法律禁止。该协议应认定为民事性质而非行政协议，故作为一方当事人的政府不享有单方解除权或行政优益权。参见最高人民法院（2019）最高法民终 1981 号民事判决书。

来面向"确定性"议题的环境法治体系面临全新的挑战。①从环境政策已经能直接影响到民事制度根基的意思自治来看,环境司法的预防性正不断强化。注重事后救济的民事体系纳入了风险预防的成分,更早、更广、更深地介入了公民的日常生活和社会的经济发展。这决定了环境风险与合同风险的对接,环境风险开始渗透、影响甚至替代原有合同风险,成为合同订立和履行时必须考虑的因子。由环境风险转化为合同风险,核心在于可变性,即由于规划、理念、利益衡量等考量因子的变化造成的规范"突变",进而导致合同利益出现失衡。有学者指出,现有环保法不能承担起保护整体性环境利益的任务,因为其对于环境消费利益持支持态度,②这是基于环境保护法等设置排放许可等,支持了一定限度内的环境开发行为,而这恰恰与环境保护南辕北辙。从另一方面审视,如果环境开发行为涉及的环境面临容量渐满、用途变更,或发生突发事件等时,环境保护将上升至紧迫地位,环境消费利益的合法性根基将不复存在。这要求绿色审查不是静态的、不变的、纸面的,而应当是动态的、发展的、实质的。其不只是对规范的解读,更应涵盖对价值的理解。因此,合同审查的规范对象不应只是现行规范,而应结合政策导向、价值导向进行一定预判。

(二)审查范围:领域及位阶的扩张

1. 领域扩张:公私法界限模糊的交互要求。随着公法与私法的界限日渐模糊,公法逐步沁入私法领域,对合同领域造成不容忽视的影响。合同不仅单向受到公法因素的影响,同时也影响行政责任,甚至刑事责任的承担与否。③这决定了,合同审查不能局限于合同规范这一私法领域内的一隅之地,而应当顺势进行适度扩张。这是出于两方面的考量:一是公法规定可能对合同的生命周期造成不利影响,使得合同不成立、不生效、无法履行或无以为继;二是由合同引申的风险并非局限于合同风险,其可能向着承担侵权责任、行政责任乃至刑事责任的方向扩散。同时,一方面,绿色审查范围应至少涵盖《民法典》合同编第509条第3款、第558条、第625条、第619条,总则编第9条,及司法解释等私法规范,从效力上而言应覆盖原则审查

---

① 陈海嵩:《环境风险的司法治理:内在机理与规范进路》,载《南京师大学报(社会科学版)》2022年第2期。
② 徐祥民:《论维护环境利益的法律机制》,载《法制与社会发展》2020年第2期。
③ 参见最高人民法院指导案例175号,江苏省泰州市人民检察院诉王某朋等59人生态破坏民事公益诉讼案。

与规则审查，以满足针对性的规范要求。另一方面，审查范围应实现公法拓展。这里一分为三，针对具体规定，如环境影响评价法的规定，自然应当作为一项法义务予以严守；作为一般性法义务的规定亦应受到重视，一如《环境保护法》第6条对广泛的主体赋予保护环境之义务；同时，还应符合环境保护法的价值倾向。在此基础上，更应扩充伦理审查，以期符合环境正义的要求。

2. 位阶扩张：契合环境规制的"政策主导"倾向。环境法场域中，法的滞后性与环境问题的不确定性显得更加不可调和，这也显化为环境政策作为"性价比"更高的手段被广泛使用之现实。上述案例恰恰证明，仅审查高位阶规定将使民事主体承担较大风险，且通常难以补救。适应不同"部门法"①之特性，合同审查的范围也应当进行调适。除位阶应扩展至环境政策，还应结合自身业务范围进行筛选。且对环境政策应作广义解读，涵盖环境规划、污染防治、生态保护、低碳发展等相关政策。

（三）利益衡量：环境利益并非绝对"优益"

前述案例呈现出环境利益的"优位"特征，表征为：当环境利益代表的公共利益与合同利益代表的私人利益相冲突时，公共利益取得了压倒性的胜利。这表明"去人类中心"的环境观更加深入人心。但这并非只包含向好的寓意。

经济和环境自古以来作为杠杆两端，经历此起彼伏的"优位博弈"。环境政策作为一定时期内经济利益和环境利益博弈的结论性产物，带有鲜明的价值导向和时代特色，这不仅决定其相较于其他政策可变性特征更为明显，更是表明经济和环境利益的价值取向通常是一时性的。

伴随着社会风险加剧，风险社会决定了利益衡量绝不仅仅是传统民事司法领域的"经济利益衡量"。放眼国外，樱桃树风电场诉米切尔郡议会案②、协同风力有限公司诉惠灵顿郡议会案③、罗素和奥尔斯诉冲浪海岸郡议会和阿诺尔案④等案中，法院支持原告诉请，认为风力发电对气候变化的正向影响远远大于对当地居民造成的噪声和视觉上的不利。在对清洁能源对气候变化

---

① 因环境法不属于部门法，界定为领域法更合适，而在此处以"部门法"表述能涵盖较广范围，故以"部门法"表述之。
② Cherry Tree Wind Farm Pty Ltd v Mitchell SC & Ors，[2013]VCAT 521.
③ Synergy Wind Pty Ltd v.Wellington Shire Council，[2007]VCAT 2454.
④ Russell and Ors v.Surf Coast Shire Council and Anor，[2009]VCAT 1324.

的正向影响,或者说在就气候变化对全球的不利影响与些微的生活不便进行综合考量的过程中,法院正是通过利益衡量,考虑目的与手段的关系,通过强力干预私法自由的形式,确保某些对于人类而言至关重要且具有不可逆性的环境利益被予以全面而有力的保护。此为考量具有不可逆性、携带公共属性、体现多方福祉的环境利益,一定程度限制当事人契约自由的力证。然此并非两种利益冲突时的唯一路径。斯图尔特、霍南诉莫因郡议会案[1]中,原告对在洪水已发区域附近进行开发的许可提出疑问,认为这将影响到湿地环境,可能造成环境风险。然而法院维持了该开发许可,同时要求增加更多与湿地相关、保护免受近期海平面上升影响的条件,更加精准地实现了利益平衡,保障经济得以开发,也尽量弥合开发与否的环境风险差额,促进二元对立的缓和。佐证环境利益并非绝对"优益",经济利益无需无条件让位于环境利益。

环境利益与契约自由的衡平,本质上是法秩序与行为自由的对立和调整。司法制度的职能是分配与维护社会认为是正确的价值的分派,[2]则对蕴含价值衡量的条文探究其立法本意,可以是社会公认价值对制度的形塑。既带有立法对司法给予思考空间的力度,亦彰显借司法推进立法的智慧。环境相关规则以环境保护、生态修复等为价值导向,建构的是一种人与自然和谐共生的法秩序,其作为"优益"的逻辑在于,开发利用环境行为的特征在于单向性和破坏性,即利用环境容量向环境排放污染物或者为索取环境要素的经济价值而开发利用自然资源[3],而环境容量有限,若不适当控制和及时修复,污染的累积必然会超出环境的承载能力,最终造成不可逆转的环境损害。[4]但这并非一成不变。遵循自古以来的"集体大于个人"的价值观,个人行为自由在与公益的博弈中似乎总是理所当然地作为受限制的对象。然而,上升至经济利益与环境利益的博弈,并非单纯的集体对个人,而是一种"整体对整体"。上升至同一位阶,且皆为涉及人类生存利益的两种利益恰恰难分伯仲。环境保护目标要求在规划时要充分考虑正负效益对生态系统间相互作用关系的影响,以及对生态系统结构和功能产生的长期和短期影响,[5]但并非只考虑环境利益而忽视发展。

---

[1] Stewart & Honan v. Moyne Shire Council, [2014] VCAT 360.
[2] [美] 劳伦斯·M. 弗里德曼:《法律制度》,李琼英、林欣译,中国政法大学出版社 1994 年版,第 17 页。转引自梁上上:《利益衡量论》(第三版),北京大学出版社 2021 年版,第 172 页。
[3] 汪劲:《环境法学》(第四版),北京大学出版社 2018 年版,第 79 页。
[4] 江苏省高级人民法院(2014)苏环公民终字第 00001 号民事判决书。
[5] 蔡守秋:《论综合生态系统管理》,载《甘肃政法学院学报》2006 年第 3 期。

结　语

　　绿色发展是时代的命题。在此之下，环境政策日益成为合同审查中无法回避的因素。这既与公私法界限日趋模糊相关，也代表着私法体系的价值选择。规划与政策的发展及变革与合同审查恰为"一体两面"，具有同频的特征。这要求合同审查必须是全面的、动态的、发展的，且需具有一定的前瞻性。任何立法、司法的引导，皆需落实于主体的行为，正所谓"徒法不足以自行"。是故冀翼于合同审查这一切口，融入绿色元素，以在行为之初贯彻绿色发展之望，助力高质量发展。

困境与突破：检察公益诉讼环资案件执行情况实证研究*

摘要： 党的十八大以来，我国以前所未有的力度推进生态文明建设，而后更是开创了检察公益诉讼制度，为绿色低碳发展提供了中国式现代化法治思路。经过几年的制度探索，检察机关在生态环境和资源保护领域（以下简称环资领域）取得了不凡的成绩，但与此同时，我国环资领域检察公益诉讼生效裁判执行依然存在执行启动难、执行操作难、执行保障难等现实困境。对此，应树立"法检协同、公众参与、共同治理"的执行理念，进行"考核指引、多元衔接、全程监督"的整体部署，建立"收支并行、提前支取、分期还款"的专用账户，以实现相关生效裁判执行中"三难"困境的实质性突破。

关键词： 生态环境和资源保护　检察公益诉讼　生效裁判执行

党的十八大站在历史和全局的战略高度，对推进新时代"五位一体"总体布局作出了全面部署，从经济、政治、文化、社会、生态五个方面，制定了新时代统筹推进"五位一体"总体布局的战略目标，生态文明被提到前所未有的历史高度。但面临资源约束趋紧，环境污染严重，生态系统退化的严峻形势，如何在"国家管理"走向"国家治理"进程中避免个体过度榨取环境资源为己所用的"公地悲剧"[①]，开展系列根本性、开创性、长远性的环保工作，是时代赋予的全新挑战。2017年修正的《民事诉讼法》和《行政诉讼法》正式赋予检察机关在环资领域提起公益诉讼的权力，虽然经过五年多的实践探索，该制度已取得初步成效，但是环资领域检察公益诉讼案件在实际执行中，依然普遍存在难以执行到位的情况。对此，笔者将以中国裁判文书网、C市D区人民检察院（以下简称D区院）、T市S中级人民法院（以下简称S中院）的相关资料为样本进行实证分析，以期探索出相关问题的具体解决路径。

---

* 【作者信息】李薇菡，重庆市大足区人民检察院；李智，天津市第三中级人民法院。
① 孙放：《公地悲剧理论下集体诉讼的经济逻辑与制度构建》，载《学术交流》2019年第7期。

一、检察公益诉讼制度概览

（一）检察公益诉讼的种类

检察公益诉讼可被分为行政公益诉讼和民事公益诉讼，前者以司法权监督行政权的权力制衡设计，督促行政机关依法履行监管职责，切实守好公益保护的第一道防线；而后者又可细分为民事公益诉讼和刑事附带民事公益诉讼。具体而言，检察机关在立案办理民事公益诉讼案件后，均会对相关案件情况进行公告，若有适格主体起诉，则会启动生态损害赔偿磋商制度；若无适格主体起诉，则由检察机关启动民事公益诉讼制度。该制度设计能够有效弥补传统公益诉讼中当事人双方诉讼能力的巨大差异，以达到两造平衡之目的。

（二）环资领域检察公益诉讼的案件范围和办案流程

环资领域可被细分为生态环境领域和资源保护领域，根据《环境保护法》第 2 条[①]的规定，前者案件范围包括但不限于水污染、大气污染、土壤污染、固体废物（危险化学品）污染、噪声污染、放射性污染、海洋污染等，后者案件主要包括土地资源、矿产资源、林业资源、草原资源、湿地资源、生物资源（含多样性和物种入侵保护）、海洋资源等领域的保护[②]。

司法实践中，与行政公益诉讼制度不同，民事公益诉讼制度和生态损害赔偿制度存在制度衔接，不同的流程走向将会导致不同的执行与监督方式，具体参见图 1。[③]

[①]《环境保护法》第 2 条规定："本法所称环境，是指影响人类生存和发展的各种天然的和经过人工改造的自然因素的总体，包括大气、水、海洋、土地、矿藏、森林、草原、湿地、野生生物、自然遗迹、人文遗迹、自然保护区、风景名胜区、城市和乡村等。"

[②] 张雪樵、万春主编：《公益诉讼检察业务》，中国检察出版社 2022 年版，第 106~114 页。

[③]（1）关于刑事附带民事公益诉讼案件的管辖，详见《最高人民法院、最高人民检察院关于检察公益诉讼案件适用法律若干问题的解释》第 20 条第 2 款："人民检察院提起的刑事附带民事公益诉讼案件由审理刑事案件的人民法院管辖。"

（2）关于民事公益诉讼的管辖，详见《最高人民法院关于适用〈中华人民共和国民事诉讼法〉的解释》第 283 条第 1 款："公益诉讼案件由侵权行为地或者被告住所地中级人民法院管辖，但法律、司法解释另有规定的除外。"

（3）关于移送执行，详见《最高人民法院、最高人民检察院关于检察公益诉讼案件适用法律若干问题的解释》第 12 条："人民检察院提起公益诉讼案件判决、裁定发生法律效力，被告不履行的，人民法院应当移送执行。"

（转下页）

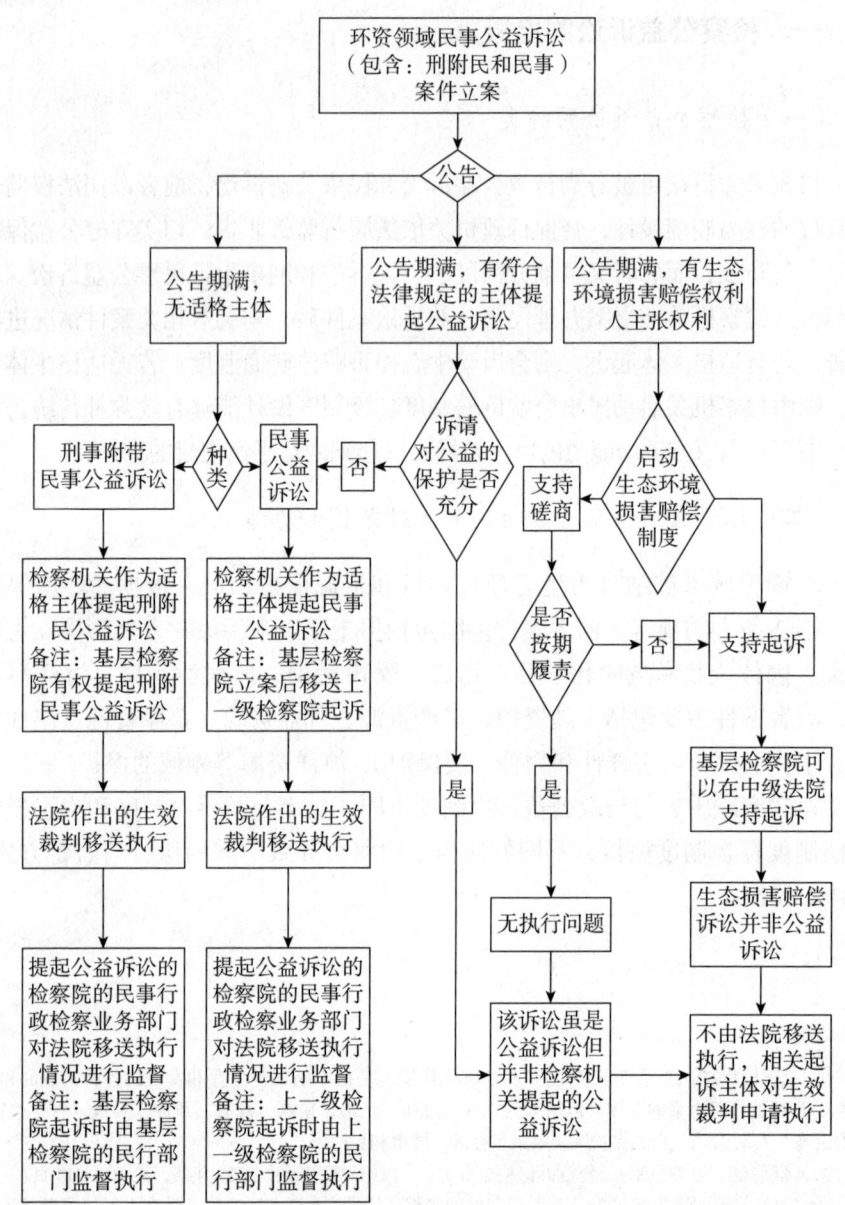

图 1 环资领域民事公益诉讼案件流程

（接上页）

（4）基层检察院可以在中级法院支持起诉，详见《关于进一步规范公益诉讼办案工作的若干规定》（渝检〔2021〕90号）第9条："人民检察院拟提起民事公益诉讼的案件，公告后有适格主体提起诉讼或者行政机关提起生态环境损害赔偿诉讼的，基层人民检察院可以支持起诉。但由分院支持起诉更为合适的，由分院支持起诉。"

（三）环资领域检察公益诉讼的功能价值与制度定位

检察公益诉讼制度自设立以来，整体运行良好，在环资领域也取得了突出质效。2017 年 7 月至 2022 年 6 月底，全国检察机关共督促恢复被毁损的耕地、林地、湿地、草原约 786 万亩，回收和清理各类垃圾、固体废物 4584 万余吨，追偿修复生态、治理环境费用 93.5 亿元。① 但与此同时，检察公益诉讼制度依然面临诸多质疑，主要集中在两个层面：（1）理论上的"行政优先"。有学者认为，以诉讼的方式来保护公益并不适宜，而应在立法层面要求公共机构以执法的方式加以实现。②（2）实践中的"主体欠妥"。具体而言，该观点主要是对诉讼、审判、执行主体能力的质疑；有学者认为，环保公益组织在环资领域专业能力欠缺，不宜作为环资领域检察公益诉讼原告主体；③ 也有学者认为，法院在处理环资纠纷方面存在资源与能力的双不足，尤其不宜作为环资领域生效裁判的执行主体④。

对于"行政优先"问题，笔者认为不妨回归本源，从检察公益诉讼制度的功能价值与制度定位上寻找答案。习近平总书记深刻阐述了推进新时代生态文明必须遵循的"六项原则"⑤。从中不难看出，生态文明建设关系到国家社会发展的方方面面，其终极目标是把控"现在"和"未来"之间的平衡——在环境资源保护中实现普惠民生福祉与社会经济发展的并行与促进；但这也对国家治理能力提出了极高的要求，从权力配置的科学性和制度运行的高效性来考虑，国家权力应在分立和配合中取得平衡，前者体现在外部监督上，后者则体现在专业介入上。具体而言，一方面，行政权力缺乏外部监督会滋生较大权力寻租空间，比如，经行政机关招商引资引进的企业，在建设中通常会被行政机关作效率要求，此时企业很难达到环保标准，一旦出现纠纷，企业又会向行政机关求助，此时若要求行政机关对企业进行强制整改⑥，则会造成行政机关既当"裁判员"又当"运动员"的尴尬局面，而"公

---

① 《最高检发布检察机关全面开展公益诉讼五周年工作情况》，载微信公众号"最高人民检察院"，2022 年 6 月 30 日。
② 巩固：《环境民事公益诉讼性质定位省思》，载《法学研究》2019 年第 3 期。
③ 王慧：《环境民事公益诉讼的司法执行功能及其实现》，载《中外法学》2022 年第 6 期。
④ 王明远：《论我国环境公益诉讼的发展方向：基于行政权与司法权关系理论的分析》，载《中国法学》2016 年第 1 期。
⑤ 坚持人与自然和谐共生，绿水青山就是金山银山，良好生态环境是最普惠的民生福祉，山水林田湖草是生命共同体，用最严格制度最严密法治保护生态环境，共谋全球生态文明建设。习近平：《推动我国生态文明建设迈上新台阶》，载《求是》2019 年第 3 期。
⑥ 庞新燕：《环境行政公益诉讼执行制度之探究》，载《环境保护》2019 年第 16 期。

共利益"在与"经济发展"的博弈中难以取得胜利。另一方面，行政权力运行缺乏专业力量介入则易形成"孤木难支"的局面，这在环资领域的公益诉讼案件中体现得尤为明显：从行为种类和因果关系上看，破坏环境资源的行为各异，难以简单概括，甚至经常出现"多因一果""历史遗留""跨越区域"等复杂成因；从受损程度和修复难度上看，环境资源受损程度一般较为严重，其修复过程一般也呈现资金投入大、专业程度高、恢复周期长的突出特点，仅依靠行政机关的一家之力，只会让环境资源保护沦为一纸空谈。

诚然，相较于司法权，行政权的确具有优先性，但此种优先性不应成为行政机关在环保工作中排除其他权力介入的理由。根据《行政诉讼法》第25条第4款[①]的规定可知，检察机关对行政机关违法行使职权或者不作为提起诉讼，实质上是以检察机关启动诉讼程序的形式，合理分配检察权和审判权，从而发挥司法的政策引导功能，实现司法权对行政权的监督制约[②]。而这种监督制约的突出特点在于，在环资领域行政公益诉讼的全过程，司法权都旨在督促而非替代。换言之，司法权并非执意与行政权竞争，也无意创设与之平行的执法途径，而是旨在弥补行政执法中存在的不足。[③] 因此，笔者认为，在环资领域的公益保护工作中，应强调行政执法的优先性，但不应以此作为排除其他权力介入的理由；而行政公益诉讼作为一项督促之诉、补位之诉，反而能够成为司法权监督制约行政权的有效手段，促使权力配置和制度运行更为科学高效，有利于全面提升国家治理能力，早日实现生态文明建设的终极目标。

对于"主体欠妥"问题，笔者认为同样可以从检察公益诉讼制度的功能价值与制度定位上进行思考。如前所述，环资领域检察公益诉讼案件的特性决定了相关生效裁判在执行中的高难度。除前述"行政先行，司法补位"的方式外，如何实质性突破环资领域检察公益诉讼案件执行难的现实困境则直接关系到相关案件办理的最终质效。从环资领域检察公益诉讼的功能价值来看，该制度致力践行修复为主的恢复性司法理念，意即实现受损环境资源的有效修复和实质恢复；这也是环境资源利益的复合性和延展性所决定的——

[①] 《行政诉讼法》第25条第4款规定："人民检察院在履行职责中发现生态环境和资源保护、食品药品安全、国有财产保护、国有土地使用权出让等领域负有监督管理职责的行政机关违法行使职权或者不作为，致使国家利益或者社会公共利益受到侵害的，应当向行政机关提出检察建议，督促其依法履行职责。行政机关不依法履行职责的，人民检察院依法向人民法院提起诉讼。"

[②] 张鲁萍：《检察机关提起环境行政公益诉讼功能定位与制度建构》，载《学术界》2018年第1期。

[③] 叶俊荣：《环境政策与法律》，我国台湾地区元照出版公司2010年版，第245~246页。

环境管理秩序归根结底是人和环境的关系，因此环保工作的重心应落脚于恢复治理而非打击惩罚。①但就恢复治理本身而言，受制于专业、辖区、资金等因素的限制，实践中的环境资源修复往往呈现修复要素单一化、修复工作碎片化、二次污染普遍化等形式主义的特点。比如，2016年常州外国语学校土壤污染事件中，修复承办单位未严格按照修复方案进行封闭操作，露天作业后造成周边"二次污染"。②有学者认为，这主要是修复过程中缺乏风险管控所造成：以土壤修复为例，修复工作注重污染物的清除和土壤监测数据的最终结果，极易忽视修复过程中的二次污染和修复完成后的潜在风险，而后者又可细化为生态系统风险③和人体健康风险，这些因素均应被纳入风险管控范围④。由此也不难看出，环境资源修复是一项系统化工程，需要行政部门、司法机关、专业机构深入协作，也需要制度、人员、经费方面的全方位保障。

就诉讼主体而言，面对具有复合性和延展性的环境资源利益，和"多因一果""历史遗留""跨越区域"等复杂成因，从理论上，虽然无论是法定诉讼信托理论还是法定诉讼担当理论，都能得出"经法律明确授权，原本与案件没有直接利害关系的主体，也能作为公益诉讼适格原告"的结论；⑤但是在实践中，由于我国对环保组织的管理非常严格，因此具备起诉能力的环保组织本就稀少，而相关案件诉讼成本高、败诉风险大，环保组织难以借此牟利，加之法律法规对滥诉的严控等诸多因素，导致环保组织提起的环资领域检察公益诉讼屈指可数。⑥在此情况下，无论从逻辑层面还是操作层面来看，均不应以诉讼主体能力欠缺而否认其作为适格原告的资格，反而应对相关主体的诉讼能力进行补强，比如，在明确适格原告的具体范围和起诉顺位的基础上，确立主体之间联合起诉组成公共原告的原则⑦。

就审判、执行主体而言，诚然，办理环资领域检察公益诉讼案件时，司

---

① 胡淑珠：《从制裁到治理：环境公益诉讼案件生态环境修复执行机制研究》，载《中国应用法学》2023年第1期。
② 《修复"毒地"为何造成"二次污染"？——常州外国语学校化工污染事件追踪》，载中国政府网，http://www.gov.cn/xinwen/2016-04/20/content_5066344.htm，最后访问时间：2023年5月25日。
③ 学者吴贤静认为，修复完成后，应对污染土壤周边环境展开持续的空气、土壤和地下水监测。参见吴贤静：《我国土壤环境修复制度反思与重构》，载《南京社会科学》2017年第10期。
④ 吴贤静：《我国土壤环境修复制度反思与重构》，载《南京社会科学》2017年第10期。
⑤ 郭雪慧：《论公益诉讼主体确定及其原告资格的协调——对〈民事诉讼法〉第55条的思考》，载《政治与法律》2015年第1期。
⑥ 王慧：《环境民事公益诉讼的司法执行功能及其实现》，载《中外法学》2022年第6期。
⑦ 王慧：《环境民事公益诉讼的司法执行功能及其实现》，载《中外法学》2022年第6期。

法机关的确会面临诸多专业问题，但更多的依然是对法律问题的判断。正所谓"术业有专攻"，显然，专业问题通过专业力量①解决更为适宜。而法院执行难问题也并非环资领域检察公益诉讼案件所独有，只是相关案件的特性加剧了法院在执行中的难度。对此，无论是从司法办案的专业性还是制度优化的效率性上考虑，都不应否定法院作为审判、执行主体的合理性；而检察公益诉讼作为督促之诉、补位之诉的制度定位在本质上也揭示了检察机关在公益保护工作中的协同作用；因此，如何通过具体操作构建形成"检察协同+公众参与+共同治理"工作格局，才是突破环资领域检察公益诉讼生效裁判执行难问题的关键②。

综上所述，环资领域检察公益诉讼的功能价值并非在于诉讼本身，而是在于对环境资源公共利益的切实保护。而检察公益诉讼作为督促之诉、补位之诉的制度定位也决定了检察机关在公益保护工作中的协同作用。因此，应当充分发挥检察机关在环资领域检察公益诉讼生效裁判执行中的协同作用，通过制度建设搭建多元衔接平台，形成全程监督闭环，从而在构建"能动我管+联动双管+带动都管"的共治格局基础上，进而实质性突破相关生效裁判执行中的"三难"困境。

二、直面：环资领域检察公益诉讼生效裁判执行现状

（一）中国裁判文书网数据

笔者以中国裁判文书网为检索工具，以《公益诉讼检察业务》教材对生态环境和资源保护领域的定义确定关键词③，在高级检索栏中输入关键词并选择限定项④，检索到以下数据：截至 2023 年 6 月 2 日，行政公益诉讼一审判决书 182

---

① 比如，鉴定意见。
② 对此，笔者将在后文中详细阐述，此处不再赘述。
③ 根据《公益诉讼检察业务》教材确定生态环境和资源保护领域范围的关键词为：水污染、大气污染、土壤污染、固体废物、噪声污染、放射性污染、海洋污染、土地资源、矿产资源、林业资源、草原资源、湿地资源、野生动物、保护植物、海洋资源，并以"污染环境、破坏资源"作为补充。
④ 为尽可能保证数据的准确性，笔者经过多次尝试找出一种较为合理的检索方式，现以行政公益诉讼一审判决书为例作简要说明：在高级检索栏的"案件名称"中输入"公益诉讼"，"案件类型"选择"行政案件"，"审判程序"选择"行政一审"，"文书类型"选择"判决书"，便可得到行政公益诉讼一审判决书的相关数据；若想要得到"水污染领域行政公益诉讼一审判决书"的数据，则需在此基础上，在"全文检索"中输入"水污染"；同理可得文中所列各项数据。需要特别说明的是，为避免数据重复，本文所检索数据以一审程序为限。

份，行政公益诉讼一审裁定书34份，①行政公益诉讼一审调解书0份，共216份，占比②12.26%；刑事附带民事公益诉讼一审判决书1208份，刑事附带民事公益诉讼一审裁定书35份，刑事附带民事公益诉讼一审调解书28份，共1271份，占比最高，为72.13%；民事公益诉讼一审判决书125份，民事公益诉讼一审裁定书80份，民事公益诉讼一审调解书70份，共275份，占比15.61%。

从环资领域行政公益诉讼来看，就一审判决书而言，检索到水污染15份、大气污染4份、土壤污染1份、固体废物（危险化学品）污染13份、土地资源25份、矿产资源20份、林业资源12份、草原资源1份、生物资源（含多样性和物种入侵保护）3份、海洋资源1份，共计95份，③占比④52.20%；就一审裁定书而言，检索到污染环境2份，水污染4份、固体废物（危险化学品）污染1份，共计7份，占比20.59%。

从环资领域刑事附带民事公益诉讼来看，就一审判决书而言，污染环境419份，⑤土地资源16份、矿产资源74份、林业资源58份、草原资源31份、生物资源（含多样性和物种入侵保护）308份、海洋资源1份，⑥共计907份，占比75.08%；就一审裁定书而言，污染环境2份，生物资源（含多样性和物种入侵保护）5份，共计7份，占比20%。

从环资领域民事公益诉讼来看，就一审判决书而言，污染环境91份，破坏资源4份，共计95份，⑦占比最高，为76%；就一审裁定书而言，污染环境10份，矿产资源1份、生物资源（含多样性和物种入侵保护）7份，共计18份，占比22.50%；就一审调解书而言，污染环境1份、土地资源1份、矿产资源1份、生物资源（含多样性和物种入侵保护）7份，共计10份，占比14.29%。

分析中国裁判文书网的相关数据，不难得出以下结论：（1）环资领域是

---

① 经笔者查阅相关文书内容发现，所涉案件以公民个人提起的行政公益诉讼居多，因不符合起诉条件被法院裁定驳回起诉，由于所涉案件并非检察机关提起的行政公益诉讼，因此该项数据不具有参考性。
② 此处的"占比"是指"行政公益诉讼一审裁判文书数量占公益诉讼一审裁判文书数量的比值"，同理可得后面两项"占比"含义。
③ 此项还检索到污染环境17份，破坏资源1份，但与上述细类数据重复，因此不再计入总数。
④ 此处的"占比"是指"环资领域行政公益诉讼一审裁判书数量占行政公益诉讼一审裁判书数量的比值"，同理可得后文各项"占比"含义。
⑤ 此项还检索到水污染9份、大气污染3份、土壤污染9份、固体废物（危险化学品）污染16份，但与"污染环境"数据重复，因此不再计入总数。
⑥ 此项还检索到破坏资源2份，但与上述细类数据重复，因此不再计入总数。
⑦ 此项还检索到水污染13份、大气污染5份、土壤污染7份、固体废物（危险化学品）污染4份、土地资源1份、矿产资源14份、林业资源3份、生物资源（含多样性和物种入侵保护）32份、海洋资源6份，但与"污染环境"数据重复，因此不再计入总数。

行政、刑附民、民事公益诉讼的主要办案领域;(2)在环资领域的公益诉讼案件中,刑事附带民事公益诉讼为最主要的案件类型;(3)在环资领域的刑事附带民事公益诉讼案件中,破坏生物资源(含多样性和物种入侵保护)的案件数量最多。

(二)D区院办案情况

截至2023年5月底,D区院共计办理行政公益诉讼案件296件,其中,环资领域行政公益诉讼案件158件,占比53.38%;起诉1件,起诉率为0.63%,后因行政机关在诉前完成整改撤回起诉[①]。

办理民事(含刑附民)公益诉讼案件28件;其中,环资领域民事(含刑附民)公益诉讼案件21件,占比75%;环资领域刑事附带民事公益诉讼案件18件,起诉2件,[②]起诉率11.11%;办理环资领域民事公益诉讼案件3件,起诉3件,起诉率100%。

起诉案件情况详见表1:

表1 D区院环资领域民事(含刑附民)公益诉讼案件起诉情况

名称	类型	诉请	裁判及执行
黄某某等非法捕捞水产品案	刑附民	1.在特定水域放流成鱼×kg(其中×鱼×kg,规格×)、幼鱼×尾(其中×鱼×尾,规格×); 2.判决书载明:若刑附民被告人未履行该项义务,则由法院委托第三方进行放流,所需费用由刑附民被告人承担	支持全部诉请;主动执行到位
陈某某等滥伐林木案	刑附民	1.异地补种林木××株,并进行管护(载明树种和株数,造林后管护×年,保存率达×%以上); 2.承担司法鉴定费和公告费	支持全部诉请;主动执行到位

---

① 除起诉外的环资领域行政公益诉讼案件,相关单位均在规定期限内完成整改,不符合提起行政公益诉讼的条件。

② 此处的"起诉"是指"检察机关提起公益诉讼",除此之外的环资领域刑事附带民事公益诉讼案件均启动了生态环境损害赔偿程序,转为了支持行政机关开展生态环境损害赔偿磋商或者诉讼。

续表

名称	类型	诉请	裁判及执行
陈某某等非法采矿案	民事	1. 承担植被破坏期间的生态服务功能损失、破坏植被生态修复费用、地表流失土壤修复费用； 2. 承担专家咨询费	支持全部诉请；被告未主动执行，法院未移送执行，检察院公益诉讼部门向法院发送《提示执行函》但暂未收到回复
李某失火案	民事	1. 赔偿森林生态系统服务功能损失费； 2. 以原有造林种植标准对受损林地补植到位或者支付恢复造林费	支持全部诉请；被告未主动执行，法院未移送执行，检察院公益诉讼部门向法院发送《提示执行函》但暂未收到回复
陈某某等破坏野生动物资源案	民事	1. 赔偿生态环境修复费； 2. 赔偿两只×猴野化恢复培训费用； 3. 在全国公开发行的媒体上发表经法院审核内容的致歉声明并向社会公众赔礼道歉； 4. 承担司法鉴定费用； 5. 承担诉讼费	支持全部诉请；主动执行到位

需要说明的是，环资领域民事公益诉讼案件的诉请类型主要可以分为修复行为类责任，经济赔偿类责任，①赔礼道歉类责任②。从 D 区院的办案情况来看，所有案件的诉请均全部或部分涉及修复行为类责任和经济赔偿类责任。一般而言，当修复方式较简单且易操作时，被告具有自行实施的条件并会在规定期限内主动承担修复行为类责任，无需法院移送执行；当修复方式较专业且难操作，且须经一定周期后，修复效果才能显现时，被告往往难以执行到位，此时法院应当移送执行，可以专业机构代履行的方式将修复行为类责任转化为经济赔偿类责任后再由被告承担。（见图 2）

---

① 需要说明的是，咨询鉴定类费用一般包括在经济赔偿类责任中，这也是 D 区院所办的部分案件在诉请中未单独追偿咨询鉴定类费用的原因。
② 在司法实践中，赔礼道歉类责任的提起标准尚不统一，一般由承办检察官结合案情自行把握。

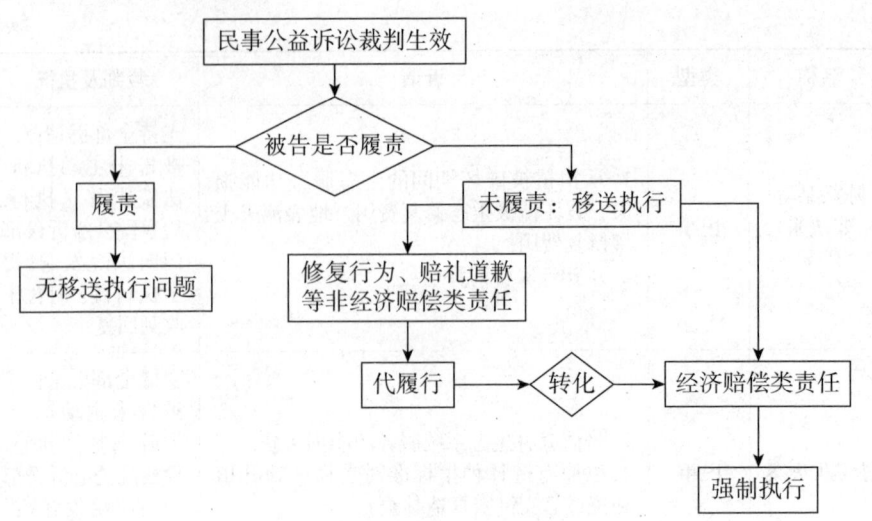

图 2　民事公益诉讼案件被告履责方式

分析 D 区院的办案情况，不难得出以下结论：（1）就办案领域而言，环资领域依然是最主要的办案领域；（2）就起诉情况而言，在环资领域中，行政公益诉讼案件起诉率极低，起诉后也常因撤回起诉未进入到审理和执行阶段；而刑事附带民事和民事公益诉讼案件起诉率依次递增，也能最终进入执行阶段；（3）就执行情况而言，对于未主动执行的案件，法院均未移送执行，且暂未对检察院的《提示执行函》进行回复。

（三）S 中院办案情况

自 2019 年以来，S 中院新收各类环境资源案件 26 件，审执结 22 件。其中，民事案件 18 件：环境污染责任纠纷 4 件，噪声污染责任纠纷 6 件，水污染责任纠纷 2 件，司法确认生态环境损害赔偿协议 1 件，生态破坏民事公益诉讼 1 件，环境污染民事公益诉讼 1 件，生态损害赔偿纠纷 3 件；刑事案件 7 件：污染环境罪 1 件，非法捕捞水产品罪 1 件，非法采矿罪 1 件，非法占用农用地罪 1 件，非法收购、出售珍贵、濒危野生动物罪 3 件；执行 1 起环境资源类案件①。上述唯一一起环资领域民事公益诉讼案件情况如表 2 所示：

---

①　近三年，S 中院辖区基层人民法院办理的环资领域检察公益诉讼生效裁判移送执行案件数为 0。

表 2　环资领域民事公益诉讼案件情况

	案件类型	民事
某检察院与赵某1、赵某2生态破坏民事公益诉讼案	基本案情	赵某1以竹竿和粘网为工具,两次在某区某村委会西南侧空地插网猎捕鸟类22只。赵某1、赵某2用电瓶、铁丝、铁架子等工具设置电网,在某村东北侧荒地电死野生兔子3只。经鉴定,赵某1、赵某2非法猎捕的25只野生动物中,国家二级重点保护野生动物4只,国家"三有"保护野生动物21只,国家野生动物资源损失价值核定为14340元
	裁判结果	法院生效裁判认为,赵某1、赵某2非法猎捕国家野生保护动物的行为造成国家野生动物资源损失,破坏了野生动物资源及生物多样性,损害了国家和社会公共利益,应依法承担赔偿责任。依照有关法律法规规定,判决:赵某1赔偿国家野生动物资源损失14100元;赵某1、赵某2连带赔偿国家野生动物资源损失240元;赵某1、赵某2在省级以上新闻媒体向社会公众赔礼道歉
	执行情况	该判决当事人未上诉,一审判决生效,且已经主动履行完毕

分析上述样本,不难发现环资领域检察公益诉讼案件生效裁判在执行中主要存在以下问题:

1.执行启动难。根据《最高人民法院、最高人民检察院关于检察公益诉讼案件适用法律若干问题的解释》第12条[①]的规定,对于检察机关提起的公益诉讼生效裁判,被告人未履行的,由法院移送执行。但法院在实际操作过程中,普遍未对检察机关提起的公益诉讼生效裁判移送执行。

2.执行操作难。环境资源利益的复合性决定了环资领域检察公益诉讼案件诉请的复杂性,相较于样本中诉请的具体性,很多检察机关的诉请一般较为笼统,导致法院在生效裁判中的表述也比较抽象。以"补植复绿"为例,法院在裁判中通常未明确补植复绿的树种、数量、成活率以及管护和验收程序,仅仅表述为"缴纳生态修复保证金""采取补植复绿措施",这也给相关生效裁判的执行带来了"怎么做"和"如何管"的双重问题[②]。

---

① 《最高人民法院、最高人民检察院关于检察公益诉讼案件适用法律若干问题的解释》第12条规定:"人民检察院提起公益诉讼案件判决、裁定发生法律效力,被告不履行的,人民法院应当移送执行。"

② 李先波、胡惠婷:《长江流域生态环境修复的困境与应对》,载《南京工业大学学报(社会科学版)》2022年第1期。

3.执行保障难。执行保障主要包括制度保障、人员保障、经费保障三个方面。就制度和人员保障而言，现行法律法规缺乏对公益诉讼生效裁判执行情况的有效监督，而仅依靠法院一家之力实在难以满足环资领域检察公益诉讼生效裁判执行的专业性和长期性要求；就经费保障而言，各地修复资金的管理模式可谓五花八门，全国现行管理模式主要有财政管理、司法管理、行政管理、委托管理四种模式，[①]但无论是哪种模式，均难以同时兼顾专业、效率、规范、安全四个维度；综上可知，"三个保障"已经成为环资领域检察公益诉讼案件执行难到位的主要症结。

三、检视：环资领域检察公益诉讼生效裁判执行难的多维原因

（一）执行启动难——法检考核衔接不畅，为诉而诉程序空转

环资领域检察公益诉讼生效裁判执行启动难主要体现为启动缺乏规范性和激励性，如果没有合理高效的启动机制，那后续具体的执行操作也就无从谈起。

一方面，我国现行法律法规对执行程序的启动规定得较为原则，缺乏可操作性。首先，《民事诉讼法》并未对检察公益诉讼执行这一特殊程序进行专门规定，如参照适用一般规定，则存在指导实践不精准、不具体的问题。其次，相关司法解释等存在一定的专门性规定，但在实践层面缺乏指引；比如，《最高人民法院、最高人民检察院关于检察公益诉讼案件适用法律若干问题的解释》第12条，仅以"人民法院应当移送执行"的表述对执行程序的启动进行了规定，但该原则性规定使得公益诉讼生效裁判的执行程序在实践中难以顺利启动。综上可知，现行"规范层级较低、分散化和嵌入式"[②]的法律法规，是造成检察公益诉讼生效裁判执行启动难的根本原因。

另一方面，司法机关不具有启动执行程序的主动性。不同于一般民事或行政案件中的当事人，对涉案权益具有紧密的相关性，对权益落实具有强烈的迫切性；若无考核要求，司法机关一般不会积极启动执行程序。就司法机关而言，一旦提起公益诉讼，胜诉率几乎能达到100%，因此提起公益诉讼、

---

① 张红霞、张晶：《生态环境损害赔偿资金管理的实证研究》，载《中国检察官》2021年第19期。

② 孙佑海、张净雪：《检察公益诉讼专门立法的理论基础和法律框架》，载《国家检察官学院学报》2023年第3期。

正确审理裁判就是司法机关最为重要的任务；至于相关生效裁判是否需要执行、是否及时执行、是否达到执行目的，由于考核标准①未作要求，司法机关则很少关心，这就导致为诉而诉，只有胜诉裁判而无胜诉权益落实的程序空转现象。从环境资源保护目的来看，从审判机关审理到检察机关胜诉，再到裁判修复环境资源，也只能算是环境资源保护的前置程序，而真正的保护应当是从执行开始；如果只有胜诉，没有执行，那么并不存在事实上的保护效果。经学者实证研究，这种"重制裁轻修复"的环境司法理念②，确实在一定程度上存在，而这种近乎"一判了之"的做法确有程序空转的嫌疑。

（二）执行操作难——专业力量介入不足，诉请抽象操作性差

环资领域检察公益诉讼存在标的复合、诉请抽象、专业问题多、修复周期长等特点，而传统执行本身也长期存在"执行难"的问题，两相交织更叠加了环资领域检察公益诉讼生效裁判执行的困难程度。

1.执行专业力量介入不足。环境资源修复是一个庞大的系统工程，涉及环境、地理、生物等各个专业领域③，因此专业力量的介入极有必要。在环资领域行政公益诉讼方面，从检察机关的角度来看，相较于承担环保职能的行政机关，检察机关在环资领域可谓"外行"，此时若不能得到专业力量的支持，极易在"外行监督内行"的局面中出现专业错误，因此，检察机关不敢提出过于具体的诉请。从行政机关的角度来看，在环资领域的具体问题中，相关鉴定意见、修复方案的出具依然离不开专业机构的支持，因此其也需要专业力量的介入。环资领域公益诉讼生效裁判执行是否到位，取决于"专业机构——行政机关——检察机关——审判机关"全链条是否形成合力，这是一般传统执行案件所不能比拟的。在环资领域民事公益诉讼方面，虽然刑附民公益诉讼案件占比最高，但是其案件线索主要来源于刑事案件，而检察机关在办理相关刑事案件时，一般会秉持"重制裁轻治理"的理念，同时出于兼顾刑案审限节约办案时间的考虑，一般也不会在此过程中寻求专业力量的

---

① 实践中，检察机关的考核一般只到判决，不涉及执行。以C市检察机关为例，在考核标准只对"起诉率"进行考核的情况下，部分检察院会以"起诉后撤诉"的方式完成考核任务。即便是起诉后进入实质审判的案件，由于没有考核要求，检察机关短期内也不会对法院的执行情况进行跟进监督。与此同时，审判机关也尚未对其业务部门的移送执行情况进行考核。

② 胡淑珠：《从制裁到治理：环境公益诉讼案件生态环境修复执行机制研究》，载《中国应用法学》2023年第1期。

③ 樊天雪：《环境行政公益诉讼执行的困境与对策》，载《内蒙古农业大学学报（社会科学版）》2021年第4期。

介入，因此，相关诉请一般较为简单抽象；需要注意的是，法院在审理刑附民公益诉讼案件时，可以在民事责任和刑事责任中进行平衡，而单独提起的民事公益诉讼，虽然能够争取更多的办案时间，但是由于刑事案件已经被处理，检察机关则会丧失与被告之间进行"量刑博弈"的有利条件，从而加剧被告主动执行的难度。

2. 环资执行标的复合抽象。一般而言，传统执行案件，要么是金钱债权的执行，要么是为或不为一定行为的执行，很少有财产和行为复合的执行；即使有此情形，也只是诸如金钱债权执行与停止侵权、登报道歉行为执行的简单复合。但是环境法律责任具有多样性，这决定了环资领域检察公益诉讼执行的复杂性。① 根据我国《民法典》第179条② 和第1167条③ 的规定，承担民事责任主要有11种方式，而环境责任在大多数情况下均可适用，同时还应适用相关环境法律等特殊规定；比如，生态环境修复责任，就属于综合性责任，是生态损害的最佳救济方式，④ 并贯穿整个法律责任体系⑤。环资领域检察公益诉讼案件生效裁判的执行目的非常明确，即修复被污染或者被破坏的生态环境⑥，但在实践中，可能存在环境修复费用等金钱债权执行、停止污染等不作为执行、异地补植等作为执行、修复环境等特定行为执行、代履行等转化执行等综合性执行特征。此外，经分析在中国裁判文书网上检索到的相关法律文书，笔者发现，大部分裁判主文较为简单和抽象，比如，某判决书只载明"判令被告修复生态环境"，但实际执行中，执行方案、执行时间、执行监管，以及修复标准、评估、验收程序等具体事项均存在不确定性，执行的难度可想而知。

---

① 吕凤国、苏福：《论环境民事公益诉讼案件执行制度的建构》，载《法律适用》2019年第1期。

② 《民法典》第179条规定："承担民事责任的方式主要有：（一）停止侵害；（二）排除妨碍；（三）消除危险；（四）返还财产；（五）恢复原状；（六）修理、重作、更换；（七）继续履行；（八）赔偿损失；（九）支付违约金；（十）消除影响、恢复名誉；（十一）赔礼道歉。法律规定惩罚性赔偿的，依照其规定。本条规定的承担民事责任的方式，可以单独适用，也可以合并适用。"

③ 《民法典》第1167条规定："侵权行为危及他人人身、财产安全的，被侵权人有权请求侵权人承担停止侵害、排除妨碍、消除危险等侵权责任。"

④ 吕忠梅：《环境司法理性不能止于"天价"赔偿：泰州环境公益诉讼案评析》，载《中国法学》2016年第3期。

⑤ 任洪涛、梁珠琳：《生态修复法律责任的证成与展开》，载《新时代环境法的新发展——流域（区域）环境法治的理论与实践：中国法学会环境资源法学研究会2018年年会暨2018年全国环境资源法学研讨会论文集（理论编）》。

⑥ 刘长兴：《生态环境修复责任的体系化构造》，载《中国法学》2022年第6期。

（三）执行保障难——制度不全人员不足，资金管理模式混乱

执行的落实需要各项保障机制的及时跟进，特别是环资领域检察公益诉讼生效裁判的强制执行，由于其自身存在特殊性，因此需要更加专业的执行队伍、更为配套的执行制度，在执行的各个阶段做到有效监督。目前，环资领域检察公益诉讼生效裁判执行中，执行实施监督、执行财产监督、执行效果监督等相应配套制度均不够完善。

就执行队伍而言，专业执行队伍的建设是传统执行与环资执行共同的问题。执行与审判有显著的不同，特别是环资领域，更需要专业的执行人员，以应对专业、复杂的环境资源修复问题。但我国目前并未对环资案件设立单独的执行队伍，更遑论环资领域的检察公益诉讼。

就执行制度而言，我国尚未建立起统一完善的执行听证、执行回访、执行财产监管制度。就执行听证制度而言，虽然我国早在行政法领域就适用了听证制度[1]，但是尚未在执行中建立专门的执行听证制度。由于环资领域检察公益诉讼生效裁判执行内容专业复杂，如果缺乏执行听证，那么仅靠法院执行一家之力，将难以应对错综复杂的执行事项，最终因各种原因执行不能而导致执行终结，影响环境资源修复的最终质效。

就执行回访制度而言，传统民事执行少有执行回访一说，[2]但环境资源修复周期的长期性决定了相关案件可能历经多个阶段性结案和高频次恢复执行，这就将其与传统民事执行区别开来；也正是由于执行回访制度的缺乏，导致环资领域检察公益诉讼生效裁判即使启动了执行，执行效果也不尽如人意。

就执行财产监管制度而言，一方面，不同于传统执行，[3]环资领域检察公益诉讼生效裁判的执行涉及公共利益，因此执行财产理应及时披露，加强监

---

[1] 根据《行政处罚法》规定，当行政机关责令企业单位停产停业或吊销经营许可时，以及进行较大数额的罚款等处罚前，应该告知行政相对人有要求举行听证会的权利。参见刘爽：《我国民事执行听证制度的完善》，载《山西省政法管理干部学院学报》2018年第1期。

[2] 在传统民事执行中，以和解方式进行长期履行结案的案件，由于申请执行人会对被执行人的执行情况进行重点关注，因此，一般情况下法院并不关注被执行人的执行情况。

[3] 传统民事执行，执行财产应当均发还申请执行人，故执行款收取、保管、发还等制度一般较为简单。

督。在实践中，虽然全国各地均在积极探索环资修复专项资金的监管制度①，但是我国对相关资金的监管制度尚不统一，资金存取方式②和监管形式③迥异，难以在环资修复中被高效使用。另一方面，虽然我国在传统民事执行中已建立财产报告制度④，但在环资领域检察公益诉讼生效裁判的执行中，该项制度也并未发挥切实效果。

四、进路：环资领域检察公益诉讼生效裁判执行问题的实质解决对策

现阶段，环资领域检察公益诉讼生效裁判执行面临很多新问题，贯穿"执行启动—执行实施—执行终结—执行完毕"的全流程。比如，如何强化执行队伍和执行资金的基础保障？如何对执行标的和执行内容进行精准识别和科学转化？诸多问题亟待妥善解决。笔者认为，应从更新执行理念、完善执行部署和健全资金监管三方面着手，以逐步形成"能动——联动——带动"的执行效应，切实解决环资领域检察公益诉讼生效裁判的执行问题。

（一）树立"法检协同、公众参与、共同治理"的执行理念

1.法检协同。长期以来，我国就检察机关在环资领域公益诉讼中的定位

---

① 比如江西省。2020年12月，一个依法登记的公益性环保组织——江西思华生态环境保护基金会（以下简称思华基金会）成立，并在江西省九江市辖区法院、景德镇、宜春市部分法院进行了以公益信托方式委托该基金会管理和监督使用案涉生态环境修复资金的试点，截至2022年12月31日，思华基金会已接受法院、检察院或生态环境修复责任人的公益信托共149起，接收生态环境修复资金1825万余元，监督了42个生态环境修复项目的资金使用，并与相关部门共同监督了项目工程的实施。参见胡淑珠：《从制裁到治理：环境公益诉讼案件生态环境修复执行机制研究》，载《中国应用法学》2023年第1期。

② 我国现行环资修复专项资金存取方式主要有以下4种：（1）存取在政府环保专项账户；（2）存取在法院账户；（3）存取在国库；（4）存取在第三方组织账户。参见张静、高美艳：《环境公益诉讼损害赔偿金存取方式的探讨与制度构建》，载《华北理工大学学报（社会科学版）》2023年第3期。

③ 我国现行环资修复专项资金监管形式主要有以下5种：（1）财政管理模式；（2）司法管理模式；（3）行政管理模式；（4）委托基金会或信托公司管理模式；（5）其他模式。参见张红霞、张晶：《生态环境损害赔偿资金管理的实证研究》，载《中国检察官》2021年第19期。也有学者提出建立"环境公益基金"。参见张辉：《论环境民事公益诉讼裁判的执行——"天价"环境公益诉讼案件的后续关注》，载《法学论坛》2016年第5期。

④ 财产报告制度的主要目的是根据被执行人申报的财产作为后续采取执行措施的方向，同时避免被执行人转移财产。

莫衷一是，^①更遑论检察机关在环资领域公益诉讼生效裁判执行中的作用，这也导致了制度设计与实践操作中的诸多问题。从检察机关的作用来看，无论是诉前程序设置，还是出于公益保护目的，均体现了环资领域公益诉讼检察权的补充性和协同性；从公益诉讼的定位来看，由于检察机关提起环资领域公益诉讼的程序后置性与功能补强性，检察公益诉讼的制度定位应为监督之诉、补位之诉^②。由此分析，即使相关案件由审理阶段转入执行阶段，检察公益诉讼的制度定位也要求检察机关理应对执行情况进行持续跟进；同时，基于检察机关的补充、协同作用，应在公共利益"不管"之时，以能动检察的"我管"之姿，形成法检之间的"双管"合力，推动构建职能部门、社会公众的"都管"格局。

其中，最为关键的是法检协同环节，法检协同应覆盖环资领域检察公益诉讼的执行启动、执行实施、执行惩戒、执行结案等执行案件全流程，提高检察机关在执行工作中的参与度。

（1）执行启动协同。根据《最高人民法院、最高人民检察院关于检察公益诉讼案件适用法律若干问题的解释》第 12 条的规定可知，环资领域检察公益诉讼的执行启动属于法院依职权启动的范围，法院应是执行启动的主要关注方，但检察院作为起诉人和法律监督机关，也应对生效裁判的履行情况保持关注，可以通过函询等方式及时向法院获取生效裁判的履行信息，在法院未及时移送执行时，提醒、督促移送执行，在法院应当移送而怠于移送时，经提醒仍未移送的，及时发出检察建议，保证移送执行的及时性。

（2）执行实施协同。执行实施中，基于生态环境责任的专业性和复杂性，法检两家应建立联动会商机制，主要包括：①通报执行进展，共享执行最新信息。法院应及时将财产查询情况、现场调查情况、强制措施情况等执行进展向检察机关通报，以便检察机关及时掌握最新情况。②沟通执行方案，共商执行后续推进方向。对于案件的总体执行方向和方案，法院应与检察院共商共议，检察院可以提出方案和方案修正意见。③共同督促执行，定期回访跟进执行实施情况。对于周期性的生态环境修复执行，法检两家应定期联合回访，现场勘查执行恢复情况；对于未达到预期的，督促改正。

（3）执行惩戒协同。执行中，被执行人符合执行惩戒条件的，由法检两

---

① 刘建新：《论检察环境公益诉讼的职能定位及程序优化》，载《中国地质大学学报（社会科学版）》2021 年第 4 期。

② 张祥伟、孙明：《检察机关提起环境公益诉讼之制度定位———由诉前程序设置引发的思考》，载《鲁东大学学报（哲学社会科学版）》2018 年第 6 期。

家协同进行，检察机关提出处理意见，法院采取相应措施，综合情况给予失信措施、拘留措施甚至移送相关部门处理。对于环资领域行政公益诉讼案件，行政机关作为被执行人在法定期间内拒不履行，并在采取督促履行、罚款等措施后仍不履行的，可由检察院将相关情况作为案件线索移送监察委，对相关责任人进行追责。对于有能力履行而拒不履行的一般被执行人，符合拒执罪的，移送公安机关。

（4）执行终结协同。执行情况是否达到终结的情形，需要法检两家共同商定，检察院对执行情况是否达到恢复原状或者执行完毕的地步理应具有发言权。在符合终结的情况下，由两机关会商确认，执行终结。

2. 公众参与、共同治理。由于环境资源具有公共性，因此，环资领域检察公益诉讼生效裁判的执行，除本应积极履职的司法机关外，也应树立公众参与、共同治理的执行理念。从公众参与的角度来看，公众可以是破坏环境资源案件线索的举报者，被执行人，排除妨害、停止侵害的督促者和监督者。[①] 案件执行本应接受人民群众的监督，更何况环境资源与人民群众的生存环境、切身利益相关，其公共属性更要求社会公众的监督。从共同治理的角度来看，由于司法机关受专业所限，相关生效裁判的顺利执行也离不开行政机关、专业机构的支持，比如环境资源的修复方案的制定及其代履行的实施。一方面，一项生态环境修复方案，涉及面广、复杂程度高、专业性强，环境监督管理机关和专业环境组织的参与论证、建议，将大大提高修复方案的可适用性和可执行性。另一方面，在被执行人拒不履行时，代履行的方式可以使紧迫性的修复得以实现。但如何更好地代履行，则离不开专业组织、机构的帮助，事实上，法检自身代进行履行既不科学也不现实。

综上所述，由于环资领域检察公益诉讼生效裁判的执行极具专业复杂性，因此亟待改变传统执行中法院一家单打独斗的局面，应尽快树立"法检协同、公众参与、共同治理"的执行理念，为环境资源公共利益的保护提供根本的理念保障。

（二）进行"考核指引、多元衔接、全程监督"的整体部署

1. 以考核为指引，督促执行监督。关于执行启动，虽然现行法律法规对法院应当移送执行的情形进行了明确，但并未对移送执行的具体事项进行规

---

① 刘銮：《论环境民事公益诉讼生效裁判文书的执行》，载《中国石油大学学报（社会科学版）》2019年第6期。

定。对此，笔者认为，应参照现有的移送执行操作，①由承办案件的业务部门移送执行，②并应同时增加考核法院业务部门的移送执行情况。在现有的移送执行操作中，对刑事涉案财产的执行情况由检察机关的刑事执行检察部门跟进监督；而环资领域检察公益诉讼生效裁判的执行涉及公共利益，其执行的启动情况理应由检察机关的民事行政检察部门跟进监督。因此，应将公益诉讼检察部门和民事行政检察部门的业务工作进行整合评价。具体而言，环资领域检察公益诉讼裁判生效后，应当考核公益诉讼检察部门对相关生效裁判执行的跟进监督情况，当被告不履行且法院又未及时移送执行时，应要求公益诉讼检察部门将相关情况作为案件线索移送至民事行政检察部门，并考核民事行政检察部门对法院移送执行的跟进监督情况，从而将检察机关对执行情况的监督落到实处。需要说明的是，针对检察机关支持起诉的环资案件，只要涉及公共利益，检察机关也有权对执行情况进行跟进监督。

2. 加强多元衔接，着力全程监督。由于环境资源修复是一项庞大复杂的系统工程，如何进行制度化的多元衔接显得极为必要。对此，笔者认为，首先应完善执行听证制度。执行听证制度有利于在不同利益主体之间建立一个沟通协调平台，在助力构建公众监督机制的同时，保证执行机制的畅通③。比如，在制定环境资源修复方案或者由专业机构代履行时，可以通过执行听证，征求职能部门、专业机构、社会公众以及相关利益人员的多方意见④，从而解决执行力量薄弱、执行队伍专业不足等问题。其次，应建立执行回访制度。环境资源的修复具有长期性，因此完善规范的执行回访极为必要；由司法机关和行政机关共同组成执行回访主体，对执行情况进行定期和不定期的回访，不仅有利于对被执行人进行震慑与监督，督促其履行修复义务，也有利于根据实际情况及时调整修复执行方案⑤。最后，应当完善执行财产监管制度。为避免被执行人早早转移财产，在环资领域检察公益诉讼生效裁判执行

---

① 比如，刑事涉案财产的执行、追索案件受理费的执行。
② 在法院现有的移送执行操作中，除由原承办部门移送执行外，也有部分法院会将原承办部门列为申请执行人，移送执行立案。
③ 冯浩：《民事执行听证制度改革初探》，载《甘肃政法学院学报》2011年第6期。
④ 赵爽、王中政：《论我国环境民事公益诉讼裁判的执行——基于最高人民法院环境民事公益诉讼典型案例的思考》，载《行政与法》2019年第1期。
⑤ 王慧：《环境民事公益诉讼案件执行程序专门化之探讨》，载《甘肃政法学院学报》2018年第1期。

过程中，也应建立提早报告和披露财产制度①。需要特别说明的是，就环资领域行政公益诉讼而言，应探索建立司法机关与监察机关的线索移送机制；具体而言，当法院移送执行后行政机关依旧不履行生效裁判时，应将相关情况作为案件线索移送至监察机关，由监察机关对相关行政机关责任人进行追责。

（三）建立"收支并行、提前支取、分期还款"的专用账户

一方面，应建立全国统一的环资领域检察公益诉讼资金专用账户。实践中，专用账户无论是由政府运行模式还是由法院运行模式抑或是第三方市场运行模式均存在一定局限②，主要体现在：(1) 政府运行模式主要将修复款项由地方财政掌控，但实践中往往由于缺乏监督而容易被挪作他用；(2) 法院运行模式中将环保资金公益资金统一由法院负责收缴，虽能做到专款专用，但无疑增加了法院的负担；(3) 第三方市场运行模式将环境赔偿款统一交第三方进行收支管理，但由于相关赔偿金具有公益属性，应由怎样的第三方主体进行管理仍需探讨。基于此，笔者认为，应整合行政司法力量，在最高人民检察院的协助下，由中央财政部门牵头建立全国统一的专用账户，并对由司法机关出具的法律文书进行跨区域存储和提取，并接受专门的审计监督。这样既发挥了财政部门的专业职能属性，同时权限又收归中央，避免地方财政挪用，又便于司法机关的提取使用，还能解决异地提取这一难题。另外，专用账户的资金仍应接受审计，逐步建立有效完善的环境资源专项资金审计体系和审计标准③。

另一方面，应探索构建"提前支取、分期还款"的收支模式。实践中，应当根据行为危害程度、污染扩散速度等因素确定环境资源是否需要紧急修复，对于需要紧急修复的案件，应当在专用账户中设置"提前支取"提取模式，使相关环境资源得到尽快修复，避免对公共利益造成更严重的侵害；与此同时，应配套设置"分期还款"存储模式，让无法一次性给付环境资源修复费用的被告分期还款。具体而言，当环境资源需要紧急修复，而被告无法

---

① 张辉：《论环境民事公益诉讼裁判的执行——"天价"环境公益诉讼案件的后续关注》，载《法学论坛》2016年第5期。

② 袁学红：《构建我国环境公益诉讼生态修复机制实证研究——以昆明中院的实践为视角》，载《法律适用》2016年第2期。

③ 赵学敏：《资源环境保护专项资金审计的现状与策略研究》，载《现代经济信息》2013年第8期。

一次性承担相关费用时，可通过司法机关的法律文书提前支取修复费用以尽快完成环境资源的修复工作，这笔提前支取的资金可被视为被告为履行义务而向专用账户申请的贷款，支出完成后，被告应在司法机关的监督下与专用账户管理方拟定还款方案并分期还款，还款的期限应合理拟定但不受修复时间的限制，从而构建不限区域的资金收支并行模式，达到尽快落实环境资源修复方案的理想效果。

结　语

"法律的生命在于实施，而法律裁判的执行效果则决定了法律能否真正施行。"但凡理想脱离实际，终将沦为镜花水月，任何一项体制改革都概莫能外。如何实质建立"以优化启动机制为手段，以强化部门衔接为常态，以全程检察监督为保障，以严肃追查问责为底线"的全链条执行机制，发挥检察公益诉讼在绿色低碳发展中的应然作用？也许在充分调研的基础上，自上而下地进行更为妥当。当然，这注定是一项庞杂的系统工程，但要始终相信，为法律之生命力行而不辍，名为"执行效果"的指路明灯终将引领法律人走向理想的终点。

美国附加环保项目（SEP）对我国"技改抵扣"制度的借鉴*

摘要： 泰州天价水污染案创造性地运用"技改抵扣"，较好地平衡了经济发展与环境保护的关系，但"技改抵扣"并非法律的直接规定，其法律性质和价值判断在学理上存在一定分歧。本文首先通过对既有案例进行全面实证分析梳理出当前"技改抵扣"实践特征及困境；其次，再对比制度功能最为相近的美国附加环保项目（SEP）制度与我国"技改抵扣"制度在规范体系及实践路径的异同，并分析 SEP 对"技改抵扣"制度的借鉴价值；最后，以"充分实现兼顾经济发展与环境保护"为核心，从制度构造规范性维度出发，按照适用流程逐步对适用范围，关联性、独立性、公益性条件，项目类型，公众参与程序等方面提出"技改抵扣"适用规则的完善建议，以期实现生态环境保护与绿色低碳可持续发展的同频共振。

关键词： 技改抵扣　替代性修复　附加环保项目　比较法分析

一、实证梳理："技改抵扣"的含义及实践现状

（一）"技改抵扣"的含义及法律依据

1."技改抵扣"的含义。在公报案例泰州市环保联合会与某农化有限公司、某化工有限公司等环境污染责任纠纷案（以下简称泰州水污染案）中，法院从环境治理与预防污染的角度入手，以源头治理的方式实现可持续发展目的，判决准许侵权企业在判决生效后一年内向一审法院在总赔偿金额

---

* 【作者信息】黄菲菲，上海市崇明区人民法院；蔡启阳，上海市崇明区人民法院；潘冬，上海市崇明区人民法院。

40%上限内申请抵扣其经过审计的技改费用,[①]首次适用"技改抵扣"制度。最高人民法院第 204 号指导性案例首次明确技改抵扣的适用以产生法定强制性义务之外的环境效益增量为前提,经评估能够实现节能减排、减污降碳、降低风险效果的,侵权人可以申请以相关技改费用适当抵扣生态环境损害赔偿金[②]。

当前环境资源案件中的"技改抵扣"是指因侵权或者污染行为而负有赔偿责任的企业通过升级设备、优化流程等技术改造降低自身环境的负面影响,并将"技改"费用在其应赔偿数额中进行一定比例的扣除。

2.《民法典》及司法解释中"技改抵扣"的法律依据。在成文法方面,目前尚无"技改抵扣"的直接法律规定。

因"技改抵扣"是在赔偿环境损失的基础上创新转化而成的,属于替代性修复的一种,学界有观点认为其法律依据是我国《民法典》《最高人民法院关于审理生态环境损害赔偿案件的若干规定(试行)》[以下简称《生态环境损害赔偿规定(试行)》]及《最高人民法院关于审理环境民事公益诉讼案件适用法律若干问题的解释》(以下简称《环境公益诉讼解释》)。首先,《环境公益诉讼解释》第 18 条、第 19 条及《生态环境损害赔偿规定(试行)》第 11 条在《民法典》第 179 条基础上细化规定环境公益诉讼中被告的 6 种责任承担方式,确定了基本框架。其次,《环境公益诉讼解释》第 20 条、第 21 条、《生态环境损害赔偿规定(试行)》第 12 条、第 14 条及《民法典》第 1235 条规定了侵权人应当赔偿的生态修复费用的具体范围。最后,《生态环境损害赔偿规定(试行)》第 13 条规定在无法修复时,由法院根据具体案情予以裁判;《环境公益诉讼解释》第 20 条明确规定了无法修复时可以采用替代性修复方式,均为法院自由裁量或创新责任承担方

---

① 参见(2014)苏环公民终字第 00001 号。
② 参见(2019)渝 05 民初 256 号,重庆市人民检察院第五分院诉某电力设备制造有限公司等环境污染案。2022 年最高人民法院发布的《关于为加快建设全国统一大市场提供司法服务和保障的意见》第 11 条提出,研究适用碳汇认购、技改抵扣等替代性赔偿方式,引导企业对生产设备和生产技术进行绿色升级。这表明最高人民法院公开认可技改抵扣作为替代性赔偿方式,对于减少生态损害,优化美好的生态环境,能够起到积极作用。

式开辟合法空间①。

(二)"技改抵扣"的司法实践统计分析②

1. 申请阶段。(见表1)

表1 "技改抵扣"提起阶段实践做法汇总表

案号	提起主体	提起日期	提起时间	形式
(2014)苏环公民终字第00001号	被告	2014年12月29日	判决中	判决赔偿金40%范围内抵扣技改费用
(2016)吉02民初146号	原告	2018年8月7日	诉讼中	撤回赔礼道歉诉讼请求
(2018)琼01民初737号	被告	不明	诉讼中	返还损害赔偿的40%用于环保投入
(2020)渝民终387号	被告	不明	诉讼中	继续进行技术改造所投入资金进行一定幅度的抵扣

---

① 此外,环境部门法及其他部门法中"技改抵扣"的法律依据——《环境保护法》第1条、第4条规定了预防和治理是环境法立法目的,第6条规定生产经营者应当防止、减少环境污染和生态破坏,对所造成的损害依法承担责任,第36条、第40条规定了企业在生产消费环节进行减量化、资源化、再利用活动的倡导性义务;同时,《循环经济促进法》第2条、第3条规定,对具有明显环境风险的产物进行减量化、再利用和资源化,是从源头治理污染的有效途径。此外《大气污染防治法》第41条、第43条,《水污染防治法》第41条、《清洁生产促进法》第19条均规定了企业降低污染、提升能效的义务,虽然并不构成"技改抵扣"的直接依据,但为是否构成超量技改提供了依据,可认定为"技改抵扣"的间接法律依据。2012年国务院发布的《关于促进企业技术改造的指导意见》规定了企业降低污染、提升能效的倡导性环境义务。在国家部委及各地出台的生态环境损害赔偿金管理办法中,均提到无固定修复对象的生态环境损害赔偿金可以用于修复行政区内同类环境要素或者污染治理、支付其他案件的合理诉讼费用及代履行赔偿责任人未履行的修复义务,可见法律允许在无法修复或者无修复必要的情况下将生态环境损害赔偿金用于替代性环境保护或者修复活动。《环境保护税法》第13条规定,纳税主体超额完成环境保护义务使得自身排污浓度低于国家和地方标准的,可以在相应比例内减免环境保护税。虽然环境保护税和生态环境损害赔偿金的法律性质并不相同,但该条确是关于以环境保护超额投入折抵环境责任的直接规定,可以作为"技改抵扣"制度适用的参照依据。

② 以下表格内容均整理自(2014)苏环公民终字第00001号、(2016)吉02民初146号、(2018)琼01民初737号、(2020)渝民终387号、(2016)苏01民初1203号、(2020)苏民终158号民事判决书及《技改抵偿?6!》,载微信公众号"锡山政法",2022年12月25日。

续表

案号	提起主体	提起日期	提起时间	形式
（2016）苏01民初1203号	被告	2016年年底	诉讼中	将环境修复费用的40%返还用于环保投入
（2020）苏民终158号	被告	2019年9月	诉讼中	抵扣环境侵权赔偿金
无锡市锡山区人民法院某执行案件	检察院	2021年	执行中	技改升级费用抵扣部分赔偿金

在申请主体方面，除泰州水污染案中法院直接依职权判决适用"技改抵扣"，申请"技改抵扣"的主体通常是为减轻自身资金压力的被告。

在申请时间方面，通常为审理中，但目前已出现直接在环境公益诉讼执行阶段提出[①]。

申请"技改抵扣"的内容，主要是技改费用抵扣，也包括撤回赔礼道歉请求及赔偿金分期支付[②]。

2. 审查阶段。（见表2）

在审核主体方面，诉讼及执行中均为法院。

在适用范围上，目前已开展的"技改抵扣"尝试均为排放废酸、废气等危险废弃物等引起的环境污染类案件。

---

① 参见无锡市锡山区人民法院在其官方媒体中称："在案件执行过程中，法院与区检察院、人大代表、行政机关通过听证会形式进行论证，同意技改费用抵偿11万元赔偿费用，挽救了小企业的持续经营，达到了助力企业绿色健康发展的目的。"参见《技改抵偿？6！》，载微信公众号"锡山政法"，2022年12月25日。随着环境公益诉讼及生态环境损害赔偿制度不断演进，在执行阶段提出"技改抵扣"申请可能是该制度未来发展的趋势。

② 但根据《民法典》第1187条规定，侵权责任人确有困难的，可以在提供担保的情况下分期支付赔偿金，故仅同意分期支付而未免除担保要求、未减轻当事人负担的，仅是一般的侵权责任法定履行方式，而非"技改抵扣"。

表2 "技改抵扣"审查阶段实践做法汇总表

案号	审查主体	适用范围	适用条件	抵扣内容	技改内容	关联性	技改类型	结果
(2014)苏环公民终字第00001号	法院	废酸污染	判决生效一年内,被告通过技术改造对副产酸进行循环利用,明显降低环境风险,且未因环保受到处罚,且经环保行政主管部门验收、费用审计	抵扣不超过40%赔偿环境修复费用	未明确	有	过程优化	同意
(2016)吉02民初146	法院	大气污染	完成技改并验收合格,满足硫脱硝除尘装置连续、稳定运行及达标排放的要求,排放浓度均符合《火电厂大气污染物排放标准》	赔礼道歉	针对动力锅炉进行了脱硫脱硝、除尘项目的技术改造	有	末端治理	全部支持
(2018)琼01民初737号	法院	废水污染	被告某兴公司在污染事故后积极整改并继续加大环保投入,已初步取得进展	40%抵扣赔偿金,剩余60%分期缴纳	停止生产排放,建设排水系统,优化污水处理设施及工艺处理废水	有	不明	全部否决
(2020)渝民终387号	法院	危险废物污染	两被告在前期开展环保技术改造的基础上,愿意继续投入资金进行技术改造	抵扣部分赔偿金	实现废物废酸的分离,提高原料使用效率,减少废酸,实现危险废物减量化	有	流程优化末端治理	支持抵扣及分期
(2016)苏01民初1203号	法院	废酸、重金属污染	已开始技改,并将继续加大环保投入	抵扣部分环境修复费用	调整产品结构,降低废酸产量,并改进废酸处理设施	有	流程优化末端治理	只支持分期

续表

案号	审查主体	适用范围	适用条件	抵扣内容	技改内容	关联性	技改类型	结果
（2020）苏民终158号	法院	大气污染	旧产线停产、搬迁至新厂区、优化生产工艺，满足《生活垃圾焚烧污染控制标准》（GB 18485—2014）	抵扣环境侵权赔偿金	旧产线停产、搬迁至新厂区、优化生产工艺	有	流程优化末端治理	不支持
无锡市锡山区检察院某执行案件	法院	危险废物污染	被告技改项目全部竣工并投入运行，实现危废无害化	抵扣生态修复赔偿金11万元	购置新设备对危险废物产生、收集存储技术进行改造	有	流程优化末端治理	全额支持

在适用条件上，首先，除了执行案件，其他案件中因环境自身因素导致具体污染修复费用无法确定，责任人应承担的修复费用都通过虚拟成本法确定，单纯因为损失界定困难而适用虚拟成本法的案件中法院并未核准技改抵扣申请①，可见"技改抵扣"适用的前提是环境已经无法修复，这也符合现行环境法律体系及虚拟治理成本法适用规范中修复优先的规定②。其次，对于仅履行强制性环境义务的企业，法院并不允许进行"技改抵扣"，以免企业通过"技改抵扣"实质性减轻其赔偿责任。③ 相反，若在已经履行强制性环保义务基础上，通过使用清洁能源、优化生产流程等方式实现资源利用率、废弃物利用率提升，污染物排放减少，适用"技改抵扣"则有助于促进企业走绿色发展道路，实现经济建设、环境保护与社会发展相协调④。可见，适用"技改抵扣"的实质性条件为：无法修复或无修复必要，且企业履行了超额环境义务。

---

① 参见（2016）苏01民初1203号，江苏省环保联合会与某染料有限公司环境污染民事公益诉讼案。
② 参见《关于虚拟治理成本法适用情形与计算方式的说明》第1条，只有在损害事实不明确或生态环境已自然恢复、不能通过恢复工程完全恢复的生态环境损害、实施恢复工程的成本远远大于其收益的情形下，才适用虚拟成本法；而实际发生的应急处置费用或治理、修复、恢复费用明确，通过调查和生态环境损害评估可以获得，或者突发环境事件或排污行为造成的生态环境直接经济损失评估不适用虚拟成本法。
③ 参见（2018）琼01民初737号，海南省人民检察院第一分院与某橡胶加工厂有限公司环境污染民事公益诉讼案。
④ 参见（2020）渝民终387号，某泰公司、某煌公司和某展公司与重庆市人民检察院第五分院环境污染责任纠纷案。

对赔偿金抵扣比例上限，泰州水污染案中法院主动裁决为40%，之后准许"技改抵扣"的案件大多参照该案将上限定为50%，而2022年锡山区人民法院在执行过程中则大胆突破，综合考虑技改效果、责任人经营现状及疫情影响，将抵扣比例提升至73%[①]。

在技改活动内容及与在先侵权事实关联性方面，目前申请抵扣的企业均针对自身生产经营中的排污问题开展技改活动，有效降低了对环境的影响，技改方案内容和在先侵权行为及结果存在明显关联性。

此外，从技改方案类型来看，技改方案可以分为过程优化与末端治理两种，前者指通过对流程、原料、工艺等生产过程优化来直接减少污染物的产生，在实施过程中需要充分考虑非标准化的生产情况；后者则指通过对已产生的污染物进行收集、存储、降毒害处理或者再利用来间接减少污染物的排放，通常可以采用标准化的设备及技术解决方案[②]。

3. 验收阶段。（见表3）

表3 "技改抵扣"验收阶段实践做法汇总

案号	验收日期	验收申请主体	验收主体	是否鉴定评估	验收标准
（2014）苏环公民终字第00001号	未涉及	未涉及	未涉及	否，但需要环境主管部门验收	未明确
（2016）吉02民初146号	2018年7月	被告	法院	是	符合《火电厂大气污染物排放标准》（GB 13223—2011）
（2018）琼01民初737号	2018年8月	被告某橡胶加工厂有限公司	原告海南省人民检察院第一分院	是	被告排放废水中的COD即化学需氧量、氨氮等污染物指标及地下水的氨氮、高锰酸盐指标是否超标

---

① 该案中被告人应承担侵权损害赔偿金15万元，法院审查后同意技改费用抵偿11万元赔偿费用，抵扣比例达到11/15=73.3%。《技改抵偿？6！》，载微信公众号"锡山政法"，2022年第12月25日。

② ［美］詹姆斯·萨尔兹曼、巴顿·汤普森：《美国环境法》（第四版），徐卓然、胡慕云译，北京大学出版社2016年版，第108页。

续表

案号	验收日期	验收申请主体	验收主体	是否鉴定评估	验收标准
（2020）渝民终387号	未明确（一审后）	被告	法院	是	实现含锌废物和废盐酸的分离，延长盐酸的利用周期，提高使用效率，减少废盐酸的产量，实现危险废物的减量化
（2016）苏01民初1203号	未明确	被告	法院	江苏科技咨询中心进行评估并出具《评估报告》	《环境污染事故损害数额计算推荐方法（第一版）》中推荐的虚拟治理成本法
（2020）苏民终158号	2019年9月	被告	法院（审判法官）	浙江亚凯监测科技有限公司的检测技改达标	《生活垃圾焚烧污染控制标准》（GB 18485—2014）
无锡市锡山区人民检察院某执行案件	2022年11月	被执行人	执行法官	锡山生态环境部门进行评估	某精密轴承公司危废处理过程合格、规范、可持续，技改项目有效管控生产中产生危废的过程

在验收申请主体方面，均为被告或被执行人提起，在诉讼中提出技改抵扣申请的企业均已经由第三方评估机构完成评估；在执行过程中提出的企业则由执行法官初步评估后以听证会形式组织环境行政部门及检察院进行再次评估。

在验收主体及标准方面，诉讼中案件比执行中更为清晰，除泰州水污染案外，均需要第三方专业机构鉴定评估、均有明确的国家或地方标准作为衡量依据，并辅以环境监测机关的监测数据及达标记录佐证技改效果；而执行案件中，或因缺乏对抗性明显的诉讼程序保障、"技改抵扣"审核时间紧、案件抵扣标的小等原因，并未由第三方专业机构进行专业评估，其严谨性相对较弱。

4. 抵扣阶段。（见表4）

首先，关于提起主体，均为被告或者被执行人。其次，关于费用是否审计,即便早在泰州水污染案中法院便明确了抵扣费用需要经过具有法定资质的专业机构审计,但大多数并未对申报抵扣费用进行审计;在最高人民法院第204号指导性案例中,重申了费用抵扣的审计要求,强化了抵扣阶段的监管水平。再次,关于实际抵扣的上限,除泰州水污染案外均与申请一致,在40%~73.3%。最后,所有案件均未涉及验收或抵扣申请被驳回后申请人的救济渠道。

表4 "技改抵扣"抵扣阶段实践做法汇总

案号	抵扣申请	是否审计	最终抵扣比例	救济途径
(2014)苏环公民终字第00001号	被告提起	是	不明	未涉及
(2016)吉02民初146号	原告提起	否	100%	未涉及
(2018)琼01民初737号	被告提起	否	未抵扣	未涉及
(2020)渝民终387号	被告提起	是	抵扣比例不超过50%	未涉及
(2016)苏01民初1203号	被告提起	否	未抵扣	未涉及
(2020)苏民终158号	原告提起	否	未抵扣	未涉及
无锡市锡山区检察院某执行案件	被执行人提起	否	技改费用抵扣11万元赔偿费用	未涉及

此外,在最高人民法院第204号指导性案例和泰州水污染案中,均明确了在案件生效后至抵扣申请期间,侵权人需满足不得因环保问题受到行政处罚的合规性条件方可进行抵扣。

(三)"技改抵扣"适用困境原因分析

如前述,当前我国环境资源案件及执行过程中虽已积累一定的实践经验,但"技改抵扣"无论是直接的法律依据,还是具体的规范细则均暂付阙如,实践中遇到的问题包括:

1.申请阶段。在申请抵扣的主体方面,虽然实践中均为企业法人,但并无明确的主体要求，个体工商户等非法人民事主体在造成环境损害结果后能否申请技改抵扣，尚无明确规定。

在申请的文书样式方面，明确的文书要求有利于当事人自查是否符合申请标准，也便于法院后续审核，目前"技改抵扣"申请文书样式并无要求。

2. 审查阶段。在适用范围方面，对刑事罚金、非诉强制执行的行政罚款能否适用技改抵扣，需要法律予以明确。

在适用条件方面，超量抵扣已经成为司法共识，但具体的认定方法及标准尚未明确。

在技改方案内容关联性方面，一方面，实践广泛认可的关联性要件仍需立法予以明确；另一方面，在气候诉讼等因果关系复杂的环境案件中，可能出现技改地点距离侵权行为地或侵权结果地相距较远的情况，例如责任人在非侵权地点的分支机构进行技改，能否适用"技改抵扣"缺乏论证。

在抵扣上限方面，当前司法实践中对于上限的确定依据及证成逻辑各案均无阐述，后来的案件似乎一方面参照泰州水污染案40%的实践标尺，另一方面为规避对司法激进的批判、彰显制度创新中的审慎态度，将抵扣上限设定在50%，但均未明确具体的裁量因素及确定路径。

3. 验收阶段。在验收要求方面，当前未明确的问题包括：在先审判中确定的验收标准在实际验收时已经更新，该如何适用？验收主体是否必须为有资质的第三方评估或鉴定机构、是否必须对技改效果进行独立评估作为验收通过依据？环境行政部门的检测数据能否独立成为验收通过依据？在执行阶段新提出"技改抵扣"要求的，如何确定验收依据、应当遵循怎样的验收程序？以上问题也需法律明确规定。

4. 抵扣阶段。首先，关于费用审计问题，虽然公报案例及指导性案例均有针对抵扣费用的审计要求，但实践中责任人提起抵扣申请时，参照上述要求进行审计的案例并不多，甚至在抵扣总金额较低的执行案件中完全回避了费用审核问题，这对于准确核定抵扣金额、防范侵权人责任逃逸留下漏洞。

其次，对于在执行阶段提起的"技改抵扣"申请该如何评估、审核、进行抵扣均需法律予以明确。

最后，关于抵扣审查中的合规性要求也需要细化，明确合规性要求期限及已立案未审结行政执法案件对合规性要求的影响。

二、比较分析：附加环保项目（SEP）与"技改抵扣"制度对比

（一）美国附加环保项目 SEP 概述

美国附加环保项目（Supplemental Environmental Project，以下简称 SEP）是美国环境执法及环境公民诉讼中常见的一种救济形式，即允许被提起公民诉讼或被环保署处罚的企业完成超出法定基本环境义务的环境保护项目、并用项目支出折抵公民诉讼或行政执法中的民事罚金（civil penalty）[①]。SEP 起源早于 1980 年环境诉讼中对于赔偿金替代性支付（alternative payment）的种种尝试；后来，为回应学界及实践界对 SEP 正当性及适当性的争议并规范 SEP 适用，美国联邦及各州环境保护署相继推出 SEP 适用政策，促使 SEP 在联邦及各州层面均获得了普遍适用，[②] 法院也通常在公民诉讼和解协议中批准 SEP，甚至不顾联邦环保署和司法部的反对。[③]

SEP 的支持者认为，SEP 可以促进执法，促进监管者与行业成员形成一种合作关系而非对立关系、降低诉讼成本等对抗性行政管理成本、提升合规水平、促进环境运营信息透明化，同时可以阻止受监管主体对法定制度或监管机构的权力正当性和具体执法行为以立法建议方式进行政治攻击，并可以

[①] 参见陈东：《美国环境公民诉讼研究》，中国人民大学出版社 2014 年版，第 114 页。

[②] See Leslie J. Kaschak, *Supplemental Environmental Projects: Evolution of a Policy*, 2 Envtl. Law. Rev. 465（1996）. 1991 年 2 月，美国环境保护署发布了第一份政策文件，专门处理使用 SEP 来减轻法定处罚的问题，该政策要求附件环保项目所产生的环境促进效果与之前的违法行为或结果具有关联性（比如修复同种污染物以相同方式造成的损害），并要求企业保证纠正其不当行为，且为附加环保项目所支付的金额也是十分可观的。美国环境保护署在 1995 年以临时政策的方式提出附加环保项目法案，通过将资金直接运用在环保项目而非一般国库中，从而更有力地实现阻止和惩治违反环保法行为的目的。See Steven Bonorris, *Environmental Enforcement in the Fifty States: The Promise and Pitfalls of Supplemental Environmental Projects*, 11 Hastings Envtl. L. J. 185（2005）. 美国 50 个州的调查结果表明，30 个州已经以立法、行政机构法规或指南的形式制定了正式的、公开的标准必要专利政策。只有 13 个州在标准必要专利谈判中采用非正式、不成文的做法。这表明过去 8 年中制定正式政策的州数量显著增加。此外，有 8 个州明确将环境正义作为其标准必要专利政策的一个因素：新墨西哥州、科罗拉多州、犹他州、弗吉尼亚州、佛罗里达州、俄勒冈州、马萨诸塞州和康涅狄格州。

[③] See Northwest Environmental Defense Center v. Unified Sewerage Ageny. 该案中环保署认为和解协议中民事罚款的金额太少且未支付到国库中去，因此不符合《清洁水法》和《杂费法》的规定，但法院认为《清洁水法》的目的是促进水系保护，而非为国库增收，故而还是准许了 SEP 的适用。此外，在 Walsh v. Great Ad. & Pac. Tea Co., 726 F. 2d 956, 965（3d Cir. 1983）案中，环保署认为其 1998 年制定的 SEP 指引应当成为审查公民诉讼案件的和解协议中 SEP 项目的标准，但法院并不认可，而是主张准用一般性的审核标准即可，即和解协议必须公平、充分、合理地解决悬而未决的争议，同时保持与公共利益的一致。（A consent decree must fairly, adequately, and reasonably resolve the pending controversy, while remaining consistent with the public interest.）

增强公众对机构监管任务的支持；且 SEP 也会打破企业对于技术升级转型期间成本及长期转型效果的不确定性担忧，鼓励企业大胆选取更先进的技术方案进行升级改造；同时，行政监管机构也会加强对环保技术的了解，并将个案中被证明有效的治理措施推而广之，当然被实践证明无效的技术则会被淘汰。但也因此必须注意，SEP 不能成为行政监管部门与原告的牟利渠道，SEP 项目在落实执行过程中，原告与行政管理机构不得获取任何超出当地普通公民能受到的环境权益、环境正义等公共利益。[1]

而反对者认为，违法者可以通过 SEP 降低其应当承担的环境违法成本，或者在后续项目运营中很快收回成本并从中受益；[2] 此外，SEP 计算具体规则的缺失，会导致民事处罚中对于环境违法的处罚轻重不一致，部分企业可能会在 SEP 中获得更多竞争和经济优势；SEP 的普遍适用也会导致企业故意不在事前进行环保投入、等到被处罚后再进行抵扣[3]。此外，联邦审计署也多次质疑 SEP，认为尤其是不具有显著关联性的项目违反了《规费法》及宪法[4]。联邦审计署对于 SEP 的质疑主要在于其可能违反《杂费法》第 3302（b）条关于将所有收入转至国库的规定，以及修复措施和在先违法行为之间的关联性，因为上述问题涉及联邦政府部门之间的权力分配问题[5]：SEP 并非法律要求的义务，而财政拨款是宪法明确为国会保留的权利，任何主体保管或占有公共资金的都应当在期限届满前将资金注入国库，由国会进行分配。但 SEP 使得环保署越过国会直接增加了用于环保项目的资金金额，这是越权行为。随后联邦环境保护署在 SEP 适用的文件中专门提出关联要求，回应了这种分权制衡要求，因为关联性要求通过将 SEP 与被违反的法规的基本目标联系起来，以证明 SEP 的合理性。例如，如果某项特定法规规定的目的是防止水体污染，那么可以说，旨在改善水条件的 SEP 不会篡夺立法机关的拨款权力，

---

[1] Laurie Droughton, *Supplemental Environmental Projects: A Bargain for the Environment*, 12 Pace Envtl. L. Rev. 789(1995).

[2] David A. Dana, *The Uncertain Merits of Environmental Enforcement Reform: The Case of Suppkmental Enironmental Projects*, 1998 Wis. L. Rev. 1181, 1183(1998).

[3] Steven Bonorris, *Environmental Enforcement in the Fifty States: The Promise and Pitfalls of Supplemental Environmental Projects*, 11 Hastings Envtl. L. J. 185(2005).

[4] Kenneth T. Kristl, *Making a Good Idea Even Better: Rethinking the Limits on Supplemental Environmental Projects*, 31 Vt. L. Rev. 217(2007).

[5] Edward Lloyd, *Supplemental Environmental Projects Have Been Effectively Used in Citizen Suits to Deter Future Violations as Well as to Achieve Significant Additional Environmental Benefits*, 10 Widener L. Rev. 413(2004).

因为该标准必要专利事实上是由立法机关授权的①。

在公民诉讼中 SEP 往往是作为双方和解协议的一部分提交给法院的，法院需要审核该项目是否符合案件涉及法律的立法目的。美国最高法院在国际消防员协会诉克利夫兰市政府案中认为，联邦法院不得因和解协议内容超越了裁判能够包含的范围而排除该协议条款②。第九巡回上诉法院是第一个就 SEP 有效性作出裁决的联邦上诉法院，在塞拉俱乐部诉电子控制设计公司一案中，上诉法院区分了"民事处罚"和"其他支付"概念，SEP 作为和解协议的一部分，在《清洁水法》没有责任确立的情况下，根据法院的裁决必须确定被告负有民事罚款责任才能被视为"民事处罚"；如果一笔付款被视为民事罚款，那么这笔款项必须归美国财政部所有。而 SEP 作为一种带有衡平法的救济方式，其资金并不用像民事罚款一样进入国库而是进入环保基金后用于环保项目，从而避开了《杂费法》的规制。③

虽然饱受争议，但 SEP 的适用还在不断扩张、并呈现出两个新特点：一是除了行政执法案件，公民诉讼案件（尤其是依据《清洁水法》提出的）中 SEP 的运用不断增多；二是相比于当事人履行的 SEP，第三方履行的越来越多④，在美国环境司法实践的长卷中，SEP 无疑是浓墨重彩、颇具特色的一笔。

（二）SEP 的适用范围

SEP 可以适用于环境执法及公民诉讼两种案件，两者均为特定主体针对企业的环境违法行为提起的（广义）执法行动，区别只在于前者往往在环境法中普遍已有授权，后者则需要明确的立法或者判例支持其诉权。

（三）SEP 的适用条件

1. 关联性要求。关联性要求指 SEP 应与在先违法行为具有关联性，具体

---

① Steven Bonorris, *Environmental Enforcement in the Fifty States: The Promise and Pitfalls of Supplemental Environmental Projects*, 11 Hastings Envtl. L. J. 185（2005）.

② Local Number 93, International Association of Firefighters v. City of Cleveland, 478 U.S. 501, 525（1986）. 在该案中，美国最高法院允许在同意令作出可以使非受害者的第三人受益的裁判内容。

③ Sierra Club, Inc. v. Elec. Controls Design, Inc., 909 F.2d 1350（9th Cir. 1990）.

④ Edward Lloyd, *Supplemental Environmental Projects Have Been Effectively Used in Citizen Suits to Deter Future Violations as Well as to Achieve Significant Additional Environmental Benefits*, 10 Widener L. Rev. 413（2004）. 公民诉讼中，SEP 往往是作为双方和解协议的一部分提交给法院的，法院需要审核该项目是否符合案件涉及法律的立法目的。

体现在：SEP 在原违法行为地或者附近范围内正在发生损害的地方实施，并对受侵害的环境进行修复并避免未来类似的侵权行为发生，贯彻在先违法行为所触犯法律的立法目的；或者按照优于法律基本要求标准促进环境保护及生态修复、减少未来污染物排放或减少现存污染物存量；或者通过附近企业合规培训、应急预案培训显著降低侵权行为或结果发生地的未来环境风险；或者通过资助环境调查项目来协助保护当地生态环境。SEP 的关联性要求也会促使环境正义，因为被污染地区往往是少数族裔、低收入群体聚集的地区，这些区域往往不会受到充分的财政支持来改善与保护生态环境[①]。

2. 合法性要求。该项目不得违反任何环境法律规定，且应实现其违背的环境保护法的立法目的从而达到补偿环境的目的，即在保证关联性的前提下贯彻环境保护与修复的立法目的。

3. 独立性要求。一旦确定了 SEP，环保署及其他任何行政机关不得干预项目的执行，尤其不得动用项目资金，但可以监督项目的履行情况，一旦发现 SEP 未充分执行则可以行使追索权。

4. 明确性要求。一旦确定了 SEP，项目确定后，应制定书面的项目文件，其中应载明具体的项目实施地点、时间及内容、进度检验标准等内容，以保证后续执行过程中可以对 SEP 进行充分的监督。

5. 公益性要求[②]。SEP 的初衷是促进环境保护、提升公共福利。因此，原告、被告及环保署不得从中获取超过一般社会公众的利益。

对环保署来说，任何 SEP 项目不得减轻国会分派给环保署应独自完成的任务、不得向环保署提供额外的资源，以免规避立法机关给环保署设定的预算限制、使得环境行政机关的行为脱离控制。

对环保组织而言，不得在 SEP 中获得利益，尤其是在第三方代履行的项目中应特别审查第三方机构与环保组织的利益关系，以免 SEP 成为环保组织不当谋取私利的渠道。

对被处罚企业来说，SEP 的初衷是促进环境保护、提升公共福利，因此通常能使得被处罚企业盈利的 SEP 项目不会获批。在批准 SEP 过程中环保署会比较被处罚企业与公众在该项目中的收益情况，对于企业受益大于公众的项目，环保署并不会准许；或者将企业获利部分折算成金钱后，再在抵扣

---

① Caroline D.Makepeace, *With a New Update, EPA's Supplemental Environmental Projects Policy Comes of Age*, 48 Trends 10 (2016).

② Patrice L.Simms, *Leveraging Supplemental Environmental Projects: Toward an Integrated Strategy for Empowering Environmental Justice Communities*, 47 Envtl. L. Rep. News & Analysis 10511 (2017).

罚款中反向扣除，以保证环境执法或者公民诉讼的震慑效果。

至于违法者为 SEP 项目支出费用是否可以像其他企业支出享有一样的抵扣待遇，环保署并没有给出明确的答复；但上诉法院明确裁判根据联邦税收法第 162（f）条，SEP 中的税款不得抵扣，因为该款项是属于罚款而非赔偿款，但被认定为补偿款的金额可以作为一般商业支出而抵扣税款[①]，即便是以捐款形式支付的 SEP 花费，也因为该捐款并非自愿捐赠而不得像一般公益支出一样抵税[②]。为了避免 SEP 项目执行过程中当事人申请抵税，法院应及时将裁判结果及 SEP 项目信息通知税务机关以便加强税务核查。

6. 社区参与要求。SEP 是否得到认可、最终抵扣比例的高低都受到项目所在地（往往也是侵权行为或结果发生地）社区参与度的影响。虽然社区不会成为 SEP 项目决策达成的参与主体，但环保署在了解到 SEP 项目后、在谈判及决定过程中需要通过报纸、电话等方式确保受违法行为影响的社区了解 SEP 项目内容及影响，这是为了保证环境正义的落实。2001 年，环保署发布了社区参与补充环境项目的临时指南，进一步鼓励环保署地区办公室征求社区意见，充分听取群体意见的 SEP 继续有资格获得更高环节的百分比，但实践中 SEP 却常常受到社区的抵触质疑。一方面，社区对于 SEP 的反对意见则在于 SEP 项目通常具有专业性，这是社区居民不擅长的领域，且社区居民通常很晚才收到 SEP 审核及谈判的相关信息，无法有效参与；同时，社区对于 SEP 项目执行过程的监督介入不足，这也削弱了社区对 SEP 项目的信任。社区反馈道，相比于五花八门、令人眼花缭乱的 SEP 项目，让被处罚者直接将钱打给政府设立的环保项目更为省心省力[③]。

（四）SEP 的种类[④]

1. 公众卫生（Public Health），指违反规定对人类健康造成的实际或潜在损害有关的人类卫生保健的诊断、预防和/或补救部分的项目，包括重金属泄漏地区人群血铅检测等环境治理和人群健康保护，其目的在于保护环境侵权地居民的生命健康。

---

① Colt Indus., Inc.v.United States, 880 172d 1311 (Fed.Cir.1989).
② Allied-Signal, Inc. v. Commissioner, 63 T. C. M. (CCH) 2672, 1992 WL 67399 (1992).
③ Steven Bonorris, *Environmental Enforcement in the Fifty States: The Promise and Pitfalls of Supplemental Environmental Projects*, 11 Hastings Envtl. L. J. 185 (2005).
④ Kathleen Boergers, *The EPA's Supplemental Environmental Projects Policy*, 26 Ecology L. Q. 777 (1999).

2. 污染防治（Pollution Prevention），即从排放源头减少有害物质或污染物以任何方式释放到环境中，这要求通过创新工艺设计、降低废弃物处置成本、重新设计产品等方式使污染物排放实现可观测的实质性减少而非转移。相比于污染物减排类 SEP，本类 SEP 针对的是未来可能产生的污染物排放。

3. 污染物减排（Pollution Reduction），指对当前已产生的污染物排放进行处理，以降低毒性或者排量方式降低危害性，主要方式是回收、处理及改进处置技术。

4. 环境修复与保护（Environmental Restoration and Protection）。这些项目特别适用于根据《紧急计划和社区知情权法》《1990 年石油污染法》和《联邦水污染控制法》处理的案件，旨在修复因重大环境污染而被破坏的生态环境。

5. 促进环保合规（Environmental Compliance Promotion）。通过提供培训和技术支持来帮助被监管主体实现环保合规，尤其是帮助那些缺乏足够专业能力的企业构建环保合规体系，以期降低这些企业在未来的环境违法概率。因小企业合规构架不完善，故而尤其需要额外的资金支持来帮助他们了解并完善自己的环境合规体系。

6. 环保项目评估及审计（Assessments and Audits）。本类 SEP 具体包括四个子类：第一，污染防治评价，预防污染评估是对现有程序和操作的审查，以确定实施更清洁和更有效的预防污染方案的可能性；第二，现场评估，即对环境违法现场人类健康或环境的状况或威胁进行调查；第三，环境管理体系审核，即环境政策、实践及行政管理方面的评估，具体涉及环境政策风险识别、环境监测及汇报系统、环境紧急预案制作情况；第四，合规审计，即对公司符合环境要求的情况进行内部审查。

7. 应急计划及预备（Emergency Planning and Preparedness），即应对危险化学品泄漏等紧急情况的预案及准备工作，包括相应的设备及培训，以满足应急计划及社区知情权法案的要求。

（五）SEP 中抵扣金额的计算步骤[①]

第一步，计算不考虑 SEP 时的罚款金额，主要考虑损害结果及行为，通

---

① Edward Lloyd, *Supplemental Environmental Projects Have Been Effectively Used in Citizen Suits to Deter Future Violations as Well as to Achieve Significant Additional Environmental Benefits*, 10 Widener L. Rev. 413（2004）.

过重点因素（gravity component，通过衡量违法行为的严重性得出，其作用在于民事罚金的震慑功能，再考虑违法后的配合、补救行为，及处罚的诉讼风险等因素予以调整）计算一个违法严重性处罚金额，再加上通过违法行为所获得的经济利益金额，即为初始罚款金额/和解金额。

第二步，计算考虑 SEP 情况下的最低处罚金额，通常为（非法行为获利+10% 违法严重性处罚金额）与（25% 处罚金额）中的较大值，即最终处罚金额的下限。

第三步，计算 SEP 成本，包括可折旧的设备购置、基础建设成本与不可折旧的一次性材料、土地成本以及每年运营的成本费用及税收负担，即随后的 SEP 项目成本是可抵扣的最大值。

第四步，环保署确定最后的抵扣比例，需要考虑项目对社会及居民的整体影响、项目的创新程度、环境正义促进程度（降低低收入人群及少数族裔人群环境风险）、项目宣传效果、项目对周边社区影响调查充分性、未来污染预防效果。除非由小企业或者政府部门及非营利机构运营的特别杰出的污染预防项目，一般情况下抵扣比例不超过 SEP 项目成本的 80%。

第五步，确定最终罚款金额。

（六）SEP 的履行监督

首先，在申报的和解协议中需要完整并准确地写明 SEP 的内容、范围及违法者在该项目执行过程中应当履行的责任及保障义务；在项目开始后，违法者可能被要求定期向环保署提交项目进展报告，详细阐述该项目推进过程中产生的环境利益，且违法者在宣传这些项目时必须说明这些项目是履行针对其违法行为处罚的和解协议而推进的[①]。

为了跟踪 SEP 的实施，许多州的 SEP 政策要求提交详细的成本估算和进展证明，并对最终成本低于估计的 SEP 规定了处罚。如果 SEP 项目没有履行完毕，则需支付减免金额的 75%~150% 的罚款，除非违法者可以证明在项目执行过程中已经及时、善意地推进了项目，并且已经花费了预估 SEP 成本 90% 的金额。此外，若在做预算时高估 SEP 成本从而虚报抵扣金额也会被处罚，即若 SEP 项目圆满完成，但是实际花费少于预估 SEP 成本的 90%，

---

① Christopher D. Carey, *Negotiating Environmental Penalties: Guidance on the Use of Supplemental Environmental Projects*, 44 A. F. L. Rev. 1 (1998).

那么也会处以抵扣金额 10%~25% 的罚款[①]。

（七）环保署在 SEP 项目中的作用

首先，环保署必须确保项目符合 SEP 的基本定义。其次，环保署必须确保拟议项目符合政策的法律指导方针，包括拟议项目与法定违规行为相关的要求。再次，环保署必须确保该项目符合 1995 年政策创建的一个或多个指定 SEP 类别。此外，环保署必须计算项目的税后净现值，然后确定适当的罚款扣减数额。环保署还为此开发了一个叫作"SEP cost"的软件来计算税后净现值。最后，环保署必须确保该项目满足所有实施和其他要求或限制，如监督规定、可执行性和批准程序。

（八）SEP 与我国"技改抵扣"制度比较

1. 相同点。SEP 与我国"技改抵扣"制度相同点在于制度目的、实现路径、部分适用范围。首先，两者的制度目的都是激励企业通过特定项目，履行环境法律规定的强制性环境义务，从而更好地实现相应环境法的立法目的；其次，两者均只允许对超出基础环境法义务的项目成本进行抵扣；再次，两者的实现路径都是允许需要缴纳赔偿金的违法企业以其特定项目的花费以适当比例抵扣赔偿金；最后，两者都允许在环保组织针对环境违法行为提起的公益性民事诉讼中适用。

2. 不同点。SEP 与我国"技改抵扣"制度在适用范围、项目内容类型、公众参与、独立性、财政违法问题、环保署等行政机关的作用、折抵比例计算过程及抵扣上限、履行过程监督、对震慑功能的强调存在差异，具体分述如下：

第一，在适用范围方面，"技改抵扣"目前只能适用于民事环境公益诉讼及关联执行案件，而不得适用于行政罚款、刑事罚金及关联执行案件；而 SEP 则可以适用于环保署的行政执法案件及环境公民诉讼案件，其适用范围较广。

第二，在适用形式及抵扣内容方面，"技改抵扣"目前以判决、调解协议、执行和解协议的形式存在，抵扣内容为赔偿金折抵、赔偿金分期支付及赔礼道歉等非金钱给付内容；SEP 以行政执法案件及环境公民诉讼的和解协

---

① Steven Bonorris, *Environmental Enforcement in the Fifty States: The Promise and Pitfalls of Supplemental Environmental Projects*, 11 Hastings Envtl. L. J. 185（2005）.

议形式适用，内容为赔偿及抵扣。

第三，在项目内容种类方面，"技改抵扣"的项目仅限于企业对自身生产过程的优化与末端治理，较为单一；SEP则已通过行政法规明确了公共卫生、污染防治、污染物减排、环境修复与保护、促进环保合规、环保项目评估及审计、应急计划及预备7种典型类型，且并不排斥更灵活、新颖的项目探索，更全面地覆盖了环境保护实践的现实需求。

第四，在公众参与要求方面，我国"技改抵扣"并无任何规定或实践经验；而在SEP实践中，项目所在地社区公众对于SEP项目不仅有法律规定的知情权，公众参与也是SEP获准的必要前提，社区公众的反馈意见也是双方谈判或法院审核确定具体抵扣比例的重要因素，这是民主理念、普通法精神以及《应急计划及社区知情权法案》在环境法律实践领域的体现，对于实现环境正义有不可否认的意义。

第五，在独立性及公益性要求方面，我国"技改抵扣"无相应要求；SEP在项目实施过程中则对独立性及公益性均有要求，前者旨在排除强势的、具有持续监督权及执法权的行政机关对SEP项目及被处罚对象的干扰，后者则要求其他参与主体也不得通过SEP谋取超过一般社会公众可以获得的环境公共利益。

第六，在财政法冲突问题方面，美国联邦审计署对于SEP的主要质疑即在于其对《规费法》的突破与冲突；我国"技改抵扣"尚未提及与财政法的冲突，但我国《预算法》中也存在类似于美国《规费法》的规定，[①]因此"技改抵扣"适用过程中也有可能遇到相应的财税法冲突。

第七，在环保署等行政机关的作用方面，当前我国"技改抵扣"实践中并未观察到环境行政机关的实质性作用，且因我国暂不支持对行政罚款适用"技改抵扣"、行政机关参与度极低，仅一例执行案件的听证会中邀请属地生态环境局参与。SEP实践中则迥乎不同，首先联邦环保署对于行政执法案件及公民诉讼中的SEP项目审核监督方面有着专门规范性文件确定的职责；其次环保署往往作为SEP项目谈判方，积极参与SEP项目的提出、调整、准用、施行；最后环保署也是SEP具体适用政策的制定者。

第八，在抵扣比例计算方式及上限方面，诉讼中的"技改抵扣"并不考

---

① 《预算法》第56条规定，政府的全部收入应当上缴国家金库（以下简称国库），任何部门、单位和个人不得截留、占用、挪用或者拖欠。对于法律有明确规定或者经国务院批准的特定专用资金，可以依照国务院的规定设立财政专户。由此可见，我国也存在类似于美国《规费法》的规定，因此"技改抵扣"适用过程中也有可能遇到相应的财税法冲突。

虑预算或实际项目成本,而是直接划定上限,目前实践中上限为损害赔偿金的50%,且上限的确定过程及具体考量因素并未公开;在执行过程中"技改抵扣"则考虑赔偿金金额及实际技改花费,抵扣上限达到了73%,但抵扣比例的确定过程及具体考量因素并未完整公开。美国SEP在计算抵扣比例时,会结合违法者通过违法行为获利情况及民事处罚的震慑目的确定抵扣上限,再通过违法者申报信息计算可抵扣金额最大值,最后综合考虑项目对社会及居民的整体影响、项目的创新程度、环境正义促进程度(降低低收入人群及少数族裔人群环境风险)、项目宣传效果、项目对周边社区影响调查充分性、未来污染预防效果等来确定抵扣比例,其抵扣上限为赔偿金的75%。相比之下,SEP的折抵比例计算过程更为科学、全面,更能保证环境权益保护与环境正义落实目的实现。

第九,在项目实行过程监督方面,"技改抵扣"并无明确的规定或实践成果;SEP则已经发展出丰富的监督规则体系,对于项目实行过程中要求违法企业定期汇报项目花费及效果进度,若未能善意、完整地履行项目,或者在项目申报时存在成本预算作假,则视具体情形处以罚款。在过程监督方面,可以充分学习借鉴SEP经验。

第十,在对震慑功能的强调方面,因"技改抵扣"仅限于民事公益诉讼范围内,故在不涉及惩罚性赔偿金的情况下通常不强调震慑潜在不法行为的问题,在考虑抵扣比例上限时也更多考虑不让违法者额外得利而非赔偿金震慑功能;SEP广泛适用于环境执法案件,其抵扣比例确定过程明确规定了需保证对潜在类似不法行为的震慑功能。若未来"技改抵扣"可以适用于行政罚款及刑事罚金等领域,可参考SEP经验。

第十一,在合法性方面,SEP强调项目内容不得违反环境保护法律法规要求,且功能可以实现在先违法行为触犯法律的立法目的;而"技改抵扣"则要求申请抵扣的主体在技改期间或一定期限内不得再次出现行政违法行为。

(九)SEP对"技改抵扣"的借鉴价值

如前述,我国"技改抵扣"与SEP虽在制度功能上给人殊途同归之感,但在适用范围等方面大相径庭,结合差异对比及我国环境司法现状,笔者认为SEP在以下方面对我国"技改抵扣"制度完善有借鉴价值。

1. 适用范围及项目种类。如前述,我国"技改抵扣"在适用范围及项目种类方面远小于SEP,但考虑当前我国环境司法实践中第三方专业机构服务水平、服务能力问题，财政法冲突问题，法院的项目审核能力、项目履行跟踪监督能力有限，项目商定及履行中公众参与度较低，项目独立性、廉洁性监督不足，具体适用规范缺失等实际困难，建议维持当前适用范围及项目种类不变，在前述问题解决后，根据社会需要，先后逐步探索环境修复与保护、促进环保合规、环保项目评估及审计、公共卫生、应急计划及预备及更多类型项目；待取得阶段性稳定成果后再逐步拓宽适用范围。

2. 项目审核要求。在当前"技改抵扣"项目审核阶段，关联性要求已经被普遍接受，但尚需补充确立技改抵扣具体方案明确性要求、公众参与要求、公益性及独立性要求。

第一，关于技改抵扣具体方案明确性要求。在申请人提交满足关联性要求的初步"技改抵扣"方案后，法院应要求申请人提交完整具体的"技改抵扣"方案，包括完整并准确的技改项目内容、预算、成果验收标准及违法者在该项目执行过程中应当履行的责任及保障义务。

第二，关于公众参与要求。我国环境法律体系中已有保障公众知情权、同意权的在先规定，如我国《环境保护法》中规定公众有知情权，且在项目环境影响评价过程中应当向可能受影响的公众说明情况，充分征求意见[①]；《最高人民法院关于生态环境侵权案件适用禁止令保全措施的若干规定》也明确了禁止令文书应向被申请人住所地，环境污染、生态破坏实施地、损害结果发生地等相关区域公众告知，保障公众知情权。在"技改抵扣"审核过程中，法院也应责令申请人通过多媒体渠道向相关区域公众披露环境违法信息及技改项目方案，并允许信息披露之日起 30 日内向法院提交反馈意见。

第三，关于公益性及独立性要求。应审核确认技改项目落实中服务机构与案件原告、被告及双方核心人员无关联关系，并要求参与主体出具诚信廉洁具结书，以确保任何参与主体不得获取超出一般社会公众可得的环境权益增益，避免贪污腐败事件发生。环境行政机关在抵扣申请提出前，除敦促被处罚企业提交周期性报告信息外，不得干预技改项目进行。

3. 抵扣比例计算。关于抵扣比例上限，因"技改抵扣"无须考虑实际应付赔偿金震慑功能，一般情况下抵扣不超过技改项目成本的 80%，且同时不超过总损害赔偿金总额的 75%。在确定抵扣比例时，应考虑对社会及居民的整体影响、项目的创新程度、环境正义促进程度、项目宣传效果、项目对周边社区影响调查充分性、未来污染预防效果、申请人整改配合程度共计 7 个

---

① 参见《环境保护法》第五章之规定。

因素，以上要素各占大约 10% 比例，累加后得到不超过上限的抵扣比例。

4. 项目履行监督。在技改抵扣项目履行过程中，应补充设立项目履行监督责任。具体而言，在技改阶段，在抵扣阶段，申请人应定期向属地环境行政机关及法院提交项目进展报告及项目费用报告，并详细说明该项目推进过程中环境增益情况；环境行政机关对最终成本低于审核阶段申报预算的申请者进行处罚。如果技改项目没有履行完毕或没有达到申请时所保证的生态环境增益效果，则需支付减免金额的 75%~150% 的罚款，除非违法者可以证明在项目执行过程中已经及时、善意地推进了项目，并且已经花费了预算成本 90% 的金额。此外，若在做预算时高估技改项目成本从而虚报抵扣金额，也会被处罚，即若技改项目圆满完成，但是实际花费少于预估预算成本的 90%，那么也会处以抵扣金额 10%~25% 的罚款。

同时，申请人在披露、宣传技改项目时必须说明这些项目是履行针对其违法行为判决或和解协议而开展的，以免违法者因其履行法律责任而额外提升社会声誉。

5. 财政法冲突问题。我国《预算法》第 56 条规定，政府的全部收入应当上缴国家金库，任何部门、单位和个人不得截留、占用、挪用或者拖欠。对于法律有明确规定或者经国务院批准的特定专用资金，可以依照国务院的规定设立财政专户。而 2020 年颁布的《生态环境损害赔偿资金管理办法（试行）》第 6 条第 2 款虽然规定了"生态环境损害赔偿资金作为政府非税收入，实行国库集中收缴，全额上缴赔偿权利人指定部门、机构的本级国库，纳入一般公共预算管理"；第 8 条规定，"生态环境损害赔偿资金统筹用于在损害结果发生地开展的生态环境修复相关工作"。看似为自主运用生态环境损害赔偿金提供了合法性依据，但《生态环境损害赔偿资金管理办法（试行）》系国务院下属部委牵头、联合司法机关制定的部门规章，其制定主体并非国务院，在规范性文件位阶上不符合《预算法》要求。对于该问题，只能通过有权主体修改现行法或颁布新法的方式解决，以保证为"技改抵扣"及其他替代性修复措施的资金运用提供充分的合法性依据。

三、完善建议："技改抵扣"制度的规范构建

（一）申请阶段

1. 适用范围及项目类型。如前述，考虑到法院的项目审核能力、项目履

行跟踪监督能力有限、项目商定及履行中公众参与度较低等实际困难,建议维持当前适用范围及项目种类不变,在前述问题解决后根据社会需要,先后逐步探索环境修复与保护、促进环保合规、环保项目评估及审计、公共卫生、应急计划及预备及更多类型项目;待取得阶段性稳定成果后再逐步拓宽适用范围至环境行政罚款及环境犯罪刑事罚金。

应注意,环境民事公益诉讼中,侵权人须赔偿的项目包括环境功能损失、生态环境调查评估费用、清除污染及修复生态的费用,[①] 其中用于生态环境损害调查、鉴定评审费用及清除污染、修复生态环境费用已经实际发生且可确定的,不得计入抵扣额度。

2. 提起主体。"技改抵扣"作为一种新型替代性责任承担方式,常常表现为原告的诉讼请求或者被告的抗辩以及执行过程中被执行人的执行和解申请,故环境民事公益诉讼的原、被告,环境行政罚款非诉强制执行案件中的被执行人或申请执行人、刑事罚金执行案件中的被执行人及申请执行人均有资格提起"技改抵扣"申请。未经当事人提起,法院不得依职权决定适用"技改抵扣"。考虑到自然人无法对自身进行技术改造,技改抵扣不得适用于责任主体为自然人的案件。

3. 提起时间。考虑到"技改抵扣"并不具有类似于保全或者禁止令申请的紧迫性,在诉讼过程中提起的,原告应在法庭辩论终结前提起、被告应在答辩期内提起;被告在一审过程中未提起申请的可以在二审阶段提起,若原告在二审阶段因被告已完成技改并验收合格的,可以以撤回诉讼请求的形式向法院提出。在执行阶段提起的,则应在裁判文书生效之日起3个月内提起。

4. 关于申请的文书。申请人向法院提起"技改抵扣"申请时,应提交技改抵扣申请书及附带说明材料,载明技改方案内容、期限、关联性说明、可行性说明、技改方案预算及申报抵扣项目、技改效果验收标准及程序,若已完成技改及费用审计的则应一并提交技改验收通过证明材料及申报抵扣费用审计报告,申请人应对以上申请材料真实性负责。

(二)审查阶段

1. 适用条件。首先,对于环境民事公益诉讼案件,"技改抵扣"应只在环境无法修复或者依据自行修复情况下准许适用。其次,执行案件与诉讼案

---

① 参见《民法典》第1235条之规定。

件均只能对技改方案中超量技改部分对应费用准许抵扣，且抵扣项目应与超量技改优化有直接关联性，厂房搬迁等间接费用不得抵扣。申请人应在申请材料中明确超量技改核定标准及方式。

2. 审查主体及程序。"技改抵扣"申请的审核主体均为人民法院。在诉讼案件中将"技改抵扣"按照原告诉请或者被告答辩在诉讼中审查，并在裁判文书中明确是否准许申请的决定，对驳回申请的当事人除上诉权外不另行提供救济途径；在执行案件或生态环境损害赔偿磋商协议司法确认案中，则参照执行异议程序采取执行听证方式对申请人提交的技改方案进行审查，并邀请当地环境保护行政机关作为第三人参与听证，若申请人一并提交了技改验收材料及抵扣费用审计报告，则应通知评估鉴定人员及审计人员出席听证并接受各方当事人质询，审查完毕应作出执行裁定书告知审查结果，并向被驳回申请的当事人给予向上一级法院提起复议的救济途径。

3. 技改方案的关联性、公众参与、公益性及独立性要求。第一，关于关联性要求。为维护环境正义，技改方案应与在先的环境侵权、犯罪等在先环境违法行为具有关联性，具体表现在：其一，在主体上，技改对象应为负有赔偿责任或者被处罚金或罚款的责任企业，责任企业的子公司进行技改的，即便其费用由责任企业承担也不得申请"技改抵扣"，但不影响其子公司按照其他法律规定享有税额减免等政策激励；其二，在效果上，技改方案能有效降低在先环境违法行为影响，减少污染副产物产量或者排放量；其三，在空间上，技改地点应与在先环境损害结果或违法行为属于同一区县级行政区；其四，在时间上，技改方案应在合理期限内落实，为敦促企业及时、高效完成技改，结合现有实践经验，企业应结合技改方案在合理期限内完成技改验收，最长不得超过环境公益诉讼判决、环境犯罪判决、环境行政处罚决定书、生态环境损害磋商协议司法确认裁定书生效之日起 2 年，超过预定期限或最长期限则不予抵扣。

第二，关于公众参与要求。在"技改抵扣"审核过程中，法院也应责令申请人通过多媒体渠道向相关区域公众披露环境违法信息及技改项目方案，并允许信息披露之日起 30 日内向法院提交反馈意见。

第三，关于公益性及独立性要求。应审核确认技改项目落实中服务机构与案件原告、被告及双方核心人员无关联关系，并要求参与主体出具诚信廉洁具结书，以确保任何参与主体不得获取超出一般社会公众可得的环境权益增益，避免贪污腐败事件发生。环境行政机关在抵扣申请提出前，除敦促被处罚企业提交周期性报告信息外不得干预技改项目进行。

4.抵扣比例及上限。如前述，关于抵扣比例上限，一般情况下抵扣不超过技改项目成本的80%，且同时不超过总损害赔偿金总额的75%。在确定抵扣比例时，应考虑对社会及居民的整体影响、项目的创新程度、环境正义促进程度、项目宣传效果、项目对周边社区影响调查充分性、未来污染预防效果、申请人整改配合程度共计7个因素，以上要素各占大约10%比例，累加后得到不超过上限的抵扣比例。

（三）验收阶段

1.验收条件。责任人应当在完成技改后及时申请验收，并由具备法定资质的第三方机构针对技改效果出具专项评估或者鉴定报告。

2.验收标准。在提起"技改抵扣"申请时已完成验收的，应同时提交验收报告并在技改效果验收评估或鉴定报告中明确验收结论及标准；若在申请阶段尚未验收的，应在申请文书中明确验收标准，由法院结合专业机构意见审核是否采纳该验收标准。验收标准可以是高于申请时技改实施地最低环境标准的其他行业或者地方标准，也可以基于国家、地方或者行业标准上浮确定的更严格标准。若发现存在未完整履行技改项目、技改费用造假、实际支出低于申报技改预算等情形，应驳回验收或抵扣申请。

3.验收主体。验收主体应为法院，结合技改成效鉴定或评估报告及环境行政机关监测数据对技改成果是否达到技改标准进行审查。

（四）抵扣阶段

1.费用审计。验收通过后，最终申报抵扣的费用应经过具备法定资质的审计机构审计，并向法院一并提交审计报告。审计机构因重大过失或故意出具不实审计意见的，应依法承担法律责任。

2.合规性要求。考虑到最长技改期限为3年，企业提出抵扣申请时，应当同时提交环境行政机关出具的无环境行政违法证明，确保其在"技改抵扣"项目申请至抵扣期间未因环境违法行为受到行政处罚，也未有尚未审结的环境行政处罚案件，否则将不予抵扣。

结　语

"技改抵扣"作为生态司法中替代性修复责任承担的重要创新举措，其制度目的在于平衡环境保护、经济建设与社会发展，激励污染企业走上绿色发展转型道路，但因我国环境司法实践及学术讨论积累成果较少，实践中存在着法律依据不足、适用规则混乱的问题。然不得因规则与理论的缺位否定其制度价值，扼杀适用潜能，而应立足实践、夯实"技改抵扣"的理论基础，推动充分发挥"技改抵扣"功能。本文以实证分析及比较法分析为切入点，就"技改抵扣"的完善提供些许建议。囿于理论水平、实践经验的不足，建议多有不足，只望抛砖引玉，多方合力完善"技改抵扣"制度。

社会组织提起环境民事公益诉讼的
制度运行、现状反思和综合激励

——以2012年《民事诉讼法》施行以来司法审判实践为视角*

摘要： 2012年修正的《民事诉讼法》确立了社会组织有权提起公益诉讼的制度，明确列举"破坏生态环境"作为可以提起公益诉讼的情形，2014年修订的《环境保护法》再次明确社会组织提起公益诉讼的条件，最高人民法院亦于2015年发布司法解释对相关条款进行了再次细化，然而社会组织提起环境民事公益诉讼案件量一直处于低位运行状态。党的二十大报告明确要"完善公益诉讼制度"，激活社会组织这一重要主体，使公益诉讼的制度效能得到应有彰显是题中应有之义。本文从2012年《民事诉讼法》施行以来全国司法审判实践出发，通过全面梳理相关案件情况，分析目前社会组织提起环境民事公益诉讼所面临的制度运行空间有限和内生动力不足两方面问题并探析背后原因，最后就进一步调动社会组织的积极性，更好地发挥行政机关、检察机关、社会组织、公民等各方面主体的职能作用提出对策建议。

关键词： 环境民事公益诉讼　社会组织　制度效能　激励机制

环境公益诉讼制度的出现和发展，能有效制止针对环境公共利益的不法侵害，对于满足老百姓对优美生态环境的需要，推进生态文明建设具有重要意义。我国2012年修正的《民事诉讼法》首先赋予了"法律规定的机关和有关组织"提起环境民事公益诉讼的权利，然而被寄予"厚望"的社会组织并未表现出相应的"热衷"。检察民事公益诉讼得到大力发展以来，环境民事公益诉讼在发起主体上的不平衡现象更加突出，因此有必要以司法审判实践为视角，在对2012年《民事诉讼法》施行以来全国法院审理的相关案件全景式观察梳理的基础上，全面考察目前社会组织提起环境民事公益诉讼制度运行的有效性。

---

* 【作者信息】陈雨丝，上海市崇明区人民法院。

一、现状管窥：社会组织提起环境民事公益诉讼制度运行的有效性考察

（一）规范视角下的社会组织提起环境民事公益诉讼制度

1.《民事诉讼法》。在提起环境民事公益诉讼的主体资格方面，2012年修正的《民事诉讼法》第55条[①]原则性地确立了"法律规定的机关和有关组织"提起民事公益诉讼的主体地位，但对于具体哪些类型的机关和社会组织有权提起民事公益诉讼并没有明确具体的规定，在司法实践中的可操作性并不强。案件类型上，该法条中也只列举了"破坏生态环境"和"侵害众多消费者合法权益"两种情形，对于究竟何种情形属于"破坏生态环境"，什么情况下可以提起环境民事公益诉讼也没有明确规定。

2.《环境保护法》。2015年1月1日起施行的修订后的《环境保护法》第58条[②]规定，在设区的市级以上人民政府民政部门登记，专门从事环境保护公益活动连续5年以上的社会组织可以对污染环境、破坏生态，损害社会公共利益的行为提起诉讼，并且要求社会组织无违法记录且不得通过诉讼牟取经济利益。最高人民法院在《关于审理环境民事公益诉讼案件适用法律若干问题的解释》中对该条进行了细化，[③]明确了社会组织的类型、登记机关、"无违法记录"标准等内容，其中，对"专门从事环境保护公益活动"的解

[①] 2023年《民事诉讼法》修正后现为第58条，内容为：对污染环境、侵害众多消费者合法权益等损害社会公共利益的行为，法律规定的机关和有关组织可以向人民法院提起诉讼。人民检察院在履行职责中发现破坏生态环境和资源保护、食品药品安全领域侵害众多消费者合法权益等损害社会公共利益的行为，在没有前款规定的机关和组织或者前款规定的机关和组织不提起诉讼的情况下，可以向人民法院提起诉讼。前款规定的机关或者组织提起诉讼的，人民检察院可以支持起诉。

[②] 《环境保护法》第58条规定："对污染环境、破坏生态，损害社会公共利益的行为，符合下列条件的社会组织可以向人民法院提起诉讼：（一）依法在设区的市级以上人民政府民政部门登记；（二）专门从事环境保护公益活动连续五年以上且无违法记录。符合前款规定的社会组织向人民法院提起诉讼，人民法院应当依法受理。提起诉讼的社会组织不得通过诉讼牟取经济利益。"

[③] 《最高人民法院关于审理环境民事公益诉讼案件适用法律若干问题的解释》第2条规定："依照法律、法规的规定，在设区的市级以上人民政府民政部门登记的社会团体、基金会以及社会服务机构等，可以认定为环境保护法第五十八条规定的社会组织。"
第3条规定："设区的市、自治州、盟、地区，不设区的地级市，直辖市的区以上人民政府民政部门，可以认定为环境保护法第五十八条规定的'设区的市级以上人民政府民政部门'。"
第4条规定："社会组织章程确定的宗旨和主要业务范围是维护社会公共利益，且从事环境保护公益活动的，可以认定为环境保护法第五十八条规定的'专门从事环境保护公益活动'。社会组织提起的诉讼所涉及的社会公共利益，应与其宗旨和业务范围具有关联性。"
第5条规定："社会组织在提起诉讼前五年内未因从事业务活动违反法律、法规的规定受过行政、刑事处罚的，可以认定为环境保护法第五十八条规定的'无违法记录'。"

释,成为司法实践中关于社会组织的主体资格,最容易形成争议焦点的问题,也即要求从事环境保护公益活动的社会组织在章程中载明其宗旨和主要业务范围是维护社会公共利益,且提起的诉讼中所涉及的公共利益与其宗旨和业务范围具有关联性。但是,最高人民法院在其2016年发布的指导性案例①中明确,社会组织章程虽未载明维护环境公共利益,但工作内容属于保护环境要素及生态系统的,符合要求。应当可以理解为,在认定社会组织资格时,主要采取实质审查的标准,也即该社会组织的实际从事的工作内容和业务领域是否与环境资源保护相关,而非对社会组织的章程进行形式审查。

(二)主体视角下的社会组织提起环境民事公益诉讼制度

1. 检察机关是提起环境民事公益诉讼的绝对主力,且发展迅速。据检索②,自《民事诉讼法》(2012年修正)施行以来,全国法院共审结793件环境民事公益诉讼案件③,其中614件系检察机关提起,占比达到了77.43%,可以说是占据了大半壁江山。2014年,党的十八届四中全会提出"探索建立检察机关提起公益诉讼制度";2015年3月,最高人民法院司法解释规定检察机关可以支持起诉;2015年7月,最高人民检察院发布《检察机关提起公益诉讼试点方案》,积极探索建立检察机关提起公益诉讼制度。两年试点后,检察公益诉讼在2017年《民事诉讼法》《行政诉讼法》修正过程中获得了立法确认,检察机关提起公益诉讼制度经两年试点后全面铺开。

近年来,检察机关在积极履职中不断探索拓展公益诉讼案件范围,在法定办案领域上形成了"4+9"格局,即《民事诉讼法》第58条第2款和《行政诉讼法》第25条第4款规定的4个传统法定领域④以及单行法规定的9个新领域⑤。此外,公益诉讼检察工作还在继续向文物和文化遗产保护、残疾人权益保障等其他新领域拓展。即将于2023年9月1日起施行的《无障

---

① 参见最高人民法院指导案例75号,中国生物多样性保护与绿色发展基金会诉某科技股份有限公司环境污染公益诉讼案。

② 检索方式:通过"法信"平台,将案件类型限定为民事诉讼,以"公益诉讼—案"为关键词进行检索,共检索出827件案件,经过筛查,符合条件的案件共有793件。

③ 不包含刑事附带民事公益诉讼案件。

④ 分别是生态环境和资源保护、食品药品安全、国有财产保护、国有土地使用权出让等4个领域。

⑤ 分别是《英雄烈士保护法》《未成年人保护法》《军人地位和权益保障法》《安全生产法》《个人信息保护法》《反垄断法》《反电信网络诈骗法》《农产品质量安全法》《妇女权益保障法》等单行法规定的英雄烈士保护、未成年人保护、军人地位和权益保障、安全生产、个人信息保护、反垄断、反电信网络诈骗、农产品质量安全、妇女权益保障等9个领域。

碍环境建设法》也将检察机关提起公益诉讼条款列入其中，检察公益诉讼"4+9+N"的业务框架已基本形成。据最高人民检察院公开数据显示，2020年检察机关立案办理公益诉讼案件 15.1 万件，2021 年 16.9 万件，2022 年上升为 19.5 万件，可见检察公益诉讼发展势头仍然迅猛。

2. 提起公益诉讼的社会组织较为集中，呈现官民结合特点。上述 793 起环境民事公益诉讼案件中，仅有 159 起系由社会组织起诉，占比仅约 20%，与检察机关所起诉的案件数量相比，比例严重失衡。此外，159 起案件中，仅涉及共 32 家社会组织，且主要集中在几家环保公益组织，4 家社会组织提起超过 10 起案件，分别为中国生物多样性保护与绿色发展基金会 38 起、北京市丰台区源头爱好者环境研究所 23 起、金华市绿色生态文化服务中心 20 起、中华环保联合会 11 起。从社会组织的背景和主管单位来看，呈现出官民结合的特点，反映出不同性质的社会组织均参与到了环境民事公益诉讼制度中来，如上述 4 家社会组织中，中华环保联合会和金华市绿色生态文化服务中心由同级生态环境部门主管，中国生物多样性保护与绿色发展基金会和北京市丰台区源头爱好者环境研究所则由同级科学技术协会主管。

3. 行政机关参与意愿低，无公民个人提起的环境公益诉讼案件。一般认为，相关行政机关即是 2012 年《民事诉讼法》新增的公益诉讼条款中所指的"法律规定的机关"，全国首部环境公益诉讼地方性法规《深圳经济特区生态环境公益诉讼规定》中将《民事诉讼法》第 58 条中的"法律规定的机关"明确为"对生态环境和资源保护等领域负有监督管理职责的行政机关"[①]。作为和社会组织并行的另一提起公益诉讼的适格主体，行政机关提起的公益诉讼案件可谓凤毛麟角，上述案件中，仅有 3 起系由行政机关作为公益诉讼起诉人，其中 1 起由省政府和社会组织作为共同起诉人，[②]2 起由生态环境局作为起诉人[③]。目前，我国公民在任何情况下都不能成为提起公益诉讼的适格主体，然而从司法实践中看，公民在消费者权益保护公益诉讼领域有一定的存在感，而未在环境资源保护类公益诉讼中表现出同样的热情，上述案件中，共有 8 起由公民个人提起的公益诉讼，案由均为消费者权益保护，且均以撤诉或按撤诉处理方式结案。

---

① 参见《深圳经济特区生态环境公益诉讼规定》第 2 条。
② 详见（2016）苏 01 民初 1203 号，江苏省环保联合会等诉某染料有限公司环境污染民事公益诉讼案。
③ 详见（2021）粤民终 1711 号，甘某某、珠海市生态环境局等公益诉讼案；（2023）陕 0403 民初 120 号，杨陵区生态环境局与王某中、某渔场生态破坏民事公益诉讼案。

（三）案件视角下的社会组织提起环境公益诉讼制度

1. 案件量长期徘徊在低位，结构严重失衡。如前所述，社会组织提起环境民事公益诉讼的案件数量远远低于检察机关这一"后起之秀"。从时间分布上来看，2013年属于公益诉讼制度的空窗期，2014年，仅有1起由中华环保联合会提起的环境民事公益诉讼，2015至2019年，社会组织提起环境民事公益诉讼案件数量年均在20件以下，2020年以后案件出现大幅增长，2020年至2022年年均结案量上涨至近40件。从案件数量来看，检察公益诉讼与社会组织公益诉讼并非此消彼长的关系，而是处于共同发展之中。

2. 起诉主体不适格成为重要诉讼妨碍。除公民个人作为不适格主体不能提起公益诉讼外，由于目前我国法律对于社会组织提起环境民事公益诉讼设置了较为严格的资质门槛，社会组织的主体资格往往成为环境民事公益诉讼案件中的争议焦点之一，上述4家参提公益诉讼案件量较大的社会组织，均在诉讼中受到过相关质疑。其中，中国生物多样性保护与绿色发展基金会诉某科技股份有限公司环境污染公益诉讼案，因社会组织是否适格争议经过了一审、二审、再审，最高人民法院提审后再指定原审法院立案受理，并成为最高人民法院发布的关于"判断社会组织是否有权提起环境公益诉讼"的指导案例。在社会组织参与的另一公益保护领域即消费公益诉讼中，因为《消费者权益保护法》明确将公益诉讼起诉人限定为消费者保护协会，相关案件中没有产生对公益诉讼起诉人主体资格的争议。

3. 判决结果胜败参半，且诉讼周期较长。上述159起社会组织起诉的案件中，共有67起以判决或调解方式结案，其中判决61起，调解6起。从结果上来看，基于相关司法解释对公益诉讼调解协议进行专门公告和"不违反社会公共利益"审查的规定①，以调解结案的案件均有利于社会组织。61起判决结案的案件中，27起案件中社会组织败诉或主要诉讼请求未获支持，主要有证据不足、受损环境已经修复、所主张生态修复费用过高、相应行政处罚被撤销等方面原因。此外，社会组织主张的律师费、鉴定费、检测费等诉讼费用未获法院足额支持是普遍现象，有社会组织专门针对律师费问题

---

① 《最高人民法院关于适用〈中华人民共和国民事诉讼法〉的解释》第287条规定："对公益诉讼案件，当事人可以和解，人民法院可以调解。当事人达成和解或者调解协议后，人民法院应当将和解或者调解协议进行公告。公告期间不得少于三十日。公告期满后，人民法院经审查，和解或者调解协议不违反社会公共利益的，应当出具调解书；和解或者调解协议违反社会公共利益的，不予出具调解书，继续对案件进行审理并依法作出裁判。"

提起上诉，但二审仍未获得更多支持①。共 53 起以判决或调解方式结案的案件可以通过文书内容计算出从立案到裁判所耗时间，其平均诉讼周期为 392 天，远超普通程序民事案件的 6 个月审限，其中 26 起案件的审理周期超过 1 年，最长达到了 1823 天，长达 5 年②。

4. 以行政处罚为主要依据。法律并未规定环境民事公益诉讼的提起以行政违法为前提，而司法实践中，绝大部分由社会组织提起的环境民事公益诉讼案件均基于在先行政处罚而提出赔偿生态损失、开展生态修复等诉讼或请求，还有少量基于已生效的刑事判决书。究其原因，一方面，虽然《民法典》从侵权责任角度对污染环境、破坏生态侵权举证责任倒置作出了框架性规定③，但根据司法解释规定④，社会组织仍然需要提供被告的行为已经损害社会公共利益或者具有损害社会公共利益重大风险的初步证明材料，而社会组织不具有任何法律赋予的调查取证方面上的特别权利，其诉讼能力有限，同时，由于破坏生态环境行为波及面广、技术含量高、专业性强，且环境污染具有潜伏性、累积性，受损生态环境具有一定的自我修复功能等原因，取证固证并非易事，很有可能连最基本的证明标准也无法达到。在上海市第三中级人民法院受理的一起由社会组织提起的环境污染生态环境公益诉讼的案件中，就因社会组织既未能提供初步证据证明该行为是已经损害社会公共利益的环境污染或破坏生态行为，又未能提供被诉行为具有损害社会公共利益的重大风险的初步证明材料而裁定不予受理⑤。另一方面，虽然已经定罪生效的刑事案件中关于行为人污染环境、破坏生态的证据链更加完整，但对于可以提起民事公益诉讼的刑事案件，绝大部分由检察机关通过提起刑事附带民事公益诉讼的方式提出相关诉请，由此这类案件中，留给社会组织提起公益诉讼的空间十分有限。

---

① 详见（2021）甘民终 709 号，中国生物多样性保护与绿色发展基金会、某矿业有限公司生态破坏民事公益诉讼案。

② 详见（2015）甘民初字第 45 号。

③ 《民法典》第 1230 条规定："因污染环境、破坏生态发生纠纷，行为人应当就法律规定的不承担责任或者减轻责任的情形及其行为与损害之间不存在因果关系承担举证责任。"

④ 《最高人民法院关于审理环境民事公益诉讼案件适用法律若干问题的解释》第 8 条规定："提起环境民事公益诉讼应当提交下列材料：（一）符合民事诉讼法第一百二十一条规定的起诉状，并按照被告人数提出副本；（二）被告的行为已经损害社会公共利益或者具有损害社会公共利益重大风险的初步证明材料；（三）社会组织提起诉讼的，应当提交社会组织登记证书、章程、起诉前连续五年的年度工作报告书或者年检报告书，以及由其法定代表人或者负责人签字并加盖公章的无违法记录的声明。"

⑤ 详见（2021）沪 03 民初 607 号。

5. 以环境污染类案件为主。值得关注的是，检索到的由社会组织提起的环境民事公益诉讼案件中，几乎全部为污染环境类案件，涉及大气污染、水污染、固体废物污染等多种类型，对其他生态环境保护领域没有太多涉及。可供参考的是，辽宁省高级人民法院于2023年5月出台的《关于环境资源案件类型等有关问题的意见》中，将环境资源案件类型分为环境污染防治类、生态保护类、资源开发利用类、气候变化应对类、生态环境治理与服务类等类型。① 目前社会组织提起的环境民事公益诉讼集中于环境污染防治，少量涉及气候变化应对，其他几种类型的环境资源案件未见成讼。

二、结构性优势：推动社会组织成为环境民事公益诉讼主力军的价值证成

近年来，检察公益诉讼的蓬勃发展使公益诉讼制度重新焕发出生命力，然而国家大力发展检察公益诉讼，不是要取代和削弱社会组织提起公益诉讼，而是要弥补社会组织提起民事公益诉讼能力的不足，完善公益诉讼制度，以法治手段更好地保障公共利益。司法实践也证明，检察公益诉讼与社会组织公益诉讼并非此消彼长的互斥关系，情况恰恰相反，检察公益诉讼迅速发展以来，社会组织提起公益诉讼案件量也有所上升，后文将会详述，二者之间完全可以形成良性互动，互相补充、互相促进。

---

① （一）环境污染防治类案件
环境污染防治类案件，是指向大气、水、土壤和海洋等环境介质排放有毒有害物质、其他物质及能量，损害环境介质及其生态系统服务功能，以及导致个人或公众的人身健康、财产受损而产生的刑事、民事、行政以及公益案件。
（二）生态保护类案件
生态保护类案件，是指因破坏遗传（基因）、物种、生态系统多样性、景观多样性以及影响生态系统功能正常运行而产生的刑事、民事、行政以及公益案件。
（三）资源开发利用类案件
资源开发利用类案件，是指在土地、矿产等各类自然资源开发利用过程中产生的，与生态环境保护修复密切相关的刑事、民事、行政以及公益案件。
（四）气候变化应对类案件
气候变化应对类案件，是指在应对因排放温室气体、臭氧层损耗物质等直接或间接影响气候变化过程中产生的刑事、民事、行政以及公益案件。
（五）生态环境治理与服务类案件
生态环境治理与服务类案件，是指在利用税费、配额等规制措施以及第三方治理、环境容量利用权、绿色金融等市场机制，控制生态环境退化、改善生态环境质量过程中产生的刑事、民事、行政以及公益案件。

《民事诉讼法》第 58 条明确了检察机关在提起公益诉讼中的"替补"和"兜底"地位，实践中检察民事公益诉讼在诉前公告等制度设计上也对社会组织和有关机关的优先起诉权进行了程序保障。应当认为，在公益诉讼领域，仍然应当坚持社会组织的主体优先地位，激励社会组织成长为提起民事公益诉讼的主力军。

社会组织提起公益诉讼制度的优势主要通过其与其他可能主体间的比较得以体现，也即社会组织作为公益诉讼的起诉主体相较于检察机关、行政机关、个人等主体的优势。

1. 检察机关。检察机关获得公益诉讼起诉人地位后，公益诉讼案件量上涨势头强劲，某种程度上激活了几近沉睡的公益诉讼制度，然而应当注意的是，由检察机关主导公益诉讼的模式与检察机关作为法律监督机关的职能定位存在天然冲突，也打破了双方当事人诉讼地位的平衡。不同于"三权分立"体制下检察机关在功能定位上主要作为公诉人，以为国家和社会公共利益发动刑事公诉和民事诉讼为主要职能，提起公益诉讼的职权即源自其公诉职能。我国检察机关的宪法地位是"国家的法律监督机关"，同时检察院与法院一样，是国家的司法机关[①]，其地位具有独立性。检察机关一方面作为法律监督机关，另一方面在公益诉讼中作为起诉人，从逻辑上来说属于自己监督自己，其中立性难以保证，法律监督职能可能受损。作为具有独立地位的司法机关，也不宜在公益诉讼中作为案件当事人。关于诉讼两造平衡对抗，民事公益诉讼仍然属于民事诉讼的范畴，诉讼双方地位平等，但在检察机关提起的民事公益诉讼中，"官告民"的结构打破了诉讼两造的平衡。同时，《民法典》规定了在环境侵权领域适用举证责任倒置，相关司法解释还规定了检察机关调查取证、调卷等方面权利。

此外，检察机关是我国唯一适格的行政公益诉讼起诉主体，由社会组织担当大梁，可以将检察机关从民事公益诉讼中解放出来，从而更专注于办理行政公益诉讼案件，一方面，更好地行使法律监督机关职能，另一方面，促进公益诉讼的平衡充分发展。

2. 行政机关。行政机关与社会组织一样，同样属于法律规定的有权提起民事公益诉讼的主体，但从目前的司法实践来看，行政机关提起公益诉讼动

[①] 2006 年《中共中央关于进一步加强人民法院、人民检察院工作的决定》明确，人民检察院、人民法院均是国家司法机关。党的十八大之后，中央相关文件表述中的司法机关也均将检察机关包含在内。

力不足的问题较之社会组织更为明显。一方面，有权行政机关可以直接通过行政处罚等途径实现维护公共利益的目的，且行政处罚的最关键的特征就在于惩罚性，这是其区别于其他行政措施的实质标准，而反观环境民事公益诉讼，虽然《民法典》第1232条[①]规定了环境侵权惩罚性赔偿制度，但司法实务在环境公益诉讼中对于惩罚性赔偿的适用比较谨慎，甚至有观点认为惩罚性赔偿仅适用于私益诉讼而不适用公益诉讼，因此行政处罚的金额完全可能超过公益诉讼，此种情况下，相关行政机关实在很难对公益诉讼提起兴趣。

2018年以来，由生态环境部门主导的生态环境损害赔偿磋商制度由试点推广至全国试行，据检索，[②] 截至2023年6月，全国法院共在141件案件中对生态环境部门与环境侵权人达成的生态环境损害赔偿协议进行了司法确认。另一方面，根据公共信托理论，环境资源是人类生存与发展的基础，归全体国民所有，为便于管理和可持续发展，国民将管理权让渡给政府，政府接受全体国民的信托管理环境公共资源。行政机关作为受托人，是保护公共利益不受损害的"第一责任人"，公益诉讼的背后往往暗含了行政机关的失职，此种语境下，行政机关提起公益诉讼在一定程度上属于"自扇耳光"，因此行政机关在提起公益诉讼方面存在天然"惰性"。

3. 公民。公民作为提起公益诉讼的主体首要的障碍便是缺少法律依据，我国现行实体法与程序法均没有相关规定赋予公民提起公益诉讼的权利，更没有司法裁判承认个人作为适格公益诉讼起诉主体。其次，公共利益具有整体性、广泛性，公民利益具有多元性、多层次性、分散性，公民对个人利益的关注亦远远超过公共利益，此外，公民个人的诉讼能力也很有限，难以担负主导公益诉讼的重任。

总而言之，一方面，社会组织作为公益诉讼起诉人，具有天然公益性、专业要素集聚、链接整合资源、社会基础广泛等方面优势。另一方面，由社会组织主导民事公益诉讼的发展，有利于检察机关集中力量办好行政公益诉讼案件，促进公益诉讼制度的全面发展，更好地激发公益诉讼的制度效能。

---

① 《民法典》第1232条规定："侵权人违反法律规定故意污染环境、破坏生态造成严重后果的，被侵权人有权请求相应的惩罚性赔偿。"

② 检索方式：在"法信"平台，以"生态环境损害赔偿协议"和"司法确认"为关键词进行检索。

三、实践透视：社会组织提起环境民事公益诉讼制度运行不畅的现状反思

（一）立法门槛：社会组织的主体资格标准较高

我国对于赋予社会组织提起环境公益诉讼的主体资格的态度趋于谨慎，首先就体现在将社会组织完全隔绝在行政公益诉讼之外。民事公益诉讼方面，2013年公布的《环境保护法修正案（草案二次审议稿）》中的相关条文甚至将适格主体仅仅限制在准官方全国性环保组织"中华环保联合会以及在省、自治区、直辖市设立的环保联合会"，也因此该条被部分观点评价为"特权条款"。由于二审稿颇受争议，三审稿由"修正"变为"修订"，作了大幅改动，最终将适格社会组织放宽为全国范围内抽象的"有关组织"，然而据原环保部统计，彼时全国符合三审稿要求的社会组织仅有24个。[①]

从比较法的角度来看，美国在公益诉讼领域确立了"私人检察总长"制度，将维护政府利益和公共利益的诉权广泛赋予政府、公民、个人和其他社会组织；在发展中国家中公益诉讼制度较为发达的印度在判断诉讼资格问题时遵从"充分利益标准"，但对于授予诉讼资格的充分利益是什么，法院从未进行过任何具体的说明，为个人和非政府组织参加环境公益诉讼提供了广阔的空间；德国、法国等欧洲国家尽管也为防止滥诉而对诉讼资格的取得作了一定的限制，但条件较之我国宽松许多，如结社法制完善、社会团体发达的德国，对于环保团体成为公益诉讼原告的从业年限要求是3年，远远短于我国的5年。

（二）诉权压缩：检察机关、生态环境保护职能部门"公权主导"色彩愈浓

首先，检察机关本就是行政公益诉讼唯一适格的起诉人。近年来，检察民事公益诉讼亦全面铺开，蓬勃发展。不可否认的是，公益诉讼的"公权主导"色彩越来越浓厚。由检察机关提起的刑事附带民事公益诉讼在公益诉讼案件中处于"一枝独秀"的地位。根据最高人民法院发布的《中国环境资源

[①] 梁平、潘帅：《环境公益诉讼模式的重构——基于制度本质的回归》，载《河北大学学报（哲学社会科学版）》2022年第2期。

审判（2021）》①，2021年全国法院受理的所有环境公益诉讼案件中，刑事附带民事公益诉讼案件占比70.15%，由检察机关提起的环境民事公益诉讼案件在所有环境民事公益诉讼案件中占比也达到了73.91%。

与此同时，随着《民法典》的颁布施行，由以生态环境局为代表的生态环境保护职能部门主导的生态环境损害赔偿磋商制度，从案件量上看，上述141起案件中，仅9起为2019年受理的案件，其余132起均为2020年及以后受理案件。有观点担心，鉴于环境保护与经济发展存在一定程度上的对立冲突，环境民事公益诉讼素来可能面临来自政府及企业的阻力，很多污染企业对于地方财政贡献巨大，关于由行政机关主导的生态损害赔偿磋商可能会成为地方干预合法化"挡箭牌"的担忧并非没有道理。

毋庸置疑的是，在生态环境保护领域，行政权应当优先于司法权，公益诉讼制度存在的价值在一定程度上就在于弥补行政机关的缺位，这也是当公益诉讼案件起诉到法院后，法院必须向相关行政主管部门书面告知相关情况的原因，如果有关行政机关及时介入、充分履职，那么很可能就没有提起公益诉讼的必要了。但目前司法实践中，即使社会组织提起生态环境民事公益诉讼，若有关部门启动生态环境损害赔偿磋商程序，通常公益诉讼案件即以撤诉结案，完全剥夺了社会组织参与和监督相关案件的权利似乎也不尽合理。

（三）司法不调：私益导向的民事诉讼制度设计不符合公益诉讼实际

传统的民事诉讼是基于私益保护目标而对不同主体的角色定位、权利义务以及诉讼流程、费用承担等程序性事项进行了制度设计，而将"两造对抗"的模式直接移植于公益诉讼中，却显得有些"水土不服"。首先，公益诉讼中，诉讼利益并非归于公益诉讼起诉人，却要求公益诉讼起诉人独自承受负担高额案件受理、鉴定评估、律师等诉讼费用的风险并不公平。其次，既然非为私益相争，公益诉讼中的起诉人和被起诉人并非完全对立状态，甚至通过非诉讼化的途径能够更好地实现保护公益的效果。近年来，由生态环境保护职能部门主导，检察机关广泛参与，法院通过司法确认对相关协议进行固定的生态环境损害赔偿磋商制度的良好运行即是最好的证明，"协作而非对抗"往往更有利于实现生态环境保护与修复的目的。

---

① 据查，《中国环境资源审判（2022）》中并未公开相关数据，故以2021年数据举例。

（四）动力不足：诉讼能力与诉讼成本对社会组织的双重制约

诉讼能力方面，社会组织不像检察机关具有调查案件的权力，其取证固证的手段也十分有限，而且通常也没有相应的财力能力精力设立专门的公益诉讼内设机构，在熟悉诉讼程序、震慑环境侵权人、与审判机关良性沟通等方面也远不如作为国家公权力机关的检察机关，诉讼能力的欠缺比较明显。诉讼成本方面，从目前的司法实践来看，社会组织为维护社会公共利益而提起公益诉讼，付出了大量时间和精力，非但不能从中获益，还大概率要"倒贴"调查取证、鉴定评估、律师费等金钱成本。检索到的案例中，仅1起案件中，社会组织主张的相关诉讼费用得到了法院的全额支持。鉴定评估费用的高昂尤其成为制约社会组织提起公益诉讼案件的诉讼成本顾虑，社会组织往往倾向于以涉及社会公共利益为由，请求法院依职权鉴定，法院则出于成本负担、审执一体化等方面考虑通常予以拒绝，案件由此无疾而终。此外，由于社会组织主张的生态环境损害赔偿及修复费用金额往往也比较大，据此计算的案件受理费也相应比较高，社会组织可能难以负担。据检索，共8起案件因社会组织未交纳诉讼费而按撤诉处理。

四、体系完善：构建社会组织提起环境民事公益诉讼综合激励机制

（一）保障社会组织主体地位

1.适当降低主体资格限定标准。首先，应当明确在对社会组织的"公益性"进行相关考察时，不应仅以其章程规定不包含生态环境公共利益保护相关内容为由而认定其系不适格主体，而要对其所实际组织和参与的活动、工作内容等进行实质性考察。其次，鉴于目前的环境民事公益诉讼集中在环境污染领域而对资源保护类未加涉及，同时，具有生态环境保护职能的相关行政机关呈现出扩容趋势，参考《深圳经济特区生态环境公益诉讼规定》对具有生态环境和资源保护相关职能部门进行了列举，除生态环境、规划和自然资源、林业、水务等部门外，将发展改革、工业和信息化、财政、卫生健康、市场监管、城管和综合执法等部门也列入其中。[①]可以考虑，在认定社

---

① 详见《深圳经济特区生态环境公益诉讼规定》第5条。

会组织是否有权提起环境民事公益诉讼时也对目前认定的"环保组织"的范围进行扩容，将更多社会组织纳入有权主体。最后，考虑到目前活跃在环境民事公益诉讼领域的社会组织都是"老资历"，可以适当降低5年的从业时限限制，以吸引更多新鲜血液。

2. 确保社会组织诉讼优先顺位。首先，推动检察民事公益诉讼诉前程序实质性运行。目前检察机关在提起民事公益诉讼前履行的诉前公告手续逐渐流于形式，仅作为程序正义的象征而存在。事实上，在检察民事公益诉讼全面推开前，检察机关通过发送检察建议等方式，在激励有关机关和社会组织提起公益诉讼方面发挥了积极的作用。在检索到的2起消费者权益保护公益诉讼案件中，系由检察机关向省消委会发出提起公益诉讼的检察建议后，由省消委会提起相应公益诉讼，检察院支持起诉。[①] 检察机关应当通过发函、发送司法建议等形式充分督促激励顺位在先的有关机关和社会组织提起公益诉讼，尤其应当注重在刑事附带民事公益诉讼案件中对有关机关和社会组织优先地位的保障，若有有关机关或社会组织针对相应刑事案件提起民事公益诉讼，法院应当将刑事部分与民事公益诉讼部分分别开庭审理，而不宜再合并审理。其次，若有社会组织提起在先环境民事公益诉讼，生态环境保护职能部门在收到法院告知后启动生态损害赔偿磋商程序，应当允许社会组织列席见证并监督磋商过程，若社会组织对磋商结果不认可，允许其再行提起环境民事公益诉讼。

（二）创新诉讼费用承担机制

1. 公益诉讼专项资金。如前所述，环境民事公益诉讼的调查取证、鉴定评估、律师等诉讼费用不菲，想激励社会组织更好发挥主体作用，积极提起公益诉讼，资金问题势必成为重中之重。目前，已有其他省市尝试建立环境公益诉讼专项资金，大致有三种资金管理模式，分别是由行政机关管理、由法院管理、实行慈善信托管理，下面分别对具有代表性的昆明、海南、深圳三地实践进行分析：

（1）昆明模式。早在2012年《民事诉讼法》修正以前，2010年昆明市政府就已经开始探索建立专项资金账户，根据《昆明市环境公益诉讼救济专项资金管理暂行办法》[②]，由市环保局对资金进行统一核算和管理，市审计

---

① 详见（2019）川01民初5508号、（2018）晋06民初36号。
② 2010年昆明市人民政府公告第64号。

局负责监督。救济资金的来源包括财政拨款、无特定受益人的环境损害赔偿金、刑事被告人自愿捐赠的资金和利息,[①]用途则包括调查取证、评估鉴定等诉讼费用和环境修复费用、受害人救助费用[②]。同时在以实际支出为限的基础上,对救济资金的申请额度进行了进一步限制,包括诉讼费用每案不超过20万元、执行费用每案每人不超过2万元、修复费用以执行到位的赔偿金额为限等。[③]在检察公益诉讼全面铺开、公益诉讼案件量以前,该模式发挥了一定的作用,根据昆明市生态环境局2018年公开的数据显示,2011年至2017年7年间,共收入6起案件的环境损害赔偿金,支出3笔生态修复费用、1笔环境损害鉴定评估费,这与当时昆明的公益诉讼案件量是大致相符的。[④]

然而,从目前昆明的司法实践来看,该模式并未在环境公益诉讼案件中一以贯之,部分辖区建立了本辖区的环境公益诉讼救济专项资金,[⑤]部分案件判决将赔偿金支付给作为公益起诉人的检察院,[⑥]部分案件中则判决将生态修复费用交给林业局、自然资源局、相应行政主管部门,[⑦]还有相当部分案件则没有明确赔偿金的交付对象。究其原因,生态环境保护所涉及的部门远不止生态环境局,土地、林业、水务均分属不同的行政主管部门,由生态环境局统管公益诉讼资金不符合当前生态环境分域而治的实际。

(2)海南模式。根据海南省财政厅、海南省高级人民法院《海南省省级环境公益诉讼资金管理暂行办法》(琼财行〔2011〕1846号),省级资金来源

---

① 《昆明市环境公益诉讼救济专项资金管理暂行办法》第3条规定,救济资金的来源:(1)财政拨款;(2)人民法院判决无特定受益人的环境损害赔偿金;(3)侵害环境案件中的刑事被告人自愿捐赠的资金;(4)存款利息。

② 《昆明市环境公益诉讼救济专项资金管理暂行办法》第4条规定,救济资金的用途:(1)单位、环保组织提起环境公益诉讼所需支出的调查取证、评估鉴定等诉讼费用;(2)对因环境公益诉讼案件侵权人给环境造成的损害进行修复的费用;(3)对无财产可供执行的环境侵权案件的受害人进行救助的费用。

③ 《昆明市环境公益诉讼救济专项资金管理暂行办法》第9条规定,申请救济资金的限额:(1)环境公益诉讼案件救济资金的申请额度在鉴定费、调查取证费等实际支出的限额内确定。但每案不超过20万元。(2)环境侵权案件执行救济资金的申请额度根据实际情况确定,给予一次性救助。但每案每人不超过2万元。(3)修复因涉及环境公益诉讼案件遭到破坏的环境所需费用,以人民法院生效判决并执行到位的赔偿金额为限。

④ 据"法信"平台检索数据,2011年至2017年,昆明市中级人民法院辖区内法院共公开4起民事公益诉讼案件的裁判文书。

⑤ 详见(2021)云0103刑初149号。

⑥ 详见(2021)云0126刑初238号、(2020)云0181刑初375号、(2017)云0122刑初252号。

⑦ 详见(2019)云0102刑初1895号、(2019)云0114刑初219号。

为财政拨款，①实行国库集中支付，单独核算。由省高院提出预算计划、财政厅审核后列入其年度部门预算，②其用途仅限于因诉讼产生的费用，③不包括生态修复费用。显然，该资金的设立目的仅在于通过财政拨款对提起环境公益诉讼所涉及的诉讼费用进行补助，并未对通过诉讼要求环境侵权人承担的生态损害赔偿金作出相应安排，不涉及诉后生态修复资金使用的若干事宜。

（3）深圳模式。2020年10月1日，深圳发布全国首部生态环境公益诉讼地方性法规——《深圳经济特区生态环境公益诉讼规定》，提出设立生态环境公益基金，实行慈善信托管理。基金来源包括生态环境损害赔偿金及相关费用、社会捐赠及其他合法资金④。值得注意的是，基金用途除了生态修复费用、诉讼费用、应急处置费用外，还包括对保护生态环境作出显著贡献的组织和个人进行奖励和生态环境保护公益活动。⑤2021年5月，经深圳市人大常委会研究决定，在深圳市慈善会设立深圳经济特区生态环境公益基金。

经过2年多实践检验后，2023年8月1日，在首个全国生态日来临之际，深圳发布《深圳经济特区生态环境公益基金管理暂行办法》（以下简称《办法》），详细地规定了管理机构和基金的管理使用、监督、信息公开、清

---

① 《海南省财政厅、海南省高级人民法院海南省省级环境公益诉讼资金管理暂行办法》第3条规定：海南省省级环境公益诉讼资金的来源为省级财政拨款，实行国库集中支付，单独核算。
② 《海南省财政厅、海南省高级人民法院海南省省级环境公益诉讼资金管理暂行办法》第5条规定：海南省省级环境公益诉讼资金由省高级人民法院按部门预算编制要求提出预算计划，经省财政厅审核，列入其年度部门预算，按相关规定报批后下达。当年预算安排不足的，按照预算管理规定办理追加。年底结余资金按预算管理规定处理。
③ 《海南省财政厅、海南省高级人民法院海南省省级环境公益诉讼资金管理暂行办法》第2条规定：本办法所称环境公益诉讼资金是指依照海南省高级人民法院《关于开展环境资源民事公益诉讼试点的实施意见》的规定，对国家机关、其他法人组织及公民提起环境公益诉讼涉及的诉讼费用进行补助的专项资金。上述诉讼费用包括案件受理费、申请费、调查取证费、鉴定费、勘验费、评估费以及其他因诉讼产生的费用。海南省省级环境公益诉讼资金适用范围包括省高级人民法院、省第一中级人民法院、省第二中级人民法院、海口海事法院受理环境公益诉讼案件所发生的诉讼费用。
④ 《深圳经济特区生态环境公益诉讼规定》第30条规定，生态环境公益基金通过下列来源筹集资金：(1)生态环境民事公益诉讼中，人民法院生效裁判文书、调解书确定的生态环境损害赔偿金和费用；(2)污染环境、破坏生态赔偿义务人主动缴纳的生态环境损害赔偿金；(3)社会捐赠；(4)符合章程规定的其他合法资金。前款规定的生态环境损害赔偿金和费用包括：生态环境受到损害至修复完成期间服务功能丧失导致的损失，生态环境功能永久性损害造成的损失，清除污染、修复生态环境的费用，防止损害发生和扩大所支出的合理费用，以及人民法院判决的惩罚性赔偿金。
⑤ 《深圳经济特区生态环境公益诉讼规定》第31条规定，生态环境公益基金应当用于下列事项：(1)修复方案编制、实施及修复效果评估等生态环境损害替代性修复支出；(2)提起生态环境民事公益诉讼所需的调查取证、鉴定评估、诉讼费、律师代理等相关费用支出；(3)生效法律文书明确用途的相关支出；(4)对保护生态环境作出显著贡献的组织和个人奖励支出；(5)应急处置阶段发生的相关费用；(6)生态环境保护公益活动支出。

算终止等事项。由深圳市慈善会担任基金管理人，人大常委会监察和司法委员会、民政局、检察院、生态环境局作为指导单位①。《办法》关于资金来源与用途的规定与《深圳经济特区生态环境公益诉讼规定》保持一致，但明确了基金使用遵循"修复优先、量入为出、分类使用"的原则，对因提起公益诉讼产生的费用最高按不超过实际发生额的 50% 进行资助。值得关注的是，《办法》规定设立生态基金专家委员会②，主要职责是对拟开展或资助的相关生态环境保护项目进行评审评估，为生态基金资助项目等重大问题和重要决策提供专业建议。

可以看出，与海南不同，深圳生态环境公益基金侧重于公益诉讼诉后的生态修复，而非对相关主体提起公益诉讼的成本进行补贴。从裁判文书来看，该模式在深圳的公益诉讼实践中得到了较好落实。

诚然，调查取证、鉴定评估等诉讼费用的高昂，成了阻碍许多社会组织提起公益诉讼的重要因素，解决诉讼成本问题就解决了社会组织的一大"后顾之忧"，无疑将极大提升社会组织的积极性。然而，激励社会组织积极参与公益诉讼的目的并不在于增加公益诉讼案件，而旨在通过环境公益诉讼制度效能的发挥更好推进生态文明建设、助力美丽中国蓝图绘就。

生态修复难一直是环境公益保护中困扰职能部门、检察机关、法院的一大难题。目前上海法院审理的环境公益诉讼案件中，无论是纯粹的民事公益诉讼还是刑事附带民事公益诉讼，环境侵权人交纳的生态损害赔偿金绝大部分都上缴了国库，这与行政处罚罚金的归处并无不同，没有充分发挥修复受损生态环境的作用。当然，从公开裁判文书来看，这不仅仅是上海面临的问题，而是全国大部分地区都面临的问题。

可以说，解决诉讼成本负担问题只是治标，解决生态环境损害赔偿金的使用问题才是完善生态修复制度，形成生态环境公共利益保护良性循环的治本之策。当然，建立环境公益诉讼专项基金可谓困难重重，然而相关制度的完善对于真正激活环境公益诉讼制度效能意义重大，值得尝试。此外，参照深圳以慈善信托方式管理基金，还可以探索对维护社会公共利益有突出贡献

---

① 《深圳经济特区生态环境公益基金管理暂行办法》第 4 条规定：深圳市人大常委会监察和司法工作委员会、深圳市民政局、深圳市人民检察院、深圳市生态环境局为生态基金的指导单位。市慈善会担任生态基金的管理人，按照本办法对生态基金进行管理。

② 由生态环境、自然资源、污染防治、公益慈善、财务、法律、审计、建筑工程等领域专家代表及人大代表、政协委员组成，专家委员会成员总数不少于 11 人。专家委员会成员来源于自荐、他人推荐和管理委员会邀请，其在自身专业领域的履职经验不少于 5 年。

的社会组织、律师等进行奖励,进一步激发社会组织的积极性。

2. 案件受理费和鉴定费负担的"权宜之计"。既然是为了公共利益,没有理由作为公益诉讼起诉人的社会组织独自负担诉讼费用,有必要对相关费用的负担机制进行一定创新。除了建立在专项资金基础之上的海南模式,各地法院已探索出一些较为成熟的变通经验可以借鉴。关于案件受理费,社会组织在提起公益诉讼时,不明确生态损害的具体赔偿金额,而以"以最终鉴定评估费用为准"对费用主张进行说明,案件以非财产案件的标准收取案件受理费,也即仅收取50~100元的案件受理费,不失为减轻社会组织诉讼费用负担的变通之法。

关于鉴定费,鉴定费用的存在不仅提升了公益诉讼的成本,也将许多损害较小的潜在破坏生态环境案件拦于公益诉讼门外,毕竟比生态损害赔偿金额还要高的鉴定费实在不是经济之举。部分地区法院探索借鉴知识产权诉讼,引入"技术调查官",通过计算"碳汇"等方式对事实清楚、案情简单的环境资源案件的生态损害赔偿费用进行量化,以解决环境资源案件中无鉴定即无裁判依据的困境。

(三)丰富检察机关及其他机关机构、社会组织、公民等支持起诉制度内容

1. 拓展检察机关支持起诉内容:丰富支持起诉方式,健全司法公开机制。在公益诉讼中,不应当狭义地将"支持起诉"理解为在案件审理过程中为公益诉讼起诉人赢得诉讼提供所需帮助,而是以社会组织提起的公益诉讼案件为纽带,检察机关、行政机关、审判机关乃至环境侵权行为人互相协同,目的在于实现生态环境保护,也就是说,"支持起诉"的目的并不仅仅在于打赢官司,更在于使受损的生态环境得以修复,在预防性环境民事公益诉讼中则是保护生态环境免受损害。目前检察机关支持起诉的方式主要有提供法律咨询、提交书面意见、协助调查取证等,[①]还可在推动实现调解和解、解决鉴定评估难题、案后回访促进执行、共同监督生态赔偿金使用管理等方面进一步完善支持举措,织密生态环境公共利益保护法治网。

值得注意的是,通过"法信"平台检索到的案件量,与最高人民法院在《中国环境资源审判》中公布的案件体量有着较大出入,乃至最高人民

[①] 黄锡生、余晓龙:《社会组织提起环境公益诉讼的综合激励机制重构》,载《法学论坛》2021年第1期。

法院同时发布的《中国环境司法发展报告》且检索到的裁判文书中,部分经历了二审乃至再审的案件,仅有 1 份裁判文书在网上公开,可见环境公益诉讼案件的司法公开仍然有所保留。公益诉讼既然是为了社会公共利益,理应面向公众,尤其是以判决方式结案的公益诉讼案件,具有引领社会风气风向标的作用,更大范围的司法公开更有利于社会公众参与监督、传播生态法治理念、培育生态文明风尚,更好发挥典型案件"审理一案,治理一片"的作用。检察机关同样作为司法机关,在办理各类公益诉讼案件的过程中,可以探索建立健全公益诉讼案件的司法公开制度。根据最高人民检察院公布的数据,检察机关每年办理的公益诉讼案件量比之人民法院受理的案件量还要多出几倍,在公益诉讼案件方面,检察机关其实拥有比审判机关更加丰富多元的数据"富矿",由检察机关探索对公益诉讼案件的司法公开制度进行补强具有一定价值。

2. 扩充支持起诉主体:完善行政机关、社会机构、社会组织、公民等参与公益诉讼的制度空间。事实上,可以在公益诉讼中发挥"支持起诉"功能的远不止检察机关,由其他组织机构支持起诉在司法审判中已有实践。在云南省玉溪市中级人民法院审理的一起由北京市朝阳区自然之友环境研究所提起的环境民事公益诉讼案件[①]中,中国政法大学环境资源法研究和服务中心作为支持起诉单位,并促成案件达成调解。同时,案件调解过程中,法院特别邀请西双版纳州生态环境局派员全程参加。值得一提的是,双方在调解书中明确,起诉人北京市朝阳区自然之友环境研究所从 2018 年协议生效至 2035 年,对义务人的履行情况开展现场监督,且因此而产生的费用,由被起诉人承担。此外,检索到的 12 起案件中,由两个来自不同地区的社会组织作为共同起诉人,彼此之间也实现了优势互补、资源共享,补强了各自的诉讼能力。由此,在未放宽对社会组织主体资格的限制以前,可以探索接受不具有相应资格的社会组织作为联合起诉人参与到环境公益诉讼中。

社会组织以外,有关行政机关也是提起公益诉讼的第一顺位主体。然而如前所述,行政机关在提起公益诉讼方面具有天然"惰性",但是行政机关作为标准的制定者和规则的维护者,其在环境保护相关法律法规的解释、提出替代性修复方案、判断侵权人的义务履行是否符合相应要求等实务性工作方面具有社会组织、检察机关、审判机关等均无法比拟的独到优势。同时,行政手段较之司法手段要丰富得多,行政机关在监督环境侵权人履行义务方

---

① 详见(2018)云 04 民初 15 号。

面具有更大的震慑力，况且，有关行政机关本就是维护社会公共利益的"第一道关口"，监督环境侵权人履行相应生态损害赔偿责任也算是有关机关的分内工作。生态环境局、水务局、林业局等生态环境保护职能部门在技术调查、专家评议、鉴定评估等方面具有一定的优势资源，鉴于其在环境公益保护中的特殊地位，可以探索建立重大环境公益诉讼案件生态环境保护职能部门常态化支持起诉制度，对其支持起诉的职责进行进一步细化明确。对于热衷环保事业的公民，可以通过畅通线索举报渠道、奖励有效证据提供等方式鼓励其参与环境公益诉讼。简言之，在环境公益诉讼中，应当淡化诉讼参与人之间的"对抗性"而强调"协同性"，防止将公益诉讼案件过度诉讼化和司法化，应当以其为纽带，积极吸纳更多不同类型的机关、组织、机构等各施所长、各尽其用，以修复或保护生态环境为一致目标，在诉前、诉中、诉后均探索推进多方实质参与、相互协同配合、公开阳光透明的公益诉讼制度建设。

风险预防与损害救济：预防性检察环境民事公益诉讼现状分析及完善路径 *

摘要： 预防性检察环境民事公益诉讼应是保护环境、预防环境损害的重要司法手段。从实证分析的角度来看，其尚未得到应有之发展，检察机关在环境民事公益诉讼中仍偏重滞后性救济模式。但基于"科学的不确定性"，环境损害的不可逆性、不可控性、难治理性等特征以及环境利益的公共利益属性等，可知滞后的环境损害救济已经无法良好地应对当前新形势下的环境损害与环境风险问题。因此，以风险预防原则为主视角探讨检察环境民事公益诉讼的完善路径尤为重要。为完善风险预防性检察环境民事公益诉讼，应从立法层面予以深化，并促使检察机关以风险预防性诉讼请求为价值取向，完善公众参与体制机制，解决好环境之遗留问题，同时构建预防性行政附带民事公益诉讼。

关键词： 环境民事公益诉讼　检察公益诉讼　风险预防　损害预防

一、问题的提出

风险预防原则是预防基于科学不确定性的风险的一项原则，且在我国环境法律体系中亦有愈加鲜明之体现。基于经济学原理，承担风险是获得收益的基础，挑战与机遇亦是互生共存。故而环境领域的风险也越来越严峻，并且这些风险涉及公众的健康以及环境利益。但通过对 2017 年至 2021 年检察环境民事公益诉讼 317 个案例的收集与分析以及走访调研，① 我国检察环境民事公益诉讼仍偏向于对于已发生损害之救济，而预防性检察环境民事公益诉

---

* 【作者信息】王玉杰，武汉大学。

① 本文中的案例来源是以中国裁判文书网为主要的检索来源，以"检察""环境民事公益诉讼"为关键词，选取了 2017 年至 2021 年 5 年时间为节点进行检索，共收集到符合条件的案例 317 件。

讼在数量上仍未有较大进步，并且基于风险预防原则的预防性环境民事公益诉讼更是寥寥可数。因而我国在检察环境公益诉讼领域对于环境保护模式应当从传统的损害救济向风险预防进行过渡。但对于风险预防而言，其中关于"重大风险"的认定、预防性措施的限度以及预防性行政附带民事公益诉讼的构建等相关问题仍亟待解决。

二、理论架构：环境风险与预防性检察环境民事公益诉讼之概述

（一）环境风险之特征：不确定性、不可逆性、不可控性

环境风险或称环境损害具有三项显著特征，即不确定性、不可逆性以及不可控性。[①] 环境风险的不确定性受制于社会发展阶段的科学水平以及物质水平之发展，同样环境利益也存在着不确定性，但两者的不确定性并不完全相同。对于环境风险的不确定性主要是因为基于现存之技术手段无法预知某一行为对未来环境之影响，而环境利益的不确定性主要是由于人类社会之发展，即由于社会的发展，环境所面临的风险和挑战不断增加，致使原本不属于环境利益的一些利益也被归属于环境利益之中，比如大气污染是城市工业化的产物。环境风险的不可逆性主要体现在环境损害发生之后所造成的环境利益的减损往往是不可逆的，同时有些生态资源是不可再生、不可复制的，故，只能提前预防可能造成其毁损的风险，而没有事后补救的空间。

对于不可控性而言，其主要包括两个方面，其一是环境风险所涉及的领域不可控，其二是环境风险所波及的区域不可控。首先，环境风险所涉及的环境领域并不单一，其往往是对于水、大气、土地、生物资源、矿藏资源等综合损害，并且环境风险也具有延伸性，对于某一损害行为可能通过媒介进而波及其他环境资源领域。不仅如此，环境风险甚至还可能对于非环境领域产生影响，首当其冲的就是公众健康，如因水体污染造成的水俣病，再如大气污染造成的致癌率上升等。故而环境风险对于其所影响的领域很难加以控制。其次，如前文所述，环境之特点即无法以人为之划分而予以强行割裂，因此特性，环境风险及环境损害难以集中于某一区域予以统一清除。[②] "患生

[①] 郭红欣：《环境风险法律规制研究》，北京大学出版社 2016 年版，第 19~21 页。

[②] 笔者在黄河流经的某市检察院调研期间得知，对于黄河流域生态环境的污染往往通过其流向波及至其他省市，因此跨流域、跨区域的生态环境污染协同治理也是当下检察环境民事公益诉讼一个亟待解决的难题。

于所忽，祸起于细微。"综合以上环境风险之特征，且因滞后的损害治理无法规制不确定的、不可逆的以及不可控的环境风险，故，预防环境风险应是环境保护之重点。

（二）环境损害的预防顺位：风险预防与损害预防之辨

如上文所提及，环境损害具有不可逆转性，并且在环境损害的修复期间也会存在服务功能的减损。而在现代社会中，人类活动对于自然环境而言存在着巨大的潜在风险，因此通过环境损害后的结果控制已经难以满足现代社会对于环境保护的需求。不仅如此，我国《环境保护法》也明确指出预防原则是我国保护环境的基本原则，①单纯从预防原则来说，其既包括风险预防也包括损害预防。②损害预防即是防止已产生的损害结果进一步扩大，其与损害救济具有良好的衔接，但其本质仍是防止损害结果的发生与扩大，且《最高人民法院关于审理环境民事公益诉讼案件适用法律若干问题的解释》中有明确规定，③因而区别于单纯的损害救济，亦有别于风险预防。换言之，检察环境民事公益诉讼的风险预防与损害预防以及损害救济三者不能一概而论。综上所述，环境保护应当从源头进行，因此环境司法也应当从污染治理、损害补救向风险预防进行转变。

基于上述预防与救济原则，提起环境民事公益诉讼的不同阶段，应由风险预防阶段过渡至损害预防阶段再过渡至损害救济阶段，即预防和救济二者可以涵盖环境保护的全过程，因此并不会存在环境保护的真空状态。这也就论证了在环境司法中的预防性诉讼和救济性诉讼二者并非割裂，而是紧密衔接且有部分重合，在收集到的案例中，检察机关同时提出预防性诉讼请求和救济性诉讼请求的有 20 件，这些案例中的事实部分具有一些共同特征，即可能损害行为发生时间不长或因为自然的自我调节功能，因而虽然有环境损害的发生但是并没有显著的损害结果，或是该环境损害行为是持续进行的，如果不加以制止，行为人可能会继续实施破坏环境的行为，从而造成损害结果的扩大。同时我国现行环境保护法律体系中已确立了对于可确定的损害的

---

① 参见《环境保护法》第 5 条。
② 参见文轩、宋丽容：《论环境司法中预防原则的实现路径》，载《武汉大学学报（哲学社科版）》2022 年第 1 期。
③ 参见《最高人民法院关于审理环境民事公益诉讼案件适用法律若干问题的解释》第 19 条。

救济以及可预知的风险的预防。①因此，检察机关在提起诉讼时兼顾对于损害结果的补救与尚未发生的损害的预防。从上述分析中可知，损害预防偏重预防损害后果的扩大，若没有先期的环境破坏行为即无损害后果之预防，简而言之，其应属事中救济。而风险预防原则，不以已实施的损害行为为要件，故而应属事前救济。风险预防、损害预防与损害救济三者共同构成了环境保护的三个阶段，并且对于环境保护现阶段之任务而言风险预防也应属首要位置。因此，检察环境民事公益诉讼应当将风险预防与其他两者并重，做到三者的协调发展。

"图之于未萌，虑之于未有。"基于风险社会中科学的不确定性之特征，在当前条件下应对环境问题更应采取风险预防原则，即摒弃传统的滞后的救济理念，以阻止环境风险为目标建立相应的预防机制。

（三）预防性检察环境民事公益诉讼公益为主、私益交融的利益属性

首先，环境利益兼具公益属性与私益属性。其私益属性主要体现在环境资源利益关系到私人的人身利益与财产利益，换言之，其是为了保障这两种权利所需要的基础。②而当这种利益涉及不特定多数人时，其公共利益属性也就自然予以体现。③其次，从一方面来说，检察环境民事公益诉讼其即为民事公益诉讼，故而所保护的权利当然不能被私益所涵盖，也就是说对于检察环境民事公益诉讼而言，其所立足于保护具有公法性质的利益。从另一方面予以考量，检察机关是国家利益、社会公共利益的维护者，无论是在检察机关的历史发展沿革中还是在现代国际社会各个国家的通行做法上，均要求检察机关担负起这一职责。最后，基于环境的整体性，环境损害所侵犯的利益并不是某一特定人群的利益，其利益的归属应当是全体公民，④甚至有学者认为不应当将人类脱离出环境而单独地看待环境利益，因此，对于环境利益而言，其不应当单单界定于环境对于人类的利益，而是环境对于所有生物之利益。综上，基于民事公益诉讼之特性、环境利益之属性以及检察机关身份之定位，检察环境民事公益诉讼之公共利益属性由此可见。

---

① 参见张宝：《预防理念的更新与环境法典污染控制编的制度实现》，载《法学论坛》2022年第2期。

② 参见刘卫先：《环境法学中的环境利益：识别、本质及其意义》，载《法学评论》2016年第3期。

③ 参见陈冬：《文物保护公益诉讼与环境公益诉讼之辨析——以公共利益为中心》，载《政法论丛》2021年第2期。

④ 参见段厚省：《环境民事公益诉讼基本理论思考》，载《中外法学》2016年第4期。

而风险预防原则也是检察环境民事公益诉讼的公共利益性以及环境公共利益其特性的必然要求。环境公共利益其本质存在着非排他性、共益性、不确定性以及易受侵害性等特征。① 也正是基于环境公共利益的共益性及非排他性，决定了如果环境受到损害其涉及的范围之广。换言之，全体公民甚至是人类之外的其他生物均可能受到环境损害之影响进而造成其利益的减损。而其易受侵害的特性是由于公共利益的特征所决定的，也就是此种环境利益是全体民众所广泛享有的，因此并不能归属于某一私人或者某些特定群体，而这种公共利益又可能会与某些个体的私人利益相重合，在这种境遇下，"人见利而不见害，鱼见食而不见钩。"故而不可能强求私人或特定群体将其私益让位于公益。正因如此，风险预防原则在保护公共利益方面尤为重要，其在很大程度上避免了将环境公共利益置于巨大的风险之中，也在一定程度上防止了个体利益与环境公共利益的博弈。

三、实证架构：预防性检察环境民事公益诉讼之问题探究

（一）价值衡量：检察机关之价值取向

检察环境民事公益诉讼的目的在于保护环境，维护公共的环境利益。对于维护公共的环境利益，这也就与检察环境民事公益诉讼的价值取向相关，检察公益诉讼价值取向的不同主要通过检察机关提起环境民事公益诉讼时的诉讼请求予以体现。检察机关对于检察环境民事公益诉讼的诉讼请求大致分为两种：一类是预防性诉讼请求，另一类是救济性诉讼请求。对于预防性诉讼请求依据环境法的基本原理可以界定为为防止环境损害的发生或者避免环境损害的进一步扩大而采取的诸如恢复原状、消除危险、排除妨害以及申请法院禁止令等诉讼请求，② 而救济性诉讼请求则主要针对已经遭受损害的生态环境，其着力于尽可能减少由此所带来的环境损害，其诉讼请求的主要形式包括支付生态修复补偿金、服务功能损失费以及对于生态环境损害不可逆案件进行替代性修复等。

基于所收集到的 317 个案例，其中检察机关请求法院判令被告支付生态

---

① 参见朱谦：《环境公共利益的法律属性》，载《学习与探索》2016 年第 2 期。
② 参见王慧：《论预防性环境民事公益诉讼永久禁止功能的实现》，载《政法论丛》2022 年第 1 期。

修复补偿金或服务功能损失费的案例为 265 例，占比约 84%，而仅有 21 个案例的诉讼请求包含损害预防性请求（见图 1），且尚没有案例中存在检察机关提起的风险预防性诉讼请求。综合考量，通过事后的金钱补偿对于已污染的环境并不能达到环境损害前的状态，例如对于捕猎野生动物、乱砍滥伐等行为对于环境的损害是不可逆的，只能通过增殖放流、补种新植等方式予以弥补，而补救的效果因地而异。并且"先污染，后治理"的成本也远远高于预防环境污染所需要的支出，由此观之，当前检察环境民事公益诉讼仍存在价值取向过于偏重救济，而仅以预防为补充之瑕疵。

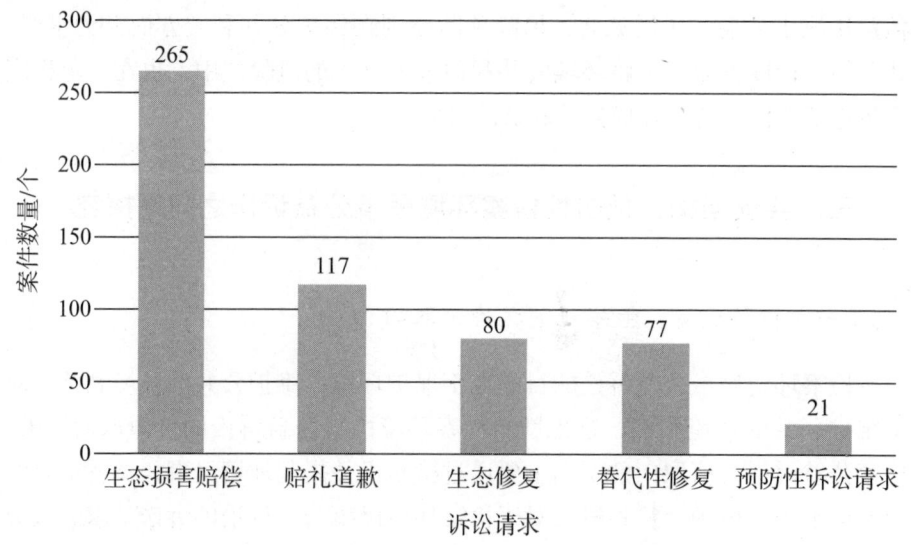

图 1　检察环境民事公益诉讼的诉讼请求[①]

（二）损害特质：复杂性、混合性、多样性

对于环境而言，其属于一个整体，因此对于环境保护很难存在确定的界限，其不因国界的划分或者人为的界定而彼此分离。也正因如此，在近年来的案例中涉及的生态环境污染和破坏涵盖了水、土壤、大气、林地、草地、矿藏、野生动植物资源等（见图 2）。以土壤和水资源污染为例，其中有 22

---

① 据统计，在 317 个案例中，诉讼请求为停止侵害、消除危险、排除妨碍的预防性诉讼请求共有 21 例，约占比 7%；请求赔偿损失，支付生态修复补偿金或服务功能损失费的共有 265 例，约占比 84%；请求在媒体上公开赔礼道歉的共有 117 例，约占比 37%；请求生态修复的共有 80 例，约占比 25%。（在部分案例中，诉讼请求存在重合。）

个案件存在二者的混合性污染,其约占土壤污染案例的26%,水污染案例的29%。对于土壤污染往往是因为污水灌溉、大气中重金属物质超标等原因,而土壤环境中的重金属物质通常也会通过地下水从而污染更多的水资源。① 由于土壤、大气以及水资源三者关系密切,故对于其三者往往体现其污染的混合性与伴生性。

而对于环境损害的复杂性主要体现在其污染方式的复杂,仅以长江流域生态环境损害为例,在实地考察中和在相应公益诉讼办案机关的走访调研中发现,长江流域生态环境污染及破坏主要包括五项问题:(1)非法养殖;(2)生活用水及生活垃圾的排放;(3)化工企业排污;②(4)违法乱建;(5)非法开采自然资源。由此观之,对于某一自然环境的污染,其成因是复杂且多样的,其污染物的种类和污染方式也是种类繁多,进而也就造成了环境损害防治和修复的难题。

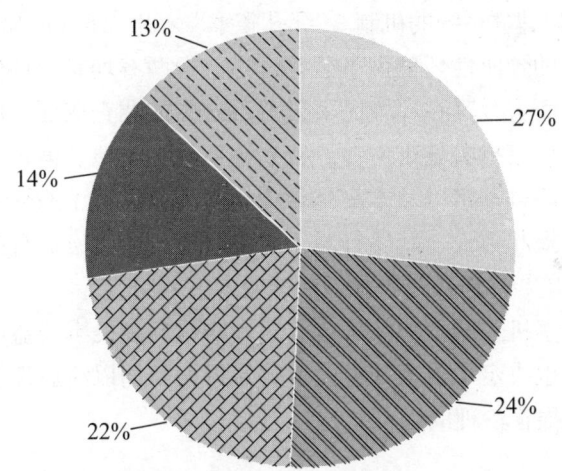

图2 生态环境污染和破坏的对象分析③

---

① 参见宋玉婷、彭世遥:《我国土壤重金属污染状况及其防治对策》,载《吉首大学学报(自然科学版)》2018年第5期。

② 在走访调研中了解到对于化工企业的排污并不完全是非法进行,由于过去强调经济增长,忽视环境保护,部分企业为减少成本而排放不达标污染物获得了政府许可。

③ 据统计,占比相对较大的几类环境损害对象分别是:土壤污染85例,约占比27%;水污染77例,约占比24%;林地、草地等植物资源破坏70例,约占比22%;野生动物资源破坏43例,约占比14%。

(三)治理困境:损害未止又增风险

生态环境损害具有不可逆性,且生态环境的修复周期长,对于环境损害的修复通常还需要依赖环境自身。在司法实践中对于此类案件主要采取替代性修复或者支付服务功能损失费等方式。在所统计的案例中,采取替代性修复模式对环境损害予以补救的案例超过了总案例数的24%,[①] 并且,在调研中我们了解到,据不完全统计,出现在法院判决中的替代性修复方式已有27种之多。[②] 如此广泛地探索及适用替代性修复模式正是由于生态环境损害难以修复,同时也印证了预防原则适用的必要。并且,对于部分生态环境资源来说,其具有极强的不可替代性,如自然景观、自然遗迹等,以"巨蟒峰"案[③]为例,对于该案中损害价值的认定就兼顾了"巨蟒峰"作为世界的自然遗产,也作为当地生态环境的重要组成部分,因此具有极强的稀缺性、不可替代性以及对于未来损害后果的不确定性。[④]

不仅如此,检察机关在预防性环境公益诉讼中的长期缺席也造成了对于环境损害的预防难以建立系统的机制。"绿孔雀案"[⑤] 和"五小叶槭案"[⑥] 是现存为数不多的典型的预防性环境民事公益诉讼,但两案均是由环保组织所提起,对于环保组织而言,其在环境民事公益诉讼中的调查取证、成本支付等方面能力均相较于检察机关处于劣势。在上述案件中,原、被告双方就原告环保组织是否具有原告资格以及本案是否应当受理就进行了激烈的辩驳。而检察机关不仅可以提起诉讼,其还有对于环境民事公益诉讼进行指导、支持以及补充起诉的职能,[⑦] 但在以上领域亦未见其身影。

综上所述,检察机关的长期缺席造成了预防性环境民事公益诉讼并未得到有效的发展,这也决定了检察环境民事公益诉讼长期以滞后性损害救济为主导,因而造成了损害治理的困境。

---

① 据统计,在317个案例中,采取替代性修复的案例共有77例,约占比24.3%;法院判令支付服务功能损失费的案例共计40例,约占比12.62%。

② 替代性修复的方式主要包含:异地补植、增殖放流、劳务代偿、换土回填、护林护鸟、设备更新(将于企业的生产设备更新为更有利于节约资源减少排放的设备)等。

③ 参见江西省高级人民法院(2020)赣民终317号民事判决书。在该案中,三名行为人向山体打入26颗膨胀螺栓,造成巨蟒峰有进一步损害的重大风险。故,于2018年8月29日,江西省上饶市人民检察院依法对其提起民事公益诉讼。一审判决三名被告赔偿环境资源损失费600万元,二审维持原判。

④ 参见汪劲:《名胜古迹保护公益诉讼中相关要素的认定》,载《人民检察》2020年第16期。

⑤ 参见云南省高级人民法院(2020)云民终824号民事判决书。

⑥ 参见四川省甘孜藏族自治州中级人民法院(2015)甘民初字第45号民事判决书,中国生物多样性保护与绿色发展基金会与某水电开发有限公司环境民事公益诉讼案。

⑦ 参见黄忠顺:《中国民事公益诉讼年度观察报告(2016)》,载《当代法学》2017年第6期。

四、完善路径：构建预防性检察环境民事公益诉讼

（一）制度边界：预防原则之确立

"经国序民，正其制度。"为使风险预防原则能与我国检察环境民事公益诉讼制度相融合，以合力保护生态环境与资源，也为使检察机关真正做到有的放矢，以期在解决环境损害之历史遗留问题的同时阻止可能发生的环境风险，故而仍需厘清关于风险预防诸多问题，以此使其能够在我国环境民事公益诉讼中良性发展。

1.风险预防中"重大风险"内涵之界定。所谓"重大风险"应当是该风险发生是现实且紧迫的，即风险发生的概率应当以高度盖然性为标准，如若不考量环境风险发生的可能性而加以无差别限制，则人类的一切活动均将举步维艰。其次，对于"重大风险"不应当以产生重大后果为界，对于环境损害是否具有"重大风险"而言，如若对损害后果之大小加以认定，则必然要将损害后果加以量化，并且将环境损害所能带来的经济效益与损失加以衡量，因而就存在以损害公众的环境利益换取经济效益的可能。以美国的田纳西州流域管理局诉希尔一案为例，法院为了一种无经济价值且生态价值亦不明显的鱼类阻止了已耗费数亿美元价值的大坝建设。① 从法院的判决来看，生态环境及生物多样性的减损，因人类现有的知识水平或为当前社会的物质基础所限制而无法准确计算其对未来的价值，因而其价值是无法估量的，故无法也不应将其与经济效益进行比较、衡量。由此观之，若要摒弃"先污染，后治理"的落后观念，就不应为经济增长的目的而将生态环境置于可能遭受损害的风险之中，而对于环境损害后造成损害后果的大小② 以及是否属不可逆转之损害这类基于功利的考量也不应纳入预防性环境民事公益诉讼中"重大风险"的考量范围。

2.风险预防原则的成本效益分析。消耗大量的人力、物力、财力去削减一项从不可能发生的风险，通常来说，是愚蠢的。③ 这也是对于风险预防进

---

① 参见陈冬：《小鱼与大坝的对话——〈美国濒危物种法〉的实施及其所引起的思考》，载《法学论坛》2003 年第 3 期。

② 如对损害后果大小进行衡量，则必然要将其与其他利益（经济利益）进行比较，否则损害结果之严重程度无法进行量化。

③ 参见［美］桑斯坦：《恐惧的规则——超越预防原则》，王爱民译，北京大学出版社 2010 年版，第 116 页。

行成本与效益分析的原因，即通过对于风险规制的成本与相应效益的计算，以期达到利益之最大化。但对于风险的分配并不平均，以德国学者乌尔里希·贝克的观点来说，环境风险往往更偏爱贫困。① 那么对于成本效益的分析应当如何确定？如果简单地将此种效益认为是经济效益，则会造成贫穷地区所遭受的环境污染会愈发严重，而财务状况良好的地区则会尽力扼杀未来可能发生的环境风险。因此，对于这种效益不应当只简单认为是经济效益。换言之，不应以预防环境风险发生所产生的经济利益与预防风险所支出的成本进行简单对比。

在国际法中亦存在对于预防环境风险采用成本效益分析的表述，如《里约环境与发展宣言》中就表达了各国采取预防措施时也可根据自身情况予以考量。② 于我国而言，环境风险预防的成本效益分析首先应当考量的是该风险发生的可能性，如前所述，如果该环境风险的发生是现实且紧迫的，无论其经济价值如何均应当采取措施。同时，还需要对于效益问题予以综合考量，应当将社会效益、经济效益、环境效益等均纳入成本效益分析的范围之中，同时还应考量环境伦理中的尊重自然、代际公平等原则的价值。③ 因此，对于环境风险预防的成本效益分析转而成为对于环境风险所采取措施后与采取措施后所获得的效益总和的对比，以 1976 年美国联合电力公司诉环境保护局案④ 为例，国会在制定 1970 年《清洁空气法》时充分地将环境利益与公众健康放在了首要位置。因此，并未因达到法律规定的空气质量标准可能需要付出高昂的经济代价或在技术上存在不可能性而考虑放弃相应的环境利益及公众健康利益。⑤ 但需要考虑的是，相较于该公司可能对于环境质量以及公众健康所可能造成的风险而言，迫使其无法继续经营使数州人民无法获得

---

① 参见［德］乌尔里希·贝克：《世界风险社会》，吴英姿、孙淑敏译，南京大学出版社 2004 年版，第 6~7 页。
② 参见《里约环境与发展宣言》原则 15：为了保护环境，各国应根据它们的能力广泛采取预防性措施。凡有可能造成严重的或不可挽回的损害的地方，不能把缺乏充分的科学肯定性作为推迟采取防止环境退化的费用低廉的措施的理由。此原则 15 还表达了不得以科学的不确定性为由而迟延采取措施。
③ 参见李艳芳、金铭：《风险预防原则在我国环境法领域的有限适用研究》，载《河北法学》2015 年第 1 期。
④ See Union Electric Co. v. Environmental Protection Agency et. al., 427 U.S. 246（1976）. 该案中的联合电力公司是一家给美国数州（包括密苏里州、伊利诺伊州、艾奥瓦州）进行供电的大型电力公司，依该公司陈述，如果其生产要达到 1970 年《美国清洁空气法》所规定的标准，排除技术的不可能性，其经济代价也是无法承受的，因而将会迫使其无法继续正常经营。
⑤ 从立法角度出发，对于保护环境而言不存在技术和经济的不可能性，因为相应的企业尽可以全部关闭以满足环境与公共健康的需要。

相应电力需求的综合效益，应当如何进行成本效益分析，其亦需在此之间寻求一种平衡。①

3.明确风险预防规制措施之限度。对于环境损害的风险预防，因其并没有现实之损害结果，但仍需对其予以规制，故而突破了司法中的"无损害即无救济"之原则，而人类社会的发展也必然伴随着相应的风险与挑战，如若过于严格地限制风险则使人类社会丧失了发展的动力，亦不符合人类社会发展之规律。并且，风险的预防规制措施亦会在一定程度上阻碍特定群体的特定行为，因而也就导致了其与公民自由的价值冲突。不仅如此，环境资源本身就具有可利用属性，而环境资源的公共利益的属性也同样要求其不能与私人权益一样限制其他主体的合理使用的要求。②

因此，在一定范围之内对于污染物质的排放以及对于各类自然资源的可持续利用是应当予以准许的。③总结而言，环境损害的风险预防原则与人类社会和经济社会的发展、司法的谦抑性以及公民自由等诸多问题上均可能产生价值冲突。不仅如此，如上文所言，如若矫枉过正，其亦会损害人民之福祉。再以检察环境民事公益诉讼的本质属性来说，首先环境民事公益诉讼保护的是环境利益，其利益属性可归属于公益。其次，检察机关的介入使得民事公益诉讼同时兼具了公法之性质。因此并不能以传统的民事诉讼予以涵盖，而是借以民事诉讼之手段对环境公益予以捍卫。综上所述，为预防环境风险所采取的司法措施应当对其进行必要限度的界定，即风险预防措施应当遵循比例原则。

比例原则之要求包含妥当性、必要性和适度性。适度性原则在之前所论述的成本效益分析中已然涵盖，不再赘述。对于妥当性原则即是要求所采取的措施应当符合意欲达成之目的，换言之，手段与目的之间应当具有合理的联系。在德国法院的实践中，只要相应的措施不完全违背所要达成之目的，就可认为其符合妥当性之标准。④必要性则要求在预防环境风险的措施中寻求是否存在替代方案，也就是在达成同样效果的前提下将损害尽可能降低，故，其亦称为"最小侵害性"原则。

---

① 参见汪劲、严厚福、孙晓璞编译：《环境正义：丧钟为谁而鸣——美国联邦法院环境诉讼经典判例选》，北京大学出版社 2006 年版，第 285~286 页。

② 参见[美]约瑟夫·L.萨克斯：《保卫环境——公民诉讼战略》，王小钢译，中国政法大学出版社 2011 年版，第 137 页。

③ 参见陈冬：《文物保护公益诉讼与环境公益诉讼之辨析——以公共利益为中心》，载《政法论丛》2021 年第 2 期。

④ 参见张明楷：《法益保护与比例原则》，载《中国社会科学》2017 年第 7 期。

预防性检察环境民事公益诉讼的生命就在于预先性的环境保护措施,而保护措施又存在刚性措施(禁令)和柔性措施(间接性措施)之别,[①]只有采"刚柔并济"的方式才能做到对各法益的平衡与兼顾,才能避免枉矫过激。以我国现存的两例风险预防环境民事公益诉讼("绿孔雀案"和"五小叶槭案")为例,二者均是采取"禁令式"的预防措施,而诸如帮助污染企业设备、技术升级等柔性措施暂未得到发展。以上述比例原则所要求的三项原则为基础,在采取环境风险预防措施的同时还应当注意缓和环境利益与其他法益之间的冲突,以避免其走向另一个极端。

(二)价值回归:检察机关价值取向之厘革

预防性检察环境民事公益诉讼的构建与推进首先就要从检察机关的诉讼请求入手,即检察机关在环境民事公益诉讼中诉讼请求的价值取向。如上文实证分析中所提及,检察机关近年来对于预防性诉讼请求的探索过少,诉讼请求大多还停留在环境损害赔偿这类滞后性损害救济方向,损害预防性诉讼请求过少,风险预防性诉讼请求尚未有实践。而对于预防性诉讼请求其所应达到的作用及效果亦被弱化。[②]此极大阻碍了环境保护之效果。检察机关如何在环境民事公益诉讼中将诉讼请求从损害救济转向损害预防与风险预防,此应分为两方面予以探讨。首先,对于损害预防性诉讼请求还应当以法律所规定的"停止侵害""消除危险""排除妨碍"这三类诉讼请求为主,同时对于所存在的先期损害亦要兼顾,以防止损害的进一步扩大为目标积极探索。其次,对于预防原则而言,其同样可适用"停止侵害""消除危险""排除妨碍"这三类诉讼请求,但也应当注意其与损害预防的本质区别,即损害预防着眼于损害行为发生期间,风险预防致力于损害行为尚未实施而采取的禁止行为。以"停止侵害"为例,损害预防中制止的是正在发生中的环境损害行为,以弥补先期损害,防止后期损害扩大为目的。而在风险预防中则应防止可能造成环境风险的"侵害"行为,该行为应当是尚未实施但将会实施的行为,如建设工程已经完成环境影响评价或获得了施工许可审批但尚未施工等情形。故而,应不存在先期之损害。因此,风险预防性诉讼请求除上述三种

[①] 参见张旭东:《预防性环境民事公益诉讼程序规则思考》,载《法律科学(西北政法大学学报)》2017年第4期。

[②] 参见李爱年、张小丽、张小宝:《检察机关提起环境民事公益诉讼之诉讼请求研究》,载《湖南大学学报(社会科学版)》2021年第5期。

诉讼请求外，还应当积极探索环境保护司法禁令此类临时性预防措施，[①] 采取相应的保全措施以避免发生环境之损害。当然，基于风险预防原则的诉讼请求对检察机关具有更深层次的要求，即是要求检察机关具备对环境知识更强的专业性，以及被保全之行为对于未来环境影响的判断能力。因此，对于环境风险的鉴定与评价也将成为检察机关提起预防性公益诉讼的重点。

（三）开源节流：环境损害治理与风险预防共同推进

以保护环境的角度来看，对环境损害问题需要做到"开源节流"，所谓"开源"即是探索以风险预防性公益诉讼保护环境的新路径，而"节流"即是对环境损害的历史遗留问题予以肃清，也就是对于已产生的环境损害问题如何进行救济，以防止环境问题的反复以及未来环境损害结果之发展。解决环境损害历史遗留问题同样也是预防原则的要求与目标，同时也要明确只有解决好现阶段依然存在的环境问题，才能有更多的资源投入到对环境风险的预防之中。

首先，对已经产生损害的环境问题以"污染者负担"为基础，国家支付为补充，同时适用惩罚性赔偿之手段解决好历史性环境损害问题。[②] 其次，对于造成环境损害的企业而言，不应秉持"一罚了之"之心态，应以解决环境损害为目的，同时兼顾其事后持续保护环境的能力。即使不考虑企业能否负担高昂的环境损害赔偿费，其支付费用后若继续以同样之方式污染环境，亦不利于风险预防之开展。并且，若企业难以存续，则后续的环境治理则失去了应当承担责任的主体，这无疑增加了国家和社会治理环境的负担。综上所述，对于现存环境问题不应一味适用"刚性"手段，同时应当适用以帮助企业更新环保设备，革新技术，提升其保护环境之能力等"柔性"措施。最后，还应采取多种救济方式以适应环境问题的复杂性、混合性、多样性。[③] 其中积极探索替代性修复模式可作为连接环境损害修复和环境风险预防的桥梁，例如在自然之友诉现代汽车案[④]中双方调解的结果为现代公司出资建设

[①] 参见秦天宝：《〈民法典〉背景下环境保护禁止令的法教义学展开——基于人格权禁令制度的考察》，载《政法论丛》2022年第1期。

[②] 参见刘士国：《关于设立环境污染损害国家补偿基金的建议——以重金属污染损害为中心的思考》，载《政法论丛》2015年第2期。

[③] 参见王岚：《论生态环境损害救济机制》，载《社会科学》2018年第6期。

[④] 参见北京市第四中级人民法院（2016）京04民初73号民事调解书。该案中现代汽车投资有限公司在北京地区销售的进口汽车的排气污染数值超过京V标准，该案通过调解结案，现代汽车公司交付120万元信托基金以保护大气，并出资建设新能源充电桩。

新能源充电桩，此不仅为替代性修复探索了新模式，[①]还推动了替代性修复模式与风险预防相结合的探索。

（四）行民共进：预防性环境行政附带民事公益诉讼之构建

1.预防性环境民事公益诉讼与行政公益诉讼之内在关系与顺位。讨论构建预防性行政附带民事公益诉讼，首先需要明确环境民事公益诉讼与行政公益诉讼之间的联系，若要明晰两者之间的关系，首先要厘清预防性环境民事公益诉讼与行政公益诉讼之含义。依据现行的法律，对于预防性行政附带民事公益诉讼的讨论只能在检察公益诉讼的语境之下，即检察机关是唯一的在两种诉讼中均为适格原告的主体。行政公益诉讼与民事公益诉讼的目的相同，但行政公益诉讼的方式在于对于违法行政行为或行政机关的不作为的监督并对公共利益予以保护，换言之，若造成的公共利益的损失与行政机关的违法或不作为具有因果关系，则检察机关就可依此立案并发出检察建议，如若限期内行政机关仍不依法履职，检察机关即可依法提起行政公益诉讼。由此可知，预防性环境民事公益诉讼与行政公益诉讼两者目的相同，手段相异。前者以促使民事主体承担民事责任为方式对环境公益予以保护，后者以督促行政机关依法履职为方式。也正是鉴于此，有学者认为环境民事公益诉讼与行政公益诉讼的关系是各有所长、优势互补，并且二者也确有同时提出、同审同判之必要。[②]

在风险预防的语境下，民事公益诉讼与行政公益诉讼是否存在顺位问题？此答案是应当存在一定的顺序。但无论是行政公益诉讼还是民事公益诉讼，两者所保护的公共利益以及诉讼价值并不存在高下之分。[③]从节约司法资源的角度来说，似乎行政公益诉讼应当具有一定的优先性。由检察机关提起的，无论是民事公益诉讼还是行政公益诉讼均应当履行诉前程序，而公益诉讼的诉前程序的目的也是节约司法资源。行政公益诉讼的诉前程序是以检察建议的形式发出，意在督促行政机关主动履职。司法实践中，绝大多数的

[①] 参见江必新：《中国环境公益诉讼的实践发展及制度完善》，载《法律适用》2019年第1期。

[②] 参见巩固：《检察公益"两诉"衔接机制探析——以"检察公益诉讼解释"的完善为切入》，载《浙江工商大学学报》2018年第5期。

[③] 参见石春雷：《检察机关提起行政附带民事公益诉讼诸问题——从"检例第29号"谈起》，载《海南大学学报（人文社会科学版）》2021年第1期。

行政机关在收到检察建议后均主动履行其保护环境之责任。①但社会组织通过检察民事公益诉讼诉前公告参与到公益诉讼中的情况却不尽如人意。

再从保护环境、预防环境风险的角度来说，环境风险很大程度上是来源于行政机关的违法违规审批以及环境影响评价，因而如果能及时纠正行政机关的不合法不合规的行政行为，有时就能起到预防环境风险的作用。再以"绿孔雀案"和"五小叶槭案"为例证，在上述两案中环境民事公益诉讼起到的作用是阻止民事主体实施可能造成环境损害的行为，以避免由此造成环境损害。其实对于上述案件的本质来说，纠正行政机关的违法环评、违法审批行为才是最终目的。由此可知，环境民事公益诉讼为"标"，先期临时性阻止民事主体可能造成环境"重大风险"行为以避免将来可能发生的不可逆转之损害。环境行政公益诉讼应为"本"，以纠正行政机关之不适当行政行为，从而杜绝可能引起环境"重大风险"之行为。

综上所述，以节约司法资源、预防环境风险为价值目标，行政公益诉讼之顺位应当优先于民事公益诉讼，但环境民事公益诉讼仍有其特殊之价值，因此，采用预防性行政附带民事公益诉讼才是对于环境风险预防"标本兼治"之方法。

2. 以风险预防原则规制行政机关之行政行为。承前文所述，在风险预防视域下讨论行政附带民事公益诉讼的意义在于阻止民事主体的风险行为并规制行政机关的不当行政行为，以期避免环境风险。并且，有时环境损害问题和行政机关的违法审批及环评存在很大关联。以最高人民检察院第八批指导性案例检例第 29 号②为例证，在该案中，由于行政机关的违法审批与江源区中医院的违法排污行为所共同造成的环境损害，故仅对违法主体其一提起公益诉讼不足以实现该公益诉讼的价值，也不足以以此来纠正行政机关的违法行政行为。因此，行政附带民事公益诉讼的价值之一就是促使行政机关依法

---

① 参见张军：《最高人民检察院关于开展公益诉讼检察工作情况的报告——2019 年 10 月 23 日在第十三届全国人民代表大会常务委员会第十四次会议上》，载中国人大网，http://www.npc.gov.cn/npc/c30834/201910/936842f8649a4f088a1bf6709479580e.shtml，最后访问时间：2022 年 2 月 25 日。从青海省发布的《公益诉讼白皮书》来看，2021 年立案的公益诉讼案件为 1548 件，发出检察建议 819 份，而真正提起公益诉讼的仅为 58 件；且自 2017 年 7 月至 2019 年 10 月，检察机关发出诉前检察建议 182802 件，行政机关回复整改率达 97.37%。

② 吉林省白山市人民检察院诉白山市江源区卫生和计划生育局及江源区中医院行政附带民事公益诉讼案。在该案中，在江源区中医院未提供环境影响评价报告的情况下，该区卫生和计划生育局于 2015 年 8 月对其《医疗机构执业许可证》评定为"合格"。该局在收到检察机关之检察建议后于 2015 年 11 月向该中医院发出整改通知，但未能制止环境公共利益持续受损，故检察机关依法对江源区中医院与江源区卫生和计划生育局提起公益诉讼。

履职，以行政手段保护环境利益。这就又体现了公益诉讼的一个特征以及行政附带民事公益诉讼的另一附加价值，特征即是司法的谦抑性，附加价值即是节约了司法资源，如若行政附带民事公益诉讼的制度能够促进行政机关积极履职保护环境，此无疑达到了环境保护行政优先的效果，从而节约了司法资源，秉持了公益诉讼的谦抑性。

但上述案例并未体现风险预防原则在行政附带民事公益诉讼中的价值。并且对于预防性行政公益诉讼的构建也仍处于理论探索阶段，现阶段"损害后果"仍是启动行政公益诉讼的条件。[1] 但基于行政公益诉讼所涉及利益的特殊性以及利益所涵盖的群体的广泛性，应当将相应的此类预防性案件纳入保护范围之内。[2] 试想若在"绿孔雀案""五小叶槭案"中是由检察机关提起行政附带民事公益诉讼，则可使得行政机关在诉前程序中就主动审查其所做出的审批及环评是否恰当，从而更好地扼杀环境风险。而现实情况是"五小叶槭案"从2015年立案，4年后才开庭审理；"绿孔雀案"从开庭审理到法院作出判决也历时近2年。过于冗长的等待时间并不能及时避免环境风险。[3]

综上所述，构建预防性环境行政附带民事公益诉讼之最终目的在于及时遏制环境风险，以避免由于时间之推移从而造成的损害结果的发生或风险的扩大。而其所依靠的手段是以民事公益诉讼和行政公益诉讼分别制止民事主体与行政机关的可能造成环境损害的行为，即是以制止民事主体的风险行为为先期"抓手"，以纠正行政机关的不当行政行为为最终目标。

结　语

预防性检察环境民事公益诉讼重在落实风险预防原则，风险预防正是现阶段环境保护之要点。检察环境公益诉讼的价值目标从"损害救济"过渡至"风险预防"是预防原则应有之义。为促进环境保护事业之发展，以期预防环境风险，还需完善对于预防性公益诉讼的整体性立法与规则细化，并且以环境风险预防为公益诉讼价值之导向，从而进一步构建预防性环境民事公益诉讼。

---

[1] 参见张百灵：《预防性环境行政公益诉讼的理论基础与制度展开》，载《行政法学研究》2021年第6期。

[2] 参见王春业：《独立行政公益诉讼法律规范体系之构建》，载《中外法学》2022年第1期。

[3] 参见吴凯杰：《论预防性检察环境公益诉讼的性质定位》，载《中国地质大学学报（社会科学版）》2021年第1期。

环境刑事附带民事公益诉讼的实践与反思

——受案范围完善之进路*

摘要： 环境刑事附带民事公益诉讼制度因为具有及时救济损害、拓展案件来源、便利证据收集等方面的优势，日益成为保护环境公共利益的利器。但在司法实践中，刑事被告人的犯罪行为达到何种程度才能造成社会公共利益的损害无明确标准，导致检察机关"选择性"起诉与法院受理范围标准不一等问题。在立法方面，应通过对受案范围采取肯定列举式并进行细化，并设置公益损害协调的法检磋商机制，规范配套监督措施。在具体路径上，应推动典型案例的功能指引，补充司法解释，妥善处理民刑衔接问题，以充分发挥人民法院的司法职能，有效配置司法资源，逐步完善和优化环境刑事附带民事公益诉讼。

关键词： 环境犯罪　刑事附带民事公益诉讼　受案范围　公共利益

引　言

党的十九届六中全会指出，党的十八大以来党中央正以前所未有的力度抓生态文明建设，绿色生态文明建设事关中华民族的伟大复兴，与人民的幸福息息相关。① 但是经济与环境往往存在着诸多博弈，为了提高 GDP 等经济指标，各类破坏环境的案件屡见不鲜，严重影响了国家和社会利益，因此我国立法和司法机关愈加重视环境公共利益。2018 年 3 月 2 日，最高人民法院和最高人民检察院联合发布了《关于检察公益诉讼案件适用法律若干问题的解释》（以下简称《检察公益诉讼解释》），该司法解释赋予了刑事附带民事公益诉讼制度的合法地位，使其成为公益诉讼的一种新类型，其中规定了

---

* 【作者信息】孙宇辉，上海市人力资源和社会保障局。
① 黄承梁：《新时代中国生态文明建设新的历史方位》，载《中国发展观察》2022 年第 1 期。

对于生态环境损害和破坏环境资源类案件，在损害社会公共利益的情况下，检察院提起公诉时可以向法院附带提起民事公益诉讼。经过几年来的不断发展，刑事附带民事公益诉讼制度日益成熟，相关案件数量日益增长，俨然占据了公益诉讼案件的半壁江山。但是，由于"刑民交叉"的程序复合性和法律制度的供给不足等原因，导致各地人民法院在审理环境刑事附带民事公益诉讼案件时出现了诸多问题，裁判不一、严重损害法律权威和司法统一，亟待理论引导和制度完善。此制度目前存在诸多不足，首先是司法解释缺乏基本法的权威性，其次司法解释仅浅显表述了提起该诉讼的部分行为，最后该解释没有具体详细规定环境刑事附带民事公益诉讼的受案范围。现行法律和司法解释规定采取大而化之的方式，这导致环境刑事附带民事公益诉讼虽有依据，但在司法实践中，刑事被告人的犯罪行为达到何种程度才能造成社会公共利益的损害无明确标准，司法解释中"公共利益"没有统一标准，检察机关提起该诉讼的可选择空间过大，人民法院对于此类案件的受理范围的标准也大相径庭，这对我国环境刑事附带民事公益诉讼的开展带来一定阻碍。因此，合理界定该制度的受案范围以及明确其标准已是刻不容缓。

一、环境刑事附带民事公益诉讼制度及其受案范围

当被告人的同一行为既侵犯了刑法所保护的法益，又损害了社会公共利益，需要同时承担刑事责任和民事责任时，刑事附带民事公益诉讼作为一种全新的公益诉讼类型应运而生，它整合了刑事诉讼和民事公益诉讼两种程序，通过合并审理模式一并解决严惩犯罪和保护公益的难题，是我国公益诉讼制度的特色实践模式。

环境类的刑事附带民事公益诉讼，则是指在《刑法》第六章的第六节"破坏环境资源保护罪"领域，由检察机关提起的刑事附带民事公益诉讼。作为以生态文明为根基的新生诉讼制度，它一定程度上突破了传统的诉讼理论与模式，在国外也没有相同的诉讼制度，其侧重环境的公益性，与其他相关公益诉讼相比，其保护的法益、提起的前置条件和管辖、审理中的定罪量刑、被告需要承担的责任等方面均有一些不同点，这些区别一定程度彰显了该制度的专门化和先进性。

环境刑事附带民事公益诉讼制度特征明显，其主要有以下特征：一是法律适用交叉。在刑事部分，其主要法律依据是《刑法》和《刑事诉讼法》，民事部分的法律依据则是《民法典》《民事诉讼法》及相关公益诉讼司法解

释规定，在法律的适用上坚持"刑主民辅"的总原则。[①] 二是性质特殊。法律分开适用背后是该制度本身性质的特殊性，被告人的一个行为同时侵犯刑法保护法益和社会公共利益，虽然其本质仍然是一种民事公益诉讼，但是这种民事责任的承担源于被告人的犯罪行为，是兼具公益性和追诉性的刑民交叉诉讼程序。三是审理程序具有一定的附属性。其主要以刑事程序为主导，在审限和管辖等问题上都以刑事部分为依托。四是制度设计的独立性。尽管其本质是民事公益诉讼，审理程序也附随刑事诉讼，但是该制度的设计初心使命即保护犯罪行为下民事责任受损而无法有效修复的难题，是公法和私法的有机融合，有其独立性[②]。

不是所有案件都能进入诉讼程序，也不是所有案件都应该进入诉讼程序，而受案范围正是判定是否入诉的标准。受案范围是根据司法机关对纠纷的权限来确定的，它以主体和行为作为始发点，将保护权利作为一切的归宿和源头，是国家公权力在管理社会活动中的体现。[③] 受案范围的限缩与扩张核心在于公民权益的保护拓展或者限缩，环境刑事附带民事公益诉讼致力于保护环境公共利益这一源头，其主体是检察机关，所针对的行为是破坏了环境公共利益的犯罪。本文研究的受案范围要求检察机关在环境类刑事犯罪起诉中，必须符合一定条件，即切实损害到了环境社会公共利益时，才能一并提起附带民事公益诉讼。一般情况下，例如行政公益诉讼，受案范围的确定会在立法中从正面的概况列举，或者反向排除两个角度展开。即正面通过一个原则统一来规定，或者基于司法实践，从行为角度——列举；反向则是排除不能受理的几类事项或者情形。实践来看，以上两种方式很好地解决了受案范围的问题。而由于环境刑事附带民事公益诉讼制度的交叉性，缺乏这样合理明确的受案范围，由此引发了诸多问题。

二、环境刑事附带民事公益诉讼的实践检视

（一）整体提起率不高

据最高人民检察院统计，2018年1月至12月全国检察机关起诉涉

---

① 周新：《刑事附带民事公益诉讼研究》，载《中国刑事法杂志》2021年第3期。
② 张锋：《检察环境公益诉讼之诉前程序研究》，载《政治与法律》2018年第11期。
③ 马怀德：《行政诉讼原理》，法律出版社2003年版，第168页。

嫌"破坏环境资源保护罪"案件共 26287 件，[①] 但是根据笔者检索到的数据，2020 年全年，检察机关提起的环境资源领域的附带民事公益诉讼案件只有 3171 件，提起率仅为 12.06%。考虑到司法实践中，检察机关可能适用了刑事的和解方式来保护被害人利益，还有部分案件可能不适宜提起附带民事公益诉讼，但是总体而言，检察机关提起的环境刑事附带民事公益诉讼案件数量还是较低。同样，参见"聚法案例"案例数据库的大数据统计，2018 年、2019 年、2020 年、2021 年四年，《刑法》第六章第六节"破坏环境资源保护罪"一审案件数量 90080 件，而这四年检察机关仅提起了 7295 件环境刑事附带民事公益诉讼案件，提起率仅为 8.09%。表 1 对常见的 12 种罪名进行了统计，"聚法案例"数据库统计裁判文书时，常有一个文书涉及数个罪名的情况，造成了统计的重叠，并且 2021 年 12 月 16 日《刑法修正案（十一）》新增的破坏自然保护地罪，非法引进、释放、丢弃外来入侵物种罪等罪名数量过小，参考价值不大，本表未进行统计，故而最终统计结果整体提起率为 7.77%，与上文大数据统计有一定误差，但总体提起率在 8% 左右。其中，对于造成环境资源损害后果"特别严重"的犯罪被告人也未能全部提起附带民事公益诉讼，以"污染环境罪"为例，根据"聚法案例"的统计，2018 年、2019 年、2020 年、2021 年"污染环境罪"刑事公诉案件 9082 件，其中具有法定加重情节"后果特别严重"的有 1243 件，而检察机关仅对其中 825 件提起附带民事公益诉讼，提起率为 9.08%。

表 1 2018—2021 年"破坏环境资源保护罪"附带民事公益诉讼提起率[②]

"破坏环境资源保护罪"单个罪名	刑事诉讼数量/件					附带民事公益诉讼数量/件					提起率
	2018年	2019年	2020年	2021年	合计	2018年	2019年	2020年	2021年	合计	
污染环境罪	2262	3072	2621	1127	9082	118	340	256	111	825	9.08%

---

① 参见《国新办举行中国生态环境检察工作新闻发布会》，载最高人民检察院官网，http://www.spp.gov.cn/spp/tt/201902/t20190214-08034.shtml，最后访问时间：2021 年 12 月 14 日。

② 检索日期：2022 年 5 月 11 日；检索数据库：聚法案例；检索日期：2018 年 1 月 1 日至 2021 年 12 月 31 日；检索内容：以"聚法案例"案例数据库进行大数据分析，2018 年、2019 年、2020 年、2021 年四年《刑法》第六章第六节"破坏环境资源保护罪"一审案件数量 90080 件，而这四年检察机关仅提起了 7295 件环境刑事附带民事公益诉讼案件，提起率仅为 8.09%。

续表

"破坏环境资源保护罪"单个罪名	刑事诉讼数量/件					附带民事公益诉讼数量/件					提起率
	2018年	2019年	2020年	2021年	合计	2018年	2019年	2020年	2021年	合计	
非法捕捞水产品罪	2159	2738	5228	1904	12019	170	380	860	459	1869	15.55%
非法猎捕、杀害珍贵、濒危野生动物罪	1425	2212	2978	219	6834	29	139	424	18	610	8.93%
非法收购、运输、出售珍贵、濒危野生动物、珍贵、濒危野生动物制品罪	57	110	356	1087	1610	2	4	40	147	193	11.99%
非法狩猎罪	1293	1976	2966	1226	7461	42	151	543	235	971	13.01%
非法占用农用地罪	4671	5019	3656	1211	14557	167	295	310	116	888	6.10%
非法采矿罪	1459	2958	3508	1584	9509	63	149	287	140	639	6.72%
非法采伐、毁坏国家重点保护植物罪	2	24	33	397	456	0	3	5	2	33	7.24%
非法收购、运输、加工、出售国家重点保护植物、国家重点保护植物制品罪	1147	1223	879	125	3374	22	35	60	2	119	3.53%
盗伐林木罪	2200	2034	1518	790	6542	57	118	113	52	340	5.20%
滥伐林木罪	7020	7251	5339	2327	21937	148	273	272	134	827	3.37%
非法收购、运输盗伐、滥伐的林木罪	162	202	124	70	558	2	3	1	0	6	1.08%
总计	23857	28819	29206	12067	93949	820	1890	3171	1416	7297	7.77%

（二）提起领域不均衡

在《刑法》第六章第六节"破坏环境资源保护罪"中一共有15个罪名，其中污染环境罪是唯一的生态环境保护罪名，其他14个罪名都是自然资源保护罪名，主要为保护水产资源、农用地资源、矿产资源、林业资源、野生动物资源、国家重点保护植物等。一般而言，污染环境对人类生活的影响更为直接，更为明显，而破坏自然资源对人类生活的影响相对间接、更为隐蔽。根据"聚法案例"的统计，2018年、2019年、2020年、2021年"污染环境罪"提起附带民事公益诉讼仅为825件，占比11.31%；资源保护类罪名（"破坏环境资源保护罪"一节其余罪名）提起数为5872件，占比88.69%。在生态文明法治建设发展如火如荼的当下，生态环境保护和自然资源保护同样重要，而二者被提起环境刑事附带民事公益诉讼的不均衡值得反思，相关司法力量可以在生态环境保护方面有一定的倾斜。在聚焦提起领域和相关文书时，非法采砂行为类犯罪非常突出，引发笔者关注，访问身边相关实务学者，他们也提出这一领域有必要重点打击，其不仅对生态环境的破坏触目惊心，并引发了买卖、借贷、运输、人身侵权等广泛的纠纷，社会危害十分严重。更为严重的是，在暴利的诱惑和驱使下，目前已经形成了"盗捕盗采、运输、销售"的违法犯罪地下产业链条，其专业化程度不断提升。非法采砂案件因为其巨大的利润空间，往往与涉黑和诈骗等案件交织在一起，多地出现涉案金额巨大，非法采砂和销售横跨多个流域和省份，组织多人成立黑社会性质团队作案的情况。在相对平衡生态环境保护和自然资源保护的前提下，非法采砂这一领域值得关注，并聚焦司法力量重点打击。

（三）提起标准不统一

一般而言，"污染环境罪""非法采矿罪"对环境资源的破坏程度应当更为严重，而且犯罪主体一般都是资金实力雄厚的企业，甚至部分企业涉及黑社会性质组织，这种利润较高，破坏力更大，犯罪危害性更大。但是，根据表1统计结果显示，2020年度排名前三位的罪名却是非法捕捞水产品罪（860件），非法狩猎罪（543件），非法猎捕、杀害珍贵、濒危野生动物罪（424件）。对裁判文书内容进行分析可知，非法捕捞水产品罪、非法狩猎罪并非生产领域犯罪，不具有扩大性、规模性、后果严重性，犯罪主体一般都是为了生活、生存所需捕捞水产品或者狩猎国家保护动物引起的犯罪活动，而且他们的经济普遍存在困难，面对相关罚金和损害赔偿金，一些犯罪嫌疑人往往难以执行民事部分判决。这样刑事和民事处罚的教育警示功能难以得到实现，并且也往往因为缺乏资金，导致环境难以修复。这两类犯罪的犯罪主体主观恶性小，造成的生态后果一般较小，显然不应当属于公益诉讼的重点领域。对于不法企业向长江排放成千上万吨污水、采集几百上千辆卡车砂石，和缺乏法治观念的民众非法捕捞少许水产品和狩猎野生动物这两类典型的犯罪，环境类刑事附带民事公益诉讼程序的启动的标准如何做到相对统一，值得深思。

（四）案由无序扩张

由于相关法律法规一直没有对环境公共利益明确规定，一些基层检察院也有一定的功利司法倾向，以扩张该类案由来提高业绩，法院难以有效辨别，导致环境刑事附带民事公益诉讼受案范围的无序扩张。比较典型的是罗某、郑某非法捕捞水产品罪案[①]，犯罪嫌疑人在禁渔期非法捕捞了 0.85 千克的鱼虾，即被当地检察院依法提起了环境刑事附带民事公益诉讼，刑事部分本案犯罪嫌疑人触及非法捕捞罪无疑，在民事公益诉讼部分，虽然被告人用捕鱼方式会对水域生态环境造成一定危害，但 0.85 千克的鱼虾对自然资源和社会公共利益造成严重损害显然难以服众。再如，何某龙非法狩猎案中[②]，犯罪嫌疑人用气枪捕猎了一只国家二级保护动物白鹭，经过射洪市价格认定中心的认定，该案中白鹭价值 500 元，民事公益诉讼部分要求被告人承担 500 元生态修复费，并在媒体公开向公众赔礼道歉。该案初看合情合理，但是从受案范围角度考量，刑事部分无可厚非，附带民事公益部分，猎杀价值 500 元的白鹭一只即被认为严重损害社会利益，破坏生态，从损害程度和数量来看，都有一定争议，情节轻重与提起刑事附带民事公益诉讼是否有关联？两起案件均属于犯罪情节显著轻微，此时检察院对其提起环境刑事附带民事公益诉讼，有浪费司法资源嫌疑。刑法的谦抑性与不断扩展环境刑法适用范围是相对的关系。二者产生矛盾的根源，同时也是这些争议案件背后的争议实质是对损害公共利益缺乏统一标准。

三、环境刑事附带民事公益诉讼实践困境之成因分析

（一）制度所依据的规范层级过低

目前仅司法解释中有环境刑事附带民事公益诉讼的相关规定。理论上，立法权归属于全国人大及其常委会，由他们作出的立法解释才是真正意义上

---

① 辽宁省鞍山市岫岩满族自治县人民法院（2018）辽 0323 刑初 297 号刑事判决书。
② 四川省射洪市人民法院（2020）川 0922 刑初 32 号刑事判决书。

的"法律"。根据《人民法院组织法》和《人民检察院组织法》的规定，对在审判检察工作中遇到的问题作出具体法律应用解释属于司法解释，司法解释的效力显然低于立法解释，这就导致环境刑事附带民事公益诉讼的规范层级较低。规范层级相对过低，导致法律规范效力不够，强制力不够，让司法人员有选择性司法的空间，这也是环境刑事附带民事公益诉讼在司法实践中经常被检察院选择性提起，其受案范围产生一定争议的源头。对此，应当试图提高该制度的规范层级，以更好地发挥其平衡刑事民事诉讼并有效保护环境公共利益的效能。

（二）涉案罪名范围不明确

在法律规范层面，没有规定检察机关在哪种程度的犯罪行为以及哪些罪名下可以提起该诉讼，于是在司法实践中，全国各地各层级的法院对该诉讼的受理范围有不同的标准。破局的关键在于明确哪些犯罪可以提起环境刑事附带民事公益诉讼。立法、司法机关应当梳理生态环境与自然资源保护这两大领域的刑事罪名，明确哪些刑事犯罪可以和民事公益诉讼一并办理，尽量缩小检察机关选择性办案的空间，防止发生法律责任不匹配的案件。《刑法》"破坏环境资源保护罪"下的15个罪名是比较典型的刑事环境资源保护罪名，对此，检察机关可提起刑事附带民事公益诉讼。除此之外，对其他一些会导致环境资源遭受损失的犯罪行为也可以提起刑事附带民事公益诉讼。例如，放火罪中的故意放火烧毁草原森林、走私毒品时构成环境污染等。但实践中，检察机关办理的生态环境资源保护类案件集中于非法捕捞水产品罪、非法狩猎罪。与此同时，污染环境罪案件数量很多，但是用该制度打击此类犯罪行为的力度并不充分。总的来说，如果能明确相关罪名范围，该制度存在的受案范围困境也将迎刃而解。

（三）公益界定的缺失

公共利益的界定难在司法实践导致了许多问题，一些检察机关不论犯罪的情节是否显著轻微，不论对环境破坏的程度大小，有些损失在相关物价单位鉴定甚至只有几十元、几百元，均会提起环境刑事附带民事公益诉讼，环境类法益不同于保护烈士名誉等法益，几十元、几百元的环境类社会公共利益损失，往往在诉讼中会远低于鉴定和评估损失的费用，再加上诉讼的成本，有限的司法资源一定程度上被浪费。甚至一些检察机关会为了考核指标，过于随意地提起刑事附带民事公益诉讼，这反而导致了一些需要更多精力整治的犯罪没有得到及时打击。

在立法层面一直没有的明确规定引发了诸多乱象，在一些非法捕捞水产品罪、滥伐林木罪中，检察机关会因被告人捕捞几条鱼、砍伐了几棵树就提起刑事附带民事公益诉讼，这会让公众产生检察机关"没事找事""小题大做"的想法。但与此同时还有一些犯罪性质恶劣的行为，犯罪后果特别严重的犯罪行为却屡禁不止。因此，从司法资源的有效配置角度出发，应当重视损害后果，只有达到具有重大损害公共利益风险的程度或者已经损害公共利益的情况才可以提起诉讼。对应破坏生态环境类犯罪，只有行为造成的后果要超出自然环境所能承载的范围，才可以纳入环境公益诉讼的可诉范围。针对不同的罪名应做补充规定，即必须达到"后果特别严重""情节特别严重"等程度才能提起环境刑事附带民事公益诉讼。

四、环境刑事附带民事公益诉讼完善路径之制度供给

（一）近期：发挥典型案例的指引功能

为了使环境刑事附带民事公益诉讼中的案件裁判结果更加合理，可以从当下推动典型案例的功能指引。案例是生动的法治教科书，案例也是检察办案的有益参考。检察公益诉讼试点以来，最高人民检察院注重加强典型案例发布工作，在生态环境和资源保护领域先后发布了8个指导性案例和132个典型案例，先后专门发布了检察机关服务保障长江经济带发展典型案例，"守护海洋"检察公益诉讼专项监督活动典型案例，"携手清四乱保护母亲河"专项活动典型案例，野生动物保护公益诉讼典型案例，文物和文化遗产保护公益诉讼典型案例等环境资源领域典型案例。

从指导性案例和典型案例来看，近年来，最高人民法院大力推进案例引导，充分发挥案例的示范作用。但是指导性案例的入选标准相对严格，目前环境公益诉讼指导性案例较少，难以满足各级法院法官的参考需要。此外，最高人民法院发布了很多典型案例，但是典型案例的层级不够，处于比一般案例略高，低于指导案例的程度。但是无论是典型案例还是指导案例，都没有分类细化，大多着眼于宏观层面的裁判规则，难以满足现实需求。

综上所述，择优发布该制度相关的典型案例是当务之急，这些案例应当具备入选特质：第一是已经生效，且事实认定清晰、裁判说理完备、法律适用正确，并且有正向的社会和法律效果。第二是有一定的社会影响力，或是

新类型，或是"疑难杂症"。第三是具备一定的典型意义，可以指导其他案件。典型案件应当尽量清晰明了地呈现整体案情，并且重视裁判说理部分。当下有些典型案例只是将一审、二审的裁判文书简单罗列，表达也不够规范，指导性不明确，说理亦不够完善。对此，张忠民教授提出，典型案例的说理应当兼顾事理和法理，注重法律法规的构成和内在机理、从客观事实到法律事实的转变确认等方面，更加自然且有说服力地得出裁判结果，最后类型化地提升案件的典型意义。[①] 具体到环境刑事附带民事公益诉讼的类型化处理方面，可以将法律意义和社会意义区分开，法律意义方面对法律工作者和相关学者有一定研究意义。社会意义方面，通过典型案例的发布，对法律实务工作者和普通公民都有一定的警示教育和普法宣传作用。发布更多相关典型案例是当下最行之有效且易实现的对策，可以有效助推相关司法解释的补充规制，远期更加可以对《环境保护法》的修订打下基础，希冀以细小见微的典型案例指引环境刑事附带民事公益诉讼的司法实践，助力环境公共利益的保护，落实党中央关于生态文明建设全面发展的大政方针。

（二）中期：有序推进司法解释的补充规制

为了解决环境刑事附带民事公益诉讼受案范围微观具象中的整体提起率低，提起标准不统一问题，可以从推进司法解释的补充规制入手。首先应当在实务中加强适用相关司法解释。相关司法解释对环境民事公益诉讼的诸多问题进行了具体规定，实践中的很多问题都可以从中找到答案。然而通过裁判文书分析，可知在环境刑事附带民事公益诉讼中，相关司法解释的适用率不高。因此，应当加强法检机关司法办案人员对相关司法解释的认真学习、熟练掌握。

上文提到的七人合议庭制度，也亟待相关司法解释的细化。这一规定一方面强化了庭审的中心地位，让不同背景行业的陪审员加入庭审，保障了司法的公平公正。但另一方面，立法者更多考虑到此类诉讼涉及公共利益，大多数情况是疑难复杂的，需要多人合议查清案情。但是有些环境刑事附带民事公益诉讼案件，诸如之前提到的一只白鹭，0.85千克的鱼虾，这些案件的破坏力和影响力如果适用合议庭审理，是对司法资源的一种浪费，由此，笔

[①] 张忠民：《典型环境案例的案例指导功能之辨——以最高人民法院公布的23个典型环境案例为样本》，载《法学》2015年第10期。

者认为后续可以再细化司法解释规定：除对环境资源破坏力和影响力非常小，且情节显著轻微情况下可以不适用七人合议庭，其余均适用。

针对环境刑事附带民事公益诉讼受案范围中案件地域和类型分布不均匀、罪名范围不明确的问题，可以在加强适用的同时，适当补充相关司法解释，具体化相关细节规定，具体如下：第一通过补充规制环境刑事附带民事公益诉讼的司法解释，在法院和检察院中举行专项学习，尤其是在环境司法领域相对落后的地区，加大学习力度，举行相关审判交流会议。第二是在司法解释中明确检察机关针对哪些刑事罪名、何种程度的犯罪行为可以提起环境刑事附带民事公益诉讼，解决提起领域不均衡这一问题。第三是在司法解释中明确合议审理在环境刑事附带民事公益诉讼中的适用，有效避免司法资源的浪费。第四建议在司法解释中明确界定"公益"范畴，将有限的司法资源运用到破坏性大、影响性大、疑难复杂的案件，如非法采砂、污染环境类案件，对于一些犯罪情节显著轻微，对社会公共利益侵害较小的非法捕捞类案件与之区分，完善相关提起的标准，解决案由的无序扩张问题，在体现公益诉讼价值和刑法谦抑性的同时，对于司法工作人员和一些因为生活经济原因非法少量捕鱼捕虾的公民也体现了法律的温度。

（三）远期：展望立法层面的宏观落实

为解决环境刑事附带民事公益诉讼受案范围中规范层级过低的问题，可以在立法层面入手。整体来看，当前我国的公益诉讼立法是一般法结合特别法，相关条文数量少、规定分散，这会逐渐无法满足多样化的公益诉讼实践对规则供给的需求。在上述环境刑事附带民事公益诉讼裁判文书中，法律依据杂乱无章、失之偏颇。因此，应当统一裁判依据。具体建议如下：（1）实体法方面，对民事法律和环境资源法律应当并重适用。对于把环境侵权问题直接指向适用《民法典》侵权责任编的情况下，环境资源规范与民法规范应当一并适用，司法人员应当加强环境资源类法律的学习。（2）程序法方面，明确将《民事诉讼法》第58条和《检察公益诉讼解释》第20条作为该制度的程序法律依据，不再将《刑事诉讼法》第101条作为程序法依据，严格区分刑事附带民事公益诉讼与刑事附带民事诉讼这两种不相同的诉讼类型。

该制度的核心问题在于环境公共利益方面，应当在法律条文中有实质性的体现。倪斐教授2010年提出将环境公共利益作为立法宗旨时，属于法律价值概念，应当继续维持抽象的表达。①但是又过去了十几年，生态文明建设迈入快车道，我们需要作出些改变，具体而言，可以在《环境保护法》的立法目的条款中"为保护和改善环境，防治污染和其他公害"②加入"维护环境公共利益"条款，此举在立法宗旨上加入环境公共利益，可以引导未来的环境法学，将义务性规范的正当性基础从环境权走向环境公共利益，把维护环境公共利益作为环境法学的逻辑起点。此外，完善生态环境保护中公益诉讼的单独立法，有利于补强环境刑事附带民事公益诉讼受案范围的合法性。

当下环境刑事附带民事公益诉讼的案件数量越来越多，如何将国家司法机关在该制度的自主选择权限缩在一个合理范围内，如何避免环境刑事附带民事公益诉讼案由无序地扩张，单独立法对解决上述问题均大有裨益，可以国家司法公权力机关规范提起公益诉讼。具体而言，可以设置为公益诉讼法与刑事诉讼法、民事诉讼法、行政诉讼法形成一般法和特别法的关系。公益诉讼法总则可以重点规范案件的范围、起诉主体地位、审理组织、管辖和适用程序等问题，分则可以分为行政公益诉讼、民事公益诉讼、刑事附带民事公益诉讼三章，在刑事附带民事公益诉讼一章专门设置环境篇，重点规范环境刑事附带民事公益诉讼的提起标准和环境公共利益的界定。附则篇则对公共利益、社会组织等重点词汇进行释义。公益诉讼单独立法之路任重道远，但是随着我国法治建设的不断推进，当下已经具备一定的条件，生态环境保护领域《黄河保护法》的发布极大加强了生态环境保护，立法推动生态保护的模式大有可为。

五、环境刑事附带民事公益诉讼的制度完善——从受案范围的视角

（一）受案范围的肯定列举式及其细化

法律规范层面，检察机关针对哪些刑事罪名、何种程度的犯罪行为可以提起刑事附带民事公益诉讼并无规定；司法实践中，各地人民法院对其的受案范围标准不一。实践中，检察机关办理的生态环境资源保护类案件仍然集

---

① 倪斐：《公共利益的法律类型化研究——规范目的标准的提出与展开》，载《法商研究》2010年第3期。

② 《环境保护法》第1条规定的"为保护和改善环境，防治污染和其他公害"的立法目的条款。

中于非法捕捞水产品罪、非法狩猎罪、非法占用农用地罪。针对这些问题，源头治理即在法律规范中限定该制度受案范围，明确可以提起"环境刑事附带民事公益诉讼"的罪名。

立法和司法机关应该共同梳理涉及生态环境和自然资源这两个保护领域的刑事罪名。大的方面首先规定，对《刑法》"破坏环境资源保护罪"章节下的15个典型的罪名可以提起刑事附带民事公益诉讼。此外，其他一些刑事罪名的犯罪行为可能也会导致环境公共资源受到侵害，检察机关也可以对其提起刑事附带民事公益诉讼。比如，走私废物罪，盗窃罪（涉林木，珍贵、濒危野生动植物或其制品），放火罪（故意放火烧毁森林、草原等），决水罪，投放危险物质罪，以危险方法危害公共安全罪，非法生产、买卖、运输制毒物品罪、走私制毒物品罪（被告人在实施非法生产制毒物品犯罪行为中构成污染环境）等。

具体来说，当务之急是在肯定式列举"破坏环境资源保护罪"的15个罪名后，将罪名分为两类，一类是犯罪性质较为恶劣的，即故意破坏环境和自然资源方面的罪名，尤其是非法采砂和非法采矿；一类是非法捕捞罪、滥伐林木罪等涉及面小，危害较小，影响不大，犯罪情节较轻的罪名。为了实现司法资源的有效配置，应当限定针对社会公益受损程度较大的刑事犯罪提起附带民事公益诉讼。针对不同刑事罪名，建立案件分类机制，以犯罪情节的轻重作为提起环境刑事附带民事公益诉讼的决定因素。对主观恶性大且对环境损害严重的，可以提起刑事附带民事公益诉讼，而对于犯罪情节显著轻微、危害不大的，则不宜提起刑事附带民事公益诉讼。

（二）公益损害协调磋商机制的设置

在司法实践中，应当坚持比例原则，为重大环保案件预留足够的司法资源。本着保护生态环境和社会环境公益的初衷，对事实简单、损害较小的案件，应尽量通过协调磋商解决。健全常态化法检沟通协调合作机制，协商议定合理的公益性损害标准，为司法行政搭建立体的环境"保护罩"。实践中，环境资源刑事附带民事公益诉讼案件在程序和主体方面存在许多新问题需要解决，为有效应对这些新问题，需加强法检系统内部、外部的协调配合，积极调动各方资源，形成强大合力，审判程序上建立健全七人合议庭制度。

首先，法院可以发挥主导作用，建立相关的综合诉讼平台。一是强化探索"三合一"审判模式。从刑事、民事、行政三个领域各自抽调有经验的法官，将涉及环境资源保护的案件集中到环境资源保护庭来进行统一审理。在诉讼程序的全过程都要与相关行政部门进行沟通，充分利用各方资源优势，建立一个常态化的合作机制。二是可以更充分地利用庭前会议。在庭前会议中，充分理清相关疑难点，向被告人阐明承担损害赔偿是从宽处罚的情节，并进行相关的调解。三是对民事公益诉讼部分可以建立联合会议制度。法院和环境保护相关的行政单位共同讨论交流，尽量形成相对一致的理念，共享资源和信息，邀请主流媒体，宣传相关法律法规，会后汇总会议纪要，与学校专家、律师等不断深化交流，吸收理论界先进研究成果。

其次，要结合环境资源领域公益诉讼案件的特点，着力建立法检两院之间的法检磋商机制。此前司法实践中，法检缺乏有效的磋商，导致实务中出现很多有争议的案件。建立该机制不仅可以提前磋商，解决一些疑难案件，更是积极响应习近平新时代生态法治理念的试验，此举有助于建立恢复性司法的生态法治理念，通过建立该机制亦可以有效推动整体环境治理，并通过司法机关向全社会传递严格的环境责任理念。法检磋商机制应确立以下办案理念：（1）恢复性司法理念。检察机关应当积极适用生态环境损害责任、生态环境恢复责任。其次还要坚持"恢复第一"的理念，生态环境侵权责任以修复为主，赔偿为辅。不具备恢复条件的本地案件可申请异地恢复，本人不愿恢复的可申请替代性恢复，家庭经济情况较差的侵权人可申请劳务补偿。最后坚持"专业修复"理念，检察机关要深化与生态环境领域专业组织的合作，推荐适用国家生态修复标准或行业生态修复标准作为监管验收依据。（2）整体环境治理的理念。生态环境是一个有机系统，生态治理也要以系统思维、整体观推进，符合生态环境的内在规律。长期以来，生态环境保护领域普遍存在自主治理、九龙治水等问题。如果植树者只植树，治水者只管水，护田者只关心田地，生态必然遭到破坏。景观、森林、田野、湖泊和草地的统筹管理旨在从系统工程和整体的角度寻求新的治理方式，多举措推进生态环境治理现代化，异地修复便是整体环境治理理念的体现。（3）最严格的环境责任理念。《民法典》第1232条规定了环境侵权诉讼中的惩罚性赔偿责任。结合中央对生态环境保护的重视，在环境资源民事公益诉讼案件中，侵权人故意违法、故意污染环境、破坏生态并造成严重后果的，检察机关也应有权要求侵权人承担相应的惩罚性赔偿。

最后，建立健全七人合议庭制。环境刑事附带民事公益诉讼制度本质上是公益诉讼，但是司法实践中，并未完全适用七人合议庭制度。对此，本文建议在面对切实严重损害环境公共利益的案件中，完全适用七人合议庭，情节显著轻微时再适用其他制度。由于环境司法案件相对特殊，环境类专业知识的学习也非一朝一夕可以精通。在四名人民陪审员中选任一些农林、大气等环境领域的专家学者，在法律适用层面发表一定意见，但不参与表决。对于环境破坏、污染严重性等事实认定层面，结合自身专业知识，提出专业独立的意见，与三位法官共同磋商、共同表决，以此组建一个专业公正的审判队伍，提升该类案件的审判专业性，让裁判结果更加公平公正。

（三）受案范围配套制度措施的保障

一是加强办案团队和成员的专业化。当前在司法实践中，有一些地区检察机关组建了生态环境和资源保护领域的专业办案队伍。比如，重庆市人民检察院第二分院、江苏省南京市栖霞区人民检察院建立"长江生态检察官制度"。① 上海铁路运输检察院，也组建了一支由专家公诉人带队的专业办案组，② 精准打击破坏环境资源类案件。

建立专业化队伍的成功经验可以在全国各地推广，专业队伍离不开专业的成员。检察公益诉讼业务涉及发现线索、收集证据、诉前程序、审查起诉、出席庭审和监督执行等诸多环节，需广泛地运用法律法规、全面掌握的法律、经济、社会各个方面的专业知识，这对办案人员业务技能和综合素能要求极高。因此，加强公益诉讼办案人员的专业素养不可或缺。

具体而言，检察机关可以从以下三个方面加强办案人员的专业素养：（1）加强业务培训。全国各地检察机关应特别注重公益诉讼检察业务专项培训，开展公益诉讼专题培训班，并派遣青年检察官前往学习，颁发相关的培训班次结课证书，打造一批专业精、能力强的团队成员。（2）借助外力。例如，上海市检察机关建立了生态环境专家智库，召开了专项环境资源保护论坛，借助"外脑"加强环境公益诉讼专业化建设③。这是一次积极进步的尝试，值得推广学习，通过加强与科研单位与高校的合作，建立专项的研究中心，提供专业的指导。（3）加大法检单位与行政单位的挂职交流力度。最高人民检察院和生态环境部在 2018 年就有挂职交流协议，在协议的基础上，可以进一步完善交流机制，增加激励，检察官缺少环境专业知识，环境行政

---

① 《绿色发展·协作保障服务保障长江经济带发展检察白皮书（2019）》，载最高人民检察院官网，https://www.spp.gov.cn/spp/xwfbh/sfbt/202001/t20200114_452649.shtml，最后访问时间：2021 年 3 月 8 日。

② 《创新路上，中国生态环境检察一直在前行！》，载 https://www.thepaper.cn/newsDetail_forward_2987361，最后访问时间：2021 年 3 月 8 日。

③ 《上海铁检院召开"守护海洋"论坛》，载 http://n.eastday.com/pnews/1606204920026378，最后访问时间：2021 年 3 月 9 日。

人员缺乏司法实践经历，通过二者交流融合，可以大大增强挂职交流人员理论与实践相结合的力度。

二是规范检察机关对民事部分的调解。在《最高人民法院关于审理环境民事公益诉讼案件适用法律若干问题的解释》第 25 条允许社会组织提起的民事公益诉讼可以调解或者自行和解，但是法律对调解和当事人自行和解进行了程序控制[①]：一方面设置了调解协议公告程序，要求当事人对调解协议或和解协议向社会公众进行公告，目的在于促使潜在的利害相关者提出异议，从而对损害社会公共利益的调解予以规制；另一方面设置了法院审查程序，法院会对协议书进行审查，协议不损害公平公正和社会公共利益，才出具调解书。但是实践中，环境刑事附带民事公益诉讼的部分案件达成了调解协议，却没有出具调解书。检察院及时和被告人达成调解有利于尽快结案，及时修复环境刑事公共利益，但是检察机关与被告人达成调解协议后，仍然应当予以公示公告，并制作调解协议书，公示以接受社会公众的监督，这样一来不仅可以体现双方的合意，也可以更好地保护环境刑事附带民事公益诉讼中的公共利益。

三是对受案范围的认定引进听证制度。在环境刑事附带民事公益诉讼中，检察院和法院的自由裁量权过大，且环境刑事附带民事公益诉讼的因果关系认定也相对复杂，再加之社会公共利益这一概念过于抽象，可以通过引进听证制度，邀请相关法学理论学者和法律实务工作者和一些普通群众参与听证，对受案范围中的社会公共利益的具体认定进行讨论。[②] 此举一来可以规避前文提到的检察院为了功利司法，避免类似对非法捕捞 0.85 千克鱼虾提起环境刑事附带民事公益诉讼这样的争议案件发生；二来可以在遇到疑难案件时，大大增强决策的科学性。听证程序可以由被告向法院申请或者由检察院主动提起。被告提起时，除了涉及隐私和商业秘密等不宜公开的情形，其他情况法检两院应当尽量配合；检察院提起时，应当通知被告人参与听证，在听证会后，根据听证笔录对相关事实进行调查研究，法检两院磋商后进行决定。

---

① 蔡彦敏：《中国环境民事公益诉讼的检察担当》，载《中外法学》2011 年第 1 期。
② 孙文明：《刑事附带民事公益诉讼制度研究》，安徽财经大学 2021 年硕士学位论文。

结　语

生态文明建设是关乎民生福祉、中华民族伟大复兴的重要一环，而司法治理是生态文明建设的重要手段，实现良好的司法治理意义重大。作为司法中的重要制度支撑，环境刑事附带民事公益诉讼制度在助力打击破坏环境公益犯罪行为方面效果显著。但也应注意到环境刑事附带民事公益诉讼的数量增加的同时，理论研究和规则供给却相对落后，特别是对其受案范围的研究存在一定滞后性。受案范围是诉讼的起始点，对其研究意义重大。但是司法实践中，刑事附带民事公益诉讼的受案存在诸多问题，进而影响了诉讼效能的发挥。现行法律及司法解释层面的规定尚不够精细，刑事被告人的犯罪行为达到何种程度才能造成社会公共利益的损害无明确标准，司法解释中"公共利益"概念具有高度抽象性和不确定性，诉讼存在整体提起率低、提起领域不均衡、裁量标准不统一、案由无序扩张等问题。通过分析，可知规范层级过低、罪名范围不明确、公益界定的缺失等外在不足的本质是由于环境刑事附带民事公益诉讼的性质和受案范围涵射的公益利益的不清晰。对此，总体来看，可通过对受案范围的肯定式列举及细化解决罪名范围问题，通过公益损害法检磋商机制的构建解决裁量标准问题，通过配套监督措施的保障解决案由无序扩张问题三方面进行规范。在具体路径上，提出可通过近期推动典型案例的功能指引解决裁判结果合理性的问题，通过中期有序推进司法解释的补充规制解决提起率低、提起领域不均衡和案由无序扩张问题，通过远期展望立法层面的宏观落实解决规范层级过低问题。在此基础上，应当进一步加强环境公共利益方面立法，妥善处理民刑衔接问题，以充分发挥人民法院的司法能动性，有效配置司法资源，促进环境刑事附带民事公益诉讼法律制度的完善。相信随着理论与规则的不断优化，环境刑事附带民事公益诉讼制度一定会在绿色法治化的道路上发挥更大的作用，为中华民族的千秋万代的绿水青山附上法治的"金钟罩"。

生态环境刑事附带民事公益诉讼实证研究

——以黄河流域司法实践为样本*

摘要：黄河流域生态环境治理主体的多元性与生态环境公共利益的关联性，是落实黄河流域生态保护和高质量发展战略所面临的主要瓶颈之一。党的十八大以来，党中央将生态文明建设置于全局工作的重要位置，这就更加突出了生态环境司法保护机制的地位，刑事附带民事公益诉讼应运而生。以黄河流域九省区的司法实践为样本，对生态环境刑事附带民事公益诉讼进行学理分析，通过实证检视，发现存在基本规则不明晰、诉前程序有限制、诉中程序不健全等问题，从明晰基本规则、建立"刑事打击＋公益诉讼＋生态修复＋警示教育"综合保护模式等优化路径促进程序完善，全面贯彻落实《黄河保护法》，充分发挥生态环境刑事附带民事公益诉讼在惩治犯罪、保护生态环境、有效节约司法资源的作用，实现生态环境修复的最终目的，为检察机关推进黄河流域生态保护和高质量发展提供鲜活样本和可借鉴经验。

关键词：黄河流域　生态环境　刑事附带民事公益诉讼　民刑交叉　综合保护

　　黄河生态安全是黄河流域经济社会可持续发展的重大前提。生态环境没有替代品，用之不觉，失之难存。[①] 对于黄河流域复杂多样的生态破坏和环境犯罪问题，亟待深入践行"两山"理念，实现生态产品价值，以满足整个流域的系统治理需求。而生态环境刑事附带民事公益诉讼是维护生态环境公共利益、救济受损生态环境的重要手段，弥补了传统环境诉讼的缺陷，作为生态环境诉讼案件民刑交叉的典型，既能打击刑事犯罪，又能追究民事责任，具有双重的法律价值，也能将预防性和补偿性的司法救济予以融合，进而推动黄河流域的生态环境保护和修复工作，构建"事前预防—事中监管—事后

---

* 【作者信息】白玉，宁夏回族自治区石嘴山市人民检察院；王天栋，宁夏回族自治区石嘴山市人民检察院。

① 习近平：《习近平谈治国理政》（第三卷），外文出版社 2020 年版，第 360 页。

救济"的生态利益保护秩序,① 实现其"保护优先、恢复为主、填补损害、生态修复"的诉讼目的和实质效果,为生态文明建设护航。

一、学理分析:生态环境刑事附带民事公益诉讼的功能价值与本质厘清

(一)功能价值

1. 节约司法资源,提高司法效益。刑事附带民事公益诉讼主要功能之一是节省认定事实等司法资源,还具有激发基层检察机关积极性、释放办案活力的实践优越性,可实现裁判主体同一、审判时空确定、证据资料整合,可以有效地防止因刑事公诉与民事公益诉讼程序分开进行,而造成的程序重复、司法浪费、刑民责任脱节问题,减少诉累,从而避免产生相互矛盾的裁判,维护法院裁判权威,增强司法公信力,提高司法效益。从当前的实际情况来看,部分省市对环境资源案件进行了集中管辖,并设立了环境资源审判法庭,专门负责对环境资源案件的审理,从而提高审判效率。

2. 疏通刑民诉讼关系,提高司法治理效能。恢复性司法理念具有恢复性、参与性、社会性和灵活性特点,有学者认为:"恢复性司法是善良的,它强调理解、宽恕、羞耻、仁爱。"② 这样的实践基础和思想土壤为生态环境刑事附带民事公益诉讼工作奠定了恢复性司法适用的条件。③ 通过生态环境刑事附带民事公益诉讼,秉持恢复性司法理念,落实宽严相济的刑事司法政策,实现认罪认罚从宽与生态环境修复的衔接,使刑事制裁与民事赔偿相联系,反向促使犯罪者积极履行生态环境修复义务,更好地实现环境刑罚目的,起到了对生态环境保护进行宣传和警示教育的作用,有利于预防环境犯罪,进而更好地对生态环境公共利益进行保护。

3. 形成监督合力,促使公益保护功能协同发挥。生态环境刑事附带民事公益诉讼可以构成追责合力,不但可以要求被告人负起刑事责任,而且还可以基于其违法犯罪行为而要求其承担相应的民事责任,既可以对被告人及社

---

① 朱谦、谌杨:《"生态环境损害赔偿诉讼优先论"之思辨——兼论与环境民事公益诉讼的顺位问题》,载《学术论坛》2020年第5期。
② 王平主编:《恢复性司法论坛》(2005年卷),群众出版社2005年版,第7页。
③ 蔡晔:《恢复性司法理念在刑事附带环境民事公益诉讼中的运用》,载吕忠梅主编:《环境资源法论丛》(第13卷),法律出版社2021年版,第255页。

会公众产生威慑作用，还可以对其进行警示教育，还能平衡刑事责任与民事责任，将民事赔偿作为刑事量刑的依据，使被告人能为了减轻刑罚而积极承担民事公益诉讼的责任，达到了单独的刑事诉讼或民事公益诉讼无法达到的诉讼效果，促使受到侵害的社会公共利益最大限度地获得及时救济，有效地维护社会秩序的稳定，实现了社会效果和法律效果的统一。与此同时，在生态环境刑事附带民事公益诉讼中，将恢复公共利益、修复社会关系等作为认罪认罚从宽的考虑因素，对实施认罪认罚从宽制度更有利。

（二）本质厘清

关于其本质，学界仍有争议。有的人认为，民事公益诉讼的目标与任务，已经被刑事诉讼所吸纳并涵盖，所以，在已经提起刑事诉讼的情形下，就没有必要再进行民事公益诉讼了。[①] 还有一些观点认为，刑事附带民事公益诉讼是改革试点下的强制嵌入，是"公益性刑事附带民事诉讼"的一种形式，[②] 属于《刑事诉讼法》第 101 条刑事附带民事诉讼的规范内涵之下。

笔者认为，生态环境刑事附带民事公益诉讼属于公益诉讼中的一个子类别、新类别，它是民事公益诉讼和刑事诉讼相互融合的结果，同时还具备了刑事附带民事诉讼与检察民事公益诉讼的双重特点，在本质上属于一种民事公益诉讼。理由在于，根据《立法法》规定，刑事附带民事公益诉讼只能由"法律"加以规定，因此，不宜将《最高人民法院、最高人民检察院关于检察公益诉讼案件适用法律若干问题的解释》（以下简称《检察公益诉讼解释》）作为更高层次的规范依据。借助体系解释和合目的性解释来看，《检察公益诉讼解释》第 1 条指出制定本解释的法律依据是《民事诉讼法》；第 20 条正式确立了刑事附带民事公益诉讼制度，并将其置于"二、民事公益诉讼"之中，由此可知，最高人民法院、最高人民检察院将其归类于民事公益诉讼类型中，结合其第 26 条规定，可知遵从《民事诉讼法》规定，是我国推行刑事附带民事公益诉讼制度的合法性与正当性基础。

---

① 程龙：《刑事附带民事公益诉讼之否定》，载《北方法学》2018 年第 6 期。
② 夏黎阳、符尔加：《公益性刑事附带民事诉讼制度研究》，载《人民检察》2013 年第 16 期。

二、现状阐释：生态环境刑事附带民事公益诉讼的实证检视

（一）规范现状

为使规范现状清晰明了，便以图表形式呈现，如表 1 所示。

表 1　生态环境刑事附带民事公益诉讼相关规范

时间	发布主体/会议	文件名称	相关内容
2016年12月	最高人民检察院	《关于深入开展公益诉讼试点工作有关问题的意见》	首次提出要探索开展刑事附带民事公益诉讼
2018年3月	最高人民法院、最高人民检察院	《检察公益诉讼解释》	首次明确规定了刑事附带民事公益诉讼制度，拓展了检察公益诉讼的类型
2019年9月	黄河流域生态保护和高质量发展座谈会	《在黄河流域生态保护和高质量发展座谈会上的讲话》	"保护黄河是事关中华民族伟大复兴的千秋大计。"①
2019年11月	最高人民法院、最高人民检察院	《关于人民检察院提起刑事附带民事公益诉讼应否履行诉前公告程序问题的批复》（以下简称《诉前公告批复》）	将诉前公告确立为必经程序
2021年6月	中共中央	《关于加强新时代检察机关法律监督工作的意见》	第11条明确提出："积极稳妥推进公益诉讼检察。"
2021年7月	最高人民检察院	《人民检察院公益诉讼办案规则》（以下简称《办案规则》）	对刑事附带民事公益诉讼适用范围在生态环境和资源保护等基础上进行了一定的扩展，使检察机关在办理公益诉讼生态环境和资源保护等领域案件中，可以提出惩罚性赔偿诉讼请求，增加侵害人的违法犯罪成本

---

① 习近平：《论人与自然和谐共生》，中央文献出版社 2022 年版，第 236 页。

续表

时间	发布主体/会议	文件名称	相关内容
2023年4月	第十三届全国人大常委会通过,以主席令方式颁布	《黄河保护法》	第105条第2款提出了要推进行政执法机关与司法机关的协同配合;第119条第2款规定,国家规定的机关或法律规定的组织有权请求造成黄河流域生态环境损害的侵权人承担修复责任、赔偿损失和相关费用

从以上的规范中我们可以看出,刑事附带民事公益诉讼丰富了检察机关的法律监督手段,是国家治理体系现代化建设的重要组成部分。在《检察公益诉讼解释》发布后,我国刑事附带民事公益诉讼得到了较快的发展,刑事附带民事公益诉讼案件在公益诉讼起诉案件中所占的比重越来越高,① 已经成为检察机关在"生态环境和资源保护领域"中发挥公益诉讼检察职能的重要形式,也是维护公共利益的重要力量。② 但现行立法和司法解释中,都缺少关于刑事附带民事公益诉讼的程序规则,已有规定也过于简单。我国对黄河流域生态环境保护日趋重视,并以《黄河保护法》立法的形式予以明确,而生态环境刑事附带民事公益诉讼正是检察机关推动黄河流域生态保护和高质量发展的有力抓手,亟待从上位法角度予以规范。

(二)实证检视

依托中国裁判文书网,以黄河流域青海、四川、甘肃、宁夏回族自治区、内蒙古自治区、陕西、山西、河南、山东九个省区的刑事附带民事公益诉讼案件为实证数据样本进行分析。在裁判文书网以"生态环境""刑事案由""刑事附带民事公益诉讼"等为关键词进行检索,共搜索到全国6018篇文书,其中黄河流域九省区共计1631篇。再以"生态环境""刑事附带民

---

① 根据《中国环境资源审判(2019)》,2019年,受理检察机关提起的环境公益诉讼2309件,审结1895件,其中环境刑事附带民事公益诉讼1642件,审结1370件,占比72.29%;根据《中国环境资源审判(2021)》,2021年,受理检察机关提起的环境公益诉讼5610件,审结4785件,其中环境刑事附带民事公益诉讼4151件,审结3695件,占比77.22%。

② 张兵:《办理刑事附带民事公益诉讼案件的几点建议》,载《检察日报》2021年3月16日第3版。

事公益诉讼""破坏环境资源保护罪"等为关键词进行检索，共搜索到全国5048篇文书，其中黄河流域九省区共计1373篇。

1. 案件分布。从时间分布来看，自2015年7月到2017年6月，在全国范围内，检察机关的公益诉讼试点还处在谨慎的探索阶段，黄河流域九省区仅有1例生态环境刑事附带民事公益诉讼即2016年四川省1例，2017年陕西省1例，2018年143例，2019年418例，2020年515例，2021年226例，2022年61例，2023年上半年8例。通过年份对比，截至2020年生态环境刑事附带民事公益诉讼案件数量呈逐年上升趋势，尤其是《检察公益诉讼解释》作出的明确规定，为其在司法实践中的运用奠定了基础后，呈现出较大幅度增长且持续走高的发展趋势，体现出司法效益型和实践优越性的功能价值。[①] 从2021年开始数据大幅下降，说明生态保护状况得到改善、生态环境纠纷和环境侵权案件呈现下降的趋势，这离不开黄河流域生态保护和高质量发展战略的扎实推进和生态环境刑事附带民事公益诉讼发挥的实质作用。

从地区分布来看，黄河流域9个省区都存在生态环境刑事附带民事公益诉讼案件，主要集中在中游和下游地区，地域性较为集中。据统计，按件数排名依次为四川省651件，陕西省185件，河南省183件，山东省140件，甘肃省91件，内蒙古自治区59件，山西省29件，青海省27件，宁夏回族自治区8件。根据全国31个省份2020年、2021年、2022年GDP情况排行，山东、河南、四川排名靠前，其案件数量也较多，而青海和宁夏的经济比较落后，案件数量也不多，从这一点可以看出，生态环境刑事附带民事公益诉讼案件数量与地区经济发展大体呈正向关系，各省区案件数量与各省区GDP数据存在密切关系，从一个侧面体现出了经济发展状况对于法治建设产生的作用，在经济发展越好的地区，公众对于公益诉讼的关注度就会更高，其法律意识也会更加深入人心，这也表明，为了发展经济而牺牲生态环境的问题依然存在。

从受理罪名来看，主要分布在刑法分则第六章"妨害社会管理秩序罪"中的"破坏环境资源保护罪"。上述黄河流域九省区1373件生态环境刑事附带民事公益诉讼案件主要与污染环境罪、非法采矿罪等13个刑法分则具体罪名相关，罪名按数量排名依次为非法捕捞水产品罪302例，滥伐林木罪

---

① 卢晶：《新时代刑事附带民事检察公益诉讼实践面向研究》，载《中国检察官》2020年第7期。

210例,非法狩猎罪200例,非法占用农用地罪157例,非法采矿罪124例,盗伐林木罪114例,污染环境罪100例,非法猎捕、杀害珍贵、濒危野生动物罪71例,非法收购、运输、出售珍贵、濒危野生动物、珍贵、濒危野生动物制品罪54例,非法采伐、毁坏国家重点保护植物罪41例。这反映出生态环境刑事附带民事公益诉讼主要按《民事诉讼法》中规定的民事检察公益诉讼类型(主要领域是生态环境和资源保护)来展开,也反映出打击破坏生态环境进行资源保护,成为黄河流域刑事附带民事公益诉讼的重点工作与奋斗目标。结合受理罪名,对黄河流域九省区生态环境刑事附带民事诉讼案由进行分类,其中破坏林木资源类占比27%、破坏野生动物资源类占比24%、非法捕捞水产品类占比22%、污染环境和非法采矿类占比16%、非法占用农用地类占比11%。案发地域分布特点与罪名也具有高度相关性,如非法捕捞水产品案件、破坏野生动物资源类案件及破坏林木资源类案件主要集中在四川等地区,污染环境和非法采矿类案件则以山东、河南居多,非法占有农用地类案件在陕西比较突出。

2. 提起附带民事公益诉讼的法律依据。笔者通过中国裁判文书网检索发现,有的依据《刑事诉讼法》《民事诉讼法》《检察公益诉讼解释》提起,如霍某非法占用农用地一案[(2018)内0421刑初202号];有的依据《民事诉讼法》《检察公益诉讼解释》提起,如袁某军非法采矿罪一案[(2020)陕1021刑初107号];有的仅以《检察公益诉讼解释》提起,如[(2020)内0526刑初344号];还有的以《环境保护法》《民法典》为依据提起,如[(2022)鲁1322刑初212号];以《侵权责任法》《森林法》《最高人民法院关于审理环境民事公益诉讼案件适用法律若干问题的解释》提起,如朱某军滥伐林木罪一案[(2020)陕0331刑初7号]。这些反映出在目前的法律及司法解释规定的现状下,提起附带民事公益诉讼的法律依据不统一。同时发现在裁判文书中,大多数案件没有标明提起刑事附带民事公益诉讼的法律依据,如(2019)豫0527刑初246号、(2021)晋1029刑初11号等。

3. 检察机关称谓不同。目前,检察机关在公益诉讼中的诉讼地位仍具有不确定性。在上述裁判文书中,对检察机关的表述有所不同,有称为公益诉讼起诉人的,如(2019)内0621刑初33号;有称为附带民事公益诉讼人的,如(2020)晋0921刑初38号;有称为附带民事公益诉讼起诉人的,如杨某明、洪某琪非法狩猎罪一案[(2020)甘7508刑初8号];有称为附带民事公益诉讼原告的,如(2020)晋0881刑初266号;有称为附带民事公益诉讼原告人的,如(2018)内0723刑初105号;有称为刑事附带民事公益诉讼起诉人的，如（2022）豫 0611 刑初 337 号；还有称为公益诉讼机关、刑事附带民事公益诉讼人、刑事附带民事公益诉讼机关的。虽然实践中对检察机关的称谓呈现多样化的特征，但主要以附带民事公益诉讼起诉人的身份起诉，这种做法也是有法律依据的。检察机关称谓的区别，实际上是基于对公益诉讼性质的不同认识，[①] 也反映出对检察机关诉讼地位的不同理解。

4. 诉前公告履行。在生态环境刑事附带民事公益诉讼的实践中，黄河流域九省区检察机关履行"诉前公告程序"的做法不统一。在《诉前公告批复》发布前，有的检察机关就履行诉前公告程序，如李某某、王某某非法猎捕杀害珍贵、濒危野生动物案［（2019）甘 7502 刑初 4 号］，将《公告》作为证据提交；如马某军滥伐林木案［（2018）宁 0106 刑初 288 号］；也有裁判文书中没有提到履行公告程序的情况，如武某禄污染环境案［（2018）鲁 1525 刑初 224 号］。在《诉前公告批复》发布后，大多数裁判文书中会明确表明进行了诉前公告，如龚某、苏某污染环境案［（2020）陕 0623 刑初 129 号］，或法院审查了诉前公告，如贾某康非法捕捞水产品案［（2022）豫 0611 刑初 337 号］；也有裁判文书中没有提及诉前公告的情况，如刘某礼非法捕捞水产品罪案［（2021）青 0104 刑初 263 号］。通过分析可以发现，《诉前公告批复》发布后，履行诉前公告的比例有所上升，但是公告比例还远远不够。黄河流域九省区对是否履行公告程序以及如何履行诉前程序还缺乏统一的认识，进行公告的方式也有所不同，有在《检察日报》公告的，如罗某、胡某等污染环境案［（2019）内 0207 刑初 79 号］；有在《法制日报》公告的，如马某军滥伐林木案［（2018）宁 0106 刑初 288 号］；有在正义网公告的，如（2021）豫 1329 刑初 475 号；还有在《中国劳动保障报》上公告的，如彭某森非法采伐、毁坏国家重点保护植物案［（2019）川 18 刑终 78 号］。诉前不进行公告不利于保障公益诉讼中的公众参与，减损了公益诉讼的公开性与民主性。

5. 调解、和解程序适用。通过上述裁判文书，黄河流域九省区在生态环境刑事附带民事公益诉讼中有适用调解、和解的情况，但较少，有的裁判文书对是否出具调解书也不明确。如在李某、卢某龙污染环境案［（2019）豫 1323 刑初 322 号］中，对刑事附带民事公益诉讼部分进行调解结案；在王某英非法占用农用地案［（2019）内 0623 刑初 79 号］中，达成刑事附带民

[①] 姜保忠、姜新平：《检察机关提起刑事附带民事公益诉讼问题研究——基于 150 份法院裁判文书的分析》，载《河南财经政法大学学报》2019 年第 2 期。

事调解协议书；在黄某有非法占用农用地案［（2020）甘0402刑初111号］中，明确提出制作刑事附带民事调解书；还有在王某某非法捕捞水产品案［（2021）川0903刑初531号］中，提到被告人积极退赃，在开庭审理前与公诉机关就公益诉讼部分达成赔偿协议，可酌情从轻处罚。司法实践中，大多调解和解的案件都在判决前履行完毕，调解或和解后承担责任的态度越积极，就越有利于生态修复，所以达成调解协议并认罪认罚的，往往获得的量刑较轻。例如，在邓某某非法采矿案［（2018）宁0122刑初114号］中，提到经庭前调解，公益诉讼机关与被告人达成调解协议并履行完毕，加之认罪认罚，最终获判缓刑。

（三）典型案例分析

1. 甲某周盗伐林木刑事附带民事公益诉讼案。① 四川省若尔盖县地处黄河上游，是我国主要的水源涵养区，其森林资源在水土保持和生物多样性维持中发挥着举足轻重的作用。通过对案件的审理，人民法院综合运用刑事、民事责任方式，贯彻恢复性司法理念，在判决承担刑事责任的同时，要求其承担补植复绿的生态环境修复责任，建立一种惩罚与复绿并重的问责机制，有利于增强生态保护意识，推动形成人与自然和谐共生的绿色生活方式。

2. 黄某某非法采矿刑事附带民事公益诉讼案。② 黄河（山东段）河势不稳，非法采砂行为影响河床沉积、河岸稳固、水栖生态、流域附着设施效能，危及河道、航道、水利设施等附着设施安全、破坏江河流域自然生态环境。该案在判处被告人承担刑事责任的同时，秉持修复性司法理念，判令被告人恢复河道原貌，既打击了犯罪，又维护了黄河河道行洪安全和自然生态环境。

3. 内蒙古科尔沁右翼中旗人民检察院诉某煤业公司非法占用农用地刑事附带民事公益诉讼案。③ 该案中，检察机关秉持"既要金山银山，更要绿水青山"的发展理念，对非法占用农用地涉案企业提起刑事附带民事公益诉讼，运用《民法典》中的"惩罚性赔偿条款"，要求其承担刑事责任的同时，

---

① 宁夏高级人民法院：《关注 | 黄河流域生态环境司法保护典型案例》，载https://www.thepaper.cn/newsDetail_forward_7822353，最后访问时间：2023年8月3日。
② 《山东高院发布10起服务保障黄河流域生态保护和高质量发展典型案例》，载中国山东网http://news.sdchina.com/show/4664104.html，最后访问时间：2023年8月3日。
③ 《【兴检·案例】兴安盟检察机关2021年度公益诉讼典型案例发布（第一期）》，载微信公众号"内蒙古兴安检察"，2022年2月11日。

承担生态系统服务功能损害的民事赔偿责任和惩罚性赔偿责任，提高侵权行为人的违法成本，形成强有力法律震慑，以最严格的法治保护生态环境。人民法院依法判决支持了检察机关的诉讼请求。

4. 陕西省米脂县人民检察院诉徐某某等 6 人盗掘古脊椎动物化石破坏生态环境刑事附带民事公益诉讼案。① 盗掘古脊椎动物化石会严重影响黄河流域生态治理，该案中，检察机关综合考虑生态环境永久性损害造成的损失后果严重，按照修复费用提出惩罚性赔偿金，进行了诉前公告，并邀请人大代表、人民监督员等对案件进行公开听证，通过刑事附带民事诉讼方式，依法追究行为人的刑事、民事、行政责任，对违法行为人无力支付修复资金的，允许采取劳务代偿的方式替代履行。同时，针对行政机关监管不力的问题，发出诉前检察建议督促履职，监督行政机关和违法行为人共同修复生态环境。

三、现实困境：生态环境刑事附带民事公益诉讼程序运行中存在的问题

（一）基本规则不明晰

1. 法律制度供给不足。黄河流域生态环境公益诉讼的现有法律规定，具有"零散、重复、衔接性不够紧密"等特点，目前主要是以《检察公益诉讼解释》为依据，规范位阶较低。刑事附带民事公益诉讼制度是改革试点下的强制嵌入，② 黄河流域九省区生态环境刑事附带民事公益诉讼案件由试点期间的 1 件增长至 2020 年的 515 件，随着案件数量的迅速增加和"一条两款"的法源问题出现，可以看出生态环境刑事附带民事公益诉讼在法律支撑上还存在着一定的欠缺与不足。

2. 检察机关诉讼地位不明。通过上述实证数据分析，当检察机关作为起诉主体，提起生态环境刑事附带民事诉讼时，就会产生不同的称谓，其根本原因在于我国对其诉讼地位的不明确，这也是我国诉讼规则中的一个重大缺

---

① 《陕西省米脂县人民检察院诉徐某某等 6 人盗掘古脊椎动物化石破坏生态环境刑事附带民事公益诉讼案》，载 http://www.jcrb.com/xztpd/ZT2021/ffjyz_69002/gyss/qaz/bj/ert_1/202206/t20220613_2412514.html，最后访问时间：2023 年 8 月 3 日。

② 石晓波、梅傲寒：《检察机关提起刑事附带民事公益诉讼制度的检视与完善》，载《政法论丛》2019 年第 6 期。

陷。《检察公益诉讼解释》赋予检察机关"公益诉讼起诉人"的称谓，不仅可以显示出它在民事公益诉讼中的诉权，而且可以显示出它作为法律监督者的身份及其在诉讼中的特殊地位，但其诉讼地位在传统诉讼法中还没有得到确认，容易导致程序规则内部紊乱。

（二）诉前程序有限制

1. 诉前公告履行不一。司法实践中，黄河流域九省区公告与不公告并存，《检察公益诉讼解释》没有明确其诉前公告程序，《诉前公告批复》发布后，各地检察机关做法不一，发布公告的媒体级别也不同。理论界对于刑事附带民事公益诉讼"诉前公告程序"的认识也存在分歧。有学者认为，刑事附带民事公益诉讼的立法初衷是为了节约司法资源、提高诉讼效率，提议取消强制性的诉前公告。① 也有学者认为，出于遵守附带型诉讼的从主诉讼原则和方便统一立案操作等方面的原因，应对诉前公告程序进行简化，不需要30天公告程序。② 有观点认为，根据《检察公益诉讼解释》及其所属章节规定，刑事附带民事公益诉讼应当遵循现行法律，履行相关诉讼程序。也有观点认为无需诉前公告，③ 认为在刑事附带民事公益诉讼中履行诉前程序不利于实现诉讼的效率，还会导致诉讼程序复杂化。④

2. 调查取证权缺乏刚性。检察机关在公益诉讼中的调查核实权不同于刑事诉讼中的调查核实权，更接近法律监督职责中的调查核实权。⑤ 在公益诉讼中，检察机关行使调查核实权的手段仅限于询问、查询、鉴定、勘验等措施，具有明显的非强制性。《检察公益诉讼解释》赋予检察机关的调查核实权过于原则简单，在实践操作中处于薄弱环节。根据《检察公益诉讼解释》《办案规则》规定，检察机关在进行调查和收集证据时，不能采取限制人身自由或者查封、扣押、冻结财产等强制性措施。如果在当事人不配合的情况

---

① 石晓波、梅傲寒：《检察机关提起刑事附带民事公益诉讼制度的检视与完善》，载《政法论丛》2019年第6期。

② 龙婧婧：《检察机关提起刑事附带民事公益诉讼的探索与发展》，载《河南财经政法大学学报》2019年第2期；张建春等：《检察机关提起刑事附带民事公益诉讼相关问题的研究》，载《发展》2018年第9期。

③ 毋爱斌：《检察院提起刑事附带民事公益诉讼诸问题》，载《郑州大学学报（哲学社会科学版）》2020年第4期。

④ 龙婧：《刑事附带民事公益诉讼可简化诉前程序》，载《检察日报》2018年12月12日第3版。

⑤ 孔繁华、王涛、温耀勋主编：《新时代检察公益诉讼实践探索——以云浮市检察机关办理的公益诉讼为例》，法律出版社2022年版，第47页。

下，很有可能会对证据的收集固定产生影响，在此情形下，检察机关该怎样去调取证据，同样存在问题。

（三）诉中程序不健全

1. 现有诉讼模式存在局限。司法实践中，对于因同一生态环境污染行为而引发的民刑交叉案件，通常使"先刑后民"的做法成为程序惯例。① 但是，由于黄河流域生态环境纠纷的多样性和生态保护需求的独特性，使得传统的"先刑后民"模式对我国的环境司法实践产生了很大的影响。过于注重刑罚权的行使与执行，把刑事审判前置，不利于对受损的生态环境进行快速、高效的修复，同时也不能保障责任主体积极地履行赔偿义务、生态环境修复义务，这就不能适应黄河流域生态环境司法保护的实际需求。② 除此之外，在一些有财产可供执行的案件中，如果不能及时地运用民事财产保全制度，那么就很容易造成被告人将涉案财产进行转移，导致后续执行难题。

2. 和解与调解程序展开困难。代表公共利益的检察机关，是否能够接受被告一方的和解、调解请求，并对其诉权进行调解、和解，在理论界存在着争论。支持者认为，这种做法有利于保证诉讼的效果，从根源上维护了民事诉讼权利双方的平等和自愿。而否定者则主张，检察机关只是公共利益的代表者，并不享有实质上的处分权。《最高人民法院关于适用〈中华人民共和国民事诉讼法〉的解释》第287条及《最高人民法院关于审理环境民事公益诉讼案件适用法律若干问题的解释》第25条，均规定了可以和解或者调解，但有所限制，如须将协议内容最少公告30日，经审查不损害社会公共利益的，方能生效。在目前尚未有调解与和解具体细则的情形下，和解、调解的案例较少。

（四）诉后程序制度有缺陷

1. 上诉、抗诉与执行规则的缺失。《检察公益诉讼解释》规定了检察机关可以上诉，以及派员出庭的相关问题，但对检察机关在二审中以什么身份出庭等具体问题没有明确规定，怎样实现与《刑事诉讼法》的有效衔接，抗诉人与上诉人应当如何共同参加诉讼等问题，目前尚无定论。与此同时，还

---

① 陈双玲：《生态环境公益诉讼案件引发的民刑交叉问题探究》，载《人民法治》2018年第4期。

② 汪劲、马海桓：《生态环境损害民刑诉讼衔接的顺位规则研究》，载《南京工业大学学报（社会科学版）》2019年第1期。

需要对判决和裁定的执行进行监督,现行立法也没有相应的规定。①

2. 诉后执行的联动机制缺失。生态环境刑事附带民事公益诉讼作为一种特殊的刑民交叉诉讼模式,在执行方式上因刑事执行与民事执行存在较大差异而联动性不强,此类案件专业程度高,生态环境修复周期长,仅由司法机关监督、验收生态修复工作,难以实现环境保护的目标。另外,由于互联网征信模式尚未充分推广,使得被执行人很可能逃避执行。这反映出在涉及多个执法主体的问题上,行政机关、环保组织和司法机关之间缺少一种能够进行有效沟通和协作的机制。

四、程序完善:生态环境刑事附带民事公益诉讼的优化路径

(一)明晰基本规则

1. 健全完善法律法规。关于刑事附带民事公益诉讼制度,目前仅有《检察公益诉讼解释》,具体内容安排位于民事公益诉讼部分,缺乏上位法依据,不能兼顾环境公益和私益的保护。②建议在《民事诉讼法》第58条有关公益诉讼的基础上增加一款:"人民检察院在刑事诉讼活动中发现因被告人的行为致使国家利益或者社会公共利益遭受损失的,可以向人民法院提起附带民事公益诉讼。"明确检察机关的诉讼主体地位,还应当在《人民检察院组织法》中,对检察机关提起刑事附带民事公益诉讼作出明确规定,进一步完善细化该诉讼制度规则体系。或出台专门的《公益诉讼法》对生态环境刑事附带民事公益诉讼程序设计进行规范和指引。

2. 细化诉讼主体地位。一是统一检察机关称谓。从法律依据上看,《检察公益诉讼解释》将"公益诉讼起诉人"作为检察机关的称谓;从立法目的来看,单独或附带提起民事公益诉讼的实体价值追求与诉讼本质应该是一样的,检察机关的主体地位不会改变。③笔者建议可以参照《检察公益诉讼解释》第4条,明确在生态环境刑事附带民事公益诉讼中,检察机关应当是一个复合型角色,它的称谓应是公诉机关和刑事附带民事公益诉讼起诉人。二是从诉讼程序不同阶段细化检察机关的身份定位。在诉前程序阶段,要求

---

① 石晓波、梅傲寒:《检察机关提起刑事附带民事公益诉讼制度的检视与完善》,载《政法论丛》2019年第6期。

② 尹吉:《刑事附带民事公益诉讼案件的法律适用》,载《人民检察》2018年第10期。

③ 刘艺:《检察公益诉讼的司法实践与理论探索》,载《国家检察官学院学报》2017年第2期。

检察机关对损害社会公共利益的行为展开调查和取证，以法律监督者的身份有利于攻破难点；在诉讼阶段，要明确检察机关作为原告的身份地位，防止"运动员"和"裁判员"的双重角色对诉讼平衡造成损害，同时应当明确检察机关基于维护公益而不同于传统原告。

（二）优化诉前程序设计

1. 统一适用诉前公告的一般性规定。《检察公益诉讼解释》规定了诉前公告制度，《诉前公告批复》也明确了刑事附带民事公益诉讼应当履行公告程序，为保持制度体系的一致性，应当准用检察民事公益诉讼的一般规则发出公告，进一步对诉前公告对象、履行方式以及未履行的后果进行规定，甚至对未经公告，法院不得受理进行明确，以保障适格主体的公益诉权。可尝试采用公告为主、检察建议书为辅及督促起诉书相配合的多元化履行方式。针对破坏生态环境和资源保护类型的案件，当适格主体是社会组织时，可以公告为主的形式进行督促起诉，对于一些数量有限的社会组织，可以直接送达检察建议书的形式进行督促；当适格主体为行政机关时，应当以督促起诉书的方式进行督促，使诉前公告更好地发挥催告功能。[①] 同时法院要加强对诉前公告的审查，并在裁判文书中规范表述，切实发挥附带民事公益诉讼应有的公众参与和社会监督功能。

2. 完善检察机关调查取证权。赋予检察机关调查取证权是保证检察机关正确履行诉前程序的需要。根据《检察公益诉讼解释》，检察机关在环境民事公益诉讼中以"公益诉讼起诉人"身份享有调查收集证据等权利。但规定的内容比较简单，缺少刚性的保障手段和行之有效的操作规范，没有对检察机关调查取证强制权作出规定。检察公益的调查核实权不能与刑事诉讼强制侦查权相提并论，也不能与法院的强制调查权限相比拟，而是以既有法定授权为基础，获得国家审判机关在诉前证据保全上的职权协助。[②] 应当明确在生态环境刑事附带民事公益诉讼中，检察机关对刑事案件享有强制调查权，刑事证据也能成为附带民事公益诉讼的证据。同时，根据《检察公益诉讼解释》第6条、《民事诉讼法》第84条规定，检察机关在附带民事公益诉讼中，针对有关行政机关、其他组织和公民拒绝配合调查收集证据的，可以依

---

① 马春娟、渠瑞：《检察机关提起刑事附带民事公益诉讼问题研究——基于黄河流域125份判例的实证分析》，载《宜春学院学报》2021年第2期。

② 曹建军：《论检察公益调查核实权的强制性》，载《国家检察官学院学报》2020年第2期。

法在诉讼前和诉讼中申请证据保全,借助法院的力量通过证据保全措施实现查清事实、固定证据的目的。还可建立一些配套保障制度,以增强检察机关调查取证权,比如积极向党委、政府请示汇报,争取政策支持,将配合情况列为行政机关业绩考核的指标;通过扩大公检信息互通渠道、允许检察机关在侦查阶段申请诉前保全的途径,探索设置检察机关在侦查阶段的申请保全程序等①。

(三)健全诉中程序制度

1. 探索适用"先民后刑"为主、"先刑后民"为辅的审理模式。对生态环境进行合理的补偿与修复,是环境治理的终极目的。司法实践中,采用"先刑后民"的做法成为常规的程序惯例,②而"先民后刑"审理模式具有一定激励作用,如果被告人积极地履行赔偿义务,法院将在判决中酌情考虑从轻处罚;若被告人拒不承担赔偿责任,则其不但无法得到从轻处罚,反而可能会受到更重处罚。③因此,在生态环境刑事附带民事公益诉讼中,可引入恢复性司法理念,探索适用"先民后刑"为主、"先刑后民"为辅的审理模式,运用"定罪—附带民事公益诉讼—量刑"的审理思路,将打击犯罪与进行生态修复并重,构建起"刑事打击+公益诉讼+生态修复+警示教育"的综合保护模式,将宽严相济的刑事政策全面落实,探索构建生态环境刑事附带民事公益诉讼"认罪认罚认赔"模式,将民事赔偿、惩罚性赔偿与量刑联系起来,实现生态公益损害修复与认罪认罚从宽制度的有效衔接,走出"认罪认罚+补植复绿"生态环境司法保护新路径,并确立生态环境修复责任适用的优先地位,达到生态环境治理效果的最优化。

2. 规范调解、和解程序规则。《检察公益诉讼解释》未明确规定刑事附带民事公益诉讼中能否适用调解程序。实践中有的案件达成了调解协议,但法院并没有出具调解书。④在生态环境刑事附带民事公益诉讼中保留调解、和解制度,既能起到定分止争的效果,也能化解执行难题,还可以丰富纠纷解决机制。可探索构建庭前会议的先行调解机制,将认罪认罚从宽制度与附

---

① 王瑞祺:《刑事附带民事公益诉讼研究》,湖北人民出版社 2019 年版,第 123 页。
② 陈双玲:《生态环境公益诉讼案件引发的民刑交叉问题探究》,载《人民法治》2018 年第 4 期。
③ 陈瑞华:《刑事附带民事诉讼的三种模式》,载《法学研究》2009 年第 1 期。
④ 谢小剑:《刑事附带民事公益诉讼:制度创新与实践突围——以 207 份裁判文书为样本》,载《中国刑事法杂志》2019 年第 5 期。

带民事公益诉讼的调解、和解制度相结合。但是，由于生态环境刑事附带民事公益诉讼牵涉环境公共利益，因此应当对其调解行为加以适当的限制，保证检察机关能够在实现公共利益救济和保护的前提下与对方当事人达成调解协议或和解。调解应由法院主持；对公告的方式作出明确规定，在不违背环境公共利益时，法院应当制作调解书，并充分发挥互联网等新媒体优势扩大调解公告的范围，接受社会公众监督；法院应对调解协议书的合法性与合理性进行审查等。在诉讼前，当侵权行为人主动提出和解申请时，检察机关可以采取公开听证的形式，邀请人民监督员、行业主管部门和相关专家参加听证会，进行诉前和解，从而更好地化解社会矛盾，取得良好的社会效果。总体来讲，调解、和解要以达到保护环境公益为基准。

（四）完善诉后机制建设

1.完善二审、再审及执行监督机制。在黄河流域生态环境刑事附带民事公益诉讼中，应当把"生态环境公益"放在首位，使生态环境公共利益得到实质性恢复。为解决审级管辖矛盾，在刑事附带民事公益诉讼的二审中，上级人民检察院应当派员出庭，应从法律上予以明确规定。为了使二审程序中的检察机关身份地位，与一审程序保持内在一致，在附带民事公益诉讼部分应当明确检察机关"上诉人"的身份。为实现对社会公共利益的有效保护，当检察机关确实认为判决、裁定存在明显错误时，应基于法律监督者的身份，直接以提请上级人民检察院向同级人民法院抗诉的方式启动再审程序，履行宪法赋予的法律监督职能以及保护公共利益的职责。[①] 对于执行监督，要构建并完善检察监督机制，将补植复绿等生态修复变成一种新型的执行方式，怎样保证判决能够得到公正、合理的执行显得尤其关键，可探索在检察机关内部建立一套履行情况登记簿制度，通过书本化的方式，对附带民事公益诉讼的执行情况和进展进行记录，可以视情况发出检察建议进行执行监督。[②]

2.健全常态化沟通协调配合机制。一是建立日常联络沟通机制。借助"两法衔接"平台，搭建信息共享、线索移送平台，完善行政执法与刑事司法"双向"衔接工作，基于生态环境资源保护的复杂性，要将自然资源、生态环境、卫生健康和市场监管等多个部门的执法力量进行统筹，加强对生态

---

① 梅傲寒：《检察机关提起民事公益诉讼研究》，武汉大学出版社2022年版，第184页。
② 李建明：《优化权能结构：检察权优化配置的实质》，载《河南社会科学》2011年第2期。

环境资源保护的执法监督。对于日常查处、收缴的涉嫌违法犯罪的证据、证物，从专业的角度展开固定工作，节约执法成本、提高办案效率，为惩罚犯罪、修复生态环境夯实基础。二是构建公、检、法、司、生态环境局等部门联席会议制度，对所遇到的问题进行常态化研讨，提出合理的解决方案，并以会议纪要的形式，对已达成一致意见的内容予以明确。三是充分发挥检察机关自身的监督手段，如果发现有关机关、单位、环保组织等不执行，可以向其提出检察建议进行监督。四是构建与学者、律师、司法鉴定机构等法律共同体的研讨机制，及时吸纳学术界有价值的研究成果，从而形成环境资源保护司法理论与实践、研学用结合的良性循环。

环境民事公益诉讼中惩罚性赔偿适用的现状检视和路径探究

——以《民法典》第1232条具体适用为视角*

摘要：《民法典》第1232条将惩罚性赔偿首次引入生态环境侵权领域。本文通过对裁判文书、案例进行细致解构剖析，深入探究环境民事公益诉讼中惩罚性赔偿在司法适用层面所遭遇的种种挑战，诸如司法适用界限模糊、论证逻辑不够严密、惩罚性赔偿金占比较小、计算标准缺乏明确性等问题。鉴于此，我们亟待在环境民事公益诉讼中，对惩罚性赔偿的适用进行规范化操作，清晰界定其适用条件，并确立一套科学、合理的计算方式，以确保惩罚性赔偿能够充分发挥其应有作用，最终达成保护生态环境的根本目标。

关键词：环境民事公益诉讼　惩罚性赔偿　《民法典》

《民法典》第1232条[①]（以下简称第1232条）将惩罚性赔偿首次引入生态环境侵权领域，而《最高人民法院关于审理生态环境侵权纠纷案件适用惩罚性赔偿的解释》（以下简称《解释》）第12条明确了环境民事公益诉讼中可以适用惩罚性赔偿。但目前惩罚性赔偿在司法实践中存在诸多问题，需要进一步探究和明确。

一、现状考察：惩罚性赔偿司法适用概况

因裁判文书网检索结果明显少于法信平台，故本文采用法信平台进行检索。在法信平台，第1232条关联裁判文书30件，关联案例8例（时间截至2023年11月20日）。以上述裁判文书为样本，通过统计分析，以期了解环境民事公益诉讼中惩罚性赔偿在司法实务中的适用现状。

---

* 【作者信息】周志鹏，上海市崇明区人民法院。
① 《民法典》第1232条规定：侵权人违反法律规定故意污染环境、破坏生态造成严重后果的，被侵权人有权请求相应的惩罚性赔偿。

（一）检索基本情况

法信平台关联裁判文书中剔除重复文书及管辖裁定，实际共25件判决书，其中普通民事案件5件，民事公益诉讼案件4件，刑事附带民事公益诉讼案件16件。以上裁判文书均关联第1232条，5件普通民事案件系当事人诉请及事实理由要求适用惩罚性赔偿，法院未予支持，实际未援引该法条作为判决依据。剩余4件民事公益诉讼以及16件刑事附带民事公益诉讼判决书均援引第1232条作为判决依据。

法信平台关联案例8件，其中最高人民检察院指导性案例1件，最高人民法院公报案例1件，最高人民法院、最高人民检察院公布案例各1件，人民法院报案例4件。剔除重复案例以及与以上判决书重复的部分，实际新增案例为3件。

（二）案件数量整体较少

虽然20件判决书均援引第1232条作为判决依据，但实际并未全部适用惩罚性赔偿，大部分系要求侵权人承担生态修复责任、支付修复费用、承担生态赔偿金等，其民事责任承担方式应归属为恢复原状、生态修复或者赔偿损失，并非法律意义上的惩罚性赔偿，判决书内未有对惩罚性赔偿的说理以及对计算方式的阐述，故予以排除，仅在下文问题探析中辅助研究分析。排除以上判决书，实际适用惩罚性赔偿的判决书为3份，以及3个关联案例，共6个案例中适用惩罚性赔偿。当时，由于数据库的局限性，实际案件数量大概率高于以上数量，但参考笔者在裁判文书网的检索，实际适用惩罚性赔偿的案件数量确实偏少。因此，共得出6个案例分别为浮梁县人民检察院诉某化工集团有限公司环境污染民事公益诉讼案[①]（以下简称浮梁县化工污染民事公益诉讼案），青岛市人民检察院诉某艺术中心生态环境保护民事公益诉讼案[②]（以下简称青岛市艺术中心生态保护民事公益诉讼案），四川省剑阁县人民检察院与王某生态破坏民事公益诉讼案[③]（以下简称剑阁县民事公益诉讼案），江苏省建湖县人民检察院诉张某某等非法采矿、马某玉掩饰、隐瞒犯罪所得刑事附带民事公益诉讼案[④]（以下简称建湖县刑事附带民事公益诉讼

[①] 参见江西省浮梁县人民法院（2020）赣0222民初796号民事判决书，系最高人民检察院第四十批指导性案例检例第164号。

[②] 参见山东省青岛市中级人民法院（2021）鲁02民初69号民事判决书。

[③] 参见四川省剑阁县人民法院（2021）川0823民初2349号民事判决书。

[④] 参见《中华人民共和国最高人民法院公报》2023年第6期（总第322期）。

案），浙江某科技有限公司、余某等人污染环境案，①江西省武宁县人民检察院诉陈某、杨某生态环境保护民事公益诉讼案②。

（三）均为公益诉讼

以上6个案例均涉及公益诉讼，其中民事公益诉讼案件4个，刑事附带民事公益诉讼案件2个。范围扩大至本次检索到的所有援引第1232条的案例，均为民事公益诉讼案件或者刑事附带民事公益诉讼案件，并无私益诉讼适用惩罚性赔偿获得法院支持。

二、实证分析：惩罚性赔偿司法适用问题分析

从上文的案例数据分析中，可以看出环境侵权惩罚性赔偿的应用主要集中在环境民事公益诉讼中，相对而言，在环境侵权私益诉讼中的适用则较为少见，目前未检索到相关案例。各级法院在实践中适用环境侵权惩罚性赔偿应予肯定，对于惩罚环境侵权者，遏制不法行为，维护生态环境具有积极意义。但对于在裁判文书中是否正确适用环境侵权惩罚性赔偿，有待进一步分析。

（一）惩罚性赔偿理解偏差

惩罚性赔偿虽不是新鲜事物，但因其在审判实践中并非普遍适用，故笔者发现部分审判人员对惩罚性赔偿存在理解偏差。

1.惩罚性赔偿与补偿性赔偿。因概念相近，法院在适用惩罚性赔偿中会出现理解偏差，对惩罚性赔偿的性质理解不到位。王利明教授对惩罚性赔偿进行了深入阐释，惩罚性赔偿又称之为示范性赔偿或报复性赔偿。这种赔偿形式是指法院作出的赔偿金额超越了受害人实际遭受的损失。惩罚性赔偿不仅旨在补偿受害者的损失，更具备对不法行为的惩罚与遏制等多重功能，体现了法律对公平正义的坚定维护。③在惩罚性赔偿与补偿性赔偿的关系上，

---

① 参见《人民法院报》2021年9月14日第3版。
② 参见《人民司法·案例》2022年第14期。
③ 王利明：《惩罚性赔偿研究》，载《中国社会科学》2000年第4期。

需要明确的是，惩罚性赔偿并不是《民法典》第179条①列举的承担民事责任的方式。《民法典》第1234条规定了生态环境修复责任，笔者认为其并非新的民事责任承担方式，应当是恢复原状的一种表现形式。惩罚性赔偿实际上是补偿性赔偿，即一般损失赔偿的一种特殊表现形式。在请求惩罚性赔偿之前，必须首先满足补偿性赔偿的构成要件。此外，惩罚性赔偿与补偿性赔偿之间存在一定的比例关系，这意味着惩罚性赔偿的计算通常是以补偿性赔偿为基础进行的，体现了对损害程度的综合考虑和对不法行为的适当惩罚。

2. 惩罚性赔偿与其他金钱义务。除了赔偿损失系金钱义务外，其他民事责任承担方式也可能表现形式是金钱义务。例如排除妨碍中，若行为人不履行义务，受害人可以自己履行，排除妨碍的费用由行为人承担；返还财产案件中，若义务人拒绝返还财产或者返还财产已经不具有可能性或该财产最后灭失，可以要求义务人赔偿相应金额的钱款；恢复原状，修理、重作、更换等责任承担方式中，若义务人不履行义务，可以要求义务人承担相应费用。因此，同样表现形式是金钱义务，但其性质可能千差万别，即使该金钱义务中金额较大，若其来源并非赔偿损失这一责任承担方式，则其必然不可能是惩罚性赔偿。

3. 惩罚性赔偿与行为义务。惩罚性赔偿表现形式系金钱义务，若当事人承担的是行为义务，即使数量上存在倍数关系，其必然不可能是惩罚性赔偿。

（二）司法适用混淆

在环境民事公益诉讼中，人民法院一般要求侵权人承担生态修复的责任。因原地原质原样修复在实践中存在难度，故人民法院一般要求侵权人采用替代性修复的方式，例如植树补绿或者增殖放流、支付修复费用等。而惩罚性赔偿是金钱赔偿，要求侵权人支付高于实际损失的赔偿金，与生态修复并非同一民事责任承担方式，有本质区别。

1. 与生态修复责任中行为义务相混淆。在一起非法捕捞水产品罪刑附民公益诉讼案件②中，法院援引第1232条进行判决，但在说理部分，人民法院

---

① 《民法典》第179条规定："承担民事责任的方式主要有：（一）停止侵害；（二）排除妨碍；（三）消除危险；（四）返还财产；（五）恢复原状；（六）修理、重作、更换；（七）继续履行；（八）赔偿损失；（九）支付违约金；（十）消除影响、恢复名誉；（十一）赔礼道歉。法律规定惩罚性赔偿的，依照其规定。本条规定的承担民事责任的方式，可以单独适用，也可以合并适用。"

② 参见河南省信阳市平桥区人民法院（2021）豫1503刑初670号刑事附带民事判决书。

要求被告人承担的是生态修复的民事责任，判决主文中要求被告人在渔业部门的监管指导下增殖放流鲫鱼苗种，虽放流数量多于捕捞数量，与其捕捞的水产品物种、数量不一样，未超出生态服务功能的实际损失范围，且其承担的并非金钱义务，并不属于惩罚性赔偿。同样在一起滥伐林木罪刑附民公益诉讼案件①中，法院认为被告人滥伐林木的行为破坏了林木环境，损害了社会公共利益，其应承担生态修复的民事责任，故判决其在林木部门的监管指导下栽植1000株树木，不属于金钱赔偿，当然不属于惩罚性赔偿。以上情形中，虽然侵权人增殖放流物种不同，数量多于捕捞数量；补种树木种类不同，数量也高于砍伐数量，但其实质属于同功能异种类、同质量异数量的替代性修复，仍属于生态修复责任中修复生态环境的服务功能，不同于赔偿损失，也必然不属于惩罚性赔偿。

2. 与生态修复责任中支付修复费用相混淆。在一起污染环境罪刑附民公益诉讼②中，法院认为被告人通过私设暗管，排放含铜、含锌废水，造成生态环境被严重破坏，损害社会公共利益，应对污染的生态环境进行修复，虽然判决被告人承担修复费用的金钱责任，但该修复费用系用于被破坏水生态环境的修复，属于代履行，由侵权人缴纳修复费用，交由专业社会机构或者其他组织进行生态环境的修复工作，仍然属于生态修复的民事责任。在一起非法捕捞水产品罪刑附民公益诉讼中③，法院认为被告人电捕鱼，破坏生态环境，侵害社会公共利益，应当支付生态修复赔偿金，故援引第1232条予以判决。支付修复费用表现形式与惩罚性赔偿同属于金钱义务，但归属于不同民事责任承担方式，不能混淆适用。

3. 与补偿性赔偿相混淆。惩罚性赔偿与补偿性赔偿具有高度关联性，甚至惩罚性赔偿以补偿性赔偿为前提，但并非同一概念。例如在一起生态破坏民事公益诉讼案件④中，法院援引第1232条进行判决，但在本院认为的说理部分以及判决主文中均未要求被告承担惩罚性赔偿的责任，仅要求被告就滥伐林木造成的生态损失费用及损害评估等事务性费用承担赔偿责任，未超出实际损失的范围，不属于惩罚性赔偿。在一起非法狩猎罪刑附民公益诉讼案件⑤中，法院援引第1232条进行判决，但在说理部分，法院认为被告人造成

---

① 参见河南省信阳市平桥区人民法院（2021）豫1503刑初562号刑事附带民事判决书。
② 参见山东省青岛市城阳区人民法院（2021）鲁0214刑初684号刑事附带民事判决书。
③ 参见四川省武胜县人民法院（2021）川1622刑初139号刑事附带民事判决书。
④ 参见安徽省砀山县人民法院（2021）皖1321民初5939号民事判决书。
⑤ 参见辽宁省锦州市古塔区人民法院（2021）辽0702刑初145号刑事附带民事判决书。

野生动物资源损失，应当承担侵权责任，故判决其缴纳破坏生态赔偿金。生态赔偿金的金额为经当地林业和草原局认定的生态野生动物的总价值，该判决结果实质系补偿性赔偿，并未适用惩罚性赔偿。在一起非法捕捞水产品罪刑附民公益诉讼案件[①]中，法院要求附带民事公益诉讼被告采取修复补偿方式，按照修复方案要求，在指定流域增殖放流鱼苗，并承担生态补偿金。虽其判决依据中援引第1232条，但全文未见惩罚性赔偿。该判决中同时适用生态修复以及赔偿生态补偿金，笔者猜测可能是审判人员认为在承担修复责任之外另行承担生态补偿金具有"惩罚"性质，但实际是生态补偿金系补偿生态环境受到的直接损害以及修复完成之前环境缺失的生态服务功能，仍属于补偿性赔偿。

（三）说理论证不充分

人民法院裁判案件，应当以事实为依据、以法律为准绳。因惩罚性赔偿具有惩罚性质，其适用应严格于一般的补偿性赔偿，应对惩罚性赔偿适用的理由进行充分阐述，并论证赔偿金额的计算方式、基数、倍数等，以说明结果的合理性。但经过分析，检索的裁判文书均存在说理论证不充分的问题，甚至未对惩罚性赔偿进行说理即作出判决。在一起生态破坏民事公益诉讼纠纷案[②]中，法院认为被告非法猎捕、杀害国家"三有"保护野生动物，违反法律关于猎捕野生动物的禁止性规定，损害国家利益和社会公共利益，应承担惩罚性赔偿责任，计算方式为所猎捕野生动物的基准价值的三倍。虽然第1232条规定了环境侵权中被侵权人可以主张惩罚性赔偿，但需要满足法定要件，并非所有环境侵权案件中侵权人均需要承担惩罚性赔偿责任，故法院应当阐明侵权人的行为违反法律规定的具体内容，侵权人存在故意的论证过程，以及造成后果的严重程度，在此基础上才能要求侵权人承担惩罚性赔偿责任。同时，对于基数如何确定，倍数是否合理应当同时阐述，以便当事人可以正确理解惩罚性赔偿的意义，对于社会公众也具有很好的警示教育意义。否则，未经论证即作出判决，不利于人民法院判决的权威性和客观性。

（四）惩罚性赔偿金占比过低

对6件实际适用惩罚性赔偿的案件进行分析解构，惩罚性赔偿在侵权人

---

① 参见贵州省江口县人民法院（2021）黔0621刑初107号刑事附带民事判决书。
② 参见四川省剑阁县人民法院（2021）川0823民初2349号民事判决书。

承担的民事责任中整体占比不高。浮梁县化工污染民事公益诉讼案①中，法院判决侵权人赔偿的总费用为3025071.91元，其中惩罚性赔偿为171406.35元，占比为5.67%，此外侵权人还承担行政罚款20万元，其惩罚性赔偿金在其责任金额中占比进一步降低。青岛市艺术中心生态保护民事公益诉讼案，法院判决侵权人承担惩罚性赔偿99050元（其中74126元现金缴纳，24924元以公益劳动的方式承担），在总费用中占比8.97%。剑阁县民事公益诉讼案中，法院仅判决侵权人承担2640元惩罚性赔偿，故占比系100%。②建湖县刑事附带民事公益诉讼案中，法院判决侵权人承担长江生态环境损害赔偿金为5157476.86元，惩罚性赔偿金分别为135445.02元、12688.88元，占比仅为2.79%。浙江某科技有限公司、余某等人污染环境案，法院判决侵权人承担应急处置、污染废物处理及生态修复等费用240万余元，污染环境、破坏生态惩罚性赔偿金9.58万余元，占比约3.84%。江西省武宁县人民检察院诉陈某、杨某生态环境保护民事公益诉讼案，法院判决侵权人支付生态修复资金7000元，承担惩罚性赔偿金3000元，惩罚性赔偿金占比30%。从以上案例可以清楚看出，惩罚性赔偿金在侵权人承担的金钱义务中占比普遍偏低，一般均在30%以下，一半以上案件占比仅为个位数，与数额巨大的生态修复费用以及刑事责任相比，惩罚性赔偿"惩罚"的性质未得到体现，威慑、遏制不法行为的作用不够明显，未体现惩罚性赔偿制度设计的初衷。

（五）惩罚性赔偿金计算方式不明确

惩罚性赔偿计算方式分为两部分，分别是计算基数以及倍数。浮梁县化工污染民事公益诉讼案中计算基数为环境功能性损失费，倍数为3倍。剑阁县民事公益诉讼案中计算基数为野生动物的基准价值，倍数为3倍。建湖县刑事附带民事公益诉讼案，计算基数为长江生态环境损害，倍数为一倍。其余三个案件均未明确计算方式。目前生态侵权实践中惩罚性赔偿金计算方式不透明，不清晰，计算基数以及倍数也未有明确标准。

---

① 参见衢州市生态环境局衢环集罚字（2019）3号行政处罚决定书。
② 本案判决仅要求侵权人承担惩罚性赔偿，存在一定争议。

三、路径指引：环境民事公益诉讼中惩罚性赔偿司法适用的完善

《解释》第 12 条明确规定环境民事公益诉讼中可以适用惩罚性赔偿，在此问题上已经没有争议，针对司法实践中存在的问题，应采取措施积极应对，正确合理适用，以发挥惩罚性赔偿制度的应有作用。

（一）规范惩罚性赔偿的适用方式

1. 惩罚性赔偿不应单独适用。惩罚性赔偿作为一个特殊的制度，具有补偿受害人遭受的损失、惩罚和遏制不法行为等多重功能，其应当以补偿性赔偿为前提条件，在未要求侵权人承担补偿性赔偿的情况下，仅要求侵权人承担惩罚性赔偿不具有合理性。《消费者权益保护法》《食品安全法》《旅游法》中关于惩罚性赔偿的条款均明确规定了在侵权人赔偿损失外需要另行承担惩罚性赔偿金。按照体系解释，在环境侵权案件中，侵权人除承担生态修复、赔偿损失等责任外，还需要另行承担惩罚性赔偿金，这才符合引入惩罚性赔偿制度的立法原意。

2. 惩罚性赔偿不得混淆使用。惩罚性赔偿表现形式是一种金钱义务，与其他民事责任承担方式中金钱义务类似，但性质存在本质不同。前文已经对几种金钱义务进行充分分析、区别，审判人员在司法实践中应当增进对惩罚性赔偿以及其他民事责任承担方式的理解，正确运用惩罚性赔偿，提升司法权威。

3. 强化论证说理。惩罚性赔偿具有惩罚和遏制不法行为的多重功能，对预防同类型损害发生具有十分重要的意义。应当对案件事实的认定以及适用惩罚性赔偿进行充分的论证说理，保证当事人能够理解生态环境保护的意义、侵权行为的危害性，并且对公众具有行为预防和警示作用。首先是惩罚性赔偿适用的条件，即审判中的大前提，其次是本案的案件事实，即审判中的小前提，最后通过翔实的辩证说理和三段论推导出适用惩罚性赔偿的正当性。

（二）明确惩罚性赔偿的构成要件

在第 1232 条中，环境侵权中惩罚性赔偿的构成要件已得到清晰界定，具体包括"违反法律规定""故意为之"以及"造成严重后果"这三个要素。这些条件的设定旨在确保惩罚性赔偿的适用既合法又合理，既体现了对不法行为的严惩，又保障了赔偿的公正性和有效性。

1. 侵权人实施了不法行为。侵权人的污染环境、破坏生态的行为应当具有违法性。惩罚性赔偿的惩罚和遏制作用系针对不法行为。《食品安全法》第 148 条中关于惩罚性赔偿的适用也是针对"不符合食品安全标准的食品",强调了不法性。若行为人按照国家环境保护法律法规进行排污,系合法排污,是正常经济社会发展需要,即使造成环境污染和生态破坏,也不能适用惩罚性赔偿,否则会造成国家法律体系之间的价值冲突,惩罚性赔偿也就不具有正当性。法律规定外延有大有小,该条中法律规定,应当限定于狭义的法律法规,可以参照规章,不能做随意扩张性解释。

2. 侵权人主观具有故意。侵权人的主观状态应当是故意,惩罚性赔偿系不同于普通侵权案件中损害赔偿,其系针对恶意侵权人,所以要求行为人主观上是明知的,这与其他法律中规定的惩罚性赔偿的要件具有一致性。《食品安全法》第 148 条第 2 款①规定的内涵应当是生产者作为专业从事食品生产工作的市场主体,对于食品标准应当知道也必须知道,所以生产不符合食品安全标准的食品,应当推定为明知,在该条中,对经营者的主观要件的要求也是明知。《消费者权益保护法》第 55 条规定了经营者有"欺诈行为",欺诈是指以使人发生错误认识为目的的故意行为,其主观状态是故意。《旅游法》第 70 条②规定在合同相对人明确要求下拒绝履行合同,其主观上仍然是故意。"故意"是指行为人在明知自己的行为将会导致危害结果发生的情况下,仍持有希望或放任这种结果发生的主观心理状态。这种心态反映了行为人对于可能产生的负面后果的漠视或放任态度,本条中的故意应当包括直接故意和间接故意。司法实践中,可以参照《解释》第 7 条列举的情形进行综合认定。

3. 造成严重后果。因为惩罚性赔偿的惩罚功能,要求侵权人的行为造成的必须是严重后果的,才可能适用惩罚性赔偿。《消费者权益保护法》《旅游法》《食品安全法》中均对严重后果有类似规定。环境侵权中的严重后果不

---

① 《食品安全法》第 148 条第 2 款规定:"生产不符合食品安全标准的食品或者经营明知是不符合食品安全标准的食品,消费者除要求赔偿损失外,还可以向生产者或者经营者要求支付价款十倍或者损失三倍的赔偿金;增加赔偿的金额不足一千元的,为一千元。但是,食品的标签、说明书存在不影响食品安全且不会对消费者造成误导的瑕疵的除外。"

② 《旅游法》第 70 条第 1 款规定:"旅行社不履行包价旅游合同义务或者履行合同义务不符合约定的,应当依法承担继续履行、采取补救措施或者赔偿损失等违约责任;造成旅游者人身损害、财产损失的,应当依法承担赔偿责任。旅行社具备履行条件,经旅游者要求仍拒绝履行合同,造成旅游者人身损害、滞留等严重后果的,旅游者还可以要求旅行社支付旅游费用一倍以上三倍以下的赔偿金。"

仅针对人身损害、财产重大损失，还针对环境的不可逆的破坏，生态服务功能的永久性丧失等。

（三）确定惩罚性赔偿的计算方式

惩罚性赔偿的计算方式分为两部分：计算基数和倍数。应当在司法实践中予以相对确定，给潜在行为人一定的心理预期，以更好地发挥惩罚性赔偿遏制不法行为的作用，保护生态环境。

1. 计算基数。在环境民事公益诉讼中，惩罚性赔偿的计算方式与私益诉讼有所不同。私益诉讼通常以人身损害赔偿金或财产损失数额作为计算基数，而环境民事公益诉讼则是以生态环境在受损至修复完成期间因服务功能丧失而导致的损失，以及因生态环境功能永久性损害造成的损失数额作为计算基数。这一区别体现了环境民事公益诉讼对生态环境损害更全面、更深入的考量，旨在通过更精确的赔偿计算，实现对受损生态环境的更有效修复和保护。但在野生动物保护环境公益诉讼中，生态服务功能损失无法直接确定，可以参照野生动物的价值进行确定。野生动物的价值分为整体价值和基准价值，根据《陆生野生动物基准价值标准目录》《水生野生动物基准价值标准目录》，物种整体价值按照对应物种的基准价值乘以保护级别系数计算。野生动物不仅有其本身的经济价值，还有生态链贡献、物种资源价值等，在惩罚性赔偿中，作为基数的应当是整体价值，不宜为基准价值，若采用基准价值，可能存在惩罚性赔偿金的金额低于野生动物整体价值，惩罚性赔偿的惩罚、赔偿功能均无法得以体现。

2. 倍数。惩罚性赔偿的金额应当与侵权行为相当，不宜畸高或畸低。惩罚性赔偿的倍数有三种。第一种是固定倍数，《消费者权益保护法》《食品安全法》规定的是固定倍数，为3倍或10倍。第二种是弹性倍数，《旅游法》中规定的倍数为1倍到3倍。第三种是不设倍数，第1232条即未规定倍数。《解释》第10条[①]规定的是弹性倍数，但只设定了最高倍数，未设定最低倍数。而且该条明显指向的是私益诉讼中惩罚性赔偿的倍数，但是考虑司法解释中的整体性，虽然该《解释》第12条中仅规定民事公益诉讼中惩罚性赔偿的计算基数，未规定倍数，但其要求环境民事公益诉讼参照前述规定处

---

① 《解释》第10条第1款规定："人民法院确定惩罚性赔偿金数额，应当综合考虑侵权人的恶意程度、侵权后果的严重程度、侵权人因污染环境、破坏生态行为所获得的利益或者侵权人所采取的修复措施及其效果等因素，但一般不超过人身损害赔偿金、财产损失数额的二倍。"

理,也即惩罚性赔偿的倍数不宜超过 2 倍。鉴于环境民事公益诉讼中惩罚性赔偿计算基数一般较高,故倍数不宜过高,2 倍足以发挥惩罚作用,并且可以平衡当事人权益。关于最低倍数,鉴于惩罚性赔偿的功能,若倍数过低导致惩罚性赔偿在侵权人整体义务中占比过低,惩罚、遏制不法行为、预防同类型损害等功能将无法实现;同时其他法律规定中一般不会低于 1 倍,故笔者认为最低倍数应为 1 倍。综上,环境民事公益诉讼中,惩罚性赔偿的倍数应是 1 倍至 2 倍之间的弹性倍数。

3. 最低数额。惩罚性赔偿案件的赔偿金应有最低数额,过低数额是没有惩罚效果的,更无法发挥遏制功能。《消费者权益保护法》最低金额为 500 元,《食品安全法》最低金额为 1000 元,《旅游法》未规定最低数额。鉴于生态环境保护的重要性以及环境的广泛影响,为更好地发挥惩罚性赔偿的作用,应当设定最低数额。最低数额可以参考当地上一年度居民人均可支配收入的十二分之一,例如 2022 年上海市居民人均可支配收入 79610 元,则最低数额可以确定为 6634 元。

结 语

《民法典》创设性将惩罚性赔偿引入环境污染和生态破坏侵权中,司法解释明确在环境民事公益诉讼中采用这一制度,有其理论依据和实践依据。环境民事公益诉讼中惩罚性赔偿的司法适用在实践中虽然存在不足,但经过完善和优化,必然对我国生态环境的保护发挥重要且积极的作用。

恢复性司法实践与湿地生物多样性保护研究 *

摘要： 湿地作为国家重要的生态系统、人类赖以生存的重要区域，与人类生活密切相关，面对湿地生物多样性被破坏的现状，运用刑事手段加以规制理所应当，但是简单惩治并不能从根本上解决生态已遭受破坏的状况，也无法真正让犯罪行为人认识到自身的行为对生态多样性的损害有多严重。在环境刑事案件中引入恢复性司法，是一种较为有效的方式，能够有效地预防和控制犯罪，也可以动用一切可以动用的力量解决生态损害问题。各地法院都在进行环境刑事案件恢复性司法的探索，上海法院虽然在整体受案体量上比江西省、江苏省等地法院少了一些，但是上海法院在恢复性司法适用于环境保护层面做了很多尝试，有可取之处，也有需要改进的地方。对于上海法院案件情况的梳理有助于发现问题，并提出适当建议。

关键词： 恢复性司法　生态环境保护　湿地生物多样性

一、湿地生物多样性保护问题

（一）我国湿地的基本情况

湿地是沼泽地、湖泊、河流、海滩、水稻田和池塘等的统称，它与森林、海洋并称全球三大生态系统，被誉为"地球之肾"。湿地是位于陆生生态系统和水生生态系统之间的过渡性地带，是生态系统中重要的组成部分。湿地也为水禽生物提供了生存的天地，我国目前共对湿地进行过三次调查，较为精细的调查是第二次，共用5年时间，对我国范围内的湿地情况进行了详细的调查，此次调查显示，我国湿地总面积5360.26万公顷，湿地面积占国土面积的比率为5.58%。但是与第一次调查同口径比较，湿地面积减少

---

* 【作者信息】赵美臣，上海市崇明区人民法院。

了339.63万公顷，减少率为8.82%。[①] 如果说第二次湿地调查是大尺度调查，那么第三次湿地调查是分类别的小尺度调查，三次湿地调查的结果显示，我国湿地生物多样性保护情况不容乐观，而且有逐年退减的迹象，面对这一问题，湿地生物多样性保护尤为重要。

（二）湿地生物多样性保护的重要性

1. 湿地具有不可或缺的生态效益。维护湿地的生态多样性，有助于稳定水源供给、改变干旱和洪涝状况、净化水质、保护海岸线和调节地下水水位等功能[②]。除此之外，湿地生物多样性的保护可以维系生物链的平衡，不仅有益于动植物的生长，也有利于人类的生存。

2. 湿地具有不可忽视的经济效益。我国湿地资源较为丰富，所涉区域范围广泛，种类繁多，属于当今湿地类型比较完备的国家之一，习近平总书记曾说"绿水青山就是金山银山"，对湿地生物多样性进行保护，就是反哺人类，从而从本质上推动经济效益的提升。上海市作为长江经济带的重要城市之一，要把修复长江生态环境摆在压倒性的位置，"共抓大保护、不搞大开发"，对于周边湿地的生物多样性保护提上日程，努力将长江经济带建设成为生态更优美、经济更发展的黄金经济带。

3. 湿地具有不可估量的科学价值。对于湿地的保护，有助于构建庞大的生态系统。生物的多样性可以为科研人员提供丰富的调研素材，从而推动生物科技、生物制药等多方面、宽领域的科学发展。

（三）湿地生物多样性保护现存的问题

近年来，随着人口数量不断攀升，再加上地方对于环境资源保护与资源开发利用两方面的权衡缺失，造成了很多湿地被不合理地利用，大量的湿地被改造为农田，过度开发利用湿地资源，造成湿地面积不断减少，湿地的生态功能严重下降，而且很多犯罪分子为逐利，不惜以牺牲生态环境为代价，触犯刑事法律法规，虽然按照相关的强制性规定，可以对犯罪分子实施刑事打击，但是并不能从本质上实现对于已经被破坏的湿地生物多样性的修复。为充分发挥湿地生物多样性保护的司法作用，各地法院创新路径，以恢复性司法为举措，力图通过生态修复的方式对湿地生物多样性的保护提供帮助。

[①]《全国湿地总面积5360.26万公顷 占国土面积比率为5.58%》，载中国政府网，https://www.gov.cn/wszb/zhibo601/content_2565216.htm，最后访问时间：2020年11月15日。

[②] 陈斌：《解读湿地与湿地规划》，载《城市环境设计》2007年第1期。

二、恢复性司法于湿地生态环境保护的应用

(一)恢复性司法

恢复性司法与报复性司法相对应,力图从本质上解决刑事案件多发的问题,我国学者是从本世纪初开始,逐渐关注并试图引入恢复性司法。至于恢复性司法究竟概念为何?美国学者曾给出过界定,恢复性司法是一种过程,在这一过程中,所有与特定犯罪有关的当事人走到一起,共同商讨如何处理犯罪所造成的后果及其对未来的影响。[①]恢复性司法追求的是对于犯罪造成的不利后果的修复,通过多种手段的结合去达到仅仅采取惩戒措施无法实现的目标,这是恢复性司法的魅力之所在。刑事案件引发的不仅仅是被害人身心受到损害、社会秩序受到冲击,也会给被告人带来不利影响,简单粗暴的惩戒,不得不说带有维护公平正义、打击犯罪的作用,但是如果从长远角度来讲,其效果也许并不如人们预期的那么好。恢复性司法的出现就是可持续发展理念的结晶,"恢复性司法积极寻求治愈因犯罪而造成的对被害人和犯罪人双方所造成的伤害,而不仅仅是愈合被害人因犯罪而造成的创伤,试图愈合犯罪人因其犯罪行为而对自己本人造成的创伤"[②]。

(二)《民法典》及相关法规对于生态环境恢复的规定

环境治理的推动在我国刑事司法领域收效不高,虽然依照刑事法律的规定,环境犯罪行为人会被判处刑罚,在一定程度上震慑、打击了环境犯罪,但是被犯罪行为破坏的环境依然处于受损的状态,没有得到及时有效的修复,其实难以完全实现保护环境的目标。因此近些年,随着环境司法专门化和环境司法理念的不断发展,恢复性司法被提出,从而被越来越多地应用于生态环境刑事犯罪领域。"最高人民法院明确提出树立修复为主的现代环境资源司法理念,将生态环境修复作为环境司法审判的根本价值取向。"[③]各地法院相继探索不同的环境恢复性措施,着眼于对受到损害的环境质量、生态

[①] [美]丹尼尔·W.范内斯:《全球视野下的恢复性司法》,王莉译,载《南京大学学报(哲学·人文科学·社会科学)》2005年第4期。

[②] 王平:《恢复性司法在中国的发展》,载《北京联合大学学报(人文社会科学版)》2016年第4期。

[③] 李挚萍:《生态环境修复责任法律性质辨析》,载《中国地质大学学报(社会科学版)》2018年第2期。

系统进行修复。恢复性措施的应用不仅可以使行为人更清楚地认识到自身行为对环境造成损害的严重程度，督促行为人主动承担环境修复责任，还有利于利害关系人的参与，从而实现社会和谐。

我国《民法典》的出台在实体法角度认可了将恢复性司法应用于生态环境保护的想法，侵权责任编中通过第1234条[①]和第1235条[②]对生态恢复责任作出了明确的规定，侵权人在造成生态环境损害后，应该承担生态恢复责任。而对于湿地生物多样性保护的问题，自我国加入《湿地公约》开始，才慢慢形成湿地保护的理念和认知，但截至今日我国还没有出台一部专门用于湿地保护的法律。"湿地"一词首次出现是在1994年出台的《自然保护区条例》，此后相继出台了一些政策要求各地重视对湿地的保护，2013年国家林业局颁布了《湿地保护管理规定》，由此拉开了我国第一部有关湿地保护管理的全国性行政法规的序幕。在这一规定中将各地湿地保护的有效措施进行整合归纳，以国家的形式制定了保护湿地的基本办法，为我国湿地保护提供了法律依据。在2014年修订《环境保护法》时，立法者认识到了对湿地进行立法研究的必要性，并首次将湿地这一概念直接写到法律条文中。面对湿地生物多样性遭受破坏这一现状，通过法律明确价值，借助规则明确责任至关重要。

（三）恢复性司法于生态环境保护的重要作用

1.有利于犯罪行为人改过自新。恢复性司法给予犯罪人机会承担积极的责任，与传统刑事司法相比，恢复性司法有其自身的独特性，即犯罪行为人拥有一定的自主权。通过赔礼道歉、给付修复金，甚至可以采用身体力行的方式为生态环境的修复作出自己的贡献，这比被判入狱服刑更有价值，也更有利于犯罪行为人认识到美好的生态环境来之不易，从而改过自新。

2.有利于第一时间修复受损生态。生态环境的破坏也许带来的损害并不

[①] 《民法典》第1234条规定："违反国家规定造成生态环境损害，生态环境能够修复的，国家规定的机关或者法律规定的组织有权请求侵权人在合理期限内承担修复责任。侵权人在期限内未修复的，国家规定的机关或者法律规定的组织可以自行或者委托他人进行修复，所需费用由侵权人负担。"

[②] 《民法典》第1235条规定："违反国家规定造成生态环境损害的，国家规定的机关或者法律规定的组织有权请求侵权人赔偿下列损失和费用：（一）生态环境受到损害至修复完成期间服务功能丧失导致的损失；（二）生态环境功能永久性损害造成的损失；（三）生态环境损害调查、鉴定评估等费用；（四）清除污染、修复生态环境费用；（五）防止损害的发生和扩大所支出的合理费用。"

是短期内可以看出来的，也许作出的修复行为并不能完全覆盖破坏生态带来的不利后果，但是在发现犯罪行为存在的当下就积极动员犯罪行为人用自己的行动修复生态，可以在一定程度上及时止损，由行为人作为主体修复受损生态非常合理，既从刑事处罚角度惩治了犯罪行为人，也实现了生态修复的目的。

3. 有利于弥补现代刑事司法尚存的弊端。现代司法存在一定的弊端，比如案件矛盾不断升级、代价高昂等。恢复性司法的目标之一就是为避免现行司法制度的弊端，为其提供了一个创新举措，通过平和的方式既解决了环境遭受破坏的问题，又教育了犯罪行为人，而且可以借助其他行政机关、基层自治性组织的力量，既从公权力运行方面较好地惩治了犯罪行为人，又调动了社会的积极性，以生态环境的公益属性为抓手，呼吁全社会对犯罪行为人的恢复行为作出监督。

三、破坏环境类案件中恢复性司法的实践及存在的问题

从 2007 年开始，国内法院逐步创设环境资源审判庭。2014 年，最高人民法院为破解环境资源案件在取证和立案等方面存在的问题，提升环资案件的审判力度，成立了专门的环境资源审判庭。上海作为长江流域生态环境保护的积极推动者，目前有三家基层法院创设了环境资源审判庭，分别是上海市崇明区人民法院、上海市金山区人民法院、上海市青浦区人民法院。2016 年，最高人民法院发布了明确四大类环境资源案件的审判重点、审理原则和司法政策，其中强调要"将绿色发展理念作为环境资源审判的行动指南"，"统筹适用刑事、民事、行政责任，最大限度修复生态环境"。[①] 为积极响应最高人民法院要求，这些年来，为了实现生态环境恢复目标，各地法院纷纷开动脑筋，创新举措，探索出比如增殖放流、土地复垦等环境修复方式，其中不乏影响力巨大、修复效果很好的案例。为了更好地总结经验，了解环境司法实践的形势，本文对上海市涉及环境资源恢复的案例进行统计分析。

（一）案例的选择

1. 案例选择的标准。上海市在科技创新方面、经济发展方面都走在全国

---

① 参见《最高人民法院关于充分发挥审判职能作用为推进生态文明建设与绿色发展提供司法服务和保障的意见》。

的前列。为积极践行习近平总书记提出的"绿水青山就是金山银山"理念，上海市也在极力将自己打造成生态环境建设方面的领军者、先行者。本文力图研究上海市在环境修复领域的司法实践情况，因此以上海市环境犯罪案件司法判决为样本进行分析。

在中国裁判文书网案例库中以关键词展开检索，检索方式为：选择案由"刑事—妨害社会管理秩序罪—破坏环境资源保护罪"，选择上海市，文书类型为判决书，并输入"修复"这一关键词，检索到的案件为 20 件，为保证数据不被遗漏，在之前的条件不变的情况下，改为输入"恢复"，则检索到 17 件案例，经过人工排查后，发现其中存在部分重合。

2.案件情况汇总。（见表1）

表1　上海市涉及环境资源恢复案例汇总　　　　　单位：件

罪名	2015年	2016年	2017年	2018年	2019年	2020年	数量汇总
非法捕捞水产品罪	0	0	0	0	0	9	9
非法收购珍贵、濒危野生动物罪	0	0	1	0	0	0	1
污染环境罪	2	1	2	1	7	2	15
非法占用农田罪	1	0	0	0	1	0	2

（二）司法实践的基本特点

1.适用的罪名逐年拓宽。从一开始主要以污染环境罪定罪入刑，到 2020 年非法捕捞水产品罪激增，主要是上海市相关部门对禁渔期内非法捕捞水产品的行为加大处罚力度。

2.恢复性方式呈现多样化。通过对案例的分析，发现环境损害的恢复性方式主要有如下三种：经济型举措、行为性举措和签订协议式举措。

（1）经济型举措。包含交纳环境修复资金或交纳资源修复费用保证金。[①] 生态修复金一般存入指定账户用于环境修复。比如，上海市崇明区人民法院

---

① 在黄某某非法捕捞水产品罪一案中，黄某某预交人民币 1000 元作为本案的天然渔业资源修复费用保证金，用于修复受损渔业资源与水生生态系统。参见上海市崇明区人民法院（2020）沪 0151 刑初 210 号刑事判决书。

与上海市崇明区农业农村委员会合作，由上海市崇明区农业农村委员会创设账户，收取行为人的保证金，以确保行为人积极履行恢复义务，等环境恢复并且经过第三方等主体验收合格后退还给行为人。

（2）行为性举措。恢复种植，主要适用于涉林、田地案件当中，包括在环境被破坏的原地补种或恢复种植条件①。增殖放流模式，主要适用于非法捕捞水产品罪，由被告人出资购买鱼苗进行投放。②土地复垦，行为人采取一系列的措施对破坏的土地进行恢复，让土地恢复原状，可以重新适合种植。

（3）签订协议式举措。签订生态修复协议等。行为人与负有环境保护职责的行政部门签订协议，以确保行为人根据协议履行修复环境的责任。各法院在名称上存在一定的区别，如生态环境损害赔偿协议③、环境恢复协议书④等。

（三）案例中反映出的问题

1. 适用恢复性手段的案件过少。在裁判文书网中检索上海市涉及环境修复的案例与长江流域其他省份有很大差距，首先这与上海市存在的环境污染类刑事案件的总体数量有一定关系。在总量上，上海市比照江苏省、浙江省受理的环境刑事类案件少了很多。其次，上海市在探索环境恢复司法实践方面还缺少投入。根据 2023 年 6 月上海六家法院联合发布的环境资源审判情况，自 2019 年 1 月至 2023 年 5 月共受理了环境刑事案件 443 件，在这一体量下，适用环境恢复的案件不超过 120 件，确实有可以继续推进发展的地方。

2. 缺乏统一的恢复性举措的适用标准。通过对选取的案例进行分析，发现法院在认定被告人承担恢复责任时存在适用标准不统一的情况。以非法捕捞水产品罪为例，廖某某等三名被告人共非法捕捞水产品 0.33 公斤，被告

---

① 在刘某等人非法占用农用地罪一案中，两被告在案发后积极恢复田地的种植条件，将农用地恢复原状，法院考虑到两被告的修复行为在量刑上加以考虑。参见上海市浦东新区人民法院（2019）沪 0115 刑初 270 号刑事判决书。

② 在白某某、张某某非法捕捞水产品罪一案中，两被告出资购买鱼苗并进行了增殖放流，法院对两被告酌情从轻处罚。参见上海市青浦区人民法院（2020）沪 0118 刑初 630 号刑事判决书。

③ 在卞某某等四人污染环境罪一案中，四被告与环保部门达成了赔偿协议，积极恢复生态环境，有较好的认罪悔罪态度，法院对其中两名被告从轻处罚，对另外两名被告减轻处罚。参见上海铁路运输人民法院（2019）沪 7101 刑初 111 号刑事判决书。

④ 在方某某等四人污染环境罪一案中，四被告所在单位与政府签订了修复协议。参见上海铁路运输人民法院（2018）沪 7101 刑初 22 号刑事判决书。

人支付了 1000 元的恢复金用于投放鱼苗进行增殖放流;[①] 被告人张某某非法捕捞水产品 12.94 公斤,支付了 645.3 元的恢复金用于投放鱼苗进行增殖放流;[②] 白某某、张某某两名被告人共非法捕捞水产品 5.4 公斤,支付了 1000 元的恢复金用于投放鱼苗进行增殖放流[③]。在同一个年份,甚至同一个法院在恢复性举措的适用标准方面就存在较大的差异,亟待统一适用标准才能实现公平公正。

3. 缺乏相应的执行保障措施。环境损害修复具有较长周期性的特点,但是环境资源案件审理有审理期限的约束,而且生态修复的成效如何需要很长时间才能获知,法院如何监督被告人履行生态修复责任、如何确保后续的生态修复可以达到预期效果都是需要考虑的问题。从司法实践来看,还没有形成具体明确的规则来监督行为人履行生态修复的责任,在监督机制缺位的情况下,行为人怠于履行修复义务时有发生。有的一些司法判决书中将修复生态环境作为量刑的情节,而这种量刑的前提是被告人已经在判决前及时缴纳了生态修复保证金,在此前提下,法院参考被告人修复环境的程度,在量刑层面给予一定的考虑;但是有的案件是人民法院在判决书中要求被告人在刑期完结后再进行生态修复,这种情况下就存在受损的环境不能得到及时有效恢复的可能性,法院的这种做法在没有监督机关加以监管的情况下,无法实现生态恢复性举措的最初目的。

四、生态环境恢复性司法的制度完善

生态环境修复是人民法院环境司法工作的一个重点,各地法院也在不断地探寻恢复性司法在实践方面的路径,有了一定的成果,但是也存在问题,生态环境恢复性司法是对于传统刑事司法的补充,而不是代替,虽然当今刑法有向轻缓化发展的趋势,恢复性司法也确实有助于换一种角度,切实地给修复环境损害带来根本的解决路径,但是作为刑事司法模式中的一种,也应该符合刑事传统法律方面罪刑相适应的原则,不应突破传统法律,违背立法目的。也就是说生态环境本身就有一定的自净功能,并不能因为自然环境的这一属性就减轻对行为人的处罚,同时也不能因为行为人对受损的生态环境

[①] 参见上海市青浦区人民法院(2020)沪 0118 刑初 627 号刑事判决书。
[②] 参见上海铁路运输法院(2020)沪 7101 刑初 118 号刑事判决书。
[③] 参见上海市青浦区人民法院(2020)沪 0118 刑初 630 号刑事判决书。

进行了修复就免除其刑事责任，只是可以在量刑层面加以考量。为切实推动生态环境恢复性司法向优质化发展，真正实现对于国家湿地环境的保护，本人认为可以从以下几个方面对生态环境恢复性司法进行完善。

（一）明确生态恢复性司法的法律依据

在生态恢复性司法领域我国暂未形成较为系统化的立法，有关生态恢复性司法的规定散见于环境保护法律法规以及有关规范性文件中。比如，《环境保护法》规定了建设单位恢复环境的责任；《固体废物污染环境防治法》提及恢复环境原状的责任。《民法典》侵权责任编中规定了环境污染和生态破坏责任，其中第1234条和第1235条中明确规定了生态修复责任，但是生态恢复措施的运用没有刑法条文的依据，从罪刑法定的角度考虑，亟待相关的司法解释出台赋予生态恢复性司法措施以法律依据。针对湿地的保护，也要出台专门的湿地保护法，细化实际操作的具体措施，加强地方湿地立法的可操作性，结合生态环境恢复性法律法规，提高保护地方湿地的效果。

（二）增设社区矫正及专门性的修复监督机关

社区矫正其实已经在刑事领域广泛运用，对于被判处管制、宣告缓刑的犯罪程度较轻的对象采取的非限制自由的矫正刑罚，其有利于帮助行为人在犯罪后更好地回归社会。在生态恢复性司法中也引入社区矫正，有助于破坏环境的行为人更好地履行自己的修复责任，比如在滥伐林木犯罪中，可以对行为人实行社区矫正，参与到社区栽种树苗，恢复植被生长力的过程中，通过实际行动让行为人意识到破坏环境的不利后果，也通过参与种植，认识到植被生长的不易之处，真正能够教育行为人，实现犯罪预防的功效。建立专门性的修复监督机关也是非常有必要的，法院审理环境资源案件只是一个短期的过程，生态修复及湿地环境保护需要长期投入才能实现，专门的修复监督机关可以定期检测行为人的环境修复工作进展，与社区联合为生态环境恢复性司法保驾护航。

（三）创新生态恢复责任承担的形式

目前通过案例的检索可以看到，在上海市实施生态环境恢复的主要措施集中在增殖放流、先行缴纳修复保证金待日后修复环境等方式，形式较为单一，面对日渐复杂的环境污染类型，应该创新生态恢复责任的承担形式，可以适当借鉴国外的经验，比如巴西玛瑙环境法院的法官就有许多创新方式：

犯罪人可以选择去上环境夜校，造成污染的巴士公司可以张贴环保广告，偷猎者可以为野生动物保护机构做志愿工作，违法开发商和滥伐者可以去翻新公园或植树等①。环境修复需要专业技术的介入，行为人不具有专业修复能力是常见情况。可以创建委托修复的责任形式，有助于从本质上完成生态修复的目的。由专业机构出面进行修复，行为人仅需承担生态修复的费用，这样更加高效和科学。

（四）建立多部门联席沟通机制

湿地保护及环境资源恢复性司法工作的开展离不开多个部门的沟通协作，从刑事审判、到恢复性举措的执行等环节均需要相关部门的有效参与，通过建立联席会议的制度，可以加强与区生态环境局、区水务局、区农业农村委等单位的合作，推动个案协调、类案研判，提升工作合力。环境修复是一个长期缓慢的过程，各个流程都需要认真把控，要从前端治理、整改修复、回访监督等环节注入人力、物力，完善生态多元保护格局，建立多元修复机制。比如在非法捕捞水产品的相关案件中，案件审结后，法院可以联合本地检察院、本地的农业农村委共同开展增殖放流活动，将收取的费用用于生态修复的目标，实现法律制裁与生态补偿的有机衔接。通过与当地生态环境保护专业部门签订合作备忘录等形式，挖掘其在生态环境司法修复方面的资金管控职能，通过明确各单位在湿地生态恢复工作中的职责使命，强化资金管理、使用和监督制度，确保各地在生态修复工作领域的各项举措能够落到实处。

（五）提升生态恢复性司法审判的专业化水平

1.专门的审判组织队伍建设。环境资源案件具有极高的技术性，复杂程度也非常规案件可以相比，尤其是在生态环境恢复性司法的运用层面更是对环境资源审判队伍提出了更高要求，在审判队伍的建设层面应当挑选年纪轻、学历高、能力强的审判人员从事环境资源审判工作，聚力打造精审判、强理论、有影响的专家型、复合型法官队伍。尤其在湿地保护层面不能仅仅停留在理论的研讨上，还需要经常组织环境资源审判人员赴重要的湿地保护区进行实地考察，增强审判人员对辖区生态环境状况的了解，提高业务素养，为依法、公正、高效审理环境资源案件提供坚实的人员保障。

---

① ［美］乔治（洛克）·普林、凯瑟琳（凯蒂）·普林：《环境法院和法庭：决策者指南》，周迪译，中国社会科学出版社2017年版，第78页。

2. 构建专家参与的审判模式。为进一步提升环境资源审判质量，弥补审判人员在专业技术领域的知识短板，各地法院应积极为环境资源审判争取外部智力支持。通过创建环境资源审判咨询专家库，邀请国内环境资源学术研究领域及湿地保护方面有充足经验的专家加入案件研讨；遴选具有环境资源专业技术背景的专家陪审员，逐渐形成专家法官、专家陪审、专家咨询、专家鉴定、专家辅助的专业化审判格局。在案件审理过程中，充分导入专家力量，整合专家资源，提升环境资源审判质量。在处理复杂的、影响性大的环境资源案件中，邀请专家参加庭前案例研讨会，通过专家意见的强力输出，为案件审理工作保驾护航。上海市崇明区人民法院就在这一方面积极探索出路，通过定期召开环境资源学术研讨会的方式，与相关专家充分研讨，还和上海市城市化生态过程与生态恢复重点实验室签订了合作备忘录，共同探索湿地生态恢复的实践路径，从而有效实现生态环境恢复性司法于湿地保护中的作用。

（六）区分环境介质，精准施策

在生态环境恢复的司法保护方面，要区分不同的环境介质，分类施策。我国湿地在整体上按照湿地的成因可以分为两类，天然湿地和人工湿地，天然湿地分为32种，人工湿地分为10种，我国天然湿地按照地貌特征和水文特征可以分为近海及海岸湿地、河流湿地、湖泊湿地、沼泽与沼泽化湿地。[①] 对于具有较强自净能力的生态环境，首选的方法是让它自然恢复，以防止人为因素的介入产生的二次污染。而对海底类型中难以自然修复的，要坚持就地修复、及时修复，有效防止污染的扩大。

---

① 闫敏华：《中国湿地保护事业的发展与未来》，载《地理教育》2014年第Z2期。

环境资源专家人民陪审员制度的检视与重塑

——以环境资源专业化审判为立足点*

摘要： 在环境资源案件的审判过程中，法官对司法鉴定高度依赖、审判组织专业性不足的问题，严重影响案件审理的"公正与效率"。引入专家人民陪审员制度是解决这一问题简捷有效的方式。2023 出台的《最高人民法院关于具有专门知识的人民陪审员参加环境资源案件审理的若干规定》用 16 个条文构建起初步的环资专家人民陪审员制度。但是该规定规范的制度存在条文简单、不周延的弊端。本文立足我国立法现状与环资司法实践，在检视我国环资专家人民陪审员制度现状与不足的基础上，提出重塑"法律+技术""专家+陪审"的两个"两位一体"环资专家人民陪审员制度的设想，从专家陪审员的选任条件、适用范围、参审方式、权益保护等方面，完善环资专家陪审员的诉讼地位和参审程序规则，以期不断提高环资案件的司法公信力。

关键词： 环境资源　专家陪审　价值重塑　公正与效率

中国式现代化是人与自然和谐共生的现代化。党的二十大报告指出，要"像保护眼睛一样保护自然和生态环境"。环境司法与中国式现代化发展大局同呼吸、共命运，有力推动构建人与自然和谐共生的现代化法治格局[①]。环境资源审判是绿色高质量发展法治保障的重要组成部分，稳步推进环境资源审判专业化是实现生态文明建设法治保障的关键环节，是以审判工作现代化支撑服务中国式现代化的应有之义。

所谓环境资源司法专门化，是指专设的审判机构和专业化的审判人员对环境案件进行专门性的处理。如何实现环境资源专业化审判，更加公正、高效地审理环资案件？"专家人民陪审员制度应该不失为目前条件下最为合适

---

* 【作者信息】高琼，上海市崇明区人民法院；曹彩雲，上海市崇明区人民法院。
① 吕忠梅：《绿色司法护航"美丽中国"——党的十八大以来中国环境司法发展的辉煌成就回顾》，载《中国审判》2022 年第 17 期。

的选择"①，环资案件具有双重性特征，其责任制度由民法和环境法共同构建，这类案件技术性强、案情复杂，在最高人民法院明确推进环境资源审判专门化的背景下，完善专家陪审员参加环资案件审判的制度规范，有助于构建专业化的环资审判团队，弥补法官在环资专业知识方面的不足，更加公正、高效地解决环境资源纠纷。

一、对镜自省：我国环境资源审判专家人民陪审员制度的现状与不足

"对镜自省，且照且行"。目前来看，我国的环资专业化审判改革已经初见成效，随着《最高人民法院关于具有专门知识的人民陪审员参加环境资源案件审理的若干规定》的落地，环资专家人民陪审员制度已经初步构建，在环资案件审理过程中，部分地方法院开展了积极探索、实践，引进了专家人民陪审员参与环资案件审判，取得了良好的效果。但美中不足的是，目前《最高人民法院关于具有专门知识的人民陪审员参加环境资源案件审理的若干规定》构建的环资专家人民陪审员制度条文简单、过于原则性，影响该制度最大化发挥效应。

（一）百花齐放：各地法院环境资源审判专家人民陪审员制度的积极探索

以最高人民法院于 2014 年设立了环境资源审判庭为起始，目前，我国各级法院已经设立 2426 个环境资源审判机构②（历年数据见图 1），环资案件也呈现出总体增多的趋势，近年来，各级法院每年审结的环资案件有近 20 万件，2022 年更是超过 25 万件③（历年数据见图 2）。引入环资专家参与案件审理是环资司法专门化的重要一环，也是必然选择。环境案件分为大气、水、土壤、林木、海洋、噪声、固体废物、电子废物、放射性物质、危险化学品等类别，环境资源专家陪审员即是指在上述行业或领域具备专业知识，因而被任命为人民陪审员的专家，与其相关的选任、参审、监督、补贴的一系列规定共同构成环境资源审判专家人民陪审员制度。

---

① 郑汝伟：《构建我国环境资源案件专家陪审机制研究——兼谈设置专家陪审员会议进行事实审机制构想》，载《山东审判》2017 年第 3 期。
② 截至 2022 年 12 月，全国 31 个省、自治区、直辖市共有环境资源审判专门化机构（组织）2426 个，相较于 2021 年，同比增长 12.89%，参见《中国环境司法发展报告（2022）》。
③ 2022 年全国法院共受理环境资源一审案件数量为 273177 件，其中审结 246104 件，参见《中国环境司法发展报告（2022）》。

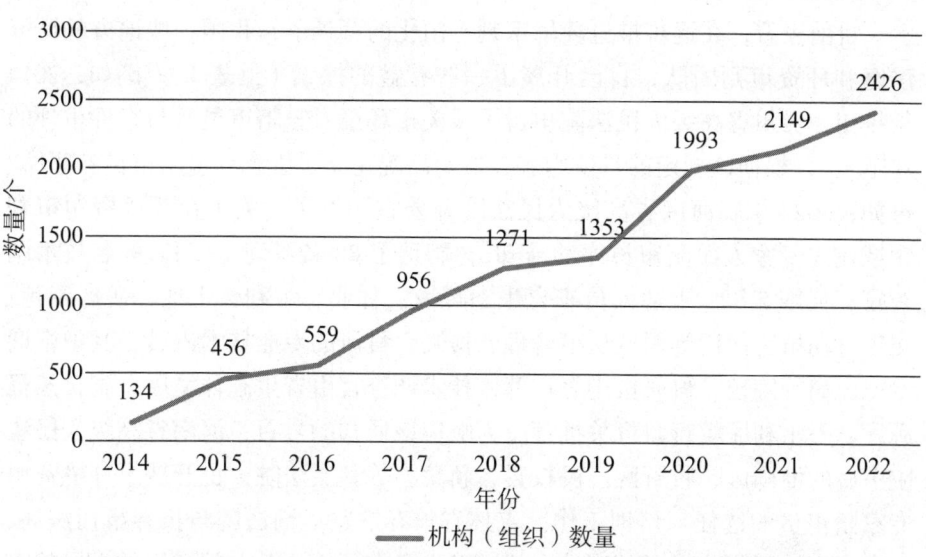

图1 2014年至2022年全国环境资源审判专门机构（组织）的设置情况[1]

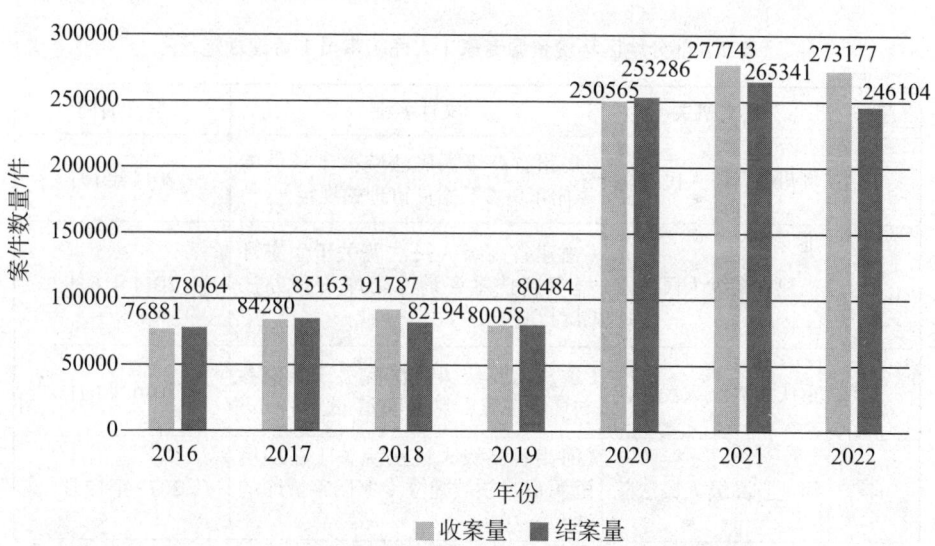

图2 2016年至2022年全国法院受理一审环境案件情况[2]

---

[1] 数据来源于最高人民法院环境资源审判庭统计。
[2] 2014年至2015年合计受理环境案件78964件，审结77076件。因无法具体区分两年的单独案件受理情况，故图中未予表明。数据来源于最高人民法院环境资源审判庭统计。

目前来看,在逐步推进环境审判专门化的背景下,我国一些地方的环资法庭和环资审判团队,自己开展了一些有益的探索(见表1)。例如,2014年年初,贵州省高级人民法院出台了《关于环境专家陪审员参与案件审理的规定》①,根据该规定的具体内容,贵州高院建立了生态环境陪审员专家库。再如,2022年底河南省高级人民法院办公室印发了《关于在环境资源审判领域建立专家人民陪审员库的通知》,聘请了28名咨询专家和96名技术调查官,任期5年,上述人员来自生态环境、林业、水利、土地、矿产资源、化工、动植物保护等领域从事管理、检测、科研的专业技术人员,其中咨询专家由高等院校、科研机构等推荐,技术调查官由省生态环境厅、省自然资源厅、省水利厅等行政机关推荐。为响应该通知的号召,河南省高级人民法院下属的淮阳区、牧野区、民权县、新蔡县等基层法院,也开展了环境资源专家陪审员的选任与培训工作。吉林省长春铁路运输法院与长春市司法局、长春市宽城区司法局召开座谈会议,确立具有环境资源专门知识的人民陪审员参加的环境资源案件审理制度②等。

表1 部分地区环境资源专家(人民陪审员)管理规定③

序号	发文机关	文件名称	发文时间
1	贵州省高级人民法院	《贵州省高级人民法院关于环境专家陪审员参与案件审理的规定》	2014年1月
2	福建省高级人民法院	《福建省高级人民法院关于生态环境审判技术咨询专家库管理办法(试行)》	2014年6月
3	重庆市高级人民法院	《重庆市高级人民法院关于专家参与环境资源审判的办法(试行)》	2016年6月
4	河南省高级人民法院	《河南省高级人民法院关于在环境资源审判领域建立专家陪审员库的通知》	2022年12月

---

① 金晶:《贵州首例环境行政公益诉讼案背后的司法创新——访贵州省高级人民法院生态环境保护审判庭负责人罗朝国》,载《人民法院报》2016年1月14日第3版。
② 《纳专业人才 筑强绿色人民陪审队伍——探索推行专家人民陪审员参加环境资源案件审理制度》,载长春铁路运输法院网, http://cctlfy.e-court.gov.cn/article/detail/2022/08/id/6881565.shtml,最后访问时间:2023年9月8日。
③ 本表通过网络途径等收集整理,由于搜索条件限制,可能存在疏漏。

续表

序号	发文机关	文件名称	发文时间
5	辽宁省沈阳市中级人民法院	《沈阳市中级人民法院生态环境审判技术咨询专家库管理办法》	2020年12月
6	内蒙古自治区兴安盟中级人民法院	《环境资源审判咨询专家工作规程（试行）》	2022年5月
7	内蒙古自治区阿尔山市人民法院	《阿尔山市人民法院关于生态环境审判技术咨询专家库管理办法（试行）》	2022年5月
8	上海市生态环境局	《上海市生态环境局专家库管理办法（试行）》	2021年10月
9	安徽省生态环境厅	《安徽省生态环境专家库管理办法（修订）》	2021年6月
10	广州市生态环境局	《广州市生态环境保护专家库管理办法》	2021年10月
11	沈阳市生态环境局	《沈阳市环境影响评价审查专家库管理办法（试行）》	2022年8月

具体以S市C法院为例，该院于2016年成立了S市首家环境资源审判庭，近三年来，共受理环境资源案件2197件，其中2020年受理720件，2021年受理746件，2022年受理731件，每年受理的环境资源案件均超过700件，约占全部收案量的7%。在近三年审结的2187件案件中，有1975件属于环境资源民事案件，占比为90.3%。[①]S市C法院针对环资案件的专业性、技术性强的特点，也积极争取外部智力支持，努力构建专家支撑体系，弥补法官在专业技术领域的知识短板，提升环境资源审判质量。

一是建立环资领域专家咨询库。为缓解环资法官在环资技术方面的认知短板，S市C法院分别于2018年5月和2020年9月，建立了S市法院系统的首个环境资源审判—法律咨询专家库和首个环境资源审判—技术咨询专家库，从全国范围内聘请了环境资源不同领域内的技术专家和法律专家作为专家库组成人员，及时为环资法官审理涉及技术认定难题的环资案件提供有力的外部智力支撑。

---

① 部分数据来源于该法院每年发布的工作报告或工作总结。

二是选拔环资案件专家人民陪审员。自 2019 年开始，S 市 C 法院率先尝试引入专家人民陪审员参与环境资源案件的审理，在引进专家人民陪审员时，根据不同专家的专业背景，将其细分为林业、土壤、大气、水污染等技术领域的专家人民陪审员，在具体案件中引入具有相应技术背景的专家作为人民陪审员参与庭审，既广泛覆盖环资技术领域，又具体细分环资案件类型，有效发挥环资专家人民陪审员的技术专家的重要辅助作用。

三是引入环资案件专家辅助人。除了专家人民陪审之外，该法院还探索环资案件审理中引进专家辅助人出庭制度，一方面通过召开环资案件庭前研讨会，邀请环资领域的技术专家和法律专家提供咨询意见，另一方面在正式开庭时可以根据具体情况，通知专家辅助人出庭，围绕案件涉及的专业性问题发表技术观点，解答各方提出的专业技术方面的问题。

目前该法院已经形成法官、咨询、研讨、鉴定、陪审、辅助的"六位一体"的环资案件专业化审理格局，并与多个大学研究院等科研力量建立合作机制，拓展智力支撑，构建"6+1"专业化生态司法模式。

（二）美中不足："个性化"环资专家参审制度的"瓶颈"

环资案件涉及的专业性、技术性较强，法律和事实复杂度高，案件中除涉及环境法律问题外，还涉及专业技术问题，往往需要结合生物、化学、大气、土壤等多种专业的环境科学知识进行分析，不但给法官审理环资案件造成很大困难，而且因高度依赖鉴定等原因，造成案件久拖不决，损害了司法公信力。如 S 市 C 法院在审判实践中就发现，环境司法鉴定存在机构数量少、鉴定水平参差不齐、缺少规范评估的法律法规等诸多尴尬。

审判团队专门化是环境司法专门化的重要组成部分[①]，"环境专家担任陪审员是为了帮助环保法庭审理过程中破解环境公益诉讼的'专门性问题'"，[②]引进专家陪审员参与复杂的环资案件的审理，可以增强环资审判团队的专业力量，提升环资案件的审判质量，进而可以增强司法公信力，推进人民法院队伍革命化、正规化、专业化、职业化建设。上述地方法院的探索，虽然取得了不错的效果，提供了有益的实践经验，但是，纵观这些环保法庭的设

---

① 环境司法专门化包括环境审判机构、环境审判机制、环境审判程序、环境审判理论和环境审判团队的专门化。参见吕忠梅：《绿色司法护航"美丽中国"——党的十八大以来中国环境司法发展的辉煌成就回顾》，载《中国审判》2022 年第 17 期。

② 颜运秋：《中国环境公益诉讼专家人民陪审员制度的确立与完善》，载《法治研究》2017 年第 5 期。

置或遴选专家人民陪审员的具体举措，不论是案件的审理方式，还是其设置的类型，都是局限在当地发生的本土化实践，"由此所积累起来的诸多'个性'，实际上是一种'地方性知识'"，①不能满足环资专家合法参审、积极作为的现实需求，环资专家人民陪审员制度陷入了各地区法院"自说自话"的瓶颈。

（三）质非文是：环资专家人民陪审员制度难以补充发挥作用的"尴尬"

2023年8月1日，最高人民法院发布《关于具有专门知识的人民陪审员参加环境资源案件审理的若干规定》，该规定用16个条文，构建起初步的环资专家人民陪审员制度。但是该规定存在条文简单、过于原则性的弊端，该规定共有16个条文构成，除去第15条参照适用《人民陪审员法》的规定和第16条施行时间的规定，该规定实际用14个条文构建了环资专家人民陪审员制度，然而，该规定缺乏具体可操作的环资专家人民陪审员的专家库遴选机制和退出机制，缺乏科学的考核机制和责任追究机制，缺乏专家人民陪审员的利益保护机制。

另外，该规定并不周延。根据该规定第5条、第9条、第10条，专家陪审员的选任方法是"在符合需求的人民陪审员名单中随机抽取确定"，而根据该规定第2条，只要具有环境资源领域专门知识、在相关单位从业3年以上的人都可以列入专家人民陪审员名单，之后在具体的案件中被"随机"选取作为专家陪审员参审具体案件。然而，从审判实践来看，不同的案件涉及的专业领域并不一样，环资案件细分为不同的案件类型（见图3），不能简单地认为一名"环资专家"可以了解所有环资领域的专业问题。最高人民法院2021年出台的《环境资源案件类型与统计规范（试行）》按照被侵害的环境介质属性，分为大气、土壤、水、海洋等污染案件，相应地，笔者认为，在建立环资专家陪审员库的时候，可以按照专家人民陪审员的专业特长，将专家人民陪审员细分为水、大气、土壤、林木、海洋、噪声、固体废物、电子废物、放射性物质、危险化学品等类别，分类建立不同的专家人民陪审员子库，有利于后续具体案件中遴选到符合专业特长的专家。

---

① 张忠民：《环境司法专门化发展的实证检视：以环境审判机构和环境审判机制为中心》，载《中国法学》2016年第6期。

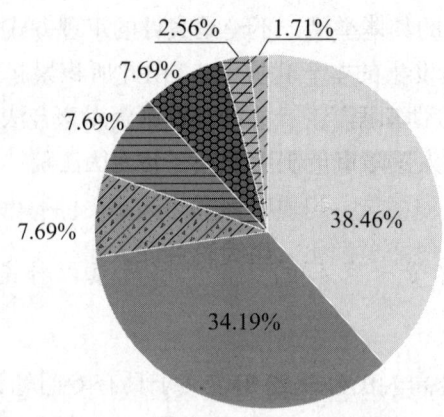

图三　2022 年环境侵权案件污染类型图①

然而本规定中，将所有专家纳入统一的名单再随机抽取的方式，很可能会出现随机选取的"专家"对案件涉及的专业细分领域并不了解，陷入"专家不专，陪而不审"的尴尬境地，那么无疑该制度是"质非文是"，实践中难以达到立法本意。

二、追本溯源：环境资源审判专家人民陪审员制度的正当性分析

"追本溯源，上下求索。"环资案件审判适用专家人民陪审员制度本意是增强环资审判团队的专业力量，提升环资案件的审判质量，"贯彻'绿色原则'适用规范，树立人文主义绿色观"②，实现环资案件审判实体上的"公正与效率"。而且建立全国范围内的环资专家人民陪审员制度，也符合程序正义的要求，回应了司法实践的现实需求。环资案件专家人民陪审员制度具有很强的特殊性，目前来看，我国的相关制度尚未成熟。

（一）环境资源审判适用专家人民陪审员制度的法律根据

最高人民法院在 2014 年 6 月 23 日颁布了《关于全面加强环境资源审

---

① 数据来源于《中国环境司法发展报告（2022 年）》。
② 徐国栋：《民法典整体贯彻绿色理念模式研究》，载《中国法学》2023 年第 2 期。

判工作 为推进生态文明建设提供有力司法保障的意见》，该意见中指出，要"充分发挥专家在环境资源审判工作中的作用，建立环境资源审判专家库"。2018年4月27日公布的《人民陪审员法》第16条规定："人民法院审判下列第一审案件，由人民陪审员和法官组成七人合议庭进行：……（三）涉及……生态环境保护……社会影响重大的案件……"2019年4月24日公布的《最高人民法院关于适用〈中华人民共和国人民陪审员法〉若干问题的解释》第3条第3款规定："因案件类型需要具有相应专业知识的人民陪审员参加合议庭审判的，可以根据具体案情，在符合专业需求的人民陪审员名单中随机抽取确定。"

2023年8月1日，最高人民法院发布了《关于具有专门知识的人民陪审员参加环境资源案件审理的若干规定》，该规定用16个条文，从具有专门知识的人民陪审员参审案件范围、在具体案件中的确定以及合议庭组成、职责履行等方面，构建起初步的环资专家人民陪审员制度。

上述法律条文为引入专家人民陪审员参与环境案件审理构建了法律基础框架。然而，从司法实践中来看，环资案件陪审制度作为一个完整的体系化的制度，不可能由几个法律条文简单概括，作为一项特殊的环资领域的诉讼制度，其诉讼程序规则在诸多方面都具有特殊性，需要更加成熟系统的制度予以回应[①]。

（二）环境资源审判适用专家人民陪审员制度的理论分析

环资案件审判适用专家人民陪审员制度可以增强环资审判团队的专业力量，提升环资案件的审判质量，"充分回应人民群众的环境司法需求，共筑多元共治新格局，筑牢环境司法系统保护屏障，健全完善'生态司法+'共治模式"，[②]增强司法公信力。

首先，环资专家人民陪审员可以增强环资审判团队的专业力量，助力环资审判专门化。部分环资案件中会涉及环境领域的专业问题，例如污染物的种类、数量、标准的认定等，这些问题超出了普通法官的专业范围，且无法用常规的法律逻辑进行推理认定，如再遇到备受依赖的鉴定意见不合理或有冲突时，环资法官可能会乱掉阵脚，环境司法鉴定存在机构数量少、鉴定水

[①] 余彦：《环境公益诉讼陪审制度研究——以〈人民陪审员法〉相关条文为中心》，载《法治研究》2018年第6期。

[②] 刘玉民：《扎实推进环境资源审判 以司法之力守护美丽中国》，载《人民法院报》2023年3月28日第2版。

平参差不齐、缺少规范评估的法律法规等诸多问题也会给法官的审判带来困扰。美国法学家达马斯卡曾预言，科学证据"将会把经验常识从事实认定中彻底清除"①，而专家人民陪审员具有环资领域的专业知识和经验，在相关专业问题上可以提供智力支持，协助法院查明案件事实，摆脱被鉴定意见拖着鼻子走的被动局面，增强环资团队的专业性，助力环资审判专门化。

其次，环资专家人民陪审员可以规范环资案件审理程序，促进司法公正。从院外引进专家人民陪审员参与环资案件审理，专家陪审员除了可以协助法官进行事实认定，还可以在运用环资专业方面的知识对案件事实进行分析的基础上，在法庭调查、合议庭评议等阶段独立发表意见，以此可以对可能的法官的独断行为形成有效制约，还可以弥补法官在环资知识方面的不足，通过这种方式可以促进司法公正，保证司法廉洁，可以促使环资案件审理在既定的法治轨道上规范运行。

再次，环资专家人民陪审员可以提升司法公信力。专家陪审员的身份具有"双重性"的特点，他们既是陪审员，又是环资领域的专家，专家陪审员参与环资审理可以很大程度上增强环境司法的公信力。从其"陪审员"身份的角度看，他们并非职业审判人员，而是从百姓中来，代表普通百姓参与具体案件审理，从"草根司法"的层面体现出司法民主的法治理念；而从其"专家"的身份来看，他们是环资领域的杰出代表，具备丰富的环资专业知识和经验，为认定科学证据、查清案件事实起到了重要的作用，为法官及时、准确判案提供了有利的条件②，环资领域专家和审判专家的组合，不但能摆脱环资案件高度依赖鉴定、久拖不决的窘境，而且可以让当事人、让社会公众对裁判结果更加信服。

最后，环资专家人民陪审员可以促进环资案件审理的公正与效率。"公正与效率"是司法审判工作永恒的主题，我们致力于构建的一切审判制度，归根到底是为了提升司法审判工作的"公正与效率"，为人民群众带来更好的司法体验。具体到环资案件的审理中来，鉴于环资案件的责任制度由民法和环境法共同构建的双重性特征，如果像审理传统案件一样，固执地认为审理案件是法院的事情，仅仅依赖法官独自审理环资案件，必然会导致"以鉴代审"、案件久拖不决、人民对审理结果不信服的情形，与"公正与效率"

---

① ［美］米尔吉安·R. 达马斯卡：《比较法视野中的证据制度》，吴宏耀等译，中国人民公安大学出版社 2006 年版，第 36 页。

② 张思尧：《人民陪审制度事实审与法律审的困惑与出路》，载《法律适用》2015 年第 6 期。

这一司法审判工作的主题背道而驰。而且，虽然从目前来说，各地法院展开了环资专家参审制度的积极探索，但是这些"地方性的知识"在司法实践中充满了"个性"，很多做法都超出了《最高人民法院关于具有专门知识的人民陪审员参加环境资源案件审理的若干规定》所规制的范畴，往往会因为缺乏完善的上位法的统一规范，而导致公众对程序正当性的质疑，进而损害司法的权威。建立更加完善的、普适于全国的环资专家人民陪审员制度是响应"公正与效率"这一永恒审判主题的有效举措。

三、他山之石：域外环境资源案件专家陪审员制度的基本模式

"他山之石，可以攻玉。"通过参考、借鉴域外经验中有益成果，构建起符合我国国情的环资案件专家陪审员制度，并不断规范与完善，既是对"绿水青山就是金山银山"的司法响应，又是审判专门化的必由之路。

（一）域外环境资源案件专家陪审员制度的经验借鉴

一些国家和地区已经建立起了不同模式的专家陪审员制度。从海洋法系的国家来看，英国1999年实施的新《民事诉讼规则》，建立了技术陪审员制度，根据新《民事诉讼规则》的规定，法院在审理环资案件等涉及专业技术的案件时，可以委托一名相关专业的技术陪审员协助法院进行审理。英国的技术陪审员并非从社会外界聘请，而是专属于法院，依据自己的技术和经验，独立参与案件审理。美国在其固有的陪审团制度的基础上，进一步建立了专家陪审团制度。美国最高法院在1996年的系列案件中逐步确立了由具有相应专业技术的专家所组成的专家陪审团参与案件审理的制度。与普通的陪审团成员不同，其将范围限缩在具有相关专业知识或者经验的专业人群中进行抽选。

从大陆法系国家来看，德国建立了独具特色的技术法官制度。德国的法官制度与我国大有不同，他们的法官分为两类，一类是擅长法律专业的法律法官，另一类是擅长其他专业技术的技术法官。技术法官的选任条件比较严格，如果想参加技术法官的遴选，首先需要在矿业学院或者农业高等院校通过自然科学或者技术专业的结业考试，然后要在相应的技术领域有5年以上的职业技术活动的实务经验，最后还要求具备一定的法律知识，才能获得参加选任的资格。

另外，其他很多国家或地区也都建立相应的制度，例如日本的专家参与

制度，我国台湾地区的技术审查官制度等，从以上各国（地区）各具特点的专家陪审员制度来看，也都是在实践中发现传统法官独立办理涉及专业技术问题的案件的难点和痛点，形成了专家陪审的制度并逐步完善。

司法保护环境问题，是全球各国和地区都正在面对的共同问题，很多国家和地区在普遍的专家陪审员制度的基础上，结合当地实际，形成了各具特色的环境专家陪审员制度，其中澳大利亚和印度的制度最具有借鉴意义。

澳大利亚新南威尔士州设立了土地和环境法院，法院是由6名法官（法官均是专业法学背景出身）和21名技术专家委员（委员均符合澳大利亚环境法院法规定的任职资格）组成，其中的21名技术专家委员与我国略有差别，这里面有6名是专职委员，其性质实际上类似于法院内部的专职工作人员，是法院系统的"在编"人员，需要特别任命，其余15名是兼职委员，根据具体案件类型在个案中具体指派，其性质更接近于本文所讨论的环资案件中的专家陪审员。不论是专职委员还是兼职委员，在具体的案件审理中，其审判地位都类似于我们熟悉的"审判员"，在首席法官（类似于我国审判组织中的审判长）的委托下，对案件所涉及的环资方面的技术性问题进行认定，对相关的争议焦点进行审查，但是只能对有关环境规划和保护进行合理性审查。

除了上述的法院内部的这种专家委员之外，澳大利亚的土地和环境法院还有一种专家参与环境专业审判的形式——专家证人。专家证人的主要作用主要是认定案件事实、查明案件因果关系等方面，保证科学审理环资案件。不论是环境专门法院，还是经过法院许可的当事人，都可以聘请符合资格要求的专家证人，但是"专家证人不是某一方的律师，必须毫不妥协地捍卫证据的客观性"。

另外一个有借鉴意义的国家是印度，印度同我国一样，是新兴经济体，人口密度大，因为快速的经济发展，带来了严重的环境问题。2010年印度制定了《国家绿色法庭法》，印度对绿色发展高度重视，专门设立了国家绿色法庭，该法庭的设立主要是为了专门审理该绿色环资案件。印度绿色法庭的人员设置与普通法庭不同，其将审判人员分为四类，分别为主席、审判成员、专家成员和特邀专家。[①] 其中前三类人员是"编制"成员，是经过选举产生，任期为5年，最后一种人员是非固定的，只有在遇到一些重大案件或者疑难案件的时候，经过特别邀请，可有一位（当然，如果案情需要，也可

---

① 蔡守秋、文黎照：《印度〈2010国家绿色法庭法〉评介》，载《法学杂志》2013年第11期。

以邀请多位）具有相应环境资源专业技术知识的人参加庭审，协助承办人员办理疑难技术案件。《国家绿色法庭法》规定的专家的选任标准和条件都非常严格，不但要求具有很高的专业环资理论素养，还需要有丰富的实务经验。法案第 5 条在学历、科研成果、年龄、工作经验、数量等方面都作出了严格的要求。[①] 需要注意的是，印度的环境专家地位基本等同于法官，不但会与审判人员共同参与案件审理，还会共同撰写裁判文书。

（二）域外环境资源案件专家陪审员制度的不足之处

其他国家和地区的环资案件专家陪审员制度各具特色，是结合其自身的情况，探索出的有效的制度，但我国在借鉴时，仍然需要"取其精华，去其糟粕"，不能直接嫁接、移植。印度和澳大利亚两国的环资专家陪审员制度，有一个共同的弊端，这个弊端实际上也是世界各国在设立环资专家陪审员制度时共同面对的问题，即在该种模式下，没有法学背景、只有环资背景的专家们，很大一部分具有了固定的"编制"，参与到法院的案件审理中来，甚至数量比法官还要多。这样造成的后果是，事实上的扩编，极大地提高了司法成本，也与"精简机构"的趋势相违背。

另外，在将如此之多的环资专家纳入"编制"后，也可能不能如愿提高环资案件的审理质量，因为一旦纳入"编制"，环资专家往往会受到行政级别的制约，相对于"编外"的专家陪审员，"编制"内的专家已经不能一如既往地坚持自己的观点，容易产生妥协。其他国家的环资专家陪审员制度，也有不同的弊端，例如，有的国家给予专家陪审员实质的裁判权，甚至可以独立就某些环境问题作出裁决，然而，没有法律背景的环资专家，作出的裁决又往往会造成法律标准上的偏差；有的国家区分事实裁判权和法律裁判权，但是赋予了法官最终决定权，这在很大程度上，又会出现架空环资专家的情形。

四、规矩方圆：重塑两个"两位一体"的环境资源专家人民陪审员制度

"悬衡而知平，设规而知圆。"塑造更加完善的环境资源领域的专家人民陪审员制度，才能创新环境资源审判机制，为环资案件专业化审判提供制度

[①] 王国萍、黄锡生：《印度环境法庭的制度考察及启示》，载《理论月刊》2015 年第 4 期。

保障和智力支持，真正实现环资案件审判"公正与效率"。环资案件专家人民陪审员是法律+技术的"两位一体"，也是专家+陪审的"两位一体",[①]环资专家陪审员也是这样两个"两位一体"的存在，他们不但是人民陪审员，而且是技术领域的"权威"，这使得他们可以克服普通陪审员因法律知识的欠缺，而屈服于法官"权威"，陪而不审的弊端。

（一）专家人民陪审员参与环资案件审理的基本原则

在建构具体的环资专家人民陪审员制度之前，首先要明晰专家人民陪审员参与审理的基本原则。经过前文的论证，笔者认为专家人民陪审员在参审时应当遵循三个基本原则，即依法参审、实际参审和独立发表意见的原则。

首先，依法参审原则。顾名思义，就是要依照法律规定参与审理，这里的法律规定既包括《民事诉讼法》《人民陪审员法》等程序法，也包括《环境保护法》《大气污染防治法》等环境领域的实体法。

其次，实际参审原则。毋庸讳言，在我国的司法实践中，人民陪审员"陪而不审、审而不议"的现象时有发生，[②]不但不能发挥人民陪审员的预期价值，而且被人民群众认为有"走程序""做样子"之嫌，反而不利于司法工作的开展和建立司法公信力。而环资案件引进专家人民陪审员正可以克服这一缺陷，专家人民陪审员具有两个"两位一体"的特征，其应当不负人民重托，利用其专业知识的优势，认真、实际参与到案件审理的每个环节，作出自己的独立判断，与法官一起为群众解决难题。

最后，独立发表意见原则。所有的人民陪审员在参审时都应当独立发表意见，而专家人民陪审员参审时更是要满足这一要求，因为引进专家人民陪审员参审的重要意义就在于听从他们专业的、独立的意见，增强环资审判团队的专业性，更高水平、高质量地处理环资案件。专家人民陪审员在参与环资案件审理时，应当依据自己的经验、知识，在开庭审理、合议庭评议、生态环境恢复评估等所有环节独立发表意见，意见的内容并不是宽泛地包含所有的案件意见，主要集中在污染物的种类、标准、损害因果关系认定等环资专业问题发表。

[①] 胡充寒、路红青、汤鹏：《知识产权审判专家人民陪审员制度的探索与检视》，载《法学杂志》2011年第12期。

[②] 黄艳：《避免"陪而不审"，让人民陪审员敢"说"》，载《人民法院报》2020年5月16日第2版。

（二）专家人民陪审员参与环资案件审理的制度调校与重塑

在上述专家人民陪审员参审环资案件的三个原则的基础上，应当重塑能够保障专家人民陪审员能够在案件审理中发挥预期作用的具体制度规则。这一制度规则应当以保障专家人民陪审员参审，提高环资案件审理质量为目标，基于我国审判环境的特点，从专家陪审案件的适用范围、专家陪审员的选任条件和方式、专家人民陪审员制度的适用方式和参审专家陪审员的确定四个方面具体完善。

一是明晰专家人民陪审案件适用的范围。适用专家人民陪审员的案件必然是合议庭的案件，在简易程序中出现的专家，通常是以专家辅助人或司法鉴定人的身份出现，而非本文讨论的专家人民陪审员，因此专家人民陪审员参审的案件类型，首先应当符合《人民陪审员法》第 15 条所规定的三项条件，但并非所有适用合议庭审理的环资案件都必须有专家人民陪审员参审，出于节约司法资源、提高司法效率的考量，只有在环资案件在事实、证据、鉴定等方面涉及复杂的环资领域专业知识时，才有必要与专家人民陪审员一起组成合议庭进行审理。

二是细分专家人民陪审员的选任条件和选任方式。从选任条件上看，本文所探讨的环资专家人民陪审员，应当在符合《人民陪审员法》第 5 条规定的基本条件的基础上，还应当具备一定的环资领域的专业知识或者技术技能。拥有相应专业知识和技能的专家人才可以从环境行政管理部门（如环保局）的工作人员、高等院校或者科研院所的教授学者以及企业相关从业人员等不同行业的社会组织中选取。一些地方法院在探索环资审判专门化的过程中，建立了自己的环资审判专家库，专家库中的专家原则上都具备选任为专家人民陪审员的资格。从选任方式上来看，专家人民陪审员身为人民陪审员的一种，在选任范围上应当体现司法民主所具有的广泛性和专业性。

为了使条文表述更加周延，笔者认为，在建立环资专家人民陪审员库的时候，可以按照专家人民陪审员的专业特长，将专家人民陪审员细分为大气、水、土壤、林木、海洋、噪声、固体废物、电子废物、放射性物质、危险化学品等类别，分类建立不同的专家人民陪审员子库，审查通过后的人员再根据专家人民陪审员各专业要求进行随机抽选确定最终的专家人民陪审员子库，[①] 有利于后续具体案件中可以遴选到符合专业特长的专家。相应地，规定

---

① 胡云红：《论我国人民陪审员选任机制的完善》，载《政治与法律》2017 年第 11 期。

的第 5 条应增加表述为"……在符合专业需求的人民陪审员子库名单中随机抽取确定",增加具体"子库"的表述,更加周延。建立专门的名单库并向社会公布,结合法院公布的名单库,通过个人申请成为专家人民陪审员候选人和所在单位、基层群众性自治组织及人民团体推选成为专家候选人两种方式,尽量扩大专家候选人的来源范围。法院应当对专家候选人按照环资案件涉及的环资的具体领域及数量,根据审判活动所需,择优选任专家陪审员。

三是释明专家人民陪审制度的适用方式。在环资案件立案受理之时,立案法官对案件仅仅进行形式上的审查,不对案件实体进行审查,更不可能判断出该案件是否需要组成合议庭进行审理、是否需要专家人民陪审员参审。因此,应当将是否适用专家人民陪审员的权力赋予合议庭。专家陪审员的适用方式可以分为两种:一种是当事人自行申请,另一种是合议庭自行决定是否需要引入专家人民陪审员。遇到涉及专业知识的案件时,首先向当事人释明,经过释明仍然没有一方当事人申请的,合议庭也可以根据具体案情,经过充分讨论自行决定是否引进专家组成新的合议庭。

四是明确参审专家人民陪审员的确定方式。可以参照选任仲裁员的程序或者鉴定机构的选任方式,首先由当事人共同决定由哪一名专家陪审员参加审理。如果各方争议较大、不能达成一致意见,可以由法院决定或者随机抽取决定。对于专家人民陪审员的回避、考核、监督、奖惩、出库等其他制度,可以参照人民陪审员的管理规定。在确定专家人民陪审员之后,专家人民陪审员可以针对专门事实问题进行调查,审查环境公益诉讼案件、生态环境损害赔偿诉讼案件的调解、和解协议,审查生态环境修复或者替代性修复方案,就是否委托司法鉴定以及鉴定事项、范围、目的和期限提出意见,就是否进行证据保全或者行为保全提出意见等,为法院审判提供智力支持。

(三)增补环境资源案件专家人民陪审员利益保护制度

为了保障环资专家人民陪审员制度的有效运行,仅仅规范其参审制度并不足够,只讲义务不讲权利的制度并不长久,建立起环资专家利益保护制度是真正发挥环资专家人民陪审员制度的重要保障,环资专家人民陪审员的利益保护制度主要包括自愿性、经济利益和安全利益三个方面。

首先,要确保环资专家参与审理的自愿性。一是要在候选人报名阶段,必须经过专家本人同意才可,因为大部分符合条件的环资专家,都是行政机构的工作人员,可能会出现为了完成指标,出现"派人头"式的单位代替专家本人报名的情况,极大地破坏专家参审的自愿性和积极性。二是司法机关也不得因为部分案件复杂、疑难，可以选择的范围较小，而强制某些环资专家参与审判。

其次，要保障环境资源专家人民陪审员的经济利益。经济利益的保障也分为两个方面：一是环资专家一般拥有自身工作，相当一部分是其他行政机构的人员，而需要环资专家做人民陪审员的案件，通常案情复杂，需要消耗相当多的时间和精力，影响其本职工作，甚至影响其正常的职级晋升和工资报酬的提升。这就需要司法机关与相应单位做好沟通协调，不得克扣或者变相克扣人民陪审员的各项福利待遇，甚至将担任专家人民陪审员作为评优评先的参考权重，消除环资专家在工作方面的担忧。二是司法机关本身要为环资专家人民陪审员提供必要的报酬。考虑到与普通的人民陪审员相比，环资专家人民陪审员参审的案件更为复杂，参与程度更深，投入的精力更多，可以考虑适当提高环资专家人民陪审员的待遇。

最后，要为环资专家参与案件审理提供安全的司法环境。一是事前保护，即建立危险案件登记制度和信息保护制度。对于矛盾冲突激烈、利益纠纷复杂的案件，司法机关应当登记案件当事人的相关信息，对其进行事前震慑。另外对于环资专家人民陪审员的家庭住址、家庭成员等与其专家资格无关的信息，坚决不能泄露。二是事后保护，即事后的惩治条款。如专家人民陪审员因为参审案件，其自身或者家人遭受威胁或者危害，专家人民陪审员可以向司法机关申请人身保护措施，司法机关应当根据法律规定采取必要的安全保护措施并追究相关违法人员的法律责任。

结　语

环资案件专家人民陪审员制度的完善，将真正落实以审判为中心的司法改革目标，回应"公正与效率"这一司法审判的永恒主题，有效解决环境资源纠纷，为绿色低碳发展提供司法保障。随着国家对生态安全日益重视，为绿色低碳发展提供司法保障成为司法制度构建的应有之义，环境资源专家人民陪审员制度有着广阔的发展空间。虽然制度本身在运行中也面临着挑战，但是相信通过构建起系统的环资审判专家人民陪审员制度，这些问题都可逐步消解，绿色司法制度将进一步完善。

环境民事公益诉讼案件执行的现状检视及完善路径

——以此类案件执行价值追求为视角[*]

摘要： 环境民事公益诉讼并非传统意义上的民事诉讼，在判决内容方面，环境民事公益诉讼案件的责任承担方式与普通民事案件存在较大差异，这一特点在执行程序方面也有体现。环境民事公益诉讼案件执行的特殊性决定我们不可将其视为普通民事案件执行。当前，环境民事公益诉讼案件执行在实践中表现出的执行推动乏力、执行监管缺位、配套制度不完善等问题。针对存在的问题，我们应对症下药，着重优化执行组织构架、完善执行绩效考核、加强执行流程监督、健全执行配套制度，以此提升环境民事公益诉讼案件的执行效果，最终实现生态环境最大程度恢复。

关键词： 环境民事公益诉讼　执行　现状检视　完善路径　执行价值

生态文明建设是关乎中华民族永续发展的根本大计，必须坚持可持续发展，自觉地推进绿色发展、循环发展、低碳发展。党的二十大报告指出，中国式现代化是人与自然和谐共生的现代化。这表明保护生态环境是我国现代化过程中的应有之义。《民法典》第9条规定，民事主体从事民事活动，应当有利于节约资源、保护生态环境。可见，保护生态环境不仅上升到我国的国家战略，也以法律规定的方式嵌入我国的法治框架中，这要求任何公民或组织在生活或工作中应切实践行环保理念。在司法实践中，司法机关在审理或执行民事案件时，更应发挥司法对生态环境的保护作用。

近年来，环境污染事件频发导致涉环境案件日益增多，每年各级法院办理的涉及环境类型的案件已有数十万件。各地法院为了应对环境民事公益诉讼案件日益增加的态势纷纷成立专门的环保法庭，数据显示全国各地的环保法庭已超 1000 个，在法律或司法解释的制定方面，法院或检察院也已出台若干涉及环境保护的司法解释或司法政策，现今的环境司法已今非昔比。[①]

---

[*]【作者信息】蒋秉臣，上海市崇明区人民法院。
[①] 吕忠梅：《新时代环境法学研究思考》，载《中国政法大学学报》2018 年第 4 期。

有学者指出，中国有关环境民事公益诉讼制度的法律框架已基本形成。① 但是，当前我国关于环境民事公益诉讼的法律法规、司法解释及司法政策，主要围绕此类案件的审理展开。对于此类案件的执行，尚未引起理论与实务方面同等程度的重视。实践中，关于环境民事公益诉讼案件执行成熟且完善的制度、举措及做法也较为缺乏。因此，对现行环境民事公益诉讼案件执行的现状进行检视并加以完善，十分必要。

一、现状检视：环境民事公益诉讼案件的裁判及执行

（一）环境民事公益诉讼案件责任承担方式的现状

截至 2023 年 7 月 31 日，在中国裁判文书网中以"环境民事公益诉讼"为关键词进行全文搜索，共计检索出 552 件案件。民事案由案件 342 件，刑事案由案件 85 件，剩余为其他案由案件。在民事案由案件中，侵权责任纠纷案件 320 件，海事海商纠纷案件 8 件，涉合同、无因管理、不当得利纠纷案件合计 8 件，其他类型纠纷案件合计 5 件。而在侵权责任纠纷案件中，义务承担方式为生态修复的案件为 245 件。经过初步筛选可以发现，与环境民事公益诉讼相关的案件中，民事案由案件占 62% 左右，其中侵权责任纠纷又占 93% 左右，涉及生态修复的案件占 77% 左右。因此，在民事纠纷中，责任承担方式为生态修复的案件占 72% 左右。

在司法实践中，环境民事公益诉讼的目的是保护环境、恢复生态。因此，该类案件的裁判所指向的执行目标亦是最大程度上实现生态功能的恢复。

（二）环境民事公益诉讼案件执行的特殊性

在传统民法理论中，当个人的人身安全和财产权益因环境污染而遭受损害，其可基于私益受损自发提起诉讼进行救济。但是，关涉公共利益的环境公益在受到不法侵害而蒙受损失时，为保护环境公益而发起诉讼的主体应与之有相应的利害关系，鉴于利害关系的缺失，众多社会力量无法成为该类案

---

① 王灿发主编：《中国环境诉讼——典型案例与评析》，中国政法大学出版社 2015 年版，第 11 页。

件的诉讼主体，这也导致司法职能在环境保护中未能得到应有的发挥。① 为了解决上述困境，环境民事公益诉讼在此背景下应运而生。环境民事公益诉讼旨在保护环境、修复生态，其建立在传统民事诉讼整体框架下，却又有别于传统民事诉讼。正是因此差异，也造就了环境民事公益诉讼案件的执行有别于传统民事案件的执行。

1. 申请执行主体的特定性与权利的有限性。在司法实践中，传统意义上执行案件的申请执行人通常为相应民事诉讼的原告，也即民事案件的胜诉方。在原告胜诉后，被告如未在判决确定的时间内履行相应的义务，为实现己方的胜诉权益，原告即可向法院申请强制执行。在执行中，申请执行人可自愿处分其相应权利，包括撤回执行申请、达成执行和解、放弃部分执行请求等。此类权利的行使或放弃，只要在法律允许的范围之内，当事人均可遵循意愿自由处分。

环境民事公益诉讼具有"公益性"，该特征表明原告并非为己身私益进行诉讼，此点不同于传统民事诉讼。而环境民事公益诉讼的原告系国家授权的某些符合条件的"机关和有关组织"，从根本上讲，该诉权有别于为个体利益请求司法裁判的通常诉权。上述的"机关和有关组织"能够以自己的名义进行诉讼，其代表的是因环境污染受到伤害的公共利益，救济的亦是公共环境利益。符合条件的"机关和有关组织"的主要作用在于启动民事环境公益诉讼程序，而非借此寻求实现或救济自身私益。此外，较之传统民事案件执行，上述"机关和有关组织"在环境民事公益诉讼案件执行中，无权放弃或变更执行请求、与被执行人达成和解。因为，其无权处分公共利益，抑或说其未取得法律授予处分公共利益的权利。

2. 执行内容的多样性与复合性。关于承担民事责任的方式，我国《民法典》已有明确规定，包括停止侵害、排除妨碍、返还财产、恢复原状等。就执行案件中被执行人义务承担的方式而言，一般可概括为两类，一类是财产类，另一类是行为类。质言之，传统民事案件执行中，被执行人履行义务的方式通常为给付财产，抑或为实施或者不得实施特定的行为，两者兼而有之的较为罕见。然而，环境民事公益诉讼案件的执行，往往既要给付财产又要实施或者不得实施特定行为，甚至需要第三方替代履行。

环境民事公益诉讼案件中，法院判决被告承担责任的方式主要依据《民法典》《环境保护法》《最高人民法院关于审理环境民事公益诉讼案件适用法

---

① 张宝：《环境侵权的解释论》，中国政法大学出版社 2016 年版，第 234 页。

律若干问题的环境保护法司法解释》。归纳这三部法律和司法解释，环境污染者和破坏生态者承担责任的类型主要可概括为三类：一是普通民事责任，如停止侵害、消除危险、恢复原状、赔偿损失等。二是特定作为或不作为类责任，如停止破坏生态、限期使水体排放达标、异地补植等，以及在不履行环境修复义务时承担相应的环境和生态修复金。三是赔偿类责任，如赔偿因污染造成的人身或财产损失，以及为防治污染采取措施而支出的相关费用。在环境民事公益诉讼中，往往既有财产类责任又有行为类责任，这决定该类案件的执行兼具多样性与复合性的特征，从而与传统意义上的民事案件的执行存在较大差异。

3. 执行过程的长期性与复杂性。环境民事公益诉讼案件执行追求的目标是保护环境、恢复生态，生态恢复的程度应当是生态受侵害之前的状态，但生态的恢复难以一步到位，需要经历特定过程。比如，我国《民法典》确立的生态修复金制度，在司法实践中，生态修复金往往金额较大，难以一次执行到位，大部分被执行人选择分期支付。特别是被执行人为经济主体时，考虑到生存或经营仍需资金维持，该类主体通常会以分期支付的方式履行生态修复义务。又比如，部分环境民事公益诉讼案件需要替代履行，该履行方式需要专业技术人员协助，在执行过程中还需有关部门监督和评估后方可认定为执行到位。由此可以看出，环境民事公益诉讼案件的执行，缘于执行效果实现的长期性与义务履行方式的复合性，其执行过程相较于普通民事案件显得更为长期、复杂。

二、问题剖析：环境民事公益诉讼案件执行困境溯源

虽然有关环境诉讼，尤其是环境民事诉讼、环境公益诉讼的立法蓬勃发展，但在环境诉讼中仍存在许多尚未解决的棘手问题，在一定程度上对环境诉讼程序的有效开展产生了较大的制约作用。[①] 由于环境民事公益诉讼案件责任承担方式的特殊性，其执行效果在现实中也不尽如人意。据笔者分析，这样的困境主要体现在如下几个方面。

---

① 王灿发主编：《中国环境诉讼——典型案例与评析》，中国政法大学出版社2015年版，第11页。

（一）执行推动力度不足

根据启动模式划分，我国传统民事执行可分为依申请执行和移送执行两种模式。依申请执行是指，在被告不自觉履行生效裁判文书确定的义务的情形下，原告为实现其胜诉权而自发向法院申请执行。这是我国执行启动的主要方式；而移送执行主要用于保护弱者的执行权利，例如"三费"的执行，即抚养费、扶养费、抚育费的执行。同时，权利主体系国家的执行案件也适用移送执行。

从我国司法实践来看，关于移送执行的主体，存在不同实践操作方法。有些地方由审判庭直接移送执行，有些地方则由原告申请启动执行程序。虽然实践中存在不同的做法，但从上述的移送执行的主体来看，移送主体自身与环境民事公益诉讼当事人并无实质上的利益关联。换言之，环境民事公益诉讼案件执行的移送主体并未通过此类案件的执行获得利益或者好处，甚至可以说移送执行对移送主体来说是徒增义务。在缺乏利益驱使的情况下，移送执行主体对于推动执行的力度必然大打折扣。除此之外，法院长久以来面临着"案多人少"的困境并未实质改善，如今又需处理执行时间长、难度大的环境公益诉讼案件，这些因素容易造成法院对于该类案件的执行持消极态度。在此情况下，环境民事公益诉讼案件的执行目标必然难以实现。

（二）执行财产监管缺位

环境民事公益诉讼的目的在于对生态环境的恢复，而生态环境的恢复除了需要实施特定的修复行为外，往往还需要环境生态修复资金的支持。所以，生态环境修复资金的科学、合理使用，关涉到环境民事公益诉讼目的的真正实现。司法实践中，现行的制度对于生态环境修复资金的管理、使用较为混乱，究其原因在于相应监管的缺位。实践中，对于生态环境修复资金的支付流向，可分为以下几种情形。一是由被告支付至法院指定账户。二是判决将环境污染治理费打入国库。三是判决将生态修复金打入专项基金账户。此外，生态修复金的使用缺乏监管也是一大难题。在生态修复金执行到位后，该项资金的使用标准、流程、结余等问题，也有待进一步明确。例如，水污染后生态环境修复工程以何种方式加以实现，在实现的过程中资金的使用标准，修复工程修复到何种程度方可认定为执行完毕，资金在修复后仍有剩余如何处理等问题。这样的问题都需要特定的主体监督，否则，不仅未能达到修复生态的目的，还可能滋生腐败问题。

(三）执行配套机制亟待完善

因为环境民事公益诉讼维护的是社会环境公益，如果此类案件执行效果未达受损前的效果，那么案件的执行就不能算执行完毕。但是，此类案件的执行如未能得到有效的反馈与评估，则容易产生怠于执行或敷衍执行的问题。所以，环境民事公益诉讼案件的执行需要设置相应的配套机制以保障此类案件的执行效果，但我国现有法律并未专门设立相应的配套制度。

1. 执行回访机制亟待完善。执行回访制度在我国司法实践中并不罕见，该制度有助于保障案件的执行效果，有利于促使法院能动执行。在环境民事公益诉讼案件的执行中，该制度有其存在的价值，我们应当充分发挥。因环境民事公益诉讼案件的移送执行主体多为法院，而受访主体则不宜为法院。笔者认为，考虑到执行回访目的在于保障执行效果，接受执行回访的主体为旨在保护环境的机构或组织比较适宜。实践中，虽然存在关于执行回访的诸多做法，但执行回访的操作具体办法并未在法律上统一明确。例如，执行回访是否定期回访，以及回访的方式、次数等。如回访次数过多，无疑会造成受访主体排斥甚至抗拒的心理以及回访成本的增加；如回访次数较少，又不能发挥该制度的应有价值。

2. 执行效果评估机制缺乏。目前，我国法律对环境民事公益诉讼的执行并无细化规定，尤其是生态修复效果方面的评估无规定，如此导致无法判定是否已完全复原生态。此外，关于评估主体、评估程序及评估透明度等问题，也缺乏相应规定。首先，就修复效果而言，通常要求恢复至受损前的状态，但在多数情况下，生态环境在受损前缺乏相应的影像资料或者检测数据加以记录，进而会导致生态修复的标准空洞化、虚无化。其次，评估主体的选定缺乏相应标准。鉴于此类案件评估需要具有专门知识的专门机构中的人员进行，因而评估主体的选定需要通过法律进一步明确。最后，因评估透明度会影响到评估结果的公信力，故需要保证此类案件的评估过程的透明度及社会参与度，如此才能保证事关公益的环境评估效果为民众所接受。

三、消解思路：环境民事公益诉讼案件执行难题消解的理论嵌入——兼论其执行价值追求

（一）理论依据：程序相称原理、法律自创生理论与协同主义

1. 程序相称理论与环境民事公益诉讼案件执行。傅郁林教授曾提出并论证"程序分类"理念，后来该理念逐渐为学界所接受，最终被定义为程序相称理念。① 所谓程序相称，是指以适用的案件特征决定程序设计的目的，也即以案件性质、争议事项的重要性、复杂程度、争议的金额等因素综合考虑设计何种程序，以及其需要达到案件适当处理的目的。② 根据该原理旨意，如部分案件相较于其他普通案件更为特殊，因其特殊性需要为其设置相称的程序。如落实到环境民事公益诉讼案件中，则需专门为环境民事公益诉讼设计相称的程序，由此自然延伸到案件的执行中，也即环境民事公益诉讼案件的执行也应有其相称的程序。

从该原理出发，环境民事公益诉讼案件在执行程序中应当有其自身特色。我国现行法律并未为环境民事公益诉讼案件的执行单独设置程序，因此，笔者认为，应当在现有执行制度下作改良或者优化。具体应当注意以下几个方面：首先，就组织的设立而言，可设置专门科室或者专门工作组。原因在于，环境民事公益诉讼案件执行与传统意义上的民事案件的执行存在较多不同之处，如将此类案件的执行同一般案件一样分配给执行法官，则不会引起执行法官的重视，加之此类案件外部执行推动力较弱，执行效果必然大打折扣。其次，在资源配置上，在已设立专门工作组的前提下，在人力、设备、技术的配置上应注重专业性或专门性，同时应兼顾案件执行效率。最后，从执行推动力角度看，案件的执行成效可纳入执行法官的业绩考核范围，考核指标可有别于一般案件。尽管此类案件的执行是为了实现公共环境利益，但此等利益对于执行法官来说或等同于"无利"，所以对此类案件执行结果的考核应当有别于一般案件，以此调动执行法官的能动性。

2. 法律自创生理论与环境民事公益诉讼案件执行。法律自创生理论并非来源于我国，该理论来自德国学者尼可拉斯·卢曼，他认为法律是一个系

---

① 肖建国：《回应型司法下的程序选择与程序分类——民事诉讼程序建构与立法的理论反思》，载《中国人民大学学报》2012年第4期。
② 刘敏：《论我国民事诉讼法修订的基本原理》，载《法律科学（西北政法大学学报）》2006年第4期。

统，其内部可以自治地实现其社会功能①。该理论认为，法律系统是一个完整的生态系统，可以自发地观察并发现自身存在的问题，进而自我调整、完善，最终完成内在自治。基于该理论，现行的民事执行程序在自我运行的过程中，社会主体将会发现环境民事公益诉讼案件的执行有异于传统民事案件的执行，以及此类案件执行的特殊性，因此这种内在矛盾将迫使其为环境民事公益诉讼案件的执行寻找与其相适应的执行措施或执行机制，从而达到内在自治。具体而言，现有的民事诉讼执行程序无法保障环境民事公益诉讼的执行效果。例如，监管机制的不完善、评估机制的缺失等。鉴于此，社会主体会寻求解决问题的办法从而达到法律系统内在的和谐。

3. 协同主义与环境民事公益诉讼案件执行。早期，我国学术界将民事诉讼模式的类型一般分为两类：一类是当事人主义模式，另一类是职权主义模式。②当事人主义模式下，当事人主导民事诉讼活动，而职权主义模式则由法院主导民事诉讼活动。随着各国诉讼模式的发展，两者融合发展后又产生协同主义模式，在此模式下，民事诉讼的支配权由法院与当事人协同掌握。③该模式运行下，法院与当事人对民事诉讼都具有推进作用，其原理核心是权利主体与权力机关共同作用影响诉讼程序。

环境民事公益诉讼案件的权利主体是全体社会成员，而权力机关则是法院。

在协同主义理念下，诉讼活动有赖于当事人与法院的合力推动。而具体到环境民事公益诉讼案件执行中，则体现在两个方面。一是当事人的执行程序参与权。尽管此类案件的移送执行机关一般为法院，但这是法律授权的代表公共利益的诉讼担当者，但并非实体利益的直接享有者。基于协同主义，作为真正权利主体的全体社会成员享有执行程序参与权，法院仅为启动执行的主体。例如，在环境民事公益诉讼案件执行中，公众案件执行过程的监督权的享有者系全体社会成员。二是法院的执行程序控制权，在此不作赘述。总之，在协同主义理念下，环境民事公益诉讼案件的执行需要社会公众与执行机关的合力。

---

① ［德］尼克拉斯·卢曼：《法社会学》，宾凯、赵春燕译，上海人民出版社2013年版，第423页。
② 张卫平：《转换的逻辑》，法律出版社2007年版，第34~36页。
③ 张翠梅、赵若瑜：《卢曼自创生法律系统视阈下的系统与环境》，载《江汉论坛》2019年第4期。

(二)环境民事公益诉讼案件执行价值追求

我国《民法典》确立的绿色原则要求我们从事民事活动应保护生态环境。在此背景下,环境民事公益诉讼作为保护公众环境利益的维权方式逐渐进入公众视野。顾名思义,环境民事公益诉讼是为了维护公共环境利益而进行的民事诉讼行为。相应地,环境民事公益诉讼案件的执行也是为了实现公共环境利益的最大化。但在此类执行过程中,并不意味着要一味地追求环境利益最大化,因为还需兼顾经济利益。人类从事所有活动首先考虑经济原则,以最小消耗换取最大利益。[①] 在环境民事公益诉讼案件的执行中,则体现为以最小的消耗换取最大的环境公共利益。故在此类案件的执行中,应基于比例原则,在兼顾经济利益的同时追求公共环境利益的最大化,不可片面地仅追求公共环境利益最大化,以致经济利益的严重受损。

四、完善路径:环境民事公益诉讼案件执行的具体建议

环境民事公益诉讼案件的特殊性,决定此类案件的执行相较于普通民事案件的执行应有所差异。就执行结果而言,普通民事案件如未能执行完毕,即采取执行措施后被执行人仍未能履行金钱义务或行为义务,则会导致当事人的胜诉权不能实现,进而有损司法权威。但在环境民事公益诉讼案件中,如未能实现生态环境的修复,不仅会影响到社会的公共环境利益,从长远来看,更可能会影响公共的发展利益,甚至公众健康利益。比较发现,普通民事案件的执行影响的往往是个人或者少数人的利益,但环境民事公益诉讼的执行则涉及社会公共环境利益,显然后者更需要法律去保护。通过对当前环境民事公益诉讼案件执行现状的分析,笔者认为以下几个方面需进一步完善。

(一)优化执行机关架构,增设专门环境执行机构

近年来的司法实践表明,环境民事公益诉讼虽沿用普通民事诉讼程序,但在事实上,其诉讼程序和适用规则日趋专门化。[②] 从环境民事公益诉讼案件被告的责任承担方式来看,该类案件的主要责任承担方式为,修复生态环

---

① 胡卫星:《论法律效率》,载《中国法学》1992 年第 1 期。
② 杨秀清、谢凡:《环境民事公益诉讼法律适用困境及其破解》,载《河北法学》2020 年第 5 期。

境或者缴纳生态修复金。判决这样的责任承担方式的目的在于督促当事人最大可能恢复生态环境，而非通过执行手段确保金钱到位。基于此，环境民事公益诉讼案件的执行应区分于普通民事案件的执行。

现实中，多地法院专门设置环境资源审判庭，或在内设机构中专门配置环境审判人员，从而达到环境审判专门化的目的。为此，笔者认为，增设专门的环境执行机构与环境审判专门化相衔接亦十分必要。具体而言，可采取深化内分模式设置环境执行机构，例如，根据案件的形式划分执行团队，专门设立环境执行团队。需要注意的是，环境执行的专门性要求，环境执行团队需要配置具备一定专业知识背景的执行人员，以此确保此类案件的执行效果。另外，虽专门设置环境执行机构，但执行中仍应当遵循基本的执行规律，划定环境执行机构的职权范围，明确区分执行裁决权与执行实施权，不可越俎代庖造成执行混乱。

（二）完善执行绩效考核，增强执行机关内在驱动

事实上，环境民事公益诉讼案件执行乏力部分原因确实在于启动主体"无利"。从驱动力角度来看，如能让执行人员在环境民事公益诉讼案件的执行中获得"利益"，则能有效提高此类案件的执行效率。目前，通过对比普通民事案件的执行效果可以发现，在执行人员通过案件执行"无利"的情况下，建立完善的执行绩效考核体系，可以从制度上有效地驱动执行人员能动执行。为此，针对环境民事公益诉讼案件执行乏力的问题，可进一步完善执行绩效考核机制，例如，提高环境民事公益诉讼案件执行的绩效考核权重。对于专门增设环境执行团队的地方，可尝试探索建立专门的环境执行绩效考核机制，这样的机制应有别于普通民事案件执行绩效机制，并充分体现环境执行特色。

（三）加强执行流程监督，确保修复资金合理使用

环境民事公益诉讼案件执行的监督应主要依赖于检察监督与社会监督。首先，关于检察监督。《民事诉讼法》第 246 条规定："人民检察院有权对民事执行活动实行法律监督。"多地检察院已付诸实践，例如，丽水市遂昌县检察院干警现场监督被执行人补种苗木。[①] 笔者认为，检察院行使监督权主要体现在三个方面。第一，对于法院在执行中消极执行、拖延执行等情况，

---

① 黄冯清：《论环境民事公益诉讼裁判执行检察监督》，载《保定学院学报》2019 年第 3 期。

可及时发出检察建议督促法院加快执行进度。第二，环境民事公益诉讼案件中生态修复金的支付，是现阶段此类案件被执行人的主要履行方式。生态修复金的科学、合理使用，也关系到此类案件的最终执行效果，故而检察机关对生态修复金使用的监督十分必要。第三，鉴于生态环境修复的专业性及复杂性，因此需要制定科学可行的生态环境修复方案，在此过程中，检察机关应着力跟踪修复方案的实施，确保修复方案的真正落实。其次，是社会监督，社会监督包括社团监督与个人监督，其法理依据是协同主义。鉴于环境民事公益诉讼执行的专业性及周期性的特点，在选任社团组织监督案件执行时，应着重审查其资质，唯有具备专业知识或技能的环保组织方可担任监督主体；而个人监督，则应侧重保障公民对执行全过程的监督权利，例如保障公民对修复资金账户的查询权、执行或修复时邀请有关公民见证等。

（四）健全执行配套制度，完善执行回访、评估机制

执行回访制度的作用在于，通过对生态环境修复过程的周期性观察确定或调整修复方案的问题。在我国贵州地区，法院在环境民事公益诉讼案件终结后对案件执行情况进行回访以达到督促的效果，回访的方式主要有直接回访、间接回访。直接回访是指法院直接进行回访，间接回访是指委托第三人进行回访。对于执行回访的作用与效果，目前仍存在争议，质疑的声音主要在于执行回访在实际工作中的落实程度，以及是否能够达到预期效果。笔者认为，执行回访制度对于环境民事公益诉讼案件的执行非常必要。理由在于，环境民事公益诉讼案件执行的特性，使得此类案件的执行不太可能一蹴而就。实际上，此类案件的执行要想取得最佳效果，应当对案件执行的阶段性成效及时回访，在此基础上加以总结并优化方案。实际操作中，执行回访应有重点，避免出现过度回访或者形式回访的现象。对于支付生态修复金的执行案件，应侧重回访资金的使用情况及生态修复情况。而对于作为责任执行案件，应着重回访生态修复方案的实施效果。

执行效果评估机制是检验民事环境公益诉讼案件执行效果的有效手段。普通民事案件的执行效果好坏往往可以通过执行到位财产的金额加以判断，但环境民事公益诉讼案件的执行效果无法通过此种方式判定。考虑到生态环境修复的长期性与复杂性，即使生态修复金执行到位亦无法判定案件执行完毕。所以，我们需要在执行后对生态环境修复效果进行评估，以此来保证案件的执行效果。关于评估机构，应当选任权威、专业的评估机构。关于评估对象，主要应当是生态环境的修复度与生态修复金使用的合理性。

结　语

　　保护生态环境事关民生福祉，是一项利国利民的重要举措。随着美丽中国建设进程的不断推进，环境民事公益诉讼案件也日益增多，相应地，环境民事公益诉讼案件执行也与日俱增。实践中，环境民事公益诉讼案件执行的特殊性，要求此类案件的执行区别于普通民事案件的执行。当前，环境民事公益诉讼案件的执行反映出执行推动力度不足、执行监管缺位、配套制度不完善等问题，这些问题的存在影响了案件执行效果的实现，进而致使公共环境利益未能实现最大化。笔者认为，环境民事公益诉讼案件的执行应着重优化执行组织构架、完善执行绩效考核、加强执行流程监督、健全执行配套制度，从而有效地推动执行、跟踪执行、监督执行。通过对现行环境民事公益诉讼案件执行程序或执行机制的完善，有助于生态环境的良好修复，有益于公共环境利益的最大化，有利于"美丽中国"宏伟目标的最终实现。

绿色原则在民事执行中的适用研究*

摘要：绿色原则作为《民法典》的基本原则，对民事执行也产生了辐射影响。绿色原则中的"节约资源"和"保护环境"在民事执行中的功能表达当为注重执行效率以及公共利益优先考量。其中，执行效率不仅是时间维度上效率的提升，还应包括以最小成本实现最大收益的效果维度上效率的提升。民事执行适用绿色原则的核心在于对执行机关的作为或不作为在环境利益与私主体权益的协调。当前，各级法院在宣示性执行案例与一般性执行案例两种案例形态中使用了绿色原则。宣示性执行案例由于过分关注执行效果与绿色原则所体现的政策要求的关联，所以忽略了执行机关在适用绿色原则过程中的衡量过程。一般性案例中目前已体现出执行机关适用绿色原则限制处置财产的范围以及限制对当事人利益的过度侵害两项执行规则。正确适用绿色原则，执行机关应当遵循"规制与可能危害后果相适应"以及最小损害规则两项基本规则，以合理平衡环境利益与当事人利益之间的关系。

关键词：绿色原则　民事执行　利益平衡　最小损害

《民法典》第9条规定的绿色原则是我国民法的一项创造性规范。作为具有世界影响力的绿色民法典，绿色原则在民法典各分编的司法适用成为学界关注的重点。[①] 原因在于，相比立法机关的理性建构，司法机关在处理相关生态环境案件中面临的复杂案情所呈现的利益平衡，更有利于绿色原则的发展，也更能反映出绿色原则的制度生命力。

作为《民法典》明文规定的基本原则之一，绿色原则的适用范围不仅局限于《民法典》的规范体系内，还当然对以民事实体法为基础的程序法产生

---

* 【作者信息】董太忠，上海市崇明区人民法院。

① 刘长兴：《论"绿色原则"在民法典合同编的实现》，载《法律科学（西北政法大学学报）》2018年第6期；刘超：《论"绿色原则"在民法典侵权责任编的制度展开》，载《法律科学（西北政法大学学报）》2018年第6期；郑少华、王慧：《绿色原则在物权限制中的司法适用》，载《清华法学》2020年第4期。

辐射影响。2020 年以来，已有 8 起执行审查案件适用绿色原则对民事执行过程中相关主体的行为进行了判断，①同时在最高人民法院及各级法院发布的执行案例中，"绿色执行""执行绿色化"已成为重要的"宣传要素"。

本文将探讨绿色原则在民事执行领域的适用问题。对法院而言，在民事执行过程中适用绿色原则面临如下挑战：一方面，基于生态环境保护需要，对民事执行相关主体的行为作出调整确有必要；另一方面，迅速兑现当事人胜诉权益是民事执行的主要目的，不能过分干预民事执行相关主体的行为。在民事执行过程中如何适用绿色原则以有效平衡生态环境保护法所保护的环境公益和生效文书所确定的私人权益是本文研究的重点。希望对民事执行过程中正确适用绿色原则有所裨益。

一、绿色原则指导下民事执行的功能表达

绿色原则的最终落脚点是"节约资源和保护环境"②。此两种目的最终在民事执行中的功能表达即为注重执行效率及公共利益优先考量。

（一）节约资源的功能表达——注重执行效率

全国人大常委会法工委在对《民法典》的绿色原则进行解读时强调，绿色原则既传承了天地人和、人与自然和谐共生的我国优秀传统文化理念，又体现了党的十八大以来的新发展理念，与我国是人口大国、需要长期处理好人与资源生态的矛盾这样一个国情相适应。③人与资源生态的矛盾在执行过程中的一个显著体现即为持续增长下的案件压力与办案资源有限性之间的矛盾。

2022 年全国法院受理执行案件数量达到 937.65 万件，占总受理案件比重接近 30%，案件压力进一步凸显。在全国执行人员编制保持相对稳定的前提下，用最小的执行成本实现最大的执行效果，即为绿色原则的节约资源内

---

① 笔者通过中国裁判文书网进行检索，案件类型为执行/保全，结案日期限定为 2020 年 1 月 1 日至 2023 年 12 月 31 日，关键词为绿色原则。

② 肖峰：《论民法绿色原则的规范结构及其授权本质》，载《中南大学学报（社会科学版）》2022 年第 2 期。

③ 李建国：《关于〈中华人民共和国民法总则（草案）〉的说明——2017 年 3 月 8 日在第十二届全国人民代表大会第五次会议上》，载中国人大网，https://www.npcgov.cn/zgrdw/npc/xinwen/2017-03/09/content_2013899.htm，最后访问时间：2023 年 7 月 30 日。

涵在经济学意义上的表达。①

对执行效率的关注，一方面要求相关主体在确定时间内作出确定行为，即时间维度上效率的提升。另一方面还要求通过对相关主体权益的最小影响取得最大收益，即效果维度上效率的提升。目前，在时间维度上对执行效率的规范较为常见。

我国目前的执行规范设计从两个方面体现出对时间维度上执行效率的强调。

一是对执行期间的要求。目前执行规范所规定的期间可以分为两类，一类是行为期间。此类期间较为常见，调整的对象是执行相关主体的行为，包括案件当事人、利害关系人以及执行机关。目的在于通过规定直接提高执行机关的案件办理效率，避免拖延执行现象。比如，《最高人民法院关于首先查封法院与优先债权执行法院处分查封财产有关问题的批复》关于查封标的物处置权移送的规定，优先债权执行法院在首封法院首封之日起60日还未处置的，可以商请移送处置权。此条的规定便是为了直接提高执行效率，以尽快兑现申请执行人的胜诉权益。另有对于案件利害关系人行为期间的规定。比如，《最高人民法院关于人民法院执行工作若干问题的规定（试行）》中规定，次债务人在履行通知指定的期限内——一般为15日，没有提出异议而又不履行的，执行法院有权裁定对其强制执行。这其实是一种行为效果的推定。通过对逾期未提出异议的行为的推定，降低了执行机关的执行难度，从而提高了执行效率。另一类是效力期间。此类期间一般调整的对象是执行机关行为的法律后果。典型的是对查封期限的规定。"法院冻结被执行人的银行存款的期限不得超过一年，查封、扣押动产的期限不得超过两年，查封不动产、冻结其他财产权的期限不得超过三年。"查封到期未进行续行查封的，查封财产的所有人的处置权即不再受到限制。这一规定便在于提高财产的处置效率以及交易效率，避免有价值的财产"久封不拍"致使财产价值贬损，最终导致社会财富的流失。

二是对执行持续性的要求。对于执行机关的执行行为，一般不得中断，即以执行持续进行为原则，执行中断为例外。即使权利人提出执行异议或复议以进行权利救济，原则上也不停止执行。除非被执行人、利害关系人提供充分有效的担保。同时还规定了在申请执行人提供充分有效担保的情况下，可以遮断前述担保的效力以继续执行。这一与行政法上"不停止执行"原则

---

① 贺剑：《绿色原则与法经济学》，载《中国法学》2019年第2期。

一脉相承的制度，在执行法规范的"土壤"中呈现出了差异性。差异主要体现在不停止执行的例外上。根据《行政诉讼法》第 56 条规定，被告、原告及人民法院都可停止行政行为的执行，而没有提出担保的要求。由此可以看出，相比起行政行为的执行，法律赋予了执行机关对生效法律文书执行更高的效率要求。

（二）保护环境的功能表达——公共利益优先考量

绿色原则对环境保护的强调蕴含着此种含义，即执行过程中，各方参与主体在行为作出时应当将环境利益作为一种重要的公共利益加以考虑，在涉及法益衡平时尤其要关注环境利益是否受损。

民事执行大部分是以个人利益的实现为最终目的的法律活动。这与民法典本身即是以私主体的权益为基础建构是息息相关的。作为民法典主要内容的人身权和财产权，人格权利和身份权利毋庸置疑，私主体的存在即是其存在所必需的载体，权利的行使必然回响着私权益的呼号。财产权自其创设开始，绝对性和对世性即是其本质特征。"风能进，雨能进，国王不能进"的物权理念，无论时代如何变迁，始终深入人心。

《民法典》中的绿色原则将环境利益作为一种典型的公共利益提出来，并提示民事主体在进行民事活动的过程中要对环境利益加以考量。为此，立法者在分编的制定过程中在物权编、合同编以及侵权责任编都作了相应的规定。[①] 在绿色原则的实体法内涵逐渐丰富的背景下，对民事执行过程中考量公共利益的要求也被提出来。

原因在于，正如日本法学家谷口安平所指出的，实体法的实现有赖于程序法，实体法权利义务未经过具体的判决就只是"权利义务的假象"[②] 而已。作为将"纸面上的判决"转化为现实的权利义务关系的重要环节，民事执行过程中要对环境利益进行考量的主张应运而生。

2023 年，最高人民法院公布《关于完整准确全面贯彻新发展理念 为积极稳妥推进碳达峰碳中和提供司法服务的意见》，明确提出"正确适用民法

---

① 比如《民法典》物权编中，第 286 条规定了业主相关行为应当符合节约资源、保护生态环境的要求；第 326 条规定了用益物权人在行使权利过程中应当注意保护和合理开发利用资源、保护生态环境。《民法典》合同编中，第 509 条规定了履行合同过程中应当避免浪费资源、污染环境和破坏生态；第 558 条规定了旧物回收义务；第 619 条规定了市场交易过程中的"绿色包装"。《民法典》侵权责任编中增加了生态破坏责任。

② ［日］谷口安平：《程序的正义与诉讼》，王亚新、刘荣军译，中国政法大学出版社 2002 年版，第 6 页。

典绿色原则和绿色条款,强化以环境保护法为基础,以生态保护、污染防治、资源利用以及能源开发等法律为主干,以行政法规规章为补充的碳达峰碳中和法律制度供给和执行"。

这为民事执行程序引入绿色原则提供了指引,同时也对民事执行程序参与各方主体遵守绿色原则作出了法政策上的要求。

二、民事执行中适用绿色原则的核心

民事执行与民事审判不同,后者司法机关作为居中裁判者,中立地处理当事人双方的纠纷争议。消极性以及被动性是这一阶段司法活动的中心特征。与此相反,民事执行则以积极、主动为行为特点。执行活动更多地以胜诉方一侧为重心。故而,绿色原则在适用过程中的核心侧重点也呈现出不同。

绿色原则在平等主体之间的法律关系中,主要用于调整双方的物权、合同、侵权等行为,核心在于框定当事人一方的行为是否符合绿色原则及是否因此可以免除责任。比如在范某某诉重庆某物业管理有限公司物业服务合同纠纷案[①]中,对于被告对范某某的充电桩安装请求不予配合的行为,法院认为"大力发展电动汽车,对保障能源安全、促进节能减排、防治大气污染等具有重要意义",尽管物业服务合同并未约定物业公司对业主充电桩安装的配合义务,但是基于绿色原则等考量,物业公司应当予以配合。

该案中,审理法院基于绿色原则对合同中双方未约定的义务赋加到当事人一方,对双方的合同关系进行了调整。绿色原则实质上为法院提供了一枚"校准器",可以基于环境利益对民事主体之间的物权纠纷、合同纠纷等进行符合环境利益的校准。同时也为法院在进行校准时所必然发生的权利义务的分配提供了说理工具。

民事执行则显示出不同的应用范畴。由于民事执行中执行法院是执行法律关系中的强势主体,而绿色原则基于法政策以及"科层制"影响下会更为有效地对执行机关的行为施加助推影响,激励效果会更加明显。

民事执行行为对被执行人权益的影响主要集中在物权等财产权利。从国外的司法实践来看,"绿色原则在财产纠纷特别是物权纠纷中的司法适用的

---

① 最高人民法院中国应用法学研究所编:《人民法院案例选》(2021年第2辑),人民法院出版社2021年版,第150~156页。

核心即是有效平衡环境保护与财产权冲突之间的关系，焦点是政府的环境规制与私人财产保护之间的冲突与协调。"①

一方面，民事执行必须要对被执行人的财产权作出处置以实现申请执行人的胜诉权益。另一方面，对被执行人财产权的处置决定必须不能逾越绿色原则的最大射程范围。换言之，在绿色原则的适用过程中，执行机关必须寻找到环境利益与民事执行相关主体之间冲突时的恰当平衡。所以执行过程中，绿色原则适用的核心应当在于对执行法院的作为或不作为在环境利益与私主体权益的协调。

三、当前民事执行过程中绿色原则的使用样态

经过多年的建设，我国已基本形成"指导性案例—宣示性案例——般案例"的案例体系。目前，民事执行中绿色原则的使用已经形成两种样态，一是在宣示性案例中的使用，二是在一般性案例中使用。

（一）宣示性执行案例中的使用情况

绿色原则被确立为《民法典》的基本原则后，在生态优先、节约集约、绿色低碳发展等理念确立为国家政策的大背景下，最高人民法院及各地方人民法院均通过收集、推荐、编写等程序公布了一批涉绿色原则的宣示性案例，"藉助于司法体制的内在权威以及判例所蕴含的理性说服力，将具有较强共识的司法见解体现和贯彻在相关个案审判之中"，② 以达到宣示司法政策以及裁判（执行）理念的作用。

宣示性执行案例中反映出的民事执行的绿色原则使用呈现出以执行效果的"绿色化"为主，执行行为是否包含对绿色原则与其他法益的权衡不是各级人民法院遴选公布该案例的重点。已公布的绿色原则宣示性案例，主要有以下几种形式：

1. 对绿色主体的执行。执行法院在强制执行过程中，对属于生态环保企业的双方当事人，采取适当方式加以保障。比如最高人民法院公布的新疆某建设有限公司与克拉玛依市某油脂化工有限责任公司建设工程施工合同纠纷案，被执行人油脂公司的新厂区是国家支持的环保项目，基于查明的该项事

---

① 郑少华、王慧：《绿色原则在物权限制中的司法适用》，载《清华法学》2020 年第 4 期。
② 顾培东：《我国成文法体制下不同属性判例的功能定位》，载《中国法学》2021 年第 4 期。

实,执行法院引导被执行人油脂公司进行资产重组,将尚未完工的环保项目进行转让,由第三人承担相应债务。该类宣示性案例可以视为民事执行中对绿色原则的直接适用。原因在于,执行法院实质是基于对绿色原则的公共利益优先的考量,选择了对环境利益更为有利的执行行为,其中体现出执行法院对环境利益与申请执行人债权利益的利益衡平。

但在宣示性案例的典型意义这一与裁判要旨具有类似"指导类似案件审判的裁判规则……同时可以作为裁判文书的说理依据加以引用"[①]的部分,统编部门概括为"该公司的新厂区转让给有能力完工建设经营的第三方,扩充了当地污油泥处理能力,盘活了停滞的无效资产,也稳定了该公司员工特别是残疾员工的就业",而未将执行法院对绿色原则的典型性运用作为陈述重点。

2. 对绿色权利的执行。执行法院通过对被执行人名下的绿色财产的执行,实现对申请执行人债权的清偿或取得较好的社会效果。比如最高人民法院公布的中国农业银行某县支行与福建某化工公司等碳排放配额执行案,该案例中执行法院通过对被执行化工公司的碳排放配额在交易中心进行交易实现申请执行人的债权。绿色原则在该类型案例中的使用是隐性的,重点在于对绿色权利的处分。而对绿色权利的处分除在主体、程序上与一般的财产权利有差异外,并没有其他本质上的区别。绿色原则的适用不明显。

3. 对绿色案件的执行。执行法院通过创新强制执行方式,对涉环境污染、涉林木腾退等案件的执行,实现环境修复、林木保护等生态效果。比如最高人民法院公布的"无锡某焦化有限公司与中国某再生资源开发有限公司危废材料处置案",该案例在审理阶段即涉及对危化物的处置,绿色原则已经在发挥作用。执行法院对于生效判决的执行所采取的多部门联动以及切实防范环境与安全责任事故等行为,仅是让已生效法律文书内容从"应然"进入"实然",并不涉及根据绿色原则对双方当事人的权利义务冲突的协调。换言之,执行法院所依据的仅仅是生效法律文书,绿色原则并未对执行法院及双方当事人的行为产生拘束作用。

简言之,各级人民法院公布的宣示性执行案例由于过分关注执行案例本身与"绿色""环保"等社会政策的关联,而在某种意义上忽略了执行法院司法适用过程中,适用绿色原则时对不同利益的衡平考量的展示。

[①] 邹海林:《指导性案例的规范性研究——以涉商事指导性案例为例》,载《清华法学》2017年第6期。

（二）一般性执行案例中的使用情况

一般性执行案例相比起宣示性执行案例，在缺少了收集编写程序后，能更为直接地反映执行法院对绿色原则的理解与适用方式。该类案例反映出执行法院对于绿色原则的使用样态为，开始形成执行案件绿色原则的适用规则，但总量仍较少。

第一，运用绿色原则限制执行处置财产的范围。在某机械制造公司与某劳务派遣公司变更追加被执行人一案中，某机械制造公司主张案外人阜康市财政局与阜康市自然资源局无偿受让了某劳务派遣公司的公益林，所以应当追加该两主体为被执行人。新疆维吾尔自治区乌鲁木齐市米东区人民法院（以下简称米东区法院）审理后认为："案涉公益林在作为安信劳务公司注册资本出资时，其性质即为非经营性资产，在未划转情况下，若作为被执行财产加以处分，无疑违反生态环境保护的绿色原则，不具有可执行性，是否被划转不影响对被执行人财产不足以清偿生效法律文书所确定债务的认定。"①

米东区法院从追加被执行人时，无偿划转财产应当导致被执行人财产不足以清偿债务这一法律依据入手，分析认为公益林依据绿色原则不具有可处分性，因此是否划转都不会对被执行人的清偿能力产生影响，从而否定了追加受让该公益林的两主体为被执行人的可行性。

本案中，绿色原则成为法院否认债权人追加两被执行人作为维护自身权益方式的核心论据。尽管阜康市自然资源局提出了公益林属于国家所有不能转移所有权的规范，但是法院并未加以引用。原因在于，这些规范依据并不完备。根据《国家级公益林管理办法》，公益林并非皆属于国家所有，集体所有和个人所有也是合法的所有权形式。②因此，绿色原则成为执行法院否定债权人追加被执行人请求的唯一依据。此时，绿色原则发挥的作用即为限制民事执行处置财产的范围，将一旦处分必定会产生损害的生态财产排除出可执行财产的对象。

第二，运用绿色原则限制执行行为对当事人权益的过度侵害。在某小额贷款有限公司与某鞋业公司、叶某某、陈某某执行复议一案中，某鞋业公司

---

① 新疆维吾尔自治区乌鲁木齐市米东区人民法院（2022）新0109执异90号执行裁定书。
② 参见《国家级公益林管理办法》第8条规定："……权属为国有的国家级公益林，管护责任单位为国有林业局（场）、自然保护区、森林公园及其他国有森林经营单位。权属为集体所有的国家级公益林，管护责任单位主体为集体经济组织。权属为个人所有的国家级公益林，管护责任由其所有者或者经营者承担……"

提出异议，认为执行法院裁定拍卖已查封地块中的较大地块而非较小地块，违反了绿色原则。浙江省台州市中级人民法院（以下简称台州市中院）审理后认为："本案中执行法院综合考量的善意文明因素与绿色原则并无冲突和矛盾，复议申请人援引民法典第九条，主张原裁定适用法律错误，理由不成立，本院不予支持。"[1]

台州市中院结合执行法院已经综合考量的执行标的、土地价值、市场因素、折价因素以及土地的实际使用情况等因素，判定执行法院裁定拍卖较大地块并不违反绿色原则。这一案例对绿色原则的内涵作了阐释，即善意文明因素也是绿色原则的内容之一。不过，这里的善意文明因素应该更多指向的是前文所提及的绿色原则"节约资源"内涵所指的对效果维度上执行效率的强调。具言之，本案揭示出执行行为对当事人权益的最小侵害也是绿色原则的应有之义。

综合来看，由于一般性执行案例总量较少，所以对绿色原则所作的具体化阐明集中在实践中较为常见的生态财产的处置和最小损害执行行为的选择上。但已在效果维度上的执行效率和公共利益优先两个层面对绿色原则的功能化表达作了揭示，并且均展现出执行法院在环境利益与私主体利益之间冲突时的法益协调。

四、绿色原则在民事执行中适用的基本规则

绿色原则适用的核心是实现环境利益与私主体利益之间的平衡。在平衡过程中既不能秉持"环境利益高于一切"的"环保帝国主义理念"，也不能坚持"债权人利益高于一切"的"债权帝国主义理念"，而应当在适用绿色原则过程中遵循恰当合理的规则。

（一）规制措施应当与环境利益可能危害后果相适应

民事执行过程中绿色原则的司法适用，法院必然会面临规制措施对案件相关主体权利的限制，为避免执行机关的规制措施的滥用，执行机关应当遵循规制措施与环境利益危害后果相适应（以下简称"规制与可能危害相适应"）的基本规则，以确保对案件主体意思自治的限制与对环境利益的保障相适应。综合来看，执行法院应当结合环境利益重要性以及主观条件的不

---

[1] 浙江省台州市中级人民法院（2021）浙10执复77号执行裁定书。

同，采取与可能危害后果相适应的规制措施。

环境利益重要性可以结合诉讼提起主体以及案件性质两方面进行判断。以环境利益为标的的案件，根据提起主体的不同，可以区分为公共组织提起的环资案件与私主体提起的环资案件。

由于公共组织并非环境利益的直接享有主体，只是真正的环境利益享有主体——全体民众无法直接行使诉权，才由相关法律赋予其诉权，但是"诉讼实施权的处分权能并不能等同于实体权利的处分权能，有必要对其进行相对于实体权利的处分而言更为严格的限制"①。所以，对公共组织提起的环境利益案件，应当采取更为严格的规制措施。

案件性质方面，则主要是区分环境资源案件与一般民事案件。根据最高人民法院2021年1月4日公布的《关于印发〈环境资源案件类型与统计规范（试行）〉的通知》，环资案件的范围涵盖环境污染防治类案件、生态保护类案件、资源开发利用类案件、气候变化应对类案件以及生态环境治理与服务类案件等五类。②

环资案件常会涉及生态修复责任以及惩罚性赔偿，③对于生态修复的标准、评价规则以及惩罚性赔偿的数额都是基于专业性意见作出的判断结论，不宜通过执行和解对此作出变更。对于一般民事案件中涉及的一般环境利益，因所涉及的环境利益损害往往不明显，所以可交由双方当事人意思自治决定。

一般言之，故意与过失是主体的主要主观状态。"行为人具有故意时，就会唤起违法性的认识，从而认识到不应当实施该行为；行为人具有过失时，就意味着可能唤起违法性的认识，不应当实施该行为。"④因此，执行法院可根据双方当事人主观状态的区别采取不同的规制措施。

在民事执行规范中，涉及当事人意思自治的制度规范主要体现在两个环节：（1）执行和解；（2）评估拍卖。

1. 执行和解中的"规制与可能危害相适应"规则。滥觞于我国"调解型"审理模式的执行和解制度，由于本身依赖于双方当事人的合意，所以契

---

① 肖建国、黄忠顺：《诉权实施权理论的基础性建构》，载《比较法研究》2011年第1期。

② 最高人民法院环境资源审判庭编著：《〈环境资源案件类型与统计规范（试行）〉适用指南》，人民法院出版社2022年版，第3~16页。

③ 郑少华、王慧：《环境侵权惩罚性赔偿的司法适用》，载《上海大学学报（社会科学版）》2022年第3期；刘长兴：《生态环境修复责任的体系化构造》，载《中国法学》2022年第6期。

④ 张明楷：《刑法学》，法律出版社2011年版，第230页。

约性是其本质属性，从而在其制度底色中即蕴含着对环境利益的不利影响，这就为绿色原则介入执行和解过程提供了动因。《最高人民法院关于执行和解若干问题的规定》对于执行和解与执行外达成的和解法律效果的区分性规定，为执行法院对提交至法院的和解协议进行审查提供了规范依据。

但执行和解为双方当事人通过意思自治达成合意，对生效法律文书确定的权利义务关系进行变更以履行义务的重要手段，对其不应进行过度的限制。

基于上述分析，可以形成对执行和解的四阶层规制体系。对于双方当事人故意达成危害重要环境利益的和解协议的，则对和解协议不予认可，且可视情节采取警告、罚款等强制措施。对于双方当事人过失达成危害一般环境利益的和解协议的，则可向双方当事人释明后，由双方当事人自行对和解协议进行变更。（见表1）

表1 执行和解中的"规制与危害相适应"规则表

主观状态	环境重要性	规制措施
故意	重要环境利益	不认可和解协议，视情节采取警告、罚款
	一般环境利益	不认可和解协议
过失	重要环境利益	释明要求变更后重新提交
	一般环境利益	释明后双方自行变更

2. 评估拍卖中的"规制与可能危害相适应"规则。评估拍卖过程中，当事人可以就以下几方面进行意思自治：（1）拍卖保留价的确定；（2）公告方式的确定；（3）变卖价格的确定。

第一，关于拍卖保留价的确定。虽然《最高人民法院关于人民法院民事执行中拍卖、变卖财产的规定》（以下简称《拍卖变卖规定》）第5条规定，未作评估的，拍卖保留价应当由法院参照市价进行确定，并应当征询有关当事人的意见。但是对于当事人的意见，法院应当根据拍卖标的物与环境利益关联的强度，确定对当事人意见的采纳程度。

第二，关于公告方式的确定。《拍卖变卖规定》第9条规定，拍卖公告的范围及媒体主要由当事人双方协商确定……拍卖财产具有专业属性的，应当同时在专业性报纸上进行公告。对该两个分句，应当采取体系性解释的方式。若拍卖标的物与环境利益关联性强的，比如对与环境相关的专业机器设备，则应当由法院决定，在相关专业性报纸上进行公告。

第三，关于变卖价格的确定。根据《拍卖变卖规定》第 32 条规定，对于双方当事人同意的财产可以进行变卖，价格可由双方及权利人约定……对于无市价但价值较大、价格不易确定的，应当委托评估机构进行评估。对此也应当参照公告方式相关条款的理解，对于与环境利益关联性强的拍卖标的物，应当委托专业的评估机构进行评估，而不应当由当事人或者其他私主体自行约定，以避免环境利益可能遭受的损害。

（二）执行行为应遵循最小损害规则

当执行机关依据绿色原则对执行过程中相关主体的行为进行规制或者作出相关执行行为时，应当遵循最小损害规则，以避免对相关主体利益或者环境利益的过度损害。该规则包含两项内容，一是对环境利益的最小损害，二是对当事人利益的最小损害。

最小损害规则源于比例原则，该规则强调在多个手段都能达成行为目的时，应当选择最为温和的行为手段。由于对公权力的直接约束，最小损害规则已经逐渐成为比例原则中的核心，成为具有独特价值的法律规则。① 该规则在以下两个方面与"规制与可能危害相适应"规则相区别：

第一，理论基础不同。"规制与可能危害相适应"根源于报应正义论，即行为人必须要承受与作出行为的后果的危害性相匹配的"代价"，如果超出了就是不正义。而最小侵害规则则是根源于公共利益的优先性，允许国家基于公共利益牺牲特定主体的利益，但这种"牺牲"必须保持在最小的范围内。

第二，调整对象不同。"规制与可能危害相适应"所调整的是目标行为与危害后果的适应度的问题，而最小损害规则调整的则是目标行为是否是可选择的最小损害行为的问题。

1. 对环境利益的最小损害。当执行机关作出执行行为时，应当在可供选择的执行行为中进行审慎衡量，选择对环境利益最小损害的行为。尤其是在涉及处置生态资源时，应当以不破坏原状为基本原则，避免对当前环境生态的损害。

比如，当前各地法院在处置地上林木、花卉、鱼塘内鱼苗等生态资源

---

① 蒋红珍：《比例原则位阶秩序的司法适用》，载《法学研究》2020 年第 4 期。

时，普遍谨慎采取直接强制措施，避免强制腾退、清场带来的生态资源的损害，开始自觉采用引入第三方整体收购等第三方协助执行的方案。另外，在处置污染物时，部分执行法院开始关注清理过程的专业化，通过引入专业第三方代为履行的方式降低污染物处置带来的次生灾害。

2. 对当事人利益的最小损害。当执行机关基于重大环境利益的考量，选择不继续采取执行行为，或者采取其他执行行为时，应当选择对当事人利益的最小损害行为，包括对申请执行人利益的最小损害以及对被执行人、利害关系人利益的最小损害。

选择不继续采取执行行为时，应当符合环境利益十分重大而采取执行行为将对环境利益产生不可避免的损害，只有终止执行行为才能实现对环境利益的保护，此时方能选择不继续采取执行行为。选择不继续采取执行行为的，应当对申请执行人充分说明理由。

在基于环境利益的考量，不选择可能对环境利益有损害的行为，而采取了其他执行行为时，比如在补充责任的情况下，执行机关认为债务人的财产与环境利益关联性强无法采取强制执行措施，认定为无财产可供执行，而对补充责任人采取强制执行措施时，应当充分权衡环境利益是否足够充分，同时在采取执行措施时选择最小损害的执行行为。

五、结语

绿色原则不仅仅是私法中的重要原则，同时也是规范执行主体行为的一项重要原则。在对绿色利益与私主体利益权衡的过程中，识别绿色利益的重要性至关重要。但执行过程中对绿色利益的重要性的识别仍未有被普遍认可的共识产生，这需要留待以后的研究予以丰富。

环境资源案件中劳务代偿生态修复模式的完善路径[*]

摘要：准确识别并适用生态环境损害救济条款中的劳务代偿模式，是完善环境保护中针对赔偿金额较小且被告赔偿能力不足时，由侵权人领取协助保护生态环境的公益服务，降低生态环境再次发生损害的情形，并协助环保机关预防生态破坏行为的再次发生，对于拓展替代性修复模式进行的有益探索，使得个人赔偿能力较弱的当事人也能通过提供一定的环保劳务来抵扣其应承担的赔偿数额，既减少了当事人的经济负担，也间接保护了生态环境，教育广大人民群众树立自觉保护生态环境的环保理念。

关键词：劳务代偿　公益劳动　替代性修复

一、问题的提出

习近平总书记强调："走向生态文明新时代，建设美丽中国，是实现中华民族伟大复兴中国梦的重要内容。中国将按照尊重自然、顺应自然、保护自然的理念，贯彻节约资源和保护环境的基本国策，更加自觉地推动绿色发展、循环发展、低碳发展，把生态文明建设融入经济建设、政治建设、文化建设、社会建设各方面和各工程，形成节约资源、保护环境的空间格局、产业结构、生产方式，为子孙后代留下天蓝、地绿、水清的生产生活环境。"[①] 党的二十大报告提出："要推进美丽中国建设，坚持山水林田湖草沙一体化保护和系统治理，统筹产业结构调整、污染治理、生态保护、应对气候变化，协同推进降碳、减污、扩绿、增长，推进生态优先、节约集约、绿色低碳发展。"生态环境是人类生存的根基，如果根基被损害，人类的生活将

---

[*] 【作者信息】石荣顺，上海市崇明区人民法院；潘冬，上海市崇明区人民法院。

[①] 习近平：《习近平书信选集》（第一卷），中央文献出版社2022年版，第5~6页。

受到严重侵害。生态环境系统不仅是人类生活的场所,也是自然界各种生物赖以生存的物质基础。保护生态环境,不仅是为了当代人的发展,更是为了后世子孙的长远发展。

生态司法作为保护生态环境的重要一环,不仅要求司法机关依法履职,更是需要包括行政机关、社会组织、社会公众在内的全社会的共同参与和支持。2016年5月26日,最高人民法院发布《关于充分发挥审判职能作用为推进生态文明建设与绿色发展提供司法服务和保障的意见》(法发〔2016〕12号)。该意见第24条规定,遵循恢复性司法要求,积极探索限期履行、劳务代偿、第三方治理等生态环境修复责任承担方式。在恢复性司法理念指导下,各地法院对生态环境修复责任承担方式进行了大量的实践性探索,其中劳务代偿作为一种较为新颖的责任承担方式,在各地司法实践中有着较多的有益探索。

劳务代偿是生态环境民事公益诉讼中一种替代性修复的责任承担方式,是指侵权责任人通过承担一定的劳动来代替金钱赔偿。劳务代偿的生态环境修复责任承担方式,在司法实践中存在着法律规定不完善、适用条件不明确、事后监督不力等问题,需要通过一系列的措施予以规范,提高劳务代偿的适用效率,促进生态环境的修复,使破坏环境者通过劳务代偿的方式成为保护环境者及宣传者,以达到司法惩罚与教育相结合的目的,让人民群众在每一个生态环境案件中感受到环境之美与司法公正。

二、环境资源案件中劳务代偿生态修复模式的司法适用现状检视

对于环境资源案件中劳务代偿生态修复模式的司法适用现状,笔者主要通过中国裁判文书网与新闻报道的方式进行考察,其中裁判文书占比较大,新闻报道作为补充。经对中国裁判文书网进行全文检索,涉及"劳务代偿"文书81篇,扣除与环境资源无关案件及一案两审案件,共检索到环境资源案件中涉及劳务代偿模式的案件共64件。

(一)案件基本情况

案件审理程序上,涉及劳务代偿责任承担方式的64件案件中,适用民事一审程序审理的案件为25件,其中有1件案件上诉,适用刑事一审程序审理的案件为32件,执行阶段的案件为1件,特别程序审理的案件为6件,

该 6 件均为上海市崇明区人民法院办理的确认调解协议效力的案件。

通过观察上述案件审理程序可以看出，劳务代偿主要适用于刑事及民事公益诉讼，其中刑事案件中，也大都属于刑事附带民事公益诉讼，由此可见，劳务代偿主要适用于环境公益诉讼案件，其中所有的案件公益诉讼起诉主体均为人民检察院，检察机关在提起环境公益诉讼前均通过正义网进行了公告，公告期满后无相关环境公益组织提起诉讼的，才通过检察机关提起公益诉讼。需要指出的是，正义网系检察日报举办的网站，而检察日报属于检察机关的机关报。经分析，所有涉及劳务代偿案件标的额较小，未发现环保组织提起诉讼的情形，可能因为检察机关在正义网上发布公告，且标的额较小一般不超过 10 万元，社会影响不大，无法引起环保组织的关注。

经对该类案件的案由进行梳理，发现涉及非法捕捞水产品的刑事、民事案件共 24 件，涉及非法狩猎、猎捕、杀害国家重点保护野生动物的案件 30 件，涉及购买野生动物案件 1 件，涉及销售珊瑚案件 4 件，失火罪案件 2 件，非法占用农用地案件 1 件，滥伐林木罪案件 1 件，非法采矿罪案件 1 件。

案由分布上主要集中在非法捕鱼、猎鸟等涉及野生动物的犯罪情节不大的案件，且侵权人年纪较大，无其他生活费用获取途径的占比一半左右，销售珊瑚的 4 件案件主要集中在海南，显示了案件分布的地域性特点。

（二）劳务代偿模式的适用阶段

在适用阶段上，主要分为作为量刑情节和判决主文判项的两种适用阶段。

作为量刑情节的适用阶段，此种情况下劳务代偿责任主体大多已经履行，还有部分侵权人承诺通过劳务代偿进行生态修复，也被审判法官作为量刑情节予以考虑了。

作为判决主文判项的劳务代偿模式，包括在判决主文中明确了从事劳务代偿的时间、方式等，还包括如侵权人逾期未完成的，仍需折以金钱赔偿，赔偿金按照未完成的劳务代偿期限乘以劳务价值计算，[①] 有的判决主文中判决了赔偿数额，并说明当事人可以通过劳务代偿的方式折抵赔偿金，[②] 有的判决主文仅判决了赔偿数额，但在文书说理部分表明被告通过参加公益性质的活

[①] 参见海口海事法院（2020）琼 72 民初 316 号民事判决书。
[②] 参见吉林省通化市中级人民法院（2020）吉 05 民初 95 号民事判决书。

动，或者配合参与长江沿岸河道管理、加固、垃圾清理等方面的工作，按照从事劳务行为的具体内容、强度及时间，经相关部门统计及量化后，在其应当承担的赔偿数额范围内予以折抵①。

执行阶段也有1件案件支持了被执行人提出的劳务代偿申请。②该案件中，被执行人经执行未查找到被执行人名下有可供执行财产，公益诉讼起诉人与被执行人达成协议，由被执行人采取劳务代偿的方式履行，执行法院予以准许。

（三）劳务代偿模式的形式

劳务代偿生态修复模式的形式主要包括提供公益劳动、参与环保宣传等形式，有一起案件中考虑到被告系一级肢体残疾，且被告自身存在一定的文艺特长，审判法官判决被告编创以森林防火为主题的普法宣传节目③。劳务代偿的地点大都在侵权人住所地附近，体现了方便当事人进行生态环境修复的特点。还有个别案件劳务代偿地点为异地，主要原因系当事人所破坏的生态环境发生地在异地。

劳务代偿期限的表述方式上，有的案件笼统表述了被告从事劳务代偿的期限为一个月或者几个月，但未明确每月提供劳务的具体时间，无法量化当事人所提供劳务的具体价值。有的案件详细列明了被告需从事的劳务代偿工作的具体时间，包括每日工作时间或总工作时长，便于当事人及监督机构进行计算。

监督机构选择上，有的案件监督机构为被告所在的村民委员会，也有的案件监督机构系环保、自然资源等行政机关，还有的案件监督机构为环保组织，监督机构多样化，系公益诉讼起诉人与审理法院基于当事人的实际情况及监督机构的参与意愿作出的选择，体现了能动司法理念在生态修复领域的具体运用，具有一定的创新性，需要在坚持创新性的前提下再适当予以规范。

（四）劳务代偿模式的适用前提条件

劳务代偿一般适用于赔偿金额较小且被告赔偿能力不足的情形，多数案件中被告均能够提供充分证据证明其经济困难。部分案件不支持劳务代偿的

---

① 参见江苏省南京市中级人民法院（2019）苏01民初3029号民事判决书。
② 参见浙江省杭州市临安区人民法院（2022）浙0112执2521号执行裁定书。
③ 参见浙江省丽水市中级人民法院（2020）浙11民初147号民事判决书。

主要理由，是因为赔偿数额较大且被告未能提供证据证明其经济困难。①

在海口海事法院审理的两起销售珊瑚系列案件中，一起案件支持了被告提出的劳务代偿申请，主要理由为"被告为我省建档立卡贫困户，家庭经济状况非常困难，且金钱赔偿能力有限。在此种情况下，被告通过提供有益于环境保护的劳务活动抵补其对生态环境造成的损害，将金钱给付转化为行为给付，该方式一方面较单纯给予金钱赔偿更有利于生态环境的修复，符合'谁污染、谁治理，谁损害、谁赔偿'的环境治理原则和环保法治宗旨，另一方面可以有效避免被告因诉讼导致贫困或因诉讼变得贫困，能取得生态保护和脱贫攻坚的双赢效果，故对被告劳务代偿的赔偿方式予以准许。参照2019年度海南省私营企业在职职工工资标准，核定每小时劳务折抵25元金钱赔偿。同时，考虑到被告仍需通过务工维持个人生计和履行子女抚养义务，本院酌定劳务代偿期限为一年，期满后劳务不足以抵偿的，仍需金钱赔偿。"② 另一起案件没有支持被告提出的劳务代偿申请，主要理由为"劳务代偿一般适用于赔偿金额较小且被告赔偿能力不足的情形，但本案现缺乏具体可行的生态修复方案，赔偿金额较大且被告未提供充分证据证明其经济困难，故此种变通方式暂不可行。待生态修复的条件具备时，被告可在执行程序中与相关单位协商确定具体赔偿方式"③。由此可见，经济状况是司法机关在考虑是否进行劳务代偿中最重要的考量因素。

劳务代偿的适用条件还包括劳务代偿的效果优于直接赔偿经济损失，山东省青岛市中级人民法院审理的一起收购、销售野生动物案件中，法院准许当事人采用劳务代偿的方式进行部分惩罚性赔偿的抵扣，法院认为"被告以提供环境公益劳动的方式承担全部或者部分惩罚性赔偿，有利于发挥惩罚性赔偿制度的惩罚和教育的功能，有利于督促被告参与生态环境保护和预防同类型损害的发生"④。

（五）劳务代偿模式的效果

根据现有的新闻报道，可以发现劳务代偿模式对于生态环境修复的影响，主要体现在劳务代偿人所作的环保宣传及公益服务对于生态环境的间接保护方面。劳务代偿义务人通过提供劳务，使得周围群众对于生态环境保护

---

① 参见海口海事法院（2020）琼72民初313号民事判决书。
② 参见海口海事法院（2020）琼72民初316号民事判决书。
③ 参见海口海事法院（2020）琼72民初313号民事判决书。
④ 参见山东省青岛市中级人民法院（2021）鲁02民初69号民事判决书。

的意识增强了，也使得义务人自身的环保素养得以提升。一些劳务代偿义务人的保护巡河、巡林等公益服务，使得生态环境再次发生损害的情况有所下降，也得以协助环保机关预防生态破坏行为的再次发生。劳务代偿作为替代性修复模式的一种形式，对于拓展替代性修复模式进行了有益的探索，使得个人赔偿能力较弱的当事人也能通过提供一定的环保劳务抵扣其应承担的赔偿数额，既减少了当事人的经济负担，也间接保护了生态环境，教育广大人民群众树立环保理念。

三、环境资源案件中劳务代偿生态修复模式的适用难点

（一）劳务代偿生态修复模式法律依据不足

劳务代偿的现行法律规定主要体现在司法解释[①]、地方性法规[②]、地方法院司法文件[③]中，现行法律中尚未有明确的条文规定劳务代偿的责任承担方式。

现有的劳务代偿生态修复模式在严格意义上的法律中尚未有明确的规定，致使劳务代偿模式的上位法依据不足。各地法院劳务代偿模式的实际效果还有待观察，比如让义务人从事公益的巡河活动，对于生态环境保护的实际效果，尚不明朗。

现行法律尚未规定劳务代偿模式，但劳务代偿属于替代性修复模式中的一种，替代性修复模式的上位概念生态修复责任，在法律中已经有所规定。

---

① 例如，最高人民法院于 2023 年 6 月 27 日发布的《最高人民法院关于贯彻实施〈中华人民共和国黄河保护法〉的意见》（法发〔2023〕8 号）第 8 条规定：科学合理运用补植复绿、增殖放流、劳务代偿、技改抵扣、碳汇认购等多元化生态修复方式，健全完善生态环境修复资金管理使用及修复效果评估机制，努力实现"预防—保护—惩罚—修复"的完整闭环。

② 例如，江苏省人民代表大会常务委员会于 2020 年 11 月 27 日颁布的《江苏省人民代表大会常务委员会关于加强检察公益诉讼工作的决定》第 13 条规定：检察机关提起民事公益诉讼，可以诉请侵权人支付公益损害赔偿金，也可以根据案件情况提出补植复绿、增殖放流、劳务代偿、土地复垦等恢复性、替代性公益修复方案。

③ 例如，上海市崇明区人民法院于 2022 年 11 月 15 日发布的《上海市崇明区人民法院关于为崇明世界级生态岛碳中和示范区建设提供司法服务和保障的意见》第 6 条规定：践行恢复性司法理念，致力于提升生态系统的碳汇能力。探索引入认购碳汇进行生态环境修复，在破坏生态环境刑事附带民事公益诉讼案件中，积极采取"补植复绿""劳务代偿""认购碳汇""核证减排"等方式修复受损生态环境，恢复生态系统自然碳汇能力。探索建立"恢复性司法实践 + 社会化综合治理"机制，依托崇明城市森林、城乡公园、湿地生态等生态空间规划建设，开展多元化生态修复，促进生态产品价值实现。

《民法典》第 1234 条[①]对生态环境修复责任进行了规定，但关于替代性修复，仅提及代履行的情况，不涉及劳务代偿的责任承担方式。

劳务代偿属于司法机关在实际处理案件中的责任承担方式的创新，对于解决当事人赔偿能力不足时生态环境修复的义务履行有很大的帮助，但严格意义上的法律规定的缺失使得此项制度存在先天法律规定不足的问题，需要通过补充相关法律规定的方式来使得此项制度能有更为坚实的法律基础。

（二）适用条件有待完善

关于劳务代偿模式的适用条件，在各地的司法实践中主要针对赔偿金额不大而义务人因经济困难而赔偿能力不足的情况，还有一些是惩罚性赔偿金额较大，当事人赔偿能力不足希望可以通过劳务代偿来抵扣部分赔偿款项的情况。其中侵权人经济困难是司法机关考虑是否运用劳务代偿模式的重要考量因素。在笔者查阅的裁判文书中，侵权人的经济困难证明一般是当地村居委会出具的，也有一些是司法机关工作人员通过走访调查得知的。此种经济困难情况的调查有一定的合理性，但仍有所遗漏。司法机关具有查询当事人财产的权力，但在审判阶段或者审查起诉阶段，司法机关是否可以通过向有关主体发送调查函调查当事人的银行存款、房产、车辆等财产情况，还有待进一步的规定予以明确。

各地司法机关对于侵权人的经济困难的认定标准，也有一定的差异，这种差异不仅是各地发展水平不同导致的，也是因为司法文件中未规定明确的经济困难标准，致使各地司法机关的认识存在不同，需要更高层级的法律文件予以明确，比如是否可以适用最低生活保障的标准来认定侵权人是否存在经济困难的情况。

通过对现行劳务代偿模式适用条件的观察，现行的劳务代偿适用条件有所狭窄，司法机关可以在实践中拓宽适用条件，对于侵权人愿意通过劳务代偿模式来弥补生态环境损害的，也可以给予其一定期限的劳务代偿方案，不仅使得侵权人减免了部分赔偿数额，更重要的是让侵权人可以在提供劳务过程中感受到美好的生态环境对其生活的影响，让其从内心真正热爱生态环境，做环境保护的宣传者和践行者。

---

① 《民法典》第1234条规定：违反国家规定造成生态环境损害，生态环境能够修复的，国家规定的机关或者法律规定的组织有权请求侵权人在合理期限内承担修复责任。侵权人在期限内未修复的，国家规定的机关或者法律规定的组织可以自行或者委托他人进行修复，所需费用由侵权人负担。

（三）劳务代偿方案的可行性还有待加强

现行司法实践中的劳务代偿模式主要是从事公益劳动，包括义务巡河、巡林、从事环保宣传等，活动形式多样，体现了司法机关在践行恢复性司法理念下对生态环境保护方式的有益探索。现行的劳务代偿模式的方案选择主要是司法机关与侵权人沟通协商的结果，体现了侵权人积极履行生态修复义务与司法机关能动司法的有机结合，体现了新时代人民司法为人民的司法理念。但劳务代偿方案的制定还有一些地方需要加强，比如劳务代偿方案与生态环境修复的关联性还需要进一步明确。岗位设置是原先就有的还是为本次生态修复方案专设的，如果是新设的，需要考虑新设岗位对于生态环境修复的有效性。有些案件中仅规定了侵权人要提供不少于多少时间的公益劳动时间，但未能明确侵权人所从事的岗位，每日工作时长、监督主体等内容，在后续履行方案过程中，很有可能因劳务代偿方案内容不明确具体而致使侵权人在实际履行过程中存在消极怠工的情况。

（四）实际效果有待进一步观察

劳务代偿方案履行后的效果，根据现有的新闻报道，可以看出侵权人的履行行为对于生态环境的保护的确有一定的效果，但对于生态环境的保护具体效果，无法通过科学合理的方式计算得出。生态环境是一个系统，其中一项因素的损害，会对整个系统造成损害，侵权人的劳务代偿属于不履行环境修复费用的一种替代方案，侵权人未支付的环境修复费用应由哪方主体承担，在相关的司法裁判文书中未予以明确。

四、环境资源案件中劳务代偿生态修复模式的完善路径

（一）完善相关法律规定

劳务代偿生态修复模式的法律依据不足，使得各地法院在适用劳务代偿进行生态修复时存在法律适用上的困境。关于民事责任承担方式主要规定

在《民法典》第 179 条[①]，其中主要的责任承担主体是侵权人，责任承担方式是自行承担。并不包括通过劳务代偿的方式来履行赔偿义务。《民法典》第 1234 条规定的生态环境修复责任也只规定了侵权人自行修复生态环境及代履行的情况，也不涉及通过劳务代偿方式承担生态环境修复责任的责任承担方式。

为了使现行的司法实践中已经存在的劳务代偿的替代性生态修复方式有较高位阶的法律依据，建议在《民法典》第 1234 条中增加一款："如侵权人无力支付修复费用，可通过劳务代偿的方式承担替代性修复责任，相关修复费用由接受劳务的主体承担。"增加此款规定，将使得劳务代偿的替代性修复方式拥有了法律上的依据，便于各地司法机关在法律适用上有更高的法律依据。

（二）明确适用条件

现行的司法解释及相关规范性文件对于劳务代偿的具体内容规定也不尽详细，致使各地法院在适用劳务代偿模式的基本条件情况下只能"摸着石头过河"，对劳务代偿模式进行了各种探索，但劳务代偿模式的具体适用条件还有待明确。

劳务代偿模式的适用案件范围不仅包括刑事附带民事诉讼案件，也包括环境民事公益诉讼案件。对于侵害私益的案件，不应适用劳务代偿方案。主要原因是侵害私益案件的当事人矛盾较大，原告对于被告的劳务代偿方式的认可度较低，在劳务代偿方案后续监督验收过程中存在评估不客观的情况。

劳务代偿模式的基本适用条件为案件适用替代性修复措施。可以适用直接修复措施的案件，不应适用该模式。替代性修复措施的案件主要是侵权人所侵害的生态环境已经通过自身系统进行了修复，无须人工恢复的情况，也包括相应的生态系统已经遭受严重损害，无法进行人工恢复的情况。

劳务代偿的替代性修复方式不仅可以适用于赔偿金额较小的案件，对于侵权人提供劳务代偿的意愿较大且劳务代偿对于减少侵权人再次侵权的效果较好的情况下，也可以对赔偿金额较大的侵权人适用劳务代偿的责任承担方式。对于赔偿金额较大的侵权案件，建议采取部分赔偿＋部分劳务代偿的方

[①] 《民法典》第179条规定："承担民事责任的方式主要有：（一）停止侵害；（二）排除妨碍；（三）消除危险；（四）返还财产；（五）恢复原状；（六）修理、重作、更换；（七）继续履行；（八）赔偿损失；（九）支付违约金；（十）消除影响、恢复名誉；（十一）赔礼道歉。法律规定惩罚性赔偿的，依照其规定。本条规定的承担民事责任的方式，可以单独适用，也可以合并适用。"

式，不能完全免除劳务代偿者的赔偿责任。

劳务代偿的适用条件之一应包含侵权人家庭经济困难的因素，对于侵权人家庭经济困难的认定，不仅可以依据侵权人所在基层群众自治组织的家庭经济困难证明，也可以实地走访调查、询问周围群众，还可以对侵权人名下的存款、车辆、房产等财产进行查询，通过多种途径了解侵权人的实际经济条件，为准确认定侵权人经济困难提供依据。

劳务代偿的适用条件应包括侵权人具有从事相关替代性修复方式的能力，不仅包括体力条件，也应包括相应的智力条件。按照侵权人自身的身体条件，对其提供针对性的劳务代偿模式，让其能够尽其所能地从事劳务代偿进行生态环境的替代性修复工作。比如，针对部分侵权人年纪较大、文化素养不高但从事农业生产经验丰富的情况，可以为其制定从事植树造林、增殖放流等农业生产活动来进行生态修复活动。对于具有文艺宣传特长的侵权人，可以让其从事生态环境保护的相关宣传活动。

（三）制定科学合理的劳务代偿方案

制定科学合理的劳务代偿方案，对于生态环境修复及后续的执行等具有重要意义。劳务代偿方案制定过程中应包括责任主体、修复方案、抵扣赔偿数额计算方式、监督主体、成果验收等几个方面。

1. 责任主体。劳务代偿方案的责任主体即实施劳务代偿方案的侵权人本人，对于亲属愿意代侵权人从事劳务代偿的，应当不予准许。劳务代偿主要是通过侵权人本人的劳务活动，不仅是对相关生态环境进行替代性修复，更使得侵权人在从事劳务代偿过程中树立环境保护的相关理念，避免侵权人再次从事环境侵权行为。对于侵权人自身不具备从事劳务代偿方案的情况也不应准许其亲属代为履行劳务代偿方案。

2. 修复方案。劳务代偿方案应包含劳务形式、劳务时间、劳务保障、劳务报酬计算标准等。劳务代偿方案应方便侵权人执行，与所替代修复的生态环境具有关联性。

劳务形式主要采用公益劳动的形式，包括巡林、巡河、巡海等巡逻方式，也包括从事环保宣传等宣传类活动，总体应与侵权人所损害的生态环境具有关联性。劳务形式多样，总体围绕构建良好的生态环境进行，不宜采用重劳动的形式，而采用一些轻劳动的形式，不让劳务者在提供劳务过程中消耗太多体力，不是服劳役之类的苦役，让劳务者愿意从事公益劳动，在提供劳务过程中感受到生态环境对人的影响，提高劳务者爱护环境的自觉意识。

应尽量安排侵权人在居住地附近从事劳务代偿工作，不增加侵权人日常通勤的负担。

劳务时间应少于日常工作时间，可以选择安排侵权人在本职工作时间之外从事公益劳动，主要选择双休日、节假日或每周一天至两天的工作日为宜，因为侵权人自身还要生活，如果占用其太多谋生时间，会影响其家庭收入，在休息日或仅占用其较少的工作日时间，对其日常生活影响小，可以促使其愿意提供较长时间的公益劳动。主要安排节假日或休息日进行公益劳动，会面临监管的问题，此时就需要安排侵权人从事一些适合在休息日从事的公益劳动，比如巡河巡林，在工作日有正常上班的工作人员巡逻，而在节假日巡逻的工作人员减少，侵权人从事公益劳动，正好可以充实巡逻力量，让巡逻的针对性更强，避免巡逻组织在节假日存在人手不足的问题。

3.抵扣赔偿数额计算方式。关于劳动报酬抵扣赔偿数额的计算方式，主要有按日计薪、按小时计薪两种。工资标准有按上一年度当地职工年平均工资标准、上一年度私营企业在职职工工资标准、不低于本地最低工资标准等计算方式。

有的法院所依据的劳务日工资标准参照上一年度当地职工年平均工资作为折算标准，除以365天得出日平均工资标准。① 有的案件中参照上一年度私营企业在职职工工资标准，按照每日工作8小时计算得出每小时劳务工资金额。② 有的法院遵循劳动报酬不低于本市最低工资标准的原则，按公益劳动1天折抵100元生态损害赔偿金的计算方式。③

笔者认为，抵扣数额应按照侵权人提供的劳务时间乘以劳务日工资标准，劳动报酬的计算标准应按当地上一年度职工年平均工资标准计算较为合理，因为所从事劳务代偿的主体其本职工作各种各样，如果根据劳务代偿主体本职工作的工资标准计算抵扣赔偿数额，将导致从事了相同劳务代偿时长的侵权人所抵扣的赔偿数额不同，造成侵权人之间抵扣金额的不同，采用平均工资标准有效避免了不同侵权人本职工作收入不同导致的计算数额不同，做到同工同酬，使得侵权人之间的工作时长与工资标准相同，有利于相似案件相似处理。如果是按照职工年平均工资标准计算得出的每小时工资标准，也可以适用于每日提供少于八小时的公益劳动时长的工资标准的计算。如果

---

① 参见山东省青岛市中级人民法院（2021）鲁02民初69号民事判决书。
② 参见海口海事法院（2020）琼72民初316号民事判决书。
③ 参见浙江省绍兴市中级人民法院（2020）浙06民初356号民事判决书。

采用最低工资标准来计算公益劳动的工资标准，会造成本职工作收入较多的侵权人的劳动价值被低估的情况，不利于侵权人积极从事劳务代偿工作。

4. 监督主体。劳务代偿方案的监督主体一般为检察机关、政府相关机构、环保公益组织、侵权人所在村居委会等，各类监督主体在监督过程中的专业性与监督力度有所不同，需要根据不同的劳务代偿方案，采取不同的监督方式。对于专业性要求不高的巡林巡河等劳务代偿方案，可以邀请侵权人所在的村居委会代为监督，对于植树造林、增殖放流等较为专业的劳务代偿方案，应以自然资源、农业农村、生态环境等领域各行政主管部门为监督主体，依托其专业经验和办案系统，对劳务代偿方案的实施过程进行专业化的监督。[1]

5. 成果验收。成果验收是劳务代偿方案得以顺利完结的保证。成果验收应为法院与检察机关等公益诉讼提起主体进行联合验收。对于巡林巡河等劳务代偿方案，法院可以依据监督主体的工作日志、巡查视频等证据来确认。对于较为专业的劳务代偿方案，法院可以邀请自然资源、农业农村、生态环境等领域各行政主管部门参与验收工作。

（四）加强执行监督力度

生态环境修复工作的执行监督工作是生态修复方案得以顺利落实的关键，但在司法实践中，法院执行机构的执行人员不具有相应的生态环境修复方案监督执行的实践经验，致使生态修复方案难以达到预期效果。劳务代偿作为一种替代性修复方案，在实施过程中存在侵权人拖延履行、未按约定完全履行劳务代偿方案等情况，此时需要法院执行机构采取多种措施来加强对劳务代偿者的履行监督。法院执行机构可以邀请相关行政机关、检察机关参与劳务代偿方案履行情况的监督工作，多方合力，做好监督执行工作。在执行监管过程中，可以借助相关机关开发的智能监控系统，对劳务代偿方案的执行进行科技化监管。例如江苏省连云港市检察机关在办理一起非法捕捞水产品案中，运用江苏省生态环境主管部门开发的湾（滩）综合管理系统，对异地劳务代偿的劳务者进行异地智能化监管。[2]

---

[1] 江苏省连云港市连云区人民检察院课题组：《劳务代偿在民事检察公益诉讼中的适用——以非法捕捞水产品案为例》，载《中国检察官》2021年第22期。

[2] 江苏省连云港市连云区人民检察院课题组：《劳务代偿在民事检察公益诉讼中的适用——以非法捕捞水产品案为例》，载《中国检察官》2021年第22期。

五、结语

在生态环境修复方案中选择劳务代偿的替代性修复措施,是对生态环境已无法完全恢复原状时的一种替代手段,但劳务代偿方案的选择,应当与所破坏的生态环境具有相关性,参与制定劳务代偿方案的主体应具有多样性,从而给予侵权人多种便于其实际执行的方案供其选择,使得侵权人的劳务代偿履行具有持续性、实效性,切实保护相关生态环境,起到"惩罚一人、教育一片"的良好效果。但劳务代偿的生态修复模式存在的法律位阶不高、代偿标准各不相同、方案履行效果不明朗等情况,需要通过完善法律规定、统一代偿标准、对履行效果进行监督等方式来保障劳务代偿方案的长期实施,让这一制度在实践中得以发挥其特殊的作用。

后　记

党的二十大报告指出："中国式现代化为人类实现现代化提供了新的选择。""必须更好发挥法治固根本、稳预期、利长远的保障作用，在法治轨道上全面建设社会主义现代化国家。"中国式法治现代化对于实现人与自然和谐共生的现代化具有重要的促进和保障作用。《生态司法前沿》(第2卷)汇编论文聚焦前沿、热点、难点问题，具有理论和实践的双重视角，对于深入研究"中国式法治现代化视野下的生态司法保护"，切实加强生态文明建设的法治保障具有重要的参考价值。

本次汇编的论文作者来自上海、浙江、江苏、贵州等多地法院和环境资源保护行政部门、金融机构、高校等不同单位，对论文的作者和所在单位表示感谢。本书的出版得到了上海市高级人民法院及相关业务部门、中国上海司法智库、上海财经大学法学院的支持和帮助。人民法院出版社为本书的出版付出了很多心血。在此，对本书编写、出版过程中给予支持和帮助的单位和人员一并表示感谢。

为进一步提高出版物质量，更好地汇聚法律共同体的真知灼见，《生态司法前沿》向社会公开征稿，欢迎法学实务界和理论界同仁惠赐佳作。来稿篇幅控制在7000~20000字之间，文章应内容完整，包括题目、摘要、关键词、正文，其他格式与注释体例参照《中国法学》的投稿要求，文章首页以脚注方式写明作者姓名、工作单位、职称或职务、通信方式（地址、邮编、电话、电子邮箱），以便联系。来稿确保未在任何纸质和电子媒介上公开发表,《生态司法前沿》编辑部拥有《生态司法前沿》作品的相关知识产权。请以 word 格式电子文本发送至 shsfqylt@126.com,邮件主题和附件文件名均为：作者单位+作者姓名+论文题目,联系电话 021-59622411。本书不退来稿,稿件采用后,编辑部会及时与作者联系。作者投稿后三个月未收到用稿通知的,可另作处理。

由于时间仓促、水平有限,汇编中难免有疏漏之处,敬请各位读者批评指正。

《生态司法前沿》编辑部

2024 年 6 月